中 国 文 物 收 藏 与 鉴 赏 书 系

中国文物收藏

百科全书

主编 段国强

山东美术出版社

工艺杂项卷（上）

图书在版编目（CIP）数据

中国文物收藏百科全书．工艺杂项卷 ：全2册 / 段国强主编．-- 济南 ：山东美术出版社，2015.9
（中国文物收藏与鉴赏书系）
ISBN 978-7-5330-5624-7

Ⅰ．①中… Ⅱ．①段… Ⅲ．①文物－收藏－中国②艺术品－收藏－中国 Ⅳ．①G894

中国版本图书馆CIP数据核字（2015）第115173号

策　　划：王　恺
责任编辑：张萌萌
装帧设计：王海涛

主管单位：山东出版传媒股份有限公司
出版发行：山东美术出版社
济南市胜利大街39号（邮编：250001）
http：//www.sdmspub.com
E-mail：sdmscbs@163.com
电话：（0531）82098268　传真：（0531）82066185
山东美术出版社发行部
济南市胜利大街39号（邮编：250001）
电话：（0531）86193019　86193028
制版印刷：山东新华印务有限责任公司
开　　本：787mm×1092mm　16开　总印张：28.25
版　　次：2015年9月第1版　2015年9月第1次印刷
总 定 价：276.00元（全2册）

目录

金银器

戗金
垒丝
累丝
花作
百宝嵌
细金工艺
花丝镶嵌
花丝工艺
银丝工艺
錾花工艺
切削工艺
夹层技法
沥粉贴金
沥粉堆金
模冲锤鍱法
铆焊结合方法
焊缀金珠工艺
浮雕型凸花工艺
金花银器
点装
单点式装饰构图
散点式装饰构图
满地装
二方连续纹样
碎线装饰技法
适合纹样式构图
连缀纹样式构图
单独纹样式构图
格律纹样式构图
平视纹样式构图
一整两破式结构
装饰画纹样式构图
徽章式纹样
金钏
金臂钏
金杖
金面铜人头像
金虎形饰
金犬
水禽形金带钩
金柄铁剑
兽面纹金方泡
包金镶玉嵌琉璃银带钩
金冠带
鹿形金怪兽
四虎咬一牛纹金饰牌
长方形动物纹金牌饰
虎噬鹿纹金扣饰
羊首鸟喙纹金饰件
浮雕熊羊嵌松石金饰件
扁圆形羊纹嵌松石金饰件
蟠螭纹带盖金盏
金鐏
双耳金杯
楚王银匜
金柲
金剑柄
银鎏金刻花盘
银盆
凸瓣纹豆形器
窦氏银匜
长流银匜
金针
金兽
金灶
压花牛头纹金剑鞘
衔玉龙金带钩
八龙纹金带扣
虎豕咬斗纹金饰牌
龙凤纹银铺首衔环
银跽坐女俑
刘胜金缕玉衣
金丝编项链
八角圆环嵌松石金饰
累丝镶嵌金辟邪
掐丝镶嵌银铃
四兽形金牌
累丝金龙佩饰
金手镯
金虎饰
波斯萨珊朝银币
萨珊朝鎏金银盘
莲花纹银碗
鎏金银壶
鎏金龟纹桃式银盘
鎏金双狐纹银盘
鸟兽纹莲瓣金碗
鎏金宝相花纹银盖碗
鎏金仰莲荷叶纹银碗
鎏金忍冬联珠纹花式银碗
鎏金鹦鹉纹银碗
鎏金折枝花纹银碟
鎏金双鸾戏珠纹菱形银盘
腰形银盘
鹿纹菱花形三足银盘
鎏金摩羯纹银盘
猞猁纹银盘
鎏金缠枝忍冬纹高足银杯
花鸟莲瓣纹高足银杯
高足银杯
伎乐纹八棱金杯
仕女狩猎纹八瓣银杯
掐丝团花金杯
蔓草花鸟纹八棱银杯
银杯
银托
鎏金刻花银匜
蔓草鸳鸯纹银羽觞
刻花金铛
单流折柄银铛
鎏金人物银瓶
鎏金舞马衔杯纹银壶
鎏金婴戏纹银壶
鸳鸯莲瓣纹金执壶
银执壶
银酒瓮
宣徽酒坊银酒注
双耳护手银锅
提梁银锅
鎏金鸳鸯团花纹双耳圈足银盆
鎏金鹦鹉纹提梁银罐
鎏金花鸟孔雀纹银方箱

金属珐琅器

7

玻璃器

鼻烟壶

石器

雕塑

顺陵石刻
桥陵石刻
藏王墓石刻
王建墓石刻
王处直墓石刻
宋陵石刻
东钱湖陵墓石刻
岳飞墓石刻
安丙家族墓地石刻
完颜希尹家族墓地石刻
明孝陵石刻
明十三陵石刻
苏禄王墓石刻
清东陵石刻
青州龙兴寺窖藏造像
曲阳修德寺石造像
南街村寺庙遗址石造像
常乐寺遗址石造像
元上都祭祀遗址石人
皇泽寺造像
孔望山造像
广元千佛崖造像
大丕山大佛
南龛造像
济南千佛崖造像
卧佛院造像
千佛寨造像
大像山摩崖造像
乐山大佛
北山造像
毗卢洞造像
飞来峰造像
老君岩造像
宝顶山造像
瑞岩弥勒造像
宝成寺麻曷葛剌造像
居庸关云台石刻
鸱鸮纹石磬
虎纹石磬
后辛石牛
石鼓

六博石棋盘
曾侯乙石编磬
琅琊石刻
泰山石刻残石
鲁孝王刻石
马踏匈奴石雕
石日晷
丧葬礼仪画像石
荆轲故事画像石
石辟邪
天禄辟邪石雕础座
李冰石像
司命神石像
六博石盘
水陆攻战画像石
许阿瞿墓志画像石
曹全碑
张迁碑
孙夫人碑
谢鲲墓志
大夏石马
高善穆石造像塔
无量寿佛石造像
萧融墓志
王阿善造老君石像
佛传故事造像碑
交脚弥勒石造像
释迦牟尼三尊像
彩绘背屏式石造像
贴金彩绘菩萨立像
皇兴五年弥勒佛坐像
雕龙伎乐石柱座
释迦牟尼像
皇后礼佛图
虎头门墩
元桢墓志
宕昌公晖福寺碑
刘根造三级浮图记碑
建明二年石雕造像碑
张噉鬼三十人造像碑
建忠寺比丘员度等造弥勒

石像
释迦石造像
贴金彩绘卢舍那石造像
贴金彩绘菩萨石造像
供养菩萨像
道俗九十人造像碑
李仲璇修孔子庙碑
石狮
虞弘墓彩绘浮雕石椁
砂石持壶男侍俑
弥勒菩萨坐像
刘猛进碑
龙藏寺碑
李静训墓志
献陵石虎
昭陵六骏
石武士俑
阿尔卡特石人像
披巾侍女图
朱雀人物图
坐部乐伎图
立部乐伎图
侍女群图
菩萨像
观音菩萨白石造像
释迦说法像龛
涅磐变相碑
倚坐佛
卢舍那佛造像
大秦景教流行中国碑
多宝塔碑
三坟记碑
玄秘塔碑
石药碾
金箍宝钿珍珠珷玞石函
王建石造像
石雕散乐图
石雕侍奉图
石刻星像图
石卧佛
石棺

竹木雕刻

牙骨角器

金银器

JINYINQI

金银器

中国至迟在距今3000年前的商代，就已经出现了黄金制品，银制品出现较晚。早期的金银器均为小型的装饰品，或是人身上的佩饰，或是其他器物上的附属饰件。金银器皿出现于春秋战国时期，这一时期的金银工艺已有较大发展，但大都来自青铜工艺。两汉时期，金银制品数量增多，品种增加，工艺也日趋成熟，走上了独立发展的道路，但大多数金银制品仍为装饰品，金银器皿较为少见，直到唐代以后才有较大发展。以目前所见魏晋南北朝和唐代的部分金银器来看，其造型、纹饰都带有浓郁的波斯萨珊朝金银器的风格。唐代是中国金银器发展的繁荣鼎盛阶段，这一时期不仅金银器数量剧增，而且品种丰富，其器型与纹饰风格都发生了很大变化。在汲取域外因素并融会中国传统民族文化的基础上，唐代金银器终于形成了独立的民族风格。纹饰以花鸟为多。工艺精湛，唐代已普遍使用了镀金、浇铸、焊接、切削、抛光、铆、镀、平脱、锤鍱、刻凿、镶嵌、累丝等技术。唐朝以后，中国金银器的发展趋于保守，但创制了夹层技法、浮雕凸花、镂雕等工艺，纹饰源于生活，趋于写实，呈现出清秀典雅的风格。宋以后，各项工艺更加复杂精细，并出现了金银与漆、木器合壁的产品。至明清时期，金银器与宝石、玉器相结合的镶嵌工艺盛行，造型愈趋多样化，纹饰繁缛富丽，制作工艺也更为精细复杂，通体透射着富丽堂皇的珠光宝气，相对而言艺术生命力有所削弱，但在集中表现金银器所象征的高贵与权势方面，却取得了惊人的成就。

商代金器

商代金器开始有了一定范围的分布。河南、河北、北京、山西等地的商代遗址和墓葬之中均出土有金器，如河南郑州商代遗址、辉县琉璃阁商墓、安阳殷墟，河北藁城台西商墓、山东益都苏埠屯商墓、北京平谷刘家河商墓、山西石楼后兰家沟商墓、四川广汉三星堆遗址、金沙遗址等，足见商代金器已有较为广泛的使用。

商代金器的种类主要有：一、包贴于其他质料物品上作为附属性装饰的金片、金箔、金叶，如河南郑州商城出土的金叶，压印清晰的夔龙纹；河北藁城台西商墓出土的半圆形金饰，刻划有云雷纹。二、人身佩挂的纯金首饰，如北京平谷刘家河商墓出土的金钏、金环、金笄；山西石楼县后兰家沟出土的3件金珥形饰品。三、具有宗教意义的饰件，如四川三星堆遗址出土的包金面具、虎形金饰等。

图1-1　三星堆遗址出土的金杖

商代对黄金的性能已有一定认识并熟悉，已采用范铸、锤鍱等工艺制作金器。北京平谷刘家河商墓出土的金笄为范铸而成，金臂钏和金耳环似用锤鍱法制成。河南安阳大司空村出土的商代金片厚仅约 0.01 毫米，锤鍱而成，又经过淬火处理。四川广汉三星堆出土的包金杖上錾刻有细腻精美的花纹，表明当时除了铸造与锤鍱技术外，錾刻技艺也已出现。（图 1-1）

西周金器

西周金器的出土地域大致与商代相同，在河南、河北、北京、山西等地的西周遗址和墓葬之中均有出土。如河南浚县辛村西周墓出土的金片、包金铜器；三门峡虢国墓地出土的三角龙形、兽首形、圆形环、方形环金带饰及盾牌缀饰（图 1-2）；河北迁安小山东庄西周早期墓出土的金耳环、金臂钏；天津蓟县张家园西周墓出土的金耳环；辽宁朝阳魏营子西周墓出土的金臂钏；山西曲沃北赵村晋侯墓地出土的两组分别为 15 件和 6 件的金腰带饰；甘肃礼县大堡子西周晚期秦人墓出土的云纹圭形、兽面纹盾形、窃曲形、虎形、鸱枭形金饰片等。从出土遗物来看，西周延续了商代使用金饰的观念，西周金器仍是各种饰件。

图 1-2 西周虢季金腰带饰

春秋战国金银器

春秋战国时期，金器的使用成为普遍现象，分布区域明显扩大，而银器也开始初露锋芒，使用日益增多。例如陕西宝鸡益门村二号春秋晚期墓出土 104 件金器；陕西凤翔出土春秋时期金乌、金兽、金带钩；河南辉县固围村战国墓出土银车马器、银带钩；河南辉县琉璃阁春秋晚期墓与山东沂水刘家店子春秋中期墓出土金剑柄；山东临沂商王村战国墓出土银盘、匜、耳杯、勺、匕和金耳坠等 12 件金银器；山东曲阜战国墓出土银带钩、猿形饰和金带饰；河北平山中山王墓出土马车上的金衡饰、银带钩、银俑灯；江苏涟水三里墩出土战国兽形金带钩、银匜；湖北随县曾侯乙墓出土金盏、金杯、带盖金鼎等；浙江绍兴 306 号战国初期墓出土玉耳金舟；山东淄博齐王墓随葬坑出土 3 件鎏金银盘；安徽、河南、湖北、江苏等地大量出土的“郢爰”为代表的楚国金钣；新疆、内蒙出土大量的以草原动物形象为主体的匈奴文化系统金饰等。

春秋战国金银器出土地域广泛，但主要集中在以秦国为主体的西北区、以匈奴为代表的北方部族区、以荆楚为主体的长江流域以及东边濒海的齐鲁故地。不同地区金银器风格有所差异。西北和北方草原地区的金银物品主要是人身装饰品，最常见的有耳环、臂钏、项圈、发笄、带钩、动物形金饰等，也有一些马具饰品，流行各种动物造型和纹饰，具有游牧民族特点，制作手法十分丰富多样。南方楚地由于盛产黄金，成为当时黄金流通最盛行的地区，金银器皿也最先在这一地区出现，金银器不再只是装饰品，而开始具有了实用功能。中原地区的金银仍多用作铜、铁、漆、玉石器及建筑上的装饰，纹饰仍以同时期青铜器上流行的纹饰为主，如蟠螭纹。

图 1-3 战国双耳金杯

春秋战国金银器的制作采用了多种工艺。一方面仍借鉴青铜器铸造工艺，如中原与东南地区出土的器皿、带钩等，一般采用范铸法制成，部分器物如现藏故宫博物院的楚王银匜，其平底无足的形制，与春秋战国时期长江流域青铜匜的演变特征完全符合，甚至湖北随县曾侯乙墓出土的金盏口沿及盏盖顶部所饰精致细密的蟠螭纹、绹纹及云雷纹，也与春秋晚期青铜器纹饰所追求的风尚一致。另一方面，锤鍱、掐丝、编累、镶嵌、錾刻、鎏金银、金银错等金细工艺中的所有技术几乎都已具备，使得金银工艺得以在更广阔的领域中，以更多样化的形式发挥着其独特的审美功能。（图 1-3）

秦汉金银器

秦汉时期，金银开采业有了重大发展，金银制造业也发展迅速，除了官营外，豪富之家也开始私自制作。各地发现的秦汉墓葬中几乎都有金银器出土，数量大大超过前代，应用范围也不断扩大。种类计有货币、印玺、带钩、带扣、牌饰、项链、耳坠、医疗器具、生活器皿（包括盆、盒、铜等）、车马器、丝缕玉衣、银女俑、金豹、金灶模型等，涉及到了社会生活的许多方面。（图 1-4）

秦汉时期还继续延用先秦时期将金银饰通过包镶、镀、错等工艺手段装饰于铜器和铁器的做法，并发展了将金银制成金箔或金泥用于建筑构件与日用器具作为附饰的手法，以增强富丽感。如河北满城西汉中山靖王刘胜夫妇墓出土的龙凤纹银铺首，其形制之大、用料之多乃至制作之精，都是汉代贵金属饰品中仅见的。

秦汉金银器主要制作技术已经发展到相当成熟的阶段，并逐渐摆脱了青铜工艺的传统技术的束缚，走向了独立发展的道路。在成型方面，汉代多采用锤鍱、焊接技术，而极少采用范铸法。在图案花纹加工方面，往往在锤打成立雕或浅浮雕后，再加以镌刻，而先秦时期金银器上的纹饰则简约得多，且多为压印或铸造而成。拉金成丝

图 1-4 东汉双羊纹金牌饰

技法娴熟，河北满城西汉中山靖王刘胜墓出土的金缕玉衣，金丝很纤细，一般长 4 ~ 5 厘米，可见一斑。采用掐丝技艺的金银器发现较多，例如河北定县陵头村东汉刘畅墓出土的掐丝龙形金饰片、掐丝金龙、掐丝金辟邪、掐丝金羊群等。掐丝工艺还常与焊缀金珠和镶嵌工艺同时使用，如刘畅墓出土的累丝镶嵌金辟邪，以錾有流云纹的金片衬底，上用金丝掐出辟邪身体及两侧的羽翼纹样，然后再焊缀金粟粒，镶嵌绿松石、红宝石，辟邪双目也嵌饰绿松石或红宝石，显得气势生动，角、尾全用金丝缠绕而成。

汉代银质器皿在制作技艺上较战国时期有明显提高。如河北获鹿县西汉墓出土的大型银盆，作扁圆形体，通体光素无华，色白如新，器壁较薄，棱角分明，当非铸造，应系锤鍱而成。从圆滑平夷的表面来看，似乎采用了抛光技术。纯净的自然银容易抛光，具有很高的光洁度，但是抛光后常遗留擦痕，而获鹿出土的这件西汉银盆光亮照人，崭新程度犹如现代制品，不能不令人啧啧称奇。

随着丝绸之路的打通和海上交流的频繁，西方金细工艺初染中土，为后来唐宋金银器高度发展打下了基础。例如 1979 年山东临淄西汉齐王墓出土的银盒，盒身外壁和器盖上饰有凸形花瓣纹。凸形花瓣纹在内地出土的文物上极其罕见，但在波斯阿契米尼王朝及后来的安息王朝的用器上却非常盛行，可证临淄西汉齐王墓银盒上的这种纹饰是传播自古伊朗地区的。类似的器物在广州西汉南越王墓中也有出土，足见当时经海上交通所发生的中外金银工艺的交流已经存在。

中国金银器也曾伴随着丝织品输出，对域外金银器的发展也产生了一定影响。如 1939 年在哈萨克斯坦阿拉木图附近的卡鲁路伊溪谷，发现的仙人骑兽镂空镶嵌金带，其图案装饰具有典型的中土汉代风格。

魏晋南北朝金银器

魏晋南北朝时期，由于战乱带来的流民的迁徙以及各族人民的融合，使得金银器的社会功能有了进一步扩大，加工技艺也更趋成熟，具有中原文化特色与北方鲜卑游牧民族特点的金银器愈加频繁地出现在人们的生活视野中。同时，丝绸之路地位的突出，使得西方金银器得以大量涌入中国，对中国金银工艺如金银器的造型、装饰等也产生了深刻的影响。

魏晋南北朝时期的金银容器罕有出土，所见仅有湖北鄂州西山出土的一件三国时期的贴金云纹银唾壶；江苏南京东晋高悝墓出土的鎏金带盖银鼎；山西大同小站村花圪塔台北魏墓、宁夏固原北魏墓出土的银耳杯；大同北魏城址出土的八瓣花形银洗、胡人像银碗、鎏金银杯；河北定县北魏塔基内出土的银净瓶；河北赞皇邢郭村东魏李希宗墓出土的莲花纹银碗等一些。

魏晋南北朝时期的金银器大都是些小型器件，且多数是首饰或服饰，如蝉形金珰、簪、钗、耳环、耳坠、指环、镯、钏，作桃形、圆形、花瓣形的各种金片，作狮、羊、辟邪、鸟、龟等动物形象的金饰，以及金铃、银铃、金珠、金篮等。造型大都简练，可见金银饰品发展到魏晋，已经一改汉代金饰繁缛复杂的细工，而越发简朴起来，反映了六朝人崇尚自然的审美追求。

除了花样繁多的各种美化人体的金银饰件外，魏晋南北朝时期的墓葬中还出土了银泡、鎏金铜泡、银铜铋合金小钉，皆当为马具无疑。值得一提的是，《南齐书·东昏侯传》恰有东昏

图 1-5 西晋刘弘墓出土的龙纹金带扣

侯萧宝卷为坐骑披配银质莲叶铠甲的记载，颇可为此等出土实物之佐证。

魏晋南北朝时期金银的冶炼技术有很大提高，南京大学北园东晋墓出土的众多金饰片，金的纯度都非常之高。金银器的制作工艺继承了东汉以来盛行的掐丝和焊缀金珠等工艺，同时镶嵌工艺有了更进一步的发展。例如湖南安乡西晋刘弘墓出土的龙纹金带扣，主题纹饰为一腾跃的飞龙，龙身镶满细小的金珠，其余部位嵌菱形和圆形绿玉 44 颗，整个器物金碧辉煌，工艺之精令人惊叹。（图 1-5）

由于西方金银装饰工艺通过丝绸之路传入中国，对中国金银器的制作产生了巨大影响。不少魏晋南北朝墓葬中出土的金银器，样式为纯粹中国式的，但其加工技术却是外来的，反映出汉魏以来的手工业者对外来技术的借鉴和对黄金性能的充分理解与利用。

隋唐金银器

隋唐时期，金银器制造彻底摆脱了为其他器物作附属装饰的地位，其制作技术之高超，装饰之精美，品类之繁多，前所未有。

隋代国祚短暂，金银器发现不多，重要的有 1957 年发掘的陕西西安李静训墓出土的金项链、金手镯。两件金器均具有浓郁异域风格，为输入的域外金器。

唐代金银采矿、冶炼技术的提高和普及，使金银器制造业突飞猛进。各地出土的唐代金银器数量很多，最为大宗的属陕西西安南郊何家村窖藏出土一千余件，江苏丹徒丁卯桥窖藏出土 956 件，以及陕西扶风法门寺地宫出土 121 件。（图 1-6）此外在陕西、甘肃、内蒙古、江苏、浙江、河北等地的唐代墓葬或遗址、窖藏中还出土了二十余批金银器，少则一二件，多则十数件。其中金银器皿逾千件之多，占绝大多数。

从出土的唐代金银器来看，品种类型之复杂纷繁，令人叹为观止。用途丰富，包括茶具、酒具、食具、药具、卫生用具、首饰、佛教法器等。茶具有烘焙茶叶的焙篓，碾罗茶叶的碾子，贮存茶末的茶盒，烹茶的风炉，夹拨木炭的火筴，拂击茶汤的汤匙，盛沸水的熟盂（匜），贮放调味盐的盐台、坛子，倒茶注壶、汤瓶，饮茶的茶杯、茶托；酒具有饮酒的杯、碗，倒酒的执壶、皮囊壶，行酒唱和的酒令酬等，食具有碗、盘、碟等；药具有贮藏药物的鼎、盆、罐，煎药的锅、铛、铫，炼丹的石榴罐、仰莲座罐，捣药的杵、臼，服药的杯、碗、壶；卫生用具有熏炉、香囊等；首饰有耳坠、戒指、钗等；佛教法器有佛像、佛塔、宝瓶、金函、金莲花、银芙蓉、锡杖以及掩埋舍利的金棺银椁等。

唐代金银器制作工艺有了明显提高。盆、碗、杯、盒等器型都规整稳定，体态和谐，从修整痕迹上来看，加工刀具多种多样，而且精密度很高，无论圆形器抑或方形器，都能扣合非常紧密。焊接技术高超，所有金银器的焊接处均未开裂。

唐代金银器风格受外来影响较大，器形中流行的高足杯、带把杯、长杯，装饰纹样中盛行的忍冬纹、缠枝纹、葡萄纹、摩羯纹等均来自域外。这些非中国民族传统的器皿和纹样，以异样的造型与纹样风格使人耳目一新。唐朝匠师在接受西方器物影响的同时，也着意于与中国传统样式的融合，使具有异域风格的金银器工艺变得更适宜中国人使用与欣赏。尤其是唐代中晚期，金银匠师已完全摆脱了西方模式，开始将金银工艺朝着民族化的方向引进，早期“胡化之风”催化下产生的器皿和纹样已极少见到，新出现了各种壶、盘、盒等，器皿的外形多做成花瓣形，富有中国特色的宝相花纹、团花纹及折枝花纹相继兴起，纹样内容写实，布局疏朗，中国民族特色已经越来越占据主导地位。

唐代早期及至盛唐，金银器的制作基本由中央政府和皇室垄断。在来自全国的优秀匠师和充足原材料的支持下，生产不计成本，作品具有很高水准。但自 9 世纪以后，随着中央集权的衰落，金银生产也由皇室垄断而走向社会化、商品化。许多金银器的造型与纹样趋向简朴，但器类却大有增益，实用性也更趋鲜明。同时在装饰上，折枝花种类繁多，并以阔叶大花为特点，自由随意，富有民俗色调并拥有浓厚生活气息的纹样日益流行。与器型、纹样的潜移默化相偕应的是，金银器的适用阶层也空前扩展了，许多富裕的百姓也加入到了金银器享用者行列，这一情形，在经济发展迅速的南方地区表现得尤为明显。而且许多银器上出现工匠名字以及作坊、行会标记，都是以前从未有过的，当视作地方官府作坊和私营作坊发展成熟的标志。

图 1–6 唐代扶风法门寺地宫出土的银芙蓉

宋代金银器

宋代随着封建城市的繁荣和商品经济的发展，各地金银器制作行业十分兴盛。据记载，不仅皇亲贵戚、王公大臣、富商大贾享用大量金银器，甚至连酒楼妓馆也较多使用贵重的金银酒具，可见当时的金银制作商业化所带来的金银器的泛滥。

宋代金银器制造业南北发展不平衡，南方较北方繁盛。目前大宗宋代金银器的考古发现几乎都集中于长江流域，如四川德阳宋代银器窖藏出土银器一百余件；绵阳窖藏出土银器 35 件；成都彭州宋代窖藏出土金银器三百五十余件；湖北蕲春宋代窖藏出土金器五十余件；江苏南京幕府山宋墓出土金银器十余件；江西遂州北宋郭知章墓出土金佩饰 13 件；福建邵武故县宋代窖藏出土银器一百四十余件，等等。北方所见只有河北定县两座北宋塔基，山东莒南宋代银器窖藏等几处出土有金银器，难与南方出土的宋代金银器相提并论。

受程朱理学及复古思潮的影响，宋代金银器不似唐代金银器般金碧辉煌，而向轻巧婉约的风格转变，与宋代艺术文人化的特征十分吻合。金银容器的形体比起唐代的普遍更趋小巧，显得胎体轻薄，清秀雅致。造型方面，在唐代曲瓣式器型的基础上更加丰富多彩，呈现多样化。

以杯、盏、盘等容器为例，就有圆形、五角形、五曲形、六角形、六曲形、八角形、十二角形及荷花形、蕉叶形、重瓣菊花形、桃形、瓜棱形、柳斗形等。其中，像六角形、蕉叶形、重瓣菊花形、桃形等造型的器皿，为唐代所不见。此外，南宋时期常见的银丝盒、八卦纹银杯、八角纹银杯、银梅瓶等，在造型上已完全摆脱了唐代风格的影响，堪称宋代金银器的典型代表。在仿古风气的影响下，还出现了一批仿造先秦青铜礼器的银制品，庄重古朴，如江苏溧阳平桥宋代窖藏出土的双兽首耳乳钉纹鎏金银簋，四川成都彭州宋代窖藏出土的蟠螭纹银杯等。

图 1–7 宋代遂宁窖藏出土的花卉纹银盘

宋代金银器的装饰题材来源于社会生活的广阔天地，洋溢着浓郁的生活气息。如表现狮子、龟、凤鸟等动物形象，通常具有很强的写实意味，如同写实画一般，生动活泼。至于最常见的植物、花卉、瓜果等纹饰也都结合器物的形体特点，以写实的手法加以表现，胆大心细的金银工匠们在此进行了无拘无束地发挥，使这些花卉纹饰表现得或枝叶繁茂、花朵丰满，或一枝独放、姿态妖娆，或两花相对、婀娜俊俏，或茎蔓缠绕、瓜果连绵，不一而足。在发挥中又不失真实，将不同品类花木的苞蕾、花瓣、枝叶、脉络表现得逼真细致。（图 1–7）受文人诗书画的影响，还涌现了不少具有诗情画意的图案，体现了宋代社会对艺术韵味的普遍追求。如福建邵武故县出土錾刻《踏莎行》词的宋代鎏金八角杯、江西乐安发现的分别刻有王禹《黄州竹楼记》和欧阳修《醉翁亭记》的两件银牌，其款记卓有文采的诗文内容及抑扬有致的书法意味，充分展现了作者不凡的人品修养和独特的个性，具备极高的文化品位。

宋代金银器在工艺上不仅继承了以前的切削、抛光、模冲、鎏金、锤鍱、錾刻、铸造、焊接等技术，而且在很多方面有所创新发展，如夹层技法、浮雕凸花工艺、镂雕工艺等，形成了宋代金银器工艺的新特点。

宋代民营金银器制作业往往将行名、匠名及产地，打印在金银器上，似有标榜名牌产品的意味。如四川德阳出土银器上有镌刻或书写的“周家造”“孝泉周家打造”“庞家造洛阳子昌”等；江苏溧阳平桥银器上的“李四郎”“张四郎”等；浙江永嘉宋代窖藏银器上的“蔡景温铺”“兴贤吴铺”“京溪供铺记”“陈宣教”“任七秀才造”等；成都彭州窖藏金银器上的“张十二郎记”“吉庆号”“罗祖一郎”等。此外，在银器上还常有标明成色的记录，如“吉家煎银十分”“周家十分”“汪家造十分”“张家十分”等。有的银器亦有使用者或收藏者等表明所有权的铭记内容，如“沈氏行状”“沈宅”“马氏妆奁”“冯宅”“陇西郡董宅”“史氏妆奁”等，都应属定制的商品。

辽代金银器

辽是契丹族建立的政权。中国内蒙古、辽宁西部、河北北部、吉林以及北京地区的辽墓、辽塔和窖藏中，都出土有辽代金银器，总计有数百件之多。根据器物形制及装饰纹样的演变规律，这些出土的辽代金银器可分为早、中、晚三期。早期金银器以阿鲁科尔沁旗耶律羽之墓、赤峰大营子赠卫国王驸马墓、赤峰城子窖藏等出土的为代表；中期金银器以内蒙古哲里木盟奈曼旗陈国公主及驸马合葬墓、辽宁朝阳前窗户村辽墓、内蒙古敖汉旗英凤沟4号辽墓、朝阳北塔天宫、内蒙古巴林右旗庆州白塔、北京顺义县净光舍利塔塔基、北京房山北郑村辽塔地宫等出土的为代表；晚期金银器以内蒙古巴林右旗昭乌达盟窖藏、河北易县净觉寺舍利塔地宫等出土的为代表。

辽代金银器的使用范围非常广阔，既有生活用具、马具、丧葬用具，也有装饰用品和佛教法器。生活用具有碗、盘、杯（高足杯、折肩罐、扳指杯、钵式杯等）、瓶、壶、罐、函、匝、盒、盆钵、盏托、筷子、渣斗、荷包、针筒等；马具有鞍桥、带饰、缨罩、压胯银铃、辔具、当卢、铃罩、节约等；丧葬用具有金面具、银丝网络、鎏金银冠、金花银枕、金花银靴等。装饰用品有耳坠、手镯、戒指、带扣、鞢䪓带等；佛教法器有菩提树、法轮、舍利塔及净瓶等。其中，生活用具中的银鸡冠壶、提梁壶，带链的金荷包、金针筒，丧葬用的金面具、银冠、银靴，装饰用品中的鞢䪓带等是辽国特有的器型，具有浓重的游牧文化色彩。（图1–8）

辽代金银器的丰富与发展与其广泛吸收外族文化有直接关系。其中除了构成主体的唐文化和宋文化因素之外，还有突厥文化、中亚文化等成分。契丹人在汲取这些多元的外来因素的同时，也在工艺、器型和纹样等各方面创造出了自己的特色。但就辽国金银器发展的主线来说，早期接受的主要是唐文化的影响；从中早期，特别是澶渊之盟后，随着辽宋之间交往的增多，辽代金银器开始在局部上逐步融汇了宋文化的某些特征；中晚期和晚期辽代金银器完全向宋代金银器的风格转变。

辽代早期金银器，器形上葵口多曲的碗、杯、盘等器，及采用的四、五或六的分曲数，均是唐代金银器中常见的，但在继承唐代器型的同时又有所发展，如盝顶方函，唐代多用铰装，而辽代无铰装。工艺上沿用了唐代金银器钣金成型，以及平錾花纹或主题纹饰隐起，底衬鱼子纹的惯常作法，特别是它大量袭用了唐代金花银器特有的局部鎏金的装饰手段，既突出了主体纹饰，又增添了器物的华贵感。装饰上采用晚唐流行的多层散点装为主要的表现手法，广泛吸收唐代金银器上的龙纹、凤纹、双鸳衔绶、卧鹿、双狮及卷草、四鹿团花、折枝花、团花、海棠纹、卷草纹、忍冬桃形如意结等纹样图案，但减少了植物纹，侧重珍禽瑞兽纹，装饰风格朴素舒朗，不及唐纹饰的细腻和富丽，种类形式变化不甚丰富，中期以后更趋于简化和涣散。

辽代中晚期金银器，器型上，花朵、荷叶形状的碗、盘，八棱执壶及八棱温碗，均是宋代金银器中极具特色的。工艺上，部分器物作高浮雕的凸花技法，纹饰錾线成连贯的阴槽的作法，金银器上涂饰漆画等，均显示出宋代工艺的影响。在装饰纹样上，宋对辽的影响是细微零碎的，

图1–8 辽代鹿纹银马镫壶

宋的纹样没有大量全面地出现在辽器上。从辽主要纹样龙、凤、卷草、云纹、折枝纹等在中期以后的变化趋向上能识别出宋的作用。比如折枝花，由图案性团花格局走向写实，就是融合了宋的风格。不过宋器纹饰中更经典的錾刻诗文，仿古图案等方面，未曾发现对辽代金银器产生影响。

元代金银器

元代国力远较两宋为强，金银制造业更是盛极一时。金银器的使用在统治阶层中尤其靡费。元代金银器的大宗出土纪录主要有：江苏吴县吕师孟墓出土"闻宣造"如意纹金盘、御仙花金带饰、文王访贤图金带饰、鸳鸯荷花纹金缀、"闻宣造"八棱形鎏金团花银盒（图 1-9）、"沈二郎造"团花银盒、"闻宣造"葵瓣银盒、银渣斗、银水盂、银匙、银尊、银锭等共计 54 件；无锡钱裕墓出土金杯、金簪、金带扣、金箍饰、银碗、银筷、银匙、银发罩、银插花、银瓶、银盒、银匜、银渣斗、银盆、银罐、银钗、银匕、银带流杯等共计约四十余件；金坛洮西公社湖溪大队元青花云龙纹罐窖藏出土夹层大碗、小碗、鎏金莲花盏、蟠螭纹盏、蟠螭纹盘、梵文盘、凸花人物故事盘、条脱、镯、戒指、银锭等银器共五十余件；苏州盘溪小学内发现的张士诚母曹氏墓出土金簪、金钗、金冠、金耳环、银奁、银托盘、银镜架等；安徽合肥元代窖藏出土"章仲英造"款金碟、"章仲英造"款金杯、银碟、银杯、银果盆、银壶、银匜、银碗、银筷、银勺等共计 11 种、102 件；湖南津市元代窖藏出土八棱双耳金套杯、花果纹金簪、金凤簪、叉形金簪、金钗花、银锭等共 8 件。

从上述出土金银器可以看出，元代金银制造业禀承了宋代金银制造业的很多特点，如用作地域偏盛于南方，北方则相对较低迷；银器数量多，金器数量少，总体呈金贵银滥之势；使用者的阶层更多扩展，在城市经济中的作用越来越重要。具体到工艺装饰上，也大体承袭了宋代洗练写实、朴素淡雅的作风，素面者较多，即便是有纹饰者，也大多于局部点缀。但从纵向的金银工艺发展历史来看，元代金银器也展现出了其求新、求变的一面。

元代出现了一些新的金银器品种，如江苏苏州张士诚父母合葬墓出土的银奁。类似形制的奁具，在宋代以来的漆器中并不稀见，但以银制者，则仅见于此。又如同墓出土的银镜架，设计巧妙，构思独特，制作中又融合了锤鍱、镂空、錾刻、模制、凸花、鎏金等多种工技艺，既实用又雅观，实开启有明一代金细工艺装饰之先河，堪称世所罕见的珍品。而且作此形制的镜架，在明清以后的木制家具中并不稀见，但如此早至元末且以白银打制者，却是前所未见。

图 1-9 元代"闻宣造"八棱形鎏金团花银盒

元代涌现了一批制作金银器的名匠，如嘉兴朱碧山、平江谢君余、谢君和、松江唐俊卿等。只是这些名匠的作品存世极少。其中，北京故宫博物院藏有一件朱碧山自作自用的槎形酒杯，造型独特新颖，意韵恬静超脱，充分表现了作者的人品修养和独特的个性，是集高超技艺和个人情趣于一体的艺术极品。

明代金银器

明代金银器主要出土于江苏南京、安徽蚌埠、云南呈贡、江西南城、湖北圻春、湖南凤凰、北京定陵等帝王公侯的陵墓。云南呈贡王家营沐详墓出土了金发冠、金花、金耳坠、银带饰、银镯等；江西南城明益庄王朱厚烨墓出土了金钱、楼阁人物金簪、金凤钗、金带钩、金香囊、累丝嵌宝石金冠、金手镯等；湖北圻春荆端王妃刘氏墓出土了金凤冠、金戒指、金簪、银壶、银钟、银盒等；北京定陵出土了金冠、金带、金壶、金粉盒、金盂、金碗、金爵等；湖南通道南明窖藏出土银鼎 6 件、银爵 1 件、银斝 1 件、银匜 1 件、蟠桃形银杯 7 件、银盘 11 件。

图 1–10 明代镶宝石金带扣

明代金银器盛行结合其他材质，如与玉结合的金玉复合制品在宫廷皇家及上流社会中极为常见，代表作如江苏苏州五峰山博士坞明弘治进士张安晚家族墓出土的金蝉玉叶；北京定陵出土的金托金盖玉碗、金托玉爵、金环镶玉兔耳坠等。还可镶嵌极为名贵的猫眼石、祖母绿等各色宝石。宝石镶嵌所形成的多色对比，交相辉映，使金银器更显得华贵雍容、富丽非凡。（图 1–10）

明代金银器的编累工艺已臻达完美。例如，江西南城明益庄王朱厚烨墓出土的以金丝编累的楼阁人物金簪及楼阁人物金发饰，在方寸天地内编累出多栋楼阁，不仅飞檐、廊柱历历在目，更可见花草树木、楼内瑞鹿白鹤乃至各色人等，其构思之奇，做工之巧，尤为前代所不及，令人叹为观止。又如北京定陵出土的万历皇帝金丝冠，用直径仅有 0.2 毫米的金丝编织而成，薄如蝉翼，轻似纱冠。编织的孔眼均匀，肉眼看不出接头痕迹。冠上攀附的两条蟠龙，以粗金丝为骨，采用掐丝、垒丝、码丝的方法塑造成型，然后进行焊接，使之呈高浮雕鳞片式。龙首、龙爪和背鳍采用了錾刻的方法，呈半浮雕形。整器集多种精湛工艺于一身，堪称明代金细工艺的杰出代表。

明代金银器延续了宋代兴起的仿古风格。如湖南通道侗族自治县南明窖藏出土的银爵、银鼎、银斝、银匜等，器型明显模仿商周青铜器，制作工艺也效法青铜器的分铸法，是明代金银器仿古造型代表。北京定陵出土的金托玉爵，是以商周青铜酒器——爵为原型仿造的，但造型却雍容端庄，一改商周青铜器古奥神秘的色彩，显然融入了更多的生活气息，而变得世俗化了。

清代金银器

清代金银器保留下来的大多为传世品，数量庞大，是历朝历代最多的，而且大多是清宫遗物，收藏于北京故宫博物院。清宫金银器主要来自宫中造办处，部分来自地方进贡，仅有少部分从民间市场上购买。造办处聚集了当时各行最优秀的工匠，因此加工制作集各种工艺技术于一身，代表了清代工艺的最高水平。而作为贡品的金银器主要由京师和地方官员进献宫廷，也有部分

图 1-11 清代金錾花八宝双凤纹金盆

为外国进献宫廷和海外贸易所得，也都是精品。

清代金银器的社会功能更加多样，使用范围进一步扩大，尤其是皇家所用金银器，几乎遍及典章、祭祀、陈设、佛事、生活等诸方面。如用于典章的有皇帝、妃嫔、皇子所用的金印；用于祭祀的金银器中最著名的当属康熙乾隆两朝用黄金铸造的编钟；用于陈设的有银盆金树盆景；用于佛事的有各式佛像、佛龛、佛塔、佛阁、七珍八宝、经盒等；用于生活的有金錾花八宝双凤纹金盆（图 1-11）、金嵌珠宝“金瓯永固”款杯、金錾云龙纹执壶、金錾花扁壶等器具。

清代金银器的造型融合了中原、蒙古、西藏、新疆以及西南等地少数民族的传统风格，同时也借鉴了西方文明的科技成果，使之随着器物功能的多样化而更加绚丽多姿。器体更趋向大型化，如曾供奉于清宫内廷的一座金佛塔，通高达 5.33 米，共用三等金 350 千克。图案也有很大变化，龙、凤等象征皇权的纹饰盛行于清宫金银器上，而五蝠、灵芝、松鹤等寓意吉祥的图案在清宫和民间金银器上都很流行。

清代金银器制作融汇了中国几千年金银器制作工艺之大成，呈现出洋洋大观，空前繁荣的局面。除了全盘继承以前所有的锤鍱、模压、范铸、镶嵌、镂雕、掐丝、垒丝、炸珠、焊接等传统技艺外，还有所发展创新。如创造出在金银器上点烧透明珐琅或以金掐丝填烧珐琅以及金胎画珐琅的新工艺，为金银器增添一股令人敬崇无比的华丽富贵之气。这种金银与珐琅结合的复合工艺在清廷造办处和广州地区特别盛行。

清代的金玉复合工艺仍有所发展，例如故宫博物院珍藏的白玉错金嵌宝石碗，以新疆和阗羊脂白玉琢成。碗的外壁饰以错金花卉枝叶，并用 180 颗宝石嵌成红色的花朵，诚可谓玉蕴金辉，光泽清丽，其错金工艺之精湛，在清代金玉合成制品中是仅见的。

斯基泰风格金银器

战国晚期开始，中国北方民族的金银器上流行使用野兽咬斗纹，与斯基泰人野兽纹艺术风格相似，被认为是具有斯基泰风格的金银器。斯基泰人属印欧语族，是活动于欧亚草原地区的游牧或半游牧民族之一，中文亦曾译作西徐亚人、斯奇提亚人。斯基泰文化从公元前 7 世纪延续至公元 3 世纪，最后被东欧的奇特人文化所取代。为适应游牧生活，斯基泰人的手工制品多为刀剑、弓筒、剑鞘、刀柄、马具、饰物之类，喜用兽禽搏斗或怪兽吞吃交缠的图案，造型注重写实与装饰的结合，古拙有力，某些装饰纹样还吸收了亚述、波斯和希腊文明的成果，是世界文化史上游牧民族艺术的一大代表。

图 1-12 战国虎噬鹿纹金扣饰

战国晚期起中国境内开始出现斯基泰风格的金银器，西汉时期斯基泰风格在向东传播的过程中完成了中国化的过程。（图 1–12）

匈奴金银器

战国秦汉时期，西北和北方地区各游牧民族如匈奴、月氏、乌孙等经常迁徙，相互杂处，使用的金银器种类复杂，很难全部准确分辨其族属，但大体可归入匈奴部族。匈奴的早期活动地域位于大漠以南的鄂尔多斯、河套及阴山地带，而鄂尔多斯及其周围地区则是匈奴部族形成和发展的中心地区。由于匈奴族盛行铸造和使用以动物纹为装饰特征的青铜艺术品，且因这类青铜器以鄂尔多斯的发现最为著名，故通常被称之为“鄂尔多斯式青铜器”，早期的匈奴文化也被称之为“鄂尔多斯文化”。

内蒙古杭锦旗阿鲁柴登、准格尔旗西沟畔、东胜市碾房渠、陕西神木纳林高兔等地都发现有匈奴族墓葬。杭锦旗阿鲁柴登出土了迄今最为珍贵的匈奴王遗物。其中金器 218 件，银器 5 件。金器品种极为丰富，有鹰形金冠顶、金冠带、长方饰牌、虎形饰片、羊形饰片、刺猬形饰件、鸟形饰片、鸟纹圆扣、金带扣、金串珠、金锁链、金项圈及金耳坠等，共重四千余克。准格尔旗西沟畔 2 号匈奴墓出土的金银器有金项圈、金耳坠、金指套、鹿纹金饰片、虎豕咬斗纹金饰牌、卧马纹银饰片、虎头形银带钩。陕西神木纳林高兔战国晚期匈奴墓出土了金鹿形怪兽、金虎、银虎、银鹿、银环、透雕花虫银饰片以及错金银柄等。哲里木盟匈奴墓出土有胡人驯兽金牌饰、人面纹金牌饰等，通辽科左中旗出土有异兽金牌饰、三鹿金牌饰、双马金牌饰、双羊金牌饰等。

从匈奴墓出土的随葬金银器看，匈奴金银器的种类多是各种装饰品，如带扣、带钩、冠饰、牌饰、片饰、项圈、耳坠等，金银虎头、金泡、节约等马饰也较常见，体现了游牧民族对马的重视。

匈奴金银器的装饰内容与“鄂尔多斯式青铜器”的装饰内容全然一致，同样为各种题材的动物纹，有虎、狼、鹿、牛、马、野猪、羊、怪兽及多种咬斗纹，弥漫着一股浓郁的草原气氛。以动物咬斗为母题的金饰，明显具有斯基泰风格，一般表现大型肉食动物与植食动物之间的缠咬争斗场面，画面多情景交融，栩栩如生，仿佛要把人们带到北方大草原那种特有的场景之中，堪称匈奴金银器装饰艺术中最引人入胜的情节。

匈奴金银器制作方法包括范铸、圆雕、透雕、浮雕、锤鍱、镌镂、抽丝、编累、掐丝、镶嵌等，几乎使用了金细工艺中一切技术，而且一件作品往往结合了多种工艺。如内蒙古阿鲁柴登匈奴墓出土的鹰形金冠饰，饰以各种野生动物形象，具体制作工艺涵括了范铸、圆雕、浮雕、锤鍱、镌镂、抽丝、镶嵌等多种工艺，例如冠顶傲立的雄鹰采用圆雕工艺塑造成型，鹰的头部和颈部镶嵌有绿松石，冠座及冠箍上的各种动物形象浮雕而出，足堪为战国时期匈奴王室金细工艺的卓越代表。（图 1–13）

图 1–13 匈奴金冠带

滇国金银器

“滇”是我国西南边疆少数民族建立的古王国，主要位于以滇池为中心的云南省中部及东部地区。出现的时间不晚于战国初期，战国末至西汉早期为其鼎盛时期，西汉中期以后开始衰落，至东汉以后已完全消失。滇国有灿烂的文化，晋宁石寨山、江川李家山等地发现的丰富的滇国遗物即是证明。

滇国拥有相当丰富的黄金制品，种类主要为兵器、饰件。金制兵器主要有金剑鞘和金臂甲两种，金饰包括首饰、佩饰及器物附饰，其品类之丰富，远非兵器可比。

金剑鞘大多出自规模较大、随葬品众多的大墓中，附于铜柄铁剑和铁剑剑鞘的外表，内侧则为漆、木制品。此类金剑鞘打制甚薄，多用模压的方法将其表面压出各种花纹，如回纹、双旋纹、三角形齿纹、绳纹、圆圈纹及人字纹等几何形图案，也有蛇纹和牛头纹等具象花纹。根据形制又可分为镂空纹金剑鞘、回纹金剑鞘与牛头纹金刻剑鞘三种，其中以牛头纹金剑鞘数量最多。

金臂甲出土不多，应为滇国贵族所用，既为防护用具，也有一定的装饰作用。其中一件由两块相同的半圆形金片组成，亦可对合成圆筒状，上大下小，呈喇叭形，边沿有对称的穿孔及刻划纹。

金首饰有发簪、发针、项饰及手镯等。金佩饰主要是缝缀在衣面的饰品，故边沿均有数量不等的穿孔，其中如圆形金饰与钺形金饰均用薄金片打制而成，有的正中镶嵌绿松石珠一粒，有的用压印圆点纹组成花瓣纹，边沿均有穿孔；兽形金饰器形相近，大小不一，有的似长角鹿，有的似虎或马，两片对称使用，边沿亦有穿孔；另有剪形金饰、玦形金饰、旋纹金饰及金钮扣、金花、金珠等。金器物附饰主要有打制极薄的金箍，表面刻有简单花纹，镶嵌在漆奁的器盖和腰部。

图 1–14 晋宁石寨山出土的鎏金获俘铜扣饰

滇国墓地出土的银器除马饰中的银泡钉外，另有错金银饰片、镶嵌错金银带扣及漆器上的银箍、银花等。错金银饰片似作衣饰或其他器物上的附饰，银片顶端、中央均有穿孔。镶嵌错金银带扣出于石寨山 7 号墓，整体作盾牌形，有齿舌，与现代皮带环相似。带扣正面有突起的花纹，装饰有翅膀的老虎，背后有山石和云雾，虎之两眼镶嵌黄色透明琉璃珠，全身错金片及嵌绿松石小珠，虎身之边沿有钉眼，显然是钉在皮带上，或系于人的腰际，或作为马的腹带使用。其器形奇特，装饰华丽，为中原汉文化中所未见。

此外，令人瞩目的是晋宁石寨山出土的一枚金印，方形，蛇钮，昂首盘曲，身有鳞纹。錾白文篆书“滇王之印”四字。证明了《史记·西南夷传》所载“赐滇王王印”的记述，是研究云南历史和当时民族关系的重要文物。（图 1–14）

鲜卑金银器

鲜卑族是最初活动于大兴安岭一带的游牧民族。相当于东汉晚期时，鲜卑各部建立了强大的军事联盟。联盟瓦解后，拓跋鲜卑居黑龙江上游额尔古纳河畔至内蒙古河套东部，慕容鲜卑先居辽东、后入辽西。

图 1–15 内蒙古六家子鲜卑墓出土的双马形金牌饰

拓跋鲜卑建立有代、北魏等政权，金银器多为动物纹样的牌饰或首饰。动物纹样有龙、羊、马、牛、鹰和怪兽等，造型带有神异色彩。鹿纹金牌饰在拓跋鲜卑遗物中发现较多。鹿的样式多变，单鹿、双鹿、三鹿以及一些似鹿的纹样十分流行，其技法则多采用透雕镂空的形式。与之类似的，还有作单马或双马形象的金牌饰。值得一提的是，战国至西汉初的匈奴金银制品中，也流行鹿纹、马纹的动物纹牌饰，可见拓跋鲜卑金银器与匈奴金银器有一脉相承之处。（图 1–15）

慕容鲜卑先后建立有前燕、后燕、西燕、南燕、北燕政权，创造了独特的文化，特别是金器中的步摇冠显示出鲜明的特色。步摇原是妇女用的一种首饰，慕容鲜卑对其情有独钟，贵族生前爱戴步摇，死后则多用以陪葬，如辽宁朝阳王子坟山相当于魏晋时期的慕容鲜卑墓葬即出土有金步摇饰；朝阳田草沟两座相当于西晋时期的鲜卑墓出土有金步摇冠饰 3 件；朝阳十二台乡砖厂和北票房身村前燕时期的墓葬分别出土一件和两件金步摇；内蒙古乌兰察布盟达茂旗西河子出土了金冠饰形步摇两套共 4 件，一套的基座为牛面形，另一套为马面形。

辽宁和内蒙古出土的鲜卑系统金步摇，样式与制作技法与顿河下游新切尔卡斯克公元前 2 世纪的萨尔马泰女王墓出土的金冠、阿富汗席巴尔甘公元 1 世纪前大月氏墓出土的金冠一脉相承，其渊源当来自西方。

萨珊金银器

萨珊王朝是古代伊朗的一个王朝，建立于公元 224 年，覆灭于公元 651 年。萨珊人以擅铸金银器而闻名，与传统的中国金细工艺不同，萨珊匠师习惯采用锤鍱法打出的浅平浮雕纹为主，再用繁复细腻的阴线刻画细部，纹样略显拘谨，多为女神、骑士、联珠纹、带翼动物及麦穗纹圆框。魏晋南北朝、隋唐时，萨珊金银器通过各种渠道不断流入中国。

魏晋南北朝时期，萨珊金银器涌入中国的数量相当可观。例如山西大同北魏封和突墓出土的萨珊朝鎏金银盘，经锤鍱压法使器物成多曲形，纹饰则以锤鍱法制成凸面、再加刻划的手法制成。盘中央为一狩猎图，占据主体位置的是一典型伊朗脸型的骑士，头戴半弧形冠，冠后有萨珊式飘带两根，耳下及颈部悬挂缨珞，上身着紧身便服，腕套手镯，腰部革带上系箭筒，足蹬半长统靴。双手横执一矛，矛尖已刺入近前一野猪右额，右脚抬起反踹由后方袭来的野猪，前方有一野猪从芦苇中窜出。骑士的体势自然优美，充分展现了人体的结构和动感。（图 1–16）

图 1–16 萨珊朝鎏金银盘

宁夏固原北周李贤夫妇墓出土的鎏金银壶，同样是萨珊流入我国的一件重器。壶鸭嘴状流，上腹细长，下腹圆鼓，颈腹间及高圈足上下皆焊饰联珠纹。把手有兽首铸接壶腹，把上端铸一深目高鼻戴冠的胡人头像，壶腹表面锤鍱出三组人像图饰。人像男妇相对，作扭揉状，被认为是表现希腊神话传说中“帕里斯审判”“掠夺海伦”“回归”的连续场面。画面中人物头发、衣纹均用细线刻画，宛转流畅，衣服质感轻薄柔软，形象栩栩如生。

山西大同北魏城址出土的一件八曲银洗，俯视如八瓣花形，在中国传统器型中未见有同类者，而与中亚地区壁画中所见粟特、吠哒贵族手持的多曲银洗相仿。同出的一件折沿银碗，器腹四等分内各捶制出一高鼻、深目、卷发且头戴小圆帽的半身像。此种人像样式在吠哒货币上常常能够见到，而与蒙古人种殊不相类。河北赞皇东魏李希宗墓出土银碗，碗壁锤成有起伏。变化的水波形，样式独特，与英国不列颠博物馆收藏水波纹银碗别无二致，应当都是印度或伊朗东部公元 4 世纪至 5 世纪的作品。

近几十年来，萨珊银币在我国境内也多有发现，据不完全统计，共有三十余处，总数逾千枚。主要出土地点有新疆的乌恰、库车和吐鲁番、青海西宁、陕西的西安和耀县，河南陕县和洛阳，河北定县、广东英德、遂溪，江苏南京梁公式钱铸坊遗址也出土了一枚萨珊银币。

萨珊银币的图案纹饰通常有相应的固定样式。正面周围环绕联珠圆圈 1 ~ 2 周，中间为王像，王冠越出圆珠圈，王像右边有铭文，左边或两边饰飘带；背面正中是波斯祆教祭坛，坛上火光熊熊，火光左右分饰星、月纹，祭坛两边各侍立一祭司，旁铸缩写的国王名字，周边再环绕联珠纹一圈。根据银币上铸出的国王名字，可以发现我国出土的萨珊银币分属于 12 个国王，时代由沙卜尔二世（310 ~ 379）起，一直到萨珊朝最后一王伊斯提泽德三世（632 ~ 651），延续近三百五十年，其中相当于我国六朝时代的铸币中，以卑路斯（459 ~ 484）银币发现最多。

萨珊金银器的输入对中国金银工艺如金银器的造型、装饰等也产生了深刻的影响。例如，多曲长杯产生并流行于伊朗高原，常作四曲、八曲或十二曲不等的多曲花瓣状口。唐代初年，多曲长杯大量涌入中国，促使唐朝工匠们开始学习效仿。但艺匠们在仿制萨珊长杯多曲和凸凹起伏特征的同时，又稍加改动，逐步扬弃那些不适合中国传统的部分，使杯体稍深，口沿也略微外侈敞开，分曲形成的曲瓣不明显，凸凹起伏较浅，曲瓣也不像大多数萨珊器那样极尽夸张般地鼓凸，曲线由口及底成纵向式分曲，并将曲瓣减少，从而展现出轻快活泼的特性。另外将较单纯的多曲改为花朵式的多瓣，区别在于前者是几何式的抽象美，后者是植物式的写实美。多曲经过流畅的变形，宛如盛开的花朵，艺术效果完全不同，符合唐代艺术发展的大趋势。

萨珊银器上流行表现拜火教圣典信仰的阿娜希塔裸体或半裸体女神、葡萄圣树和狮水兽等题材。狮兽题材的纹样被中国工匠借鉴，在唐代金银器上流行。其他纹样因不符合中国传统而受到中国艺匠们的摒弃，取而代之的是中国人喜闻乐见的通体繁缛细密的植物纹样如缠枝蔓藤卷草纹、如意式的云头花朵纹等。

粟特金银器

粟特是处于阿姆河、锡尔河之间，以泽拉夫尚河、卡什卡河流域为中心的地区，主要在今塔吉克斯坦和乌兹别克斯坦境内。在这一地区曾建立有康国、安国、石国、米国等。魏晋南北朝已与中国有商贸往来，唐代时交往更频繁。

魏晋南北朝时期流入中国的粟特金银器，具有代表性的是广东遂溪县南朝窖藏出土的一件银碗，作凸凹的十二瓣。唐永徽二年（651）萨珊王伊嗣俟被杀，王子卑路斯逃至吐火罗，萨珊贵金属工艺对中国第一位的影响被粟特所取代。

带把杯是具有典型粟特风格的器皿。中亚粟特辖域内的带把杯，只发现有银器，目前所知道的大约有十几件，杯体呈现八棱状、圆筒状和圜底碗状，绝大部分在杯体下部有横向内折棱，底部有带喇叭状外侈圈足。器物口部至腹部有环状把手，把手上部有椭圆形指垫，垫上装饰有浮雕人头像。唐代带把杯，经发掘出土乃至流出国门为世界各博物馆收藏者已达三十余件，其中既有粟特人直接带入中国或通过贸易交换而获得的粟特本地制品，也有粟特工匠在唐朝的制品，更有唐朝工匠们仿造的创新制品。

图 1-17 鎏金飞廉纹六曲银盘

粟特工匠在唐朝制作的金银带把杯，以西安何家村窖藏出土的几件为例，杯体成八个棱面，每个棱面各饰一深目高鼻、着窄袖翻领袍、手持乐器或作舞蹈状的胡人，其内容题材具有典型的域外风貌，可称作是纯粹的粟特风格。但在成型工艺上，这几件带把杯均以中国传统的铸造方法完成，杯体显得十分厚重，与粟特本土采用锤鍱技术制成的轻薄胎体全然不合。在装饰纹样上，其中一件带把杯的横向内折棱处饰有网格纹、钱纹和对置的叶瓣纹，类似纹样是中国六朝时期墓砖的习见装饰。由此可见，无论是器物成型的铸造工艺或者局部装饰纹样，都表明粟特工匠出于迎合唐人传统的审美观的需要，在保留了粟特银器固有造型风格的同时，也刻意模仿了中国民族工艺中的某些特征。

唐朝工匠们仿制的带把杯尽管在形制上仍然套用了粟特原型，但在局部造型乃至主体纹样上都展现出了强烈的中国传统风格。以杯把为例，目前所知粟特银器中，几乎都有带宽平指垫的环形把手，但唐朝仿器的把手则将银条做成环形安装在杯上，上端不与口缘平齐，指垫也不与口沿相连，而是直接从环把手上部向外伸出，并微向上翘，从而使把环与指垫形成 6 字型。这是粟特全然没有的样式，而在中国汉晋时期的器物上已有。又以纹饰为例，唐代仿品上常见缠枝花草纹、雀绕花枝纹、宝相团花纹、鸾鸟纹以及仕女、骑马狩猎纹等，具有强烈的时代特点和民族风格。

粟特的金花银盘同样为唐人喜见。这种银盘流行盘心錾刻或模冲有动物主体纹饰、周围留出空白的做法，纹饰上多鎏金，使器物形成白底黄花、对比强烈的视觉效果。唐代金花银盘目前在国内外已发现三十余件，或圆口、葵口，或菱形、海棠形等。但大多盘心所饰狻猊或虎状动物形象却并未在粟特银器中发现过，故亦不能排除是唐代工匠在粟特器风格影响下而揉入新意的仿制品。（图 1-17）

此外，粟特制扁圆器身、口部有流略似鸟头形，粗矮圈足、并被东方民族称为“胡瓶”的带把银壶，以及器壁凸凹起伏、口沿下内束一周的银碗，也都曾大量流入唐朝，但迄今却并未见到中国本土的仿品。

金银器皿

金银器皿是金银制成的盛食品及盥洗等具有实用功能的用具，如金银杯、盘、碟、碗等。中国金银器皿出现于春秋战国时期，两汉时期金银器皿还较为少见，直到唐代以后才有较大发展。浙江绍兴 306 号墓出土的春秋末至战国早期的玉耳金舟，是中国目前所知时代最早的贵金属器皿，湖北随县擂鼓墩战国早期曾侯乙墓出土了 5 件金质器皿。传早年出土于安徽寿县战国墓的楚王银匜，是中国目前发现时代最早的银质容器。（图 1-18）

图 1-18 战国蟠螭纹带盖金盏

金银首饰

金银首饰指用金、银制成镯子、戒指、别针、项链等饰物。是中国最早出现的金银制品。中国各民族妇女，常喜用银饰，如蒙古族的耳环、衣扣、头戴，苗族的头饰、项链，藏族的发簪等，各有不同的民族特色。

金错玉器

利用传统的金错工艺技术，在制成的玉器上碾成细线纹饰，然后嵌以金丝或银丝，为金错玉器。中国古代以“雕玉”“镂金”为最精细的手工艺，而金错玉器是“雕玉”和“镂金”的结合，是金错工艺的又一大发展。（图 1-19）

图 1-19 唐代金错白玉佩饰

金错陶器

金错陶器是在坯上先刻好纹饰，纹饰成凹槽形，然后入窑烧制成器，以金丝或银丝随凹槽嵌入，最后磨错平整。金错花纹与陶器颜色形成鲜明的对比，朴实富丽。

金错铁器

金错铁器是用金错作装饰的铁器。春秋时期已出现铁器，当时也用它来制作精细的工艺品。如1957年河南信阳长台关楚墓出土的金错嵌玉铁带钩，1958年四川成都天回山出土的金错铁书刀，1965年江陵望山楚墓出土的金错凤纹铁带钩，1968年河北满城西汉中山靖王墓出土的金错卷云纹铁匕首等，都是典型的金错铁器。

金错铜器

金错铜器是指用金错装饰的青铜器。是在铸造的铜器上用金丝或金片镶嵌成各种华丽秀美的纹饰或文字，然后用错石（厝石）在器表磨错光平。这是春秋战国青铜工艺的新技术，其艺术特征是用隐嵌的技法形成金线图案或文字。改变以前铜器模铸纹饰的拘束，突破了传统的图形对称格式，出现了许多故事题材的图案。（图1–20）

图1–20 错金银云纹犀尊

金

金又称黄金。元素符号为Au，原子序数79，原子量196.9665。色黄纯正，极细粉末为黑色；耐腐蚀，既不与水和氧反应，也不与酸、碱作用，化学性质极为稳定。黄金的这一特性被中国古人归结为一句“真金不怕火炼”，并引申用来讴歌一切真实、美好的事物或情感。黄金的延展性极佳，制成金箔，最薄可达万分之一毫米；一克黄金可拉成2公里长的金丝，非常适宜制作具有精细工艺要求的饰品和器皿，同时又适宜用于对其他质地的器物表面进行装饰。

黄金在自然界中的分布极其广泛，不仅存在于地球上，也广泛存在于地球表面的水圈、生物圈和大气圈中。科学家们还探测出巨蟹座中一颗恒星的表面存在多达一千亿吨的黄金，只是大气和外星球上的黄金目前还无法为人类所利用。金在地壳中含量稀少，且分布很散，多以游离状态存在，呈肉眼看不到的颗粒状，块状黄金极其罕见。往往一吨矿石，只含几克或十几克金，一立方米矿砂含金零点几克，就已经具备开采价值。由于开采难度和其他主观和客观因素的制约，人类所开采的黄金总量相对于其他金属来说很少，堪称金属中的稀罕品种。

在我国，黄金一般分为山金和砂金。山金也叫脉金，主要存在于石英矿脉中。含金的岩石经风化和侵蚀，被分离出来，和其他泥沙一起流入河中，金比泥沙重很多，会沉积下来，就是砂金。被人类发现较早的应是砂金，依其形而名之为麸金、瓜子金、豆瓣金等，名目繁多，不一而足。在先秦古籍《山海经》中已有对黄金的描述：“五色金也，黄为之长，久薤不生衣，百练不轻，从革不远。”说明“金”只是各种含金矿物的统称。事实上金矿确可细分为黄金、赤金、白金三种。因为黄金为较纯的金矿，所以“为之长”，是金矿开采的首选，而金矿中含有银、铜的就分别

称为白金、赤金。（图 1–21）

黄金

黄金即金，因其色黄，故称。参见【金】。

纯金

纯金又称足金、千足金、赤金、足赤金以及 K 金制中的 24K 金。色泽赤黄，质软，光泽夺目。但绝对的纯金是不存在的，正如俗话所说“金无足赤”。以现代科学技术水平可提炼出纯度为 99.9999％的专门用作标准化学试剂的试剂金。由于试剂金的生产成本高昂，因此用试剂金制作首饰意义不大。

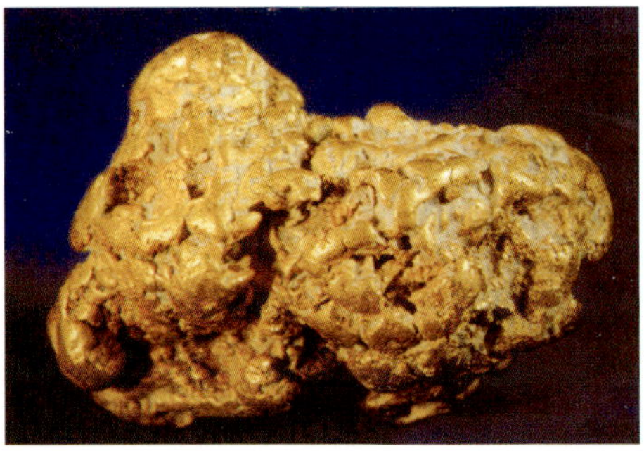

图 1–21 自然金

图 1–22 自然银

饰金

饰金又称 K 金。由于用纯金制作首饰太柔软，难以镶制出各种精美的款式，尤其当镶嵌珍珠、宝石和翡翠等珍品时容易丢失。因此，古代人们就知道在纯金中加入少量银、铜、锌等金属以增加黄金的强度和韧性，这样制作而成的金饰，称为饰金，也就是人们常见的制成首饰的金或其他金制品。确定饰金中含金量的制位叫“金位”，英文是“Karat”，按英文字头也可简称“K”。因此，饰金又称为 K 金。

K 金

k 金又称饰金。参见【饰金】。

银

银又称白银。贵金属之一。元素符号为 Ag，原子序数 47，原子量 107.868。色泽白亮，故又称“白银”。具有延展性良好、耐氧化腐蚀等特点，而且白银在所有金属中导电、耐热性能最佳，对可见光的反射性最强，化学性质也最活泼。银在自然界中呈单质状态的很少，多以硫化物状态伴生于其他有色金属矿石中，含量仅为铁的五百万分之一，但仍较黄金为多，故珍贵程度也逊于黄金。银通常生长于矿石之中，所以要深入地底开采才可找到。矿井需用钻开发，然后将矿砂带上地面，再从矿砂中抽出银（通常与砂石一起）后再精炼至纯。约 80% 的银，都是产于其他金属矿中，所以银是铅、铜、锌、 镍、锡和金矿的主要副产品，其中尤以铅矿最甚，约 45% 的铅矿砂含有银。（图 1–22）

白银

白银即银，因其色白，故称。与“黄金”相对。多用其作货币及装饰品。参见【银】。

纯银

纯银又称宝银。理论上为含银量100％的银，但实际中很难做到，一般不低于99%就称为纯银。

宝银

宝银又称纯银。参见【纯银】。

足银

足银又称98银。英文符号为980S，为含银98％，含铜2%的银。

98银

98银又称足银。参见【足银】。

92.5银

92.5银英文符号925S。为含银92.5％，含铜7.5%的银，是目前最为广泛的银的成色，已经成为一种行业标准。

80银

80银又称潮银。英文符号为800S，为含银80％，含铜20%的银。

潮银

潮银又称80银。参见【潮银】。

紫磨金

紫磨金又称紫金。一种高级合金。以黄金、红铜合炼而成。适宜于制作簪钗首饰。北魏郦道元《水经注》卷三十六：“华俗谓上金为紫磨金；夷俗谓上金为阳迈金。”

黄金的成色

黄金可与多种金属形成合金，在这些合金中含金量的多少就是它的成分或称成色。通常的表示方法是以百分比表示金含量，还有把金含量按重量分成1000份的表示法，如金件上有9999，即表示金件含金量为99.99％，而金件上加586的标记，则表示此金件含金58.6％。在首饰业、金币和金笔制造业中常用“开”（K）表示黄金的成色。K金按其含量由高到低分为

24K、22K、20K、18K、14K、12K、10K、9K、8K 等。

银的成色

银一般与铜形成合金，这些合金中含银量的多少就是它的成分或称成色。按成色不同，银可分为纯银、足银、92.5 银、80 银。

金矿

金矿有两种，一种叫山金，一种叫砂金。山金也叫脉金，主要存在于石英矿脉中；含金的岩石，崩碎成砂粒，随水流入江河，日久沉积，即为砂金。

砂金

含金的岩石经风化和侵蚀，被分离出来，和其他泥沙一起流入河中，金比泥沙重很多，会沉积下来，就是砂金。

山金

山金也叫脉金，主要存在于石英矿脉中。

试金石

试金石是指一种可用来鉴别黄金的石块。可用来作试金石的石块大都是致密坚硬的黑色硅质岩、如硅质板岩、燧石岩等。试金石刻划黄金留下的黄金粉末的颜色，矿务学上称为条痕。用试金石鉴别黄金成色的原理是根据条痕的反射率和色泽的判别来判断的。用试金石来鉴定黄金的真伪和成色是一种古老的方法，希腊人在公元前 6 世纪的著作中就记述了试金石的应用。中国人发现并应用试金石在三国时代的《广雅》和隋代的《广韵》上都曾提到过。

火爆法采矿

火爆法是一种开采矿石的较原始方法。就是用火把岩石烧热，然后再往岩石上浇水，使岩石爆裂，以便开采。火爆法首先用于铜矿的开采，后来被用于金矿开采。火爆法开采的发明和普及，使得岩金矿的开采效率有了较大的提高。

火法炼金

将汞膏、砂金和泥金等含金原料与硼砂、碳酸钠、硝石、萤石或石英砂等熔剂混合好后，在 1200℃ ~ 1350℃的温度下进行熔炼，杂质经选渣后由炉内排出，所剩之熔融体即为金银合金，如果还要得到纯金，再用硝酸或王水使金与银分离。火法炼金过程简单，容易操作。

灰吹法炼银

灰吹法为中国古代炼银方法。中国古代的银大部分是从含银的粗铅中提炼出来的。由于银铅完全互溶，且溶点较低，古时炼银时加入铅，使银溶于铅中，实现银的富集；然后吹以空气，使铅氧化，入炉灰中，实现银的分离。早在东汉时期，炼丹家就发明了以金银矿粉与黑锡（铅）共炼与提炼金银的“灰吹法”。灰吹技术在唐代已被广泛应用。

金银作坊院

唐代金银器的制造部门分行作、官作两类，而以后者为主。“行作”即为民间金银行工匠制作，质量较官营手工业差。“官作”即指少府监中尚署所管辖的金银作坊院。中、晚唐时又设文思院，掌管制造宫廷所需的金银器皿和饰件。

文思院

文思院为唐皇室控制的金银作坊，由唐武宗所建望仙台修葺而成。唐代文思院的职责非常明确，主要就是制造金银器。陕西扶风法门寺地宫出土的多件金银器錾文中都记载了明确的制作地点，据其内容可知皆为文思院出品，如迎真身金钵盂的口沿处有一圈錾文：“文思院准咸通十四年三月廿三日勒令造迎真身金钵盂一枚重一十四两三钱打造小都知臣刘维钊判官赐紫金鱼袋臣王金护副使小供奉官虔请诸使左监门卫将军弘懿”，可知此钵为咸通十四年文思院所造。其他器物如鎏金银盐台为咸通九年由判官臣吴弘懿、使臣能顺督造，银茶碾、银茶罗以及重三百八十两的金花银五足炉等则系咸通十年分别为文思院匠臣邵元审、陈景夫及作官李师存、判官高品吴弘懿、使臣能顺造，银如意、银手炉为刘虔诣、副使高品思厚、使臣吴弘懿等督造。（图 1-23）

图 1-23　文思院制单轮纯金十二环锡杖（杖首）

银作局

银作局是明代二十四衙门之一，设于洪武三十年，初设大使副使各一员，后改设掌印太监一员。是专为宫廷制造金银器饰的作坊，史载“掌打造金银器饰”，如金银钱、金银豆叶、金银锭等等。银作局银锭制作规范，是专为国库铸造的银两。银作局所造，主要是供钦赏，此外还承担一部分其他工作，如为铸造亲王印符、金牌的金牌厂的产品镀金等。银作局的工匠人数一般在二百至三百人之间，规模较小。

金花银

金花银又名折色银或京库折银。原意为足色而有金花的上好银两。是明代税粮折收的银两。

明初征收赋税主要是实物，夏税秋粮大部分押往南京，作为官员俸禄及边防所用。永乐迁都后，京师官员需持俸帖往南京支领俸米，道远费多，于民于官均不利。为解决这一问题，明宣德时开始允许将税粮折纳金花银，押解入京充当官员俸禄以及作为皇帝赏赐之用，取得较好的效果。税粮折银与徭役折银，自明中叶以后陆续实行。税粮折银，减少了农民运送税粮的痛苦，推动了商品经济的繁荣，是中国古代赋役制度的一个重大进步。

图 1–24 商代贴金箔铜人头像

金箔

金箔是用黄金锤成的薄片。常用以贴饰器物、佛像，也是髹漆工艺的一种材料，也有用作衣饰的。元、明、清时期，金箔主要用于建筑装饰。现今中国生产金箔的地区主要有南京、苏州、福州、汕头和绍兴等地。河北藁城商代中期遗址、河南安阳殷墟遗址中已有金箔出土。（图 1–24）

图 1–25 鎏金银净瓶

净瓶

净瓶为法器。也称军持。始于唐代，盛行于宋元时期。在法事活动时使用，或者作为佛前的供器。瓶顶有直立的细长管，下承草帽式圆盘，下紧接以细长颈，肩一侧安有上仰的短流，有的流塑成龙首形。材质有铜、银、瓷。1969 年河北定州城内静志寺遗址塔基地宫出土过一件鎏金银净瓶。（图 1–25）

军持

军持也称净瓶。参见【净瓶】。

图 1–26 金执壶

金、银执壶

金、银执壶是盛酒或汁液的用具。唐代的金、银执壶，有盖，侈口、束颈、圆肩、深弧腹、矮圈足，有短流和扁带形执。宋代金、银执壶颈、流增长，变细。金、银执壶多有出土，如 1969 年陕西咸阳市郊出土的唐代金执壶，1982 年江苏镇江丁卯桥唐代银器窖藏出土的银执壶，1986 年浙江义乌柳青游览亭村窖藏出土的北宋银执壶，1990 年福建福州茶园山南宋许峻墓出土的南宋鎏金银执壶等。（图 1–26）

银渣斗

日常用具。专门用来盛放兽骨鱼刺，或用来承接所倒出来的废水及茶渣等渣滓。敞口，鼓腹，圈足外撇。辽代银渣斗的斗盘弧度加大加深，出现折领，且越来越明显，南宋之后变化不大。辽代渣斗多有发现，如耶律羽之墓出土的鎏金鸳鸯团花纹银渣斗，南京江浦黄悦岭南宋张同之墓出土有宋代银渣斗。（图 1–27）

图 1–27 唐代鎏金折枝团花银渣斗

梅瓶

梅瓶是一种小口、短颈、丰肩、瘦底、圈足的瓷瓶，以小口能插梅枝得名。宋时称“经瓶”，作盛酒用器，造型挺秀、俏丽，器体高且偏瘦，肩部下斜，足部长而近于直线，底部较小，且变化多样，常有棱角分明的转折。梅瓶是典型的瓶造型，因此也将此造型的其他质地的瓶称为梅瓶。浙江衢州南宋史绳祖墓出土有银梅瓶。

唾壶

唾壶大约战国时已有。卫生用具，壶的一种式样，吐唾液的容器。敛口，短颈，鼓腹平底。材质有瓷、玉、漆、金、银、铜、水晶，大小形制不一。辽陈国公主墓出土有银唾壶。

高足杯

高足杯又称马上杯、靶杯。唐代已有，元代盛行。饮酒或盛果实的器皿。上为碗形，下有柄，柄呈圆柱形或竹节形，圈足。多为银质。受西方影响而产生，但所饰的缠枝纹、狩猎纹等纹样都极具中国特色。唐代高足杯多有出土，如 1982 年陕西西安韩森寨纬十街出土的花鸟莲瓣纹高足银杯（图 1–28），1970 年陕西西安南郊何家村窖藏出土的狩猎花草纹高足银杯等，以后各代的高足杯也多有发现。

图 1–28 唐代花鸟莲瓣纹高足银杯

扳指杯

扳指杯侈口，束腰，圈足，多采用多棱体和多瓣体，也有圆体。此种杯的特点在于有把。把一般为环形，持杯时手指插入圆形把内，拇指压住把面，因此称为扳指杯。唐代扳指杯比较常见，如 1970 年陕西西安南郊何家村窖藏出土的仕女狩猎纹八瓣银杯（图 1–29）、掐丝团花金杯等。辽耶律羽之墓出土的鎏金高士图七棱杯也是典型的扳指杯，具有契丹特色。

图 1–29 唐代仕女狩猎纹八瓣银杯

银石榴罐

银石榴罐为古代炼丹器具，或简单的蒸馏器。与用来熬药的金、银锅，盛药的金、银盒，服药的碗、杯组成一整套药具。何家村窖藏出土银石榴罐 4 件，形制基本相同，其中一件有棍状的孔塞。

金银线

金银线是以黄金、白银为主要原料制成的纱线及其仿制品。金银线的制造和应用，在中国有悠久的历史。传统金银线分为扁金线（或称片金）和圆金线（或称拈金）两大类。将金箔粘合在纸上再切成 0.5 毫米左右的窄条即成扁金线，将扁金线螺旋地裹于棉纱或丝线外即成圆金线。现在，某些高级传统织物如中国的云锦和日本的西阵织仍然使用传统金银线。

图 1–30 唐代鎏金舞马衔杯纹银壶

仿皮囊壶样式银壶

此壶多流行于唐代。为日用器皿，以仿皮袋造型而名。器身上扁下肥，鼓成皮袋状，有仿皮革凸起的缝线，前端附筒状流，上安提梁。如 1970 年发现于陕西西安何家村唐代窖藏的鎏金舞马衔杯纹银壶。（图 1–30）

节约

节约为古代马器上的饰件。从商代晚期开始出现，历代沿用。多为铁制或铜制，也有金、银制。用以串连固定马络头、辔带，使其保持交叉状，有一字、十字、廿字、双管、圆筒、轮形等形状。主要起装饰作用。（图 1–31）

三事

三事亦作三字。指三件小形佩饰。以金制成者称“金三事”，以银制成者称“银三事”。常见者有剔牙杖（亦称挑牙）、耳挖子及镊子等。既具有实用价值，又兼作佩饰。一般将三物穿组在一起，或拴结于腰间，或悬挂于衣襟。

图 1–31 金节约

三字

三字即三事，参见【三事】。

带銙

带銙为古代腰带上的饰物，其质料和数目随

服者的身份而异。《新唐书·舆服志》："其后以紫为三品之服，金玉带銙十三；绯为四品之服，金带銙十一；浅绯为五品之服，金带銙十；深绿为六品之服，浅绿为七品之服，皆银带銙九；深青为八品之服，浅青为九品之服，皆鍮石带銙八；黄为流外官及庶人之服，铜铁带銙七。"

图 1-32 西汉八龙纹金带扣

带扣

腰带端首的卡扣为带扣。通常以金玉宝石等材料制成，正负异制，缀于革带两头，内有暗钩钩结固连。外形有圆形、椭圆形、方形、长方形以及各种不规则造型，表面凿或模压各式图纹。缀有带扣的腰带，亦称"扣带"。（图 1-32）

带钩

带钩为束在腰间皮带上的钩。原为胡服所用，春秋战国时期由鲜卑族传入中原，盛行于战国至汉代，魏晋时期仍沿用。一端曲首，背有圆钮，形式很多，常见的有棒形、竹节形、琴面形、圆形、兽形等。材质有青铜、铁、金、玉。有的镶玉、鎏金、嵌绿松石或加错金银。（图 1-33）

图 1-33 春秋鸭首双龙金带钩

鞢韄带

中国古代腰带。原为胡制。带间有带环，用作佩挂各种随身应用的物件，如弓、剑、刀、砺石等。自魏晋时期传入中原到唐代曾一度被定为文武官员必佩之物，以悬挂算带、刀子、砺石、针筒等七件物品，俗称"鞢韄七事"。开元之后一般不再佩挂，但在民间，特别在妇女中间却更为流行。辽陈国公主墓出土有银鞢韄带。（图 1-34）

貂蝉冠

貂蝉冠也称笼巾。貂禅冠为三公亲王所戴，官居一品也有戴用。其形正方，左右用细藤织成两片，形如蝉翼，并涂有金银为饰，冠上缀金，并附蝉为饰，以示高洁，冠顶插有貂尾。这是一种高贵的冠式。貂禅冠也有以七梁冠、八梁冠加笼巾（笼巾即以细藤织两翼覆其冠）加上金珰貂禅与貂尾，据《宛委余篇》云："金取其刚，蝉居高饮清，貂内竞悍而外柔。"取其义而命名。

图 1-34 辽代银鞢韄带

赤金冠子

妇女冠饰。以金片、金丝制成。

莲花冠

莲花冠也称莲华冠。为道人所戴的冠。其冠以金箔制成，状似莲花，使用时扣覆于髻，以簪绾系。唐代已有，五代蜀后主王衍诡异，尝令妓妾戴莲花冠，众人见之新奇，乃争相效仿，一时风靡京师。

莲花竹笄

妇女首饰。女子出嫁时用于插在发际。一般为金质。

钏

钏也称镯。首饰名。古代对臂环称“钏”，别称“玔”，俗称“镯”，即今所戴的手镯。（图 1–35）

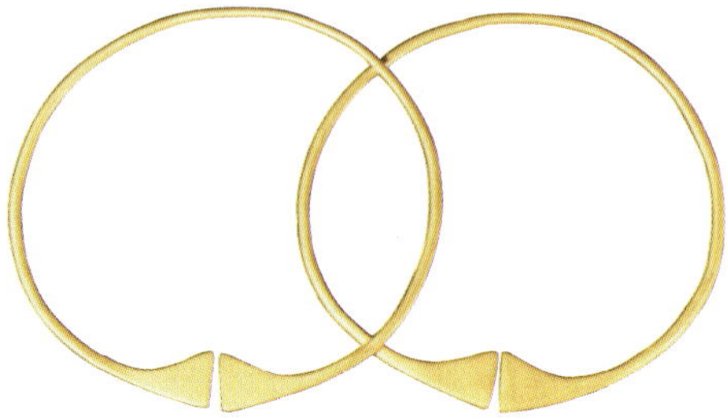

图 1–35 商代金钏

镯

镯也称钏。首饰名。手镯或脚镯。因材质不同又有银镯、玉镯、金镯之分。

篦

妇女首饰。通常以金、银、玳瑁及兽角加工而成。齿较梳子细密，除用于清除发垢外，也可插在发顶以装饰。

金银簪

首饰。即笄。古人用来插定发髻、或连冠于发的一种长针，后来专指妇女插髻的首饰。中国古代男女都戴簪。男的用簪，主要系冠使之不堕；妇女用簪，同是直接插之发髻，使之不散，主要为了实用。新石器时代的簪多为圆锥状；商代簪头上有的雕刻有各种装饰，已较精致；西周、汉代时的簪，有的在簪头还镶有绿松石；唐、宋时的簪，用金、银、玉等贵重材料制作，金簪的制作工艺除錾花、镂花外，还有用细金丝进行“盘花”的；元代簪头的雕刻花纹多种多样，有做成梅花、菊花等各种花卉的，鸟头、兽头、龙头等动物头形的；至明清时，簪的制作日趋多样，以细巧为其特色，多用金、银作原料，并镶嵌各色珍贵宝石，十分富丽。（图 1–36）

图 1–36 南宋鎏金龙纹银簪

指环

指环又称约指、戒指。首饰。一般以金银制成环形，戴于手指。指环在中国最初是宫廷妇女用以避邪的标记，后来演化为饰品。由于用途的制约，主要在戒面部分增加装饰，或雕饰、或镶嵌。两汉时代的金银指环，在湖南长沙和广东广州、增城等地发现不少，有的在金指环上镶嵌有宝石。晋代的金戒指錾刻花纹已经很多，戒面扩大，有的镶嵌着数块宝石，而且有从域外输入的指环。明清时指环的豪华程度，多以钻石颗粒大小和红绿宝石的等次来品定。

约指

又称指环、戒指。参见【指环】。

戒指

又称约指、指环。参见【指环】。

凤环

妇女首饰。为雕凿有凤纹的金质圆环形臂饰。

耳坠

图 1–37 明代金环镶宝石玉兔耳坠

耳坠也称坠子。首饰中耳饰的一种，指耳朵上的坠饰物，即耳环上垂挂的饰品，一般可活动。质料多金银玉石。古代的耳坠实物，以北魏遗留较早。北京定陵出土的明神宗孝靖皇后的金环镶宝石玉兔耳坠形式新颖，别具意匠，为明代耳坠的珍品。（图 1–37）

方胜

妇女首饰。以扁平的金片、玉片等材料雕琢而成，中部为一圆体，上下两端作对向梯形，使用时系缚在簪、钗之首，插于两鬓。也有用布帛制成的。名称因质料而异：以金制成者称“金胜”，以银成者称“银胜”，以玉制成者称“玉胜”，以彩帛等剪制成花朵者称“花胜”，像人形者为“人胜”。旧传初为西王母所戴，有祛灾辟邪之功用，人们纷纷仿效。汉魏时期，在士庶妇女间广为流行。1954 年山东沂南汉墓、1979 年四川新都汉墓等处出土的画像砖上，有戴胜的西王母形象，完整实物也有发现。

金镊

妇女首饰。以金制成的镊子。《东汉会要·舆服志下》：“太皇太后、皇太后入庙服……簪以玳瑁为擿，长一尺，端为华胜，上为凤凰爵，以翡翠为毛羽，下有白珠，垂黄金镊。”

金梳

金梳又称金脑梳、金栉。以金制成的梳子。多用作妇女首饰。《元史·礼乐志五》有“妇女二十人，冠金梳翠花钿”的记载，《明史·舆服志三》记洪武年更定的品官命妇冠服中规定一品常服要有“金脑梳一”。

金脑梳

金脑梳即金梳，参见【金梳】。

金栉

金栉即金梳，参见【金梳】。（图 1-38）

图 1-38 唐代錾花金栉

金约

清代妇女的额饰。金镶珠宝构成，做成环状，使用时围箍在额间。后有珠宝串饰垂下。所用珠宝的质料及数量视身份而别。专用于着祀服时，和朝冠、吉服冠等服饰配用。北京故宫博物院、台湾故宫博物院均收藏有金约实物，传世绘画中也有大量所映。

金柳

妇女插在髻上的装饰品。是用金箔制成的雪柳。

金靥

金靥亦称金靥子。妇女面饰。以金箔剪制成的面靥。

金珰

金珰也称黄金珰。首饰名。汉代近侍之臣，侍中、中常侍的冠饰。黄金制成，其形似盾，中心饰蝉纹，边有连续纹，有的结合雕镂，用小金珠附于花纹之上，并嵌以宝石。通常加于冠饰前，以示恩宠。

金貂

金貂又称貂珰。金珰及貂尾。汉代侍中、中常侍等宦官冠帽上的两种饰物。通常加在武冠之上。后引申为皇帝亲从或达官显贵的代称。

貂珰

貂珰又称金貂。参见【金貂】。

金颜

博山上所附的蝉饰即为金颜。《初学记》卷二十六引徐爰《释问》：“通天冠，金博山蝉为之，谓之金颜。”

金翘

妇女簪钗首饰。以金制成凤鸟之状，羽翅部分镶嵌翡翠。

金镯

金镯即脚镯子，套在脚腕上的装饰品。宋吴自牧《梦粱录·嫁娶》："且论聘礼，富贵之家当备三金送之，则金钏、金镯、金帔坠者是也。"

图 1-39 南宋金花饰

金花

以金镂雕成花状的首饰，多用来装饰冠帽。常见于西域少数民族地区。《新唐书·吐谷浑传》："其王椎髻黑冒，妻锦袍织裙，金花饰首。"又《东夷传·百济》："王服大袖紫袍，青锦裤，素皮带，乌革履，乌罗冠饰以金花。"（图 1-39）

金胜

金胜也称金称。以金制作的方胜。实物在江苏邗江、湖南长沙等地均有出土。参见【方胜】。

图 1-40 金代盘花金带銙

金銙

革带上的金质饰片。宋欧阳修《归田录》卷二："初，太宗尝曰：玉不离石，犀不离角，可贵者，惟金也。乃创为金銙之制以赐群臣。"（图 1-40）

金鱼

金鱼也称金鱼袋。佩鱼的一种。金鱼，即金制的鱼形佩饰，用作三品以上官吏章服，金代规定四品以上可佩金鱼。因鱼符按例放在鱼袋中，也称"金鱼袋"。

金龟

①指官吏所佩金印上的龟钮。始于汉代，太子以下，包括三公、诸侯、大将军等均可以佩带。

②指唐代官吏所佩囊袋。以金装饰，内装龟符。唐高宗时规定，三品以上官员皆佩鱼袋。武则天天授元年（690），因避讳改佩鱼为佩龟，并规定三品以上龟袋饰金，四品饰银，五品饰铜。至中宗时，恢复佩鱼制度。

金环

金环也写作金環。金质环形装饰物。作为臂饰、耳饰或指饰。

金冠

①指少数民族男女所戴的一种礼冠。（图1-41）

②指贵妇及宫廷女子所戴的一种束发冠。由金丝编制，或用金片锤压而成，制作精细，通常雕饰有各种花纹。

③指舞姬所戴的高冠。以金丝编织成鸾鹤状，上饰珠宝。因重量甚轻，亦称“轻金冠”。

图 1-41 北魏牛首马首金冠

金钿

妇女首饰。即为金花钗，也用以装饰器物。南朝徐陵有“反插金钿”的话，唐王建有“重梳短髻下金钿”诗句，可知，金钿是一种金花首饰。

金花冠

以金片压制的冠饰。冠体饰有花纹。多用于贵族男女，尤以少数民族地区为常见。

金缕子

古代南越妇女所戴的一种首饰。以羊皮金纸剪为条状，附缀于假髻。

金指甲

金质护指。妇女套手指尖，以护蓄长的指甲。近人徐珂《清稗类钞・服饰》：“金指甲，妇女施之于指以为饰，欲其指之纤如春葱也。自大指外，皆有之。”

金荷包

用金片镂雕后用金丝缀合或以金丝编织而成的荷包。也有以玉雕琢，再镶以金者，称“金镶（厢）玉荷包”。1986 年内蒙古哲里木盟奈曼旗青龙山辽陈国公主与驸马合葬墓出土过一件镂空金荷包，清代金荷包实物在北京故宫博物院及台北故宫博物院均有收藏。（图 1-42）

金玉带

以金、玉两种带銙装饰的腰带。钉缀时两銙相间，共十三枚。唐代规定为三品以上文武官员官服用带，为百官腰带中最贵重的一种。

金锁片

金锁片也称金鸡心。妇女颈饰。以金制成片状，外形有圆、方、椭圆、鸡心等，两面凿有喜祥文字或图案。考究者制为小盒，可以开启用于贮物。

图 1–42 辽代镂空金荷包

金呿嵯

金呿嵯也称金呿嵯、金佉苴。西域少数民族武将所用的一种金饰皮带。

金革带

金革带是以金銙为饰的革制腰带。

金步摇

古代妇女首饰。是附在簪、钗之上的一种金玉装饰，制作华丽。《释名·释首饰》：“步摇，上有垂珠，步则摇动也。”《后汉书·舆服志下》：“步摇，以黄金为山题，贯白珠为桂枝相缪，一爵（雀）九华（花），熊、虎、赤罴、天鹿、辟邪、南山丰大特六兽。”

金环参镂带

金环参镂带简称金带。胡服腰带。以皮革制成，上缀饰金、玉制成的镂空牌饰，牌饰下附小环。

十三环金带

环亦作镮。北朝时出现。一种装有钩鐍的皮腰带。以皮革为鞓，鞓上钉缀金环十三。古代多用于皇帝，有别于臣僚的九环之带。隋代承袭了这种形式。

腰下黄

腰下黄简称腰黄。缀有金銙的腰带。宋代制度规定四品以上带銙用金，五、六品银銙镀金，七品用银，八、九品用黑银，胥吏、工商、庶人则用铁、角，文人自学士以上，料可使用金銙之带。因此，系束金事，在宋代是一种殊荣。

具带

具带也称贝带。胡服之带，或专指匈奴饰金的腰带。带头装有活动的扣针，形如马鞍上的铰具而得名。流行于西北少数民族地区，战国时传入中原，为汉族所沿用。《史记》《汉书》中的《佞幸传》及今本《穆天子传》均作“贝带”。

头面

①指妇女头饰。以金银丝编织为网，上缀珠翠宝石作成的人物、飞禽、花卉、鱼虫及吉祥图案，使用时扣覆于前额或两鬓，以簪钗固定。五代以后较为流行，多用于成年妇女。

②首饰的统称。

项圈

项圈又称项箍。首饰中颈饰的一种。妇女、儿童套在颈部的一种饰物，部分少数民族男子亦用。一般贵重的用金、银锤制或模压而成，普通的用铜制做，考究者嵌以珠宝。在西南少数民族中，还有用竹子做项圈的。因多弯曲成圆圈状而得名。古代项圈发现较少，现代苗、壮、瑶族还流行戴项圈，形式多样，各具地方特色。（图 1-43）

图 1-43 明代镂孔龙纹嵌珍珠宝石金项圈

五兵佩

古首饰。晋代妇女仿兵器形状制成的发饰。《宋书・五行志》：“晋惠帝元康中，妇人之饰有五兵佩，又以金银瑇瑁（玳瑁）之属，为斧钺戈戟以当笄。”

宝钿

以金银珠玉贝等制成的装饰品。

钿

①指用金翠珠宝等制成花朵形的首饰。

②指以金、银、贝壳之类镶嵌器物。如：金钿、螺钿。

条脱

条脱也称跳脱、腕阑、臂钗。首饰，手镯、腕钏一类的臂饰。南宋无曾《能改斋漫录・卷三》有唐文宗问宰臣条脱是何物的记载。

跳脱

跳脱又称条脱。参见【条脱】。

腕阑

腕阑又称条脱。参见【条脱】。

臂钗

臂钗又称条脱。参见【条脱】。

帔坠

帔坠又称霞帔坠子。为了使霞帔在穿着时能平展地下垂，遂于其底部缀以金制或银制的坠子，即是帔坠。外轮廓均呈心形。

霞帔坠子

霞帔坠子又称帔坠。参见【帔坠】。

蓬沓

妇女首饰。银制的大型梳子。插于发际作为装饰。宋元时期较为流行。《於潜令刁同年野翁亭》诗："山人醉后铁冠落，溪女笑时银栉低。"自注："於潜（今属浙江临安县）女皆插大银栉，长尺许，谓之蓬沓。"1966 至 1973 年间，江西彭泽宋墓出土过一件蓬沓。

翘花

翘花也称花翘、翘花儿。妇女首饰。以金银锤制成凤鸟之形，上饰翠羽珠宝，使用时连缀于簪钗之上，安插于双鬟。一说为翠羽制成的头饰。

银胜

银胜是以银制成的方胜。参见【方胜】。

银花

银花是以银镂雕成花状的首饰，常用来作冠饰。

银片

清代蒙古族妇女首饰。以银制成大小不等的薄片，考究者缀以珠宝，使用时插于发际，既便于保护发髻，又用作装饰。近人徐珂《清稗类钞・服饰》有乌兰察布盟女子成婚时所梳双髻及额前、后脑均饰有银片的记载。

银带

银带是以银銙装饰的腰带。1973 年安徽蚌埠明开国将领汤和墓出土一组银带饰，共 15 件，其中包括银带头、银带銙及银铊尾，带鞓在出土时已经腐烂，带銙中心所镶嵌的饰件也已脱落，仅留银边。根据形象资料排列，可复原成一条银带。

银鱼

银鱼是佩鱼的一种。也称银鱼袋、鱼袋银。银鱼，即银制的鱼形佩饰，用作四品、五品官吏章服。因鱼符按例应放在鱼袋中，也称银鱼袋。宫廷妇女也有以银鱼作为装饰的。

银指甲

银质护指。妇女套手指尖，以护蓄长的指甲。民国天笑《六十年来妆服志》：“以前女子每留长指甲，以为美观，长者有至三四寸者，其细如葱，时加修剪。其保护此指甲（留指甲必在无名指与小指上）使不损坏者，有套以银管者，名之曰‘银指甲’。”

银环

银质环形装饰物。一般多指银指环，有时也指代耳环等其他饰物。参见【银指环】。

银指环

银指环简称银环。白银制成的指环。形制有多种，大多做成圆箍状，考究者镶嵌各种宝石。流行于汉魏六朝时期，北朝以后，因金指环的普及逐渐不流行。实物有大量出土。

佩鱼

唐代官吏章服，按品级不同，分别佩戴金、银、铜制作的鱼符，作为饰物凭信，叫作佩鱼。其中用金制作的称“金鱼”，用银制作的称“银鱼”。

禁步

妇女悬于裙边的一种饰物。通常以金玉制成环形或兽鸟、花卉、兵器等图型，以丝绦或绸缎串成一挂，左右条一，上系于腰带。行走时如跨步稍大，该饰物就会飘荡不定，有时上下佩饰还会发出响声，这在古时即被认为轻浮失礼之举。因其有范于妇女行动，故名。多见于宋明时期。（图 1-44）

图 1-44 明代玉禁步

山题

汉代妇人首饰的底座，制如山形，着于额前。《后汉书·舆服志下》：“皇后谒庙服……步摇以黄金为山题，贯白珠为桂枝相缪。”

发鼓

妇女衬托发髻的一种饰物。简称鼓。以金属丝编成圆框，形似网罩，使用时扣开头顶，外覆假发，以提高发髻的高度。流行于明清时期。1977 年，江苏无锡江溪明墓出土有发鼓实物：以银丝编成，状如网罩，四周有小孔数个，外有头发包裹，并插以银簪。出土时位于女性死者头部。

缠臂金

缠臂金也称金缠臂。妇女臂饰，以金制成。

钗

妇女首饰。由两股合成。钗，古代写作“叉”，《释名·释首饰》：“钗，叉也，象叉之形因名之也。”曾出土过战国时楚国的木发钗。唐代的金银钗，以镂花见长，广东广州皇帝岗和陕西西安，都曾出土过唐代金银钗，有的镂空图案，制作非常精细。明清时的金凤钗，更为精工，北京西郊和江西南城都有出土。在我国历史上，钗的形式变化最多，是古代首饰的一大品种。（图 1-45）

图 1-45 明代学士登瀛金钗

图 1-46 明代金凤钗

发钗

首饰名。主要以金银制作。其最简单的形式，是将一条金丝或银丝两端锤尖，于中部自然弯折，使两端平行而成两股。钗的形式的变化，主要就是在那弯折之处。也有的在钗上作花丝、镂花和镶嵌等装饰。常见的有花卉、缠枝、龙凤和鸟兽等。

凤钗

钗的一种。因其形如凤而得名。五代马缟《中华古今注·钗子》：“始皇以金银作凤头，以玳瑁为脚，号曰凤钗。”（图 1-46）

松花钗

钗的一种。以金制成，因其色黄犹如松花而得名。

镮钗

镮钗也称环钗。钗的一种。妇女用以衬发的一种饰物，多用于高髻妇女。以金银条为之，弯制成圆环状。使用时竖于头顶，外编以发。始于汉代，至唐尤为流行。唐代妇女的镮钗实物，1955 年于西安东郊唐墓、1957 年于广州等地唐墓中均有发现。

鸳钗

钗的一种。以金银等材料制成。因钗首饰有鸳鸯的形象而得名。

鸾钗

钗的一种。以金银等材料制成。因钗首饰有鸾鸟的形象而得名。

鱼尾钗

钗的一种。简称鱼钗。以金银制成。因钗首饰有鱼尾之形而得名。

龙鸾钗

钗的一种。以金银、美玉制成。因钗首饰有龙、鸾的形象而得名。龙为鳞虫之长，鸾凤为百鸟之王，两者并列，含有吉祥之义。多用于结婚之日，隐寓幸福美满。

蟠龙钗

钗的一种。以金银或美玉制成。因钗首饰有蟠龙的形象而得名。

雀钗

钗的一种，也称爵钗。以金银或美玉制成。因钗首饰有鸟雀的形象而得名。汉刘熙《释名·释首饰》："爵钗，钗头施爵也。"

虾须镯

一种手镯。流行于明清时期。累金丝制作，编织成各种花样。镯面剖开，两端有接口，可调节、脱卸。因金丝纤细宛如虾须而得名。

寄名锁

儿童颈饰。简称锁，俗称长命锁。以金、银或玉制成，做成锁状，上錾"长命富贵""福寿万年"等吉祥文字，或者刻以寿桃、蝙蝠、金鱼及莲花等吉祥图案。使用时挂在项圈下，或者用链条、丝带系住，悬挂于项间。男女都可佩戴。多见于明清。按旧俗，父母害怕孩子早夭，选择子女众多的人作为孩子的寄父、寄母，也有寄名于诸神及僧尼的。寄名之后，即用锁型饰物挂在孩子项间，表示借神灵之威辟灾祛邪，"锁"住生命。一般孩子出生不久即佩这种饰物，成年后释去。

博山

礼冠上的装饰物。也称博山、金博山。以金、银镂凿成山形，饰于冠额正中。《后汉书·儒林列传·序》唐李贤注引徐广《舆服杂注》："天子朝，冠通天冠，高九寸，黑介帻，金薄山，所常服也。”《晋书·舆服志》《酉阳杂俎》《金史·舆服志中》等皆有记载。实物于甘肃敦煌新店台晋墓曾有出土：以金箔制成，外形如山，残高 5 厘米，宽 4.2 厘米。中间镂饰一蝉，蝉形双眼突出，蝉体及四周的花边上粘有大小金粟，边上镶嵌宝珠。出土时位于死者头部。

图 1–47 唐代蟾蜍异兽纹金背镜

金背镜

唐代名镜。系指镜背贴以银片、金片或镀金，其锤上刻出各种图案，或在青铜镜背的纹饰上贴以金银片。由于锤贴的金银片易于脱落，此类镜子传世或出土极少。（图 1–47）

图 1–48 张士诚父母合葬墓出土的银奁

奁

古代盛放梳妆用品的器具。多为漆木制，也有陶制的明器。流行于战国至唐宋间，作圆形、长方形或多边形，大部分层。后代成为一种可以开阖的梳妆镜匣。1964 年江苏苏州南郊吴门桥张士诚父母合葬墓出土过一个银奁，甚为罕见。（图 1–48）

多面金珠

由若干个小型金环焊接起来组成，在金环外围饰有对称分布的焊珠，形成美丽精巧的图案。在国外，曾经多次发现类似珠饰，国外学者将其定名为“12 面珠”，但在我国境内发现的金珠有多至 14 面者，故名之为“多面金珠”。多面金珠的形制及其独特的焊珠工艺均非中国所固有，因而这种金珠或其制作方法应是从中亚传入我国的。

金缕玉衣

图 1–49 刘胜金缕玉衣

玉衣，又称玉匣、玉柙。大致出现在西汉文景时期。汉代规格最高的丧葬殓服，汉代皇帝和贵族，死时穿“玉衣”入葬。它们是用许多四角穿有小孔的玉片，用金丝、银丝或铜丝编缀起来的，分别称为“金缕玉衣”“银缕玉衣”“铜缕玉衣”。当时人们十分迷信玉能够保持尸骨不朽，更把玉作为一种高贵的礼器和身份的象征，因此采用金缕玉衣作为葬服。《西京杂志》有记载，汉代帝王下葬都用“珠襦玉匣”，形如铠甲，用金丝连接，这种玉匣就是人们日常说的金缕玉衣。但用金缕玉衣作葬服不仅没有实现王侯贵族们保持尸骨不坏的心愿，反而招来盗墓毁尸的厄运，因此到三国时期，魏文帝曹丕下令禁止使用玉衣，从此玉衣在中国历史上消失。考古发掘汉墓中发现的玉衣已在十件以上。河北满城汉墓出土的刘胜玉衣共享玉片2498片，金丝重1100克，窦绾玉衣共享玉片2160片，金丝重700克。（图1–49）

图1–50 迎真身银金花双轮十二环锡杖

金蚕

金属铸的蚕，古用为殉葬之物。

锡杖

锡杖又称声杖，为梵语“契弃罗”的意译。多为金银制。原本是僧侣行路或化斋时叩门兼防身的器械，也可以“驱虫毒”。随着佛教的发展，上层统治阶级介入佛教，使佛教礼仪日益繁缛复杂，锡杖遂成为佛教礼仪中不可缺少的法器。如法门寺地宫出土了三枚锡杖，其中迎真身银金花双轮十二环锡杖等级最高。（图1–50）

图1–51 金剑鞘

金剑鞘

附于铜柄铁剑和铁剑剑鞘的外表作为装饰。打制甚薄，多用模压的方法将其表面压出各种花纹，如回纹、双旋纹、三角形齿纹、绳纹、圆圈纹及人字纹等几何形图案，也有蛇纹和牛头纹等具象花纹。根据形制又可分为镂空纹金剑鞘、回纹金剑鞘与牛头纹金刻剑鞘三种，其中以牛头纹金剑鞘数量最多。大多出自规模较大、随葬品众多的大墓中。（图1–51）

金臂甲

既为防护用具，也有一定的装饰作用。出土不多，从晋宁石寨山出土的4件来看，为滇国上层人物所用。其中一件由两块相同的半圆形金片组成，亦可对合成圆筒状，上大下小，呈喇叭形，边沿有对称的穿孔及刻划纹。另有两件器形相同，为上大下小的喇叭形圆筒，侧面有开口，边沿亦有对称的穿孔。还有一件器形较特别，为上、下两段套合而成。上段为圆钵形，口沿及圈足外有线刻的三角形齿纹及似符号的刻纹；下段为圆筒状，表面有较宽的瓦纹数条。

香囊

香囊又称香球、卧褥香炉、被中香炉。古代用来熏香衣被的奇巧器具。装置两个环形活轴的小盂，重心在下，利用同心圆环形活轴起着机械平衡的作用，使熏球无论如何转动，只是两个环形活轴随之转动，而小盂能始终保持水平状态，使小盂中盛放点燃的香料，不致燃烧衣被。唐代以前的熏球实物目前还没有发现。在唐代贵族的生活中，已经普遍地使用银熏球。实物有 1987 年陕西扶风法门寺地宫出土的鎏金双蜂纹银香囊，1970 年陕西西安南郊何家村窖藏出土的镂空花鸟纹挂链银香球等。（图 1–52）

图 1–52 鎏金双蜂纹银香囊

香球

香球又名香囊。参见【香囊】。

卧褥香炉

卧褥香炉又名香囊。参见【香囊】。

被中香炉

被中香炉又名香囊。参见【香囊】。

银鸭

银鸭指银制的鸭形香炉。

银囊

古代一种帐中香熏。

银蒜

银制的帘钩，形似蒜条，故名。

银钩

银制帘钩。

黄钺

以黄金为饰的斧。古代为帝王所专用，或特赐给专主征伐的重臣。

金瓜

古代卫士所执之兵仗。仗端作瓜形，有立瓜、卧瓜两式，以黄金为饰。

金刚杵

原为古印度的一种兵器，佛教密宗也采用作为表示摧毁魔敌的法器。用金、银、铜、铁等为之，长八指到十指，中间为把手，两端有独股、三股、五股等的刃头。

朱提银

产自昭通，因当地属犍为郡朱提县，县内朱提山出银，故名“朱提银”。历来开采旺盛，且以成色好而著称，中原将“朱提银”作为高质银的代称，曾称著于汉晋等时期。西汉时“朱提银”充作货币以资全国之用，银质列为首位。

虚银

银两有实银和虚银之分。虚银是指它作为价值符号或计帐单位。清初法定的纹银、咸丰年间出现的上海规元银、汉口的洋例银以及天津的行化银，都是作为通行的计算单位的虚银，但它们可以随时折合兑取实在的银两。此外，还有作为特定用途从而具有特定衡量标准的虚银，主要有用作官库收捐纳税标准的库平银、用作征收进出口货物关税标准的关平银和用作征收漕粮折色的漕平银。

库平银

库平银为清代虚银的一种。为政府征收赋税和国库其他收支活动中称量银两的标准，是政府财政计帐单位。康熙时制定，然各地标准不一。中央库平一两为 37.31256 克。光绪三十四年（1908）始规定库平银一两合银 37.301 克。

关平银

关平银也称海关两。清代虚银的一种。是海关征收进出口货物税时称量银两的标准。一两约合 37.68 克。

漕平银

清代虚银的一种。为政府征收漕粮折色时称量银两的标准。一般漕平一两约为 36.66 克。

匠班银

匠班银是明代定期当班工匠缴纳的代役银。明代官手工业中的工匠，大都由匠户承担。服役地点，洪武年间集中在南京，永乐迁都后以北京为重点。轮班匠隶属于工部主管，为工部所属的作坊工场和临时工程供役。班匠除赴京轮班外，也有因特殊制作的需要而存留于本府，执役于织染局和御器厂等处，称存留。轮班、住坐和存留都是一种劳役形式。所提供的劳动都是无偿劳动，因此消极怠工，粗制滥造或浪费原料，乃至逃亡时有发生。明代中期，匠户逃亡严重，随着商品生产的发展，货币经济的上升，政府对轮班匠制度进行了改革，改征匠班银。

丨粉金丨

粉金即金粉。用作颜料。以胶水调和，可作字画、绘画纹饰，俗呼金油。《宣和画谱·景审》："审于《内景经》，必粉写之，盖亦非率尔而作也。"

丨泥金丨

泥金是用金箔和胶水研磨制成的金色颜料，应用于书画，髹漆等，有青赤二种。近代对泥金一词有三种解释。一种指研得极细的金粉，是绘画和漆工的一种材料；一种指泥金的研制，也叫泥金，将"泥"作动词用；还有一种指器物上全面敷金，如全金扇面，称为"泥金扇面"。这个名称，是"浑金"的同义语。另外，不同时代含义也不同，明代似只限于器物全体粘真金粉，才称泥金。清代时期，不管用何等材料，只要周身上金色，都称泥金。

丨金粉丨

金粉是漆工艺中所用铜粉的俗称，或称假金。

丨屑金丨

在器物上，装饰有小块碎屑的金，称屑金。是用金箔放在筒罗中弄碎，然后粘到器物上。描金漆器工艺，常运用屑金。

丨麸金丨

麸金又称麸片。麸金比屑金面积大，指约如麦皮麸片大小的金片而言，是由金箔放在筒罗中弄碎再粘到器物上去。麸金一词，《髹饰录》有此名称。

丨片金丨

在器物上，装饰有一片一片的金，称片金。面积比麸金更大。《髹饰录》有此名称。

丨线金丨

在器物上，粘着一条一条的金色线，叫线金。《髹饰录》有此名称。

丨金叶丨

制造金箔，将金提纯后经千锤百炼的敲打，名为"拍叶"，这时金拍成面积 25 平方厘米左右的叶片，名为"金叶"。然后夹在用煤油熏炼成的乌金纸里，再经手工锤打。使金叶成箔，每张箔的面积已相当于金叶的四倍左右，然后再切成方形。

丨泥银丨

泥银是用银箔和胶水制成的银色颜料，应用于髹漆和书画等方面。参见【泥金】。

麸银

麸银和麸金相同，但是银质，参见【麸金】。

片银

片银和片金相同，但是银质，参见【片金】。

线银

线银和线金相同，但是银质，参见【线金】。

屑银

屑银和屑金相同，但是银质，参见【屑金】。

金管

金管是管为金质的毛笔。

银管

银管是管为银质的毛笔。

图 1–53 战国包金镶玉嵌琉璃银带钩

图 1–54 宋代錾刻人物故事银片

范铸

金的熔点为 1064.43℃，在液态情况下流动性较好，冷凝时间也较长，故浇铸温度可略低于铜等金属，容易制作精细的作品。将金熔化为汁液，采用范模浇铸而成的器物与青铜器铸造方法基本相同。在青铜器铸造业高度发展的先秦时代，金器的铸造技术并无困难。从考古发掘来看，北京平谷刘家河商墓出土的金笄，从器形大小和断面观察，当为冶铸而成，它是我国现知最早的黄金铸件，证实了我国早在三千多年以前，就已经掌握了熔金铸器的技术。

包金

是在各种材料制作的器物表面，包裹一层用黄金锤打成的极薄的金箔。中国的包金技术最晚在西周时期已经得到应用。然而古代文献中有关包金技术的记述不很多，唯明代宋应星的《天工开物》作了具体介绍：首先要将黄金锤锻成薄片；然后包入一种专用的乌金纸内再锤打成极薄的金箔，其厚度相当于 0.14 微米，基本属于超薄型材料。根据需要用刀将金箔画成小块，然后以熟漆将金箔粘贴包裹于器物表面，即得包金制品。（图 1–53）

錾刻

金属细工传统技法。即是运用大小不同、形式各异的錾子，用小锤击打，在器物表面形成各种花纹图案，以达到装饰效果。这种工艺用途较广，如凿字镂花等都需用到。（图 1–54）

线刻

中国特有的民族艺术形式之一。它是由艺术匠师们运用锋利的“刀笔”，直接刻画在光滑的石面上的一种阴刻线画。和一般绘画的毛笔勾线或木刻版画的阴刻线性质不同，具有流利刚劲的特点。

锤鍱

古代金银细工传统工艺技法之一，也是金银细工工艺的基本技法之一，是器物成型的主要方法，一直沿用至今。它利用金、银极富延展性的特点，以锤敲打金、银块，使之延伸展开呈片状，再按要求打造成各种器型和纹饰。锤鍱技术耗材少，利于制作薄胎器，但却易于变形。早在商周时期，我国已有锤鍱技术，各地商周墓出土的各种耳环、臂钏等金饰，大都系以此法制成，但基本处于从属地位。唐代金银锤鍱技术中的许多工艺和方法主要来源于波斯、中亚和拜占庭。（图 1–55）

图 1–55 唐代鎏金仰莲荷叶纹银碗

抛光

利用柔性抛光工具和磨料颗粒或其他抛光介质对工件等表面进行修饰加工，工件经抛光后，前一道工序（如磨削、精车、精刨等）的加工痕迹被去掉，从而显出光洁的镜面。通常用附有磨料的布、皮革等制的抛光轮来进行，还有电抛光、化学抛光等。目前抛光工艺主要用于陶瓷的精加工，并已开发出全自动的抛光机。河北获鹿县西汉墓出土的大型银盆，表面圆滑平夷，似乎就采用了抛光技术。

收挑

古代金属细工传统技法。一种能够取得浮雕效果的錾雕工艺。一般的平錾只是从正面錾，而收挑则是从正、反两面有收有挑、有凹有凸，以取得立体效果。但收挑錾法往往不易取得细腻的效果。

开模

金属细工传统技法。一般分两种：一种叫脱落模，一般制作平面的坯件，用冲床加工；一种叫花模，一般制作立体的坯件，用油压机加工。

铆接

重要的成型加工工艺之一。主要是用穿孔贯钉、锤实拉紧的办法把器物的一些功能性附件，如器物的子母口、环柄、钮、链条、铰链、搭扣和提梁等，和器物主体固定在一起，使之成为一个整体。1979 年山东淄博寓托村古墓葬坑出土的凸瓣纹豆形器，其足与器底、盖与三铜牺即是铆接而成的。（图 1–56）

图 1–56 西汉凸瓣纹豆形器

掐丝

古代制作金器的技法之一。用金丝掐成一定的纹样，然后焊固于器物的表面，作为一种装饰。最早见于战国，隋唐时比较盛行，元、明、清时期的珐琅器装饰也多用此技法。（图 1–57）

填丝

填丝也称平填。花丝工艺技法之一。在用宽扁丝掐成的纹样里，填入细花丝，称填丝。

图 1–57 西晋掐丝镶嵌银铃

点翠

金属细工传统技法。应用翠鸟的毛羽，胶粘于金银器上，以增加色彩效果，使之更加金碧耀眼。在工艺上要求贴得平整服帖，不露底。

炸珠

古代金银细金工艺传统技法。就是将黄金溶液滴入温水之中，使之结成大小不等的金珠。还有一种说法是将金丝截成小段，然后熔成圆珠。

熔珠

熔珠又称炸珠。参见【炸珠】。

吹珠

古代金银细工传统技法。把金银丝截成小段，用火吹烧，使之在熔化的过程中变成圆珠。现在用的金银珠，为磨制而成，古时是吹成。汉时已有了很高的吹珠技术。如 1978 年陕西西安沙坡村出土的金灶，锅内装满小金珠，象征米饭，反映了当时的制珠水平。（图 1–58）

图 1–58 西汉金灶

镀金

镀金又称鎏金、火镀金。古代金属加工技法。即在器物表面涂金。将金和水银合成金汞齐，涂在金属器物表面，然后加热使水银蒸发，金就附着在器物上。中国在春秋时期即已掌握了镀金技术，汉代称之为金涂、黄涂。可分为两类，一类是同质材料镀金，另一类是异质材料镀金。同质材料镀金是指对黄金饰物的表面进行镀金处理，提高其光亮性及色泽；异质材料镀金是指对非黄金材料的表面进行镀金处理，如银镀金、铜镀金，提高观赏效果。（图 1–59）

图 1–59 唐代鎏金双鱼花草纹银盘

鎏金

鎏金即镀金，参见【镀金】。

火镀金

火镀金是近代对镀金的称谓。参见【镀金】。

金涂

金涂在汉代称镀金。参见【镀金】。

黄涂

黄涂在汉代称镀金，参见【镀金】。

图 1–60 唐代鎏金镂空飞鸿球路纹银笼子

雕镂

雕镂又称透雕、镂空。纹样穿透器壁的为全镂、通花，只刻去一浅层或刻到器壁一半的称半镂。两者结合使用可使层次丰富。（图 1–60）

银蓝

银蓝又称烧蓝、发蓝。金银细工传统技法。在金、银或铜镀银的胎体上涂饰珐琅釉料，经烧结而成的金属工艺品。银蓝约产生于清末以后。一般为摆件和小银饰品。在制作过程中胎体上需经几次涂饰釉料，几次烧结。所用釉料的透明度和细腻程度高于景泰蓝。釉色有蓝、绿、以及红、黄、紫等色彩，对比强烈，具有民间工艺的特色。银蓝和景泰蓝的最大区别在于银蓝烧结以后不用磨光就具有平滑细腻、光亮如镜的效果。银蓝的品种主要有首饰、徽章、标牌、鼻烟壶、首饰盒、小摆件等。

烧蓝

烧蓝又称银蓝。金银细工传统技法。参见【银蓝】。

发蓝

发蓝又称银蓝。金银细工传统技法。参见【银蓝】。

贴金

贴金是把金箔用竹钳子夹起来直接贴在有粘性的地子上。用鱼鳔胶水遍刷一层，这是唐、宋的古法；用构树津液遍刷一层，这是关中一带的方法。（图 1-61）

图 1-61 北魏贴金彩绘菩萨立像

扫金

把金箔放到一个竹筒当中，用一支毛笔不停地搅动，经过很长时间以后，金箔变成金粉，把金粉撒在将干未干的地子上，然后轻轻扫动，金粉就粘合在地子上了，用不完的金粉还可以重新收拢起来。

戗金

①又称鎗金、镂金。漆工艺的一种。其做法是在朱色或黑色漆地上，用金属镂划出纤细的花纹，花纹之内打金胶，然后洒金粉或粘金、银箔，成为金色或银色花纹。日本称之为“沉金”，取金色沉陷在划纹之内的意思。西汉时已有戗金工艺，宋代戗金漆器已取得较高成就。

②又称商金。古代金属细工装饰技法之一。在器物的图案上填嵌金银等作为装饰。

垒丝

垒丝也写作累丝，又称花作。金属细工传统技法，为金属细工中最精巧的工艺。它用细如发丝的金银丝，通过盘曲、累积和焊连组成各式图案。可分为平面垒丝、立体垒丝。平面垒丝是用细如发丝的金丝，经盘曲、累积和焊接组合成各色图案；立体垒丝制作，须事先用炭末粉调和白芨草粘液，塑成各种人物或鸟兽形象，上面用金丝盘曲、垒丝，用焊药焊牢固定，置于火中，将里面的炭模烧掉，成为立体中空，剔透玲珑的金饰品。（图 1-62）

图 1-62 东汉垒丝镶嵌金羊

累丝

累丝即垒丝，参见【垒丝】。

花作

花作又称垒丝。参见【垒丝】。

百宝嵌

图 1–63 唐代金筐宝钿珍珠装金函

金属细工传统技法。系用金、银、宝石、翡翠、玛瑙、玉石、青金、松石、珊瑚、蜜蜡、象牙、犀角、玳瑁、沉香、螺钿等材料，制成各种形象，后镶嵌于紫檀、黄梨、漆器之上，构成完整的图案。大至屏风、书柜等家具，小至笔筒、砚盒等文具之属，使用面较广。色彩丰富，图案精美，故称百宝嵌。原始社会镶嵌极简略，多以绿松石为主，经几千年的发展提高，嵌料逐渐增多，有镶嵌螺钿、金、银、珊瑚、珍珠、宝石等制品，至明代技艺更加精湛、完备，名手辈出。百宝嵌制品，用料繁多，加工复杂，需多种工艺技巧相互配合，属综合性工艺美术。（图 1–63）

细金工艺

细金工艺又称花丝镶嵌，是一种古老的传统工艺。主要以金银为原料（也有以铜为原料），镶嵌各种珍珠宝石的装饰工艺品。工艺制作分为两大类，即花丝工艺和镶嵌工艺。其中花丝工艺是指运用各种不同的金银丝，用堆、垒、织、编等技法制成各种首饰、实用品或陈设品。花丝工艺品具有玲珑剔透、细致精巧的特点。

花丝镶嵌

花丝镶嵌又称细金工艺。古老的传统工艺。参见【细金工艺】。

花丝工艺

传统细金工艺。参见【细金工艺】。

银丝工艺

银丝工艺又称花丝工艺。把白银抽成细软的丝，并采用炭丝、穿丝、搓丝、累丝、填丝等方法，做成各种样式的实用器皿或装饰品，如花瓶、果盘、烟具、茶具、挂屏、手杖和首饰等。主要产地是四川成都，北京花丝和山东潍坊嵌银也很著名。

錾花工艺

金属细工传统技法。以线条和点相结合的形式作为构图手段，使用各种大小和不同纹理的錾子，用小锤熟练地打击加工品，使在金属表面留下錾痕，形成各种肌理，取得在一色中产生较多层次、绮丽变幻的艺术效果，以达到装饰的目的。这种工艺用途较广，如凿字镂花等都需用到。（图 1-64）

图 1-64 辽代錾花金针筒

切削工艺

金银器在经过冶铸、锤鍱之后，已基本成型，但表面不平整，浇注时留有斑痕，锤鍱后留下了密布粗糙的打击凹坑，后一种痕迹在何家村素面折肩银盖罐的内壁的肩部可以清楚看见。此时器物的轮廓也比较粗糙，这就需要对器物进行切削整形。切削工艺大体可分为两种工艺。第一种是用刀具手工进行削剔整形，使器型达到设计要求，也可以用来对器壁进行修整。另一种是通过简单的镟床的旋转获取速度，再使用刀具进行镟削。由于镟床旋转速度不够或是刀具不够锋利，刀口不能匀速前进，造成了时快时慢的跳刀现象，因此切削时常留下时高时低的刀痕。

夹层技法

把压印纹饰的两层银片内外叠于一起做成内外壁都有纹饰的某种器物，具有厚重的装饰效果，目的是为了使仿古银器的外观具有浑厚凝重的青铜器质感。如江苏溧阳平桥宋代窖藏出土的兽耳乳钉纹鎏金银簋，造型同西周时期的青铜簋极为相似。（图 1-65）

图 1-65 宋代兽耳乳钉纹鎏金银簋

沥粉贴金

沥粉贴金又称沥粉堆金。这种技法多使用于描绘服饰、仪仗、兵器等，可以取得立体和光亮的效果。沥粉的方法，用硝制过的猪膀胱套接一定口径的铜管，内装糊状胶铅粉，使用时压挤出粉线或粉点，在壁面上形成隆起的立体效果。线的粗细，可随所用铜管口径大小而变化。为了防止粉线断裂，可在胶粉内兑入少量豆浆或熟桐油，以及白面或豆面等物质。为了节约贴金，在挤粉时可将铜管口压紧在壁面上以减低立粉的高度，俗称“爬粉”。用金方法，有泥金、贴金、扫金、拨金等数种。贴金，是用桐油将金箔直接贴在画上，或贴在用沥粉画成的半干的地子上。

沥粉堆金

沥粉堆金又称沥粉贴金。参见【沥粉贴金】。

模冲锤鍱法

事先按设计要求刻制底模，加工时将底模衬在金银板片下反复锤鍱，底模上的花纹就翻印到器物上。

铆焊结合方法

先把附件焊接在主体上，再施以穿孔铆接，使之强度提高。这种方法主要用在器物口沿或铰链上，因为这些部分经常开合受力较大，容易出现开口、脱落或变形的情况，因此加强其强度，以备不测。

图 1-66 东汉八角圆环嵌松石金饰

焊缀金珠工艺

古代金银细金工艺传统技法。首先是把金片剪成线，切成段，加热后熔聚成粒，颗粒较小时，自然浑圆，颗粒较大时需要在两块木板间碾研。还可以将金银丝加热，用吹管吹向端点，受热熔化而落下圆珠，有时无需吹落，使圆珠凝结在金银丝的一端备用，也可采用熔金为珠的独特技法。制成的金珠可焊、可粘，利用价值很高。金珠焊接在器物上作装饰，其方法是先用白芨等粘着剂暂时固定位置，然后撒点焊药，经加热熔化焊药，冷却后达到焊接目的。焊药的主要成分一般与被焊物相同，用硼砂、金粉、银粉按比例混合而成。焊后浑然一体，高超的焊技几乎看不出焊接的痕迹。两汉金器上装饰性很强的鱼子纹或联珠纹，大都是以金珠焊粘而成的。例如八角圆环嵌松石金饰圈体及八角边缘皆以这种工艺焊饰细小联珠纹一道。（图 1-66）

浮雕型凸花工艺

这种装饰技法将器型和纹样相结合成一整体，往往与模压、錾刻、焊接等工艺相配合使用，使其层次分明、主题突出。唐代已有使用，宋代金银器采用了这种新兴的立体装饰手法，并发展成高、中、低三种凸花工艺。

图 1-67 唐代鎏金折枝花纹银碟

金花银器

银器上的纹饰鎏金，用鎏金的黄色和银的洁白形成强烈对比来表现别样的艺术情趣，唐代称之为金花银器。如法门寺折枝纹银碟，都是在花纹之外留出洁白的银质底色，花纹部分鎏金。（图 1-67）

点装

金银器的构图可以分为点装和满地

图 1-68 唐代鎏金熊纹六曲银盘

装两大类型。点装是以单纯的纹样在器物局部进行装饰，又可分为单点式和散点式两种。单点式是用一个动物纹样装饰器物的一点或两点，在鎏金龟纹桃式银盘、鎏金熊纹六曲银盘等带弧度的盘中常常采用这种手法，纹样与器物的平面曲线造型相结合，取得美观大方的效果。散点式是将动物或植物纹样等距离的反复出现于器物的装饰部位上，纹样之间留有较大的空隙，花清地白，节奏清楚。这种装饰多用于器物的腹部、肩部，如银盖碗的盖面与碗腹，掐丝团花金杯的腹部等。散点装饰的构图也是多样化的，如折枝花银盖碗的盖面是放射状的散点圆周纹样，而同器物的小簇花银盖碗盖面，白头翁折枝镂空银盒则采用球心状的散点圆周纹样，这样就取得了不同的装饰效果。（图 1-68）

单点式装饰构图

金银器中点装构图的一种形式。参见【点装】。

散点式装饰构图

金银器中点装构图的一种形式。参见【点装】。

满地装

金银器的构图可以分为点装和满地装两大类型。满地装是以各种纹样将器物通体加以装饰，使器物显得富丽堂皇。大体可以分为适合纹样式、连缀纹样式、单独纹样式、格律纹样式、平视纹样式、装饰画纹样式六种。

二方连续纹样

金银器装饰纹样的形式之一。在一个带状或圆环形规范中，将蔓草、花结、植物或动物、云鸟纹、几何纹等纹样灵活地组织配置，使纹样在叶脉的转动，花瓣的舒合。藤蔓的伸曲，果实的生长，浮云的流动，禽类的飞翔诸方面，形成动与静，简与繁相结合的二方连续纹样。二方连续纹样有对称式、平衡式、混合式三种形式。对称式中又有顺排列，向上或向下排列，斜向排列，一整两破式排列等种种结构；平衡式排列有回旋、抱合、相背等三种式样；鸟云或花鸟则是混合排列组织。（图 1-69）

图 1-69 唐代蔓草花鸟纹八棱银杯

碎线装饰技法

以纤细、平行、短碎的线条，装饰飞禽、走兽的羽毛，显得绵绒可爱。尤其是在装饰主题下，衬以葡萄卷草纹，使采用这种“碎线”装饰的器物，独具风格。唐代晚期产生的新工艺。

适合纹样式构图

金银器装饰构图方式之一。是根据装饰物的器型或装饰部位的基本形状而创造的适合构图，有机地相互连结组成了通体华贵，气概不凡的纹样装饰。唐代金银器上使用适合纹样的比较多，这里指的主要是整个器物被划分为许多装饰区间，并以与该区间吻合的适合构图予以填充，取得通体装饰效果的构图。

连缀纹样式构图

金银器装饰构图方式之一。以缠枝卷叶的蔓草纹与珍禽异兽组成，属二方连续纹样的范畴。因其为器物主要部位的主题装饰，与居于附属地位的小花边不同，是满地装中的一种类型。蔓草鸳鸯纹银羽觞、缠枝花龙凤纹银碗器物的装饰均属此类型。（图 1–70）

图 1–70 唐代蔓草鸳鸯纹银羽觞

单独纹样式构图

金银器装饰构图方式之一。在金银器图案中，仅有鎏金鹦鹉纹提梁银罐一例，其手法是以鹦鹉为中心，用折枝花围在四周，组成一个均衡式的圆形图案，装饰于提梁罐腹的两面，余白填以单株折枝花，上下边缘饰以花边，使器物通体饱满，更加浑圆可爱。（图 1–71）

图 1–71 唐代鎏金鹦鹉纹提梁银罐

格律纹样式构图

金银器装饰构图方式之一。属于匀齐式样的装饰图案，多使用在圆盒面上。这是由中心对角旋转 45°、60° 或 120° 重复连接相同纹样而组成的八方、六方或三方对称形图案。为了冲淡构图的刻板，往往采用多重节奏所产生的变化，以及利用在构图中出现的飞鸟、蜂蝶、流云的动律感，收到严谨而又灵活的效果。格律式纹样还有另一种形式，是在装饰主题及边缘纹样之间，隔以花环，收到“宾主相应”的效果。

平视纹样式构图

金银器装饰构图方式之一。属于图案中的自由构图，不受格律的限制，富于装饰性而又不同于一般绘画。凤纹盝盖方盒四周构图即采用这种形式。以方盒右侧面为例，图案主题是两小儿与一犬追逐嬉戏，画面中心部位却是一株对称花草，余白填以花鸟、流云，把人物、风景、花鸟自然地布置在一个画面上，神态生动，生活气息浓厚，在金银器装饰图案中别具一格。

一整两破式结构

金银器装饰纹样的一种排列组合方式。利用盒口开阖所组成。盒盖揭开时，上下口沿纹样各自都是完整的，合上时两部分的纹样能合为一体。这种整体与局部相互关联的构图，在唐代金银器装饰上是经常使用的。如忍冬花结纹银盒口沿的半个花纹，与盒面的半个花纹，合拢来就是一个四出忍冬花结，构图完整，表现了工匠的高度巧思。此外还有鎏金鹦鹉纹海棠式银盒盖和底外侧的图案等。（图 1–72）

图 1–72 唐代鎏金鹦鹉纹海棠式银盒

装饰画纹样式构图

金银器装饰构图方式之一。这类纹样与绘画形象的作风比较接近。这种形式出现在乐伎纹八棱金杯、人物八棱金杯等器物上，每面有人物一，无论乐人、胡人均为写实。从作风上看，是这批金银器中比较特殊的。

徽章式纹样

萨珊器物上的动物形象多增添双翼，并在四周加麦穗纹圆框，即所谓“徽章式纹样”，这种饰样在萨珊银器上尤为常见。在陕西西安何家村出土的飞狮六出石榴花结纹银盒和凤鸟翼鹿纹银盒盒盖上的翼狮及翼鹿纹饰就明显属于徽章式纹样，而这类装饰在唐代并不常见，只出现在 8 世纪的几件器物上，是受萨珊波斯器物饰样影响的产物。（图 1–73）

图 1–73 唐代鎏金翼鹿纹银盒

金钏

商代饰品。环径 12.6 厘米，截面径 0.3 厘米，重 93.7 克。1977 年北京平谷刘家河商墓出土。伴出一对。用圆形金条制成，呈圆环状。两端锤扁呈扇面形，相对成环。商代前期的贵金属制品，在中国中原地区实为罕见。现藏中国国家博物馆。

金臂钏

商代饰品。一对周长 10 厘米。1972 年河北卢龙东阚各庄 1 号墓出土。两件形制相同。均用粗金丝弯作圆环形，开口两端呈扁平状。根据出土器物特征可推定其时代为商代晚期。中国中原地区贵金属制品在商代早期尚无发现，商代中期亦未见有成形器物，此臂钏为当今发现最早的成形金制品之一。而且此墓的地理位置在商至周初属孤竹国范围，因此这对金臂钏的出土和发现对探讨商代贵金属制作工艺有较高的研究价值，同时也为研究古孤竹国与夏家店下层文化的关系提供了线索。现藏河北省文物研究所。（图 1–74）

图 1–74 金臂钏

金杖

商代晚期仪仗器。长 142 厘米。1986 年四川广汉三星堆出土。原为一杆金皮木芯铜龙首杖，由于中间的木芯早已朽烂无存，出土时已压扁弯曲变形，外面用黄金皮包卷而成。金杖上端平雕三组图案，分别由人面、双鱼、双鸟及勾云纹等构成，其中人头戴冠，大眼阔嘴，耳垂部饰有三角形耳坠，鸟纹、鱼纹均为两背相对，鸟的颈部和鱼的头部各压有一穗形叶柄，明显具有宗教象征意味。此金杖饰是三星堆出土金器中最大、最重的一件，图较为复杂，具有独特的文化内涵和宗教寓意，为中原殷商文化中所不见，具有十分显著的地方色彩。现藏四川广汉三星堆博物馆。

金面铜人头像

商代晚期饰品。高 41 厘米。1986 年四川广汉三星堆出土。金面用纯金皮模压而成，双眉、双眼均镂空，使两只铜眼暴露在外，鼻部凸起，使用时贴于青铜头像的面部。以金箔装饰人面，显得十分尊贵，表明拥有者具有相当的社会力量。而蕴含的浓烈的域外因素，则说明殷商对西南控制能力的薄弱，从而深刻体察到中国早期金银工艺发展的多元性和不平衡性。现藏四川广汉三星堆博物馆。（图 1–75）

图 1–75 金面铜人头像

金虎形饰

商代晚期饰品。长 11.7 厘米。1986 年四川广汉三星堆出土。以金皮模压而成。虎身细长，腰背部下陷，呈凹状。头大，并向上昂起，眼镂空，张口，大耳。前足伸出，后足作蹲踞状，虎尾粗大上卷。整个造型动态十足，通体压印着“目”形斑纹，线条极为粗犷。虎的形象，在蜀文化中极为常见，甚至可以说是蜀文化的重要标志之一。此虎形饰具有十分浓烈的土著色彩，由此可见三星堆文化对蜀地文化的影响。尽管商代中原地区也十分流行由金箔或极薄金皮制作的各类金饰，但在造型和纹饰上都不能与三星堆一号祭祀坑出土金虎形饰的独特、复杂相提并论。现藏四川广汉三星堆博物馆。

丨金犬丨

春秋时期秦国陈设器。通长 3.5 厘米，通高 1.7 厘米。1986 年陕西凤翔秦公 1 号墓出土。犬作匍匐形，大耳前竖，环眼直视前方，长尾上卷，形态简洁，造型优美，其勾环形爪具有西部文化特征。此件金犬是秦国当时金作工艺水平的物证，也是研究秦文化艺术的最好物证。现藏陕西历史博物馆。

丨水禽形金带钩丨

春秋后期生活用器。左高 1.8 厘米，右高 1.5 厘米。1992 年陕西宝鸡益门村 2 号墓出土。呈水禽引颈回首凝望状。左器造型较为写实，喙扁长如鸭喙，头饰绿松石，胸有龙纹，背饰羽，两侧还有翅膀、爪，尾呈扇面张开，腹内有一柱状钩。右器禽头呈球状，喙上饰一对 S 形纹。背饰龙纹，有十四个孔，当为镶嵌饰品所留。腹中为柱状钩钮，底部有孔。水禽形带钩是极具代表性的带钩样式。现藏宝鸡市考古工作队。（图 1–76）

图 1–76 水禽形金带钩

丨金柄铁剑丨

春秋后期兵器。上长 30.7 厘米，下长 35.2 厘米。1992 年陕西宝鸡益门村 2 号墓出土。剑为纯金柄，铁质身，有铁茎插入柄内，锋端为柳叶状。上剑首、格均为嵌饰料珠的沟槽式蟠螭纹，茎部八棱形，素面。下剑柄饰以勾云状、珠形的绿松石和料器来镶嵌出角、眼的阳线蟠螭纹，首、格各有镂孔，茎两侧由纹饰错落成五对齿状凸起。在春秋时期，人工冶炼的铁要比青铜珍贵得多，也不比黄金逊色。这两把剑用黄金和铁合造，其价值可观。现藏宝鸡市考古工作队。（图 1–77）

图 1–77 金柄铁剑

丨兽面纹金方泡丨

春秋后期车马器。左宽 3.9 厘米，右宽 3.5 厘米。1992 年陕西宝鸡益门村 2 号墓出土。略呈方形。正面以蟠螭纹构成兽面纹样。兽鼻下还有一三角形兽首。左器兽面双目镂孔，兽面上还有对称分布的八个圆孔，上嵌绿珠。器背有一道梁。以纯金制的方泡很少见，而且此方泡造型别致，纹饰精美，可以说是一件难得的艺术品。现藏宝鸡市考古工作队。（图 1-78）

图 1-78 兽面纹金方泡

包金镶玉嵌琉璃银带钩

战国时期生活器。长 18.4 厘米，宽 4.9 厘米。1951 年河南辉县固围村 5 号战国墓出土。带钩侧视弧曲如桥，俯视呈琵琶形，通体银镂，表面包金。两端浮雕方向相背的有兽首。兽首有角，双耳如扁环。带钩窄端镶一只鸭嘴状白玉钩，并以阴线刻饰口、眼等细部。钩背上嵌三枚榖纹白玉玦，中心各镶一蜻蜓眼式琉璃珠。钩背两侧浮雕两条夔龙，与两只长尾鹦鹉，夹绕盘旋。带钩局部有点状凿饰，有的部分以黑漆勾线、点睛。带钩工艺复杂，纹饰繁缛丰富，华美异常，显示出战国时期金属工艺的高超水平。现藏中国国家博物馆。

金冠带

战国时期冠饰。冠顶高 7.3 厘米，冠带长 30 厘米，周长 60 厘米。1972 年内蒙古杭锦旗阿鲁柴登匈奴墓出土。冠顶由金片锤成，分为上、下两部分，下部分为半球形。球内浮雕一兽一羊图案，球面顶部立一鹰，头与颈部为绿松石镶嵌，鹰身饰羽毛，鹰尾与鹰身分别制成，插接后以金线相联，可摆动。金冠带呈环状，榫铆连接，上饰一卧兽，下饰一羊一马相对卧，其余部分皆为交错的绳纹。此金冠带具有明显的北方骑马民族的装饰特点，是目前仅知的匈奴冠饰，在制造上使用了铸造、锤鍱、铆接、金丝等工艺，加工精致，是战国匈奴制金工艺的杰作。与此冠同墓出土的金银器共二百余件，成为珍贵的匈奴风格的金银器群。现藏内蒙古自治区博物馆。

鹿形金怪兽

战国时期匈奴装饰品。通长 11 厘米，通高 11.5 厘米。1957 年陕西神木纳林高兔村出土。金质。此兽造型奇特，鹰喙兽身，头顶有鹿角状角，眼圆睁，眼球凸出，双耳竖立，偶蹄，角有透雕的鸟喙形纹，身饰涡状纹。圆雕、浮雕、透雕兼施，整体造型明快，怪兽凶悍的姿态、神秘的形象，应是当时匈奴族文化中对某种神力崇拜的反映。鹿形金怪兽反映了当时匈奴金工匠师的高超技艺，是研究当时文化艺术的精美实物，具有重要的研究和观赏价值。现藏陕西历史博物馆。（图 1-79）

图 1-79 鹿形金怪兽

四虎咬一牛纹金饰牌

战国时期腰带装饰品。长 12.6 厘米，宽 7.4 厘米，重分别为 238 克、204 克。1972 年内蒙古杭锦旗阿鲁柴登匈奴墓出土。金铸。两件，大小、图案均相同。正面为浅浮雕虎牛争斗纹图案：牛身躯平卧居中，四肢平伸，四虎从两侧咬住牛的颈及腹部，牛角刺穿虎耳。周边为绳索纹，四角穿圆孔，背面两端各有拱形钮。其中一件在牛首部有一椭圆形镂孔。题材新颖，动感强烈，具有写实特点，反映了中国北方骑马民族高度的工艺水平。现藏内蒙古自治区博物馆。

长方形动物纹金牌饰

战国时期腰带装饰品。长5.5厘米，宽3.8厘米，厚0.1～0.2厘米。1977年河北易县燕下都30号墓出土。牌饰呈长方形，正面浮雕动物纹，四周饰绚纹边框。主纹为两马相对而卧。马两侧饰两怪兽，头置于马的颈部，张口露齿，身躯平卧，尾下垂。背面凹凸不平，有布纹。上、下两端的中部各有一弓形横鼻。此类金牌饰同墓共出土3件，形制、纹饰相同。在面积较小的器表塑造两种不同形态的四兽。布局紧凑，纹饰生动，富有变化。此件从金器的制作技法及纹样风格来看，属北方少数民族贵金属工艺系统，对研究燕文化与北方文化之间的关系有重要参考价值。现藏河北省文物研究所。（图1–80）

图1–80 长方形动物纹金牌饰

虎噬鹿纹金扣饰

战国时期装饰品。高0.8厘米，径2.6厘米，重26克。背面有一钮，正面呈半圆形。浮雕。上铸两组虎与鹿相斗的图案。两鹿居中相抱，两腿相互交搭；左右两虎各噬一鹿，方向相背，双目圆大，两耳竖立，构成两组对称的图案。布局紧凑，构思巧妙，线条浑圆起伏，是一件精美的工艺饰品。现藏宁夏回族自治区固原县博物馆。

羊首鸟喙纹金饰件

战国时期饰品。通长8.1厘米，宽3.1厘米。1977年河北易县燕下都30号墓出土。饰件主纹为浮雕羊首鸟喙纹图案。羊首前伸，圆睛凸出，羊角向后弯卷呈云勾状。头后部两侧饰一组对称的连弧纹图案。羊张口露齿，衔一鸟喙，喙前部弯曲且尖。背面内凹，有一桥形钮。此金饰件共出土两件，形制基本相同，一件略小，中部有两排牙齿。此件金饰采用艺术夸张手法，将羊首和鸟喙巧妙地塑为一体，构图新奇，极富想象力，具有明显的草原民族造型艺术的特色，是研究战国时期燕文化与北方文化关系的珍贵资料。现藏河北省文物研究所。（图1–81）

图1–81 羊首鸟喙纹金饰件

浮雕熊羊嵌松石金饰件

战国时期饰品。长 4.9 厘米，最宽 3.8 厘米。1977 年河北易县燕下都 30 号墓出土。饰件平面略呈椭圆形，正面上端高浮雕一熊首纹样，熊首顶面为一鸮纹，长喙圆睛。熊首下端两侧各饰一抵角羊相对而卧。鸮睛及熊眉、双目、胡须和羊耳、目等部位均镶有绿松石。背面内凹，錾刻有记重铭文“二两十一朱”。此类金饰同墓共出土 6 件，形制相同，亦均有记重铭文。金饰造型奇巧别致，在小小的面积上浮雕多种动物纹饰，将鸟、熊、羊纹样巧妙地结合在一起，并采用高浮雕、平雕、镶嵌等多种艺术技巧，使画面层次分明，艺术感染力极强。现藏河北省文物研究所。（图 1-82）

图 1-82 浮雕熊羊嵌松石金饰件

扁圆形羊纹嵌松石金饰件

战国时期饰品。直径 2.4 厘米，高 0.25 厘米。1977 年河北易县燕下都 30 号墓出土。饰件呈圆形，下面略鼓，器表浮雕一羊团卧。羊首居中前伸，口微张，圆睛、竖耳、羊角凸出、弯卷。周围为变形躯体，一蹄置于颔部。顶部嵌一绿松石。背面内凹，有一横桥形鼻。此类金饰同墓共出土两件，形制基本相同，均以卷角羊纹为主题纹饰，纹样生动，工艺精湛。现藏河北省文物研究所。（图 1-83）

图 1-83 扁圆形羊纹嵌松石金饰件

蟠螭纹带盖金盏

战国时期盛食器。口径 15.1 厘米，高 10.7 厘米。1978 年湖北随县曾侯乙墓出土。有盖。盖顶有四柱支撑的环形提钮，盖沿有三个等距的衔扣，盖面饰蟠螭纹、绹纹、勾连雷纹四周。盏平口，口沿外侧有对称环耳，饰一周凸起的细密的蟠螭纹，三足作向外弯曲的倒置凤首。器型别致，庄重美观，为中国已出土的先秦金器中最重大的一件。器为浇铸而成，采用钮、盖、身、足分铸，然后再合成一器的方法制成，工艺较一般金器复杂，是已知的早期金器皿和战国黄金浇铸技术的杰出代表。现藏湖北省博物馆。

图 1-84 金鐏

金鐏

战国时期中山国酒器。长 21.3 厘米，重 902 克。1977 年河北平山中山王墓出土。呈八棱形，两侧为相向的两龙，以蓝琉璃镶睛。向上一龙银镶双翼，向下一龙银镶双角。造型华丽，针刺花纹

细如毫发，是一件实用和艺术紧密结合的珍品。现藏河北省文物研究所。（图 1–84）

图 1–85 楚王银匜

双耳金杯

战国时期饮器。高 10.6 厘米，口径 8.1 厘米，底径 6.3 厘米，重 789. 9 克。1978 年湖北随县曾侯乙墓出土。圆拱形盖，侈口，束腰，平底。盖边有三个等距的衔扣，正好卡在杯内。口沿外侧有对称环耳。通体无纹饰，器形敦厚庄重。先秦时期的金银容器比较少见，因而此金杯很珍贵，且具有代表性。现藏湖北省博物馆。

图 1–86 金柲

楚王银匜

战国时期盥洗器。口径 12.5 厘米，高 4.9 厘米，重 100 克。出土于安徽寿县。无足，形制略似瓢形，通体光素无纹。流下腹刻款“楚王室客为之”六字，外层刻“室客十”三字，笔道纤秀婉转，与楚国铜器铭刻及楚简墨书一脉相承。据铭辞内容，知此银匜实系楚王为室客作器，这里所谓的“室”，乃指上层人物活动的地方或用来招待宾客的场所。此器是目前所见中国最早的银质器皿。现藏故宫博物院。（图 1–85）

金柲

战国时期兵器装饰品。口高 8.7 厘米，下端最宽 4.3 厘米。1977 年河北易县燕下都 30 号墓出土。柲呈长方形，扁筒状，上窄下宽。下端边缘饰一周绹纹，上、下两端绹纹带内镶嵌椭圆形绿松石各一周，正背两面中部各有一道绹纹带，内镶嵌桃形绿松石，两侧錾刻连体龙凤纹。金柲纹饰生动华美，可惜铁剑及木鞘均朽。现藏河北省文物研究所。（图 1–86）

图 1–87 金剑柄

金剑柄

战国时期兵器装饰品。通长 12.2 厘米。1977 年河北易县燕下都 30 号墓出土。剑柄饰顶端浮雕双羊纹。双羊抵首相背而卧，圆睛镶嵌绿松石（其中一松石已失），两羊中部有一圆形嵌槽，惜嵌物已失。扁柄铸出缠缑纹。剑格装饰两个相背的卷角羊头。图案优美，做工精湛，装饰华丽，是不可多得的艺术珍品。现藏河北省文物研究所。（图 1–87）

银鎏金刻花盘

图 1–88 银鎏金刻花盘

秦代盛食器。高 5.6 厘米，口径 37 厘米，底径 21.1 厘米，重 1.705 千克。1979 年山东淄博窝托村西汉古墓陪葬坑出土。银质，直口，平折沿，折腹，外底微内凹。口沿及内外腹錾刻三组龙凤纹图案，形象抽象宛如几何纹，采用二方连续式构图。内底錾盘龙三条。錾刻纹饰处均鎏金。纹饰錾刻精致娴熟，线条富旋律感。边沿下部及盘外底有 4 组铭文，共 49 字。此盆虽出于汉初墓葬，但依据铭文，可推知其为秦始皇三十三年（前 214）制成，为帝王饮食专用器。铭文中还有多次校刻的容量及重量数据，为研究中国古代度量衡提供了重要的佐证。此盆是目前所确知的唯一一件秦代银器。现藏山东淄博市博物馆。（图 1–88）

银盆

西汉时期盥洗器。口径 26.6 厘米。1991 年河北获鹿高庄村西汉墓出土。器壁较薄，但制作非常规整，棱角分明，且器表光泽细腻。虽素面无纹，而不显寒伧，出土后仍色泽如新，证明可能使用过抛光技术。盆腹上錾刻“王官”二字款，疑为西汉王室用品。此盆应用锤鍱成型技术，器体庄重大方，突显材质之美，更富实用意义。迄今所知的汉代金银器中，饰品居多，器皿却极少见。因而此盆显得格外珍贵。此盆表明西汉时期中国锤鍱技术已相当高明，这对认识中国传统银作工艺具有重要意义。现藏河北鹿泉市文物保管所。

凸瓣纹豆形器

西汉时期食器。通高 10.8 厘米，口径 11.5 厘米，足径 6.2 厘米。1979 年山东淄博寓托村古墓葬坑出土。轮廓略似西汉时的矮足有盖豆。其器身与器盖为银质，呈扁圆形，均用锤鍱法打压出一周尖瓣形凸泡，每周上下两排各十七枚，尖头相向，齿状交错。盖顶上有伏兽钮三枚，首尾相接，环为一圈。足呈束腰喇叭形，与器底铆接相连，钮、足均为铜质，可能为后配的铸件。盖内刻篆书“南木”两字。据考证，墓主为西汉第二代齐王刘襄。值得注意的是，此器的凸瓣装饰，在此前并未见相似制品，因而有学者考证，此器为西亚舶来之物，经过西汉工匠的加工添改，才成了今日所见的样式。如此看来，此器工艺虽不甚精，但由于其特殊的身分背景，而拥有了重要的价值，对于研究早期中外文化交流有着非同寻常的意义。现藏淄博市博物馆。

窦氏银匜

西汉时期盥洗器。高 12.5 厘米，通长 32.5 厘米，身长 25.5 厘米，宽 20 厘米，重 1.4 千克。1952 年陕西西安青门村西汉墓出土。银质，长流方折，平底。腹内下层及底浅刻动物纹，腹内中层及腹外为流云纹，下刻铭文三行：“西共窦氏银匜，容一斗七升，重五斤十四两，三年二月造，第五”。汉代银器发现较少，银匜尤属少见。西共窦氏，是汉代名门大族，此匜不仅具有史料价值，

而且兼有高度工艺价值，弥足珍贵。现藏中国国家博物馆。（图 1-89）

图 1-89 窦氏银匜

长流银匜

西汉时期盥洗器。通高 3 厘米，口径 6.4 厘米，流长 6.6 厘米。1968 年河北满城陵山中山靖王刘胜墓出土。口微敛，浅腹，下有桃形矮圈足。沿一侧伸出一细长的流，有覆舟状盖，盖面装饰乳钉及凸弦纹四周。盖与身之间，作活动环钮相连，造型秀美。现藏河北省博物馆。

金针

西汉时期医疗用具。通长 6.6 ~ 6.9 厘米。1968 年河北满城陵山中山靖王刘胜墓出土。针细长，上端柄的横截面呈方形，下部身的截面呈圆形，柄上部有小孔。其中毫针两枚，鍉针一枚。此医针的发现为研究中国古代刺针医术提供了可贵的实物资料。现藏河北省博物馆。

图 1-90 金兽

金兽

西汉时期陈设器。长 16 厘米，宽 17.8 厘米，高 10.2 厘米，重 9 千克，含金量约 99%。1981 年江苏盱眙汉窖藏出土。兽前足伏于头下，体中空，内壁刻小篆“黄六”二字，表面满錾斑纹。造型与同时代的石雕类似，为写实的静态风格，头部表情不甚凶猛，颈上部有一环状钮，可以系绳，似表示为人驯养。金兽出土时置于铜壶之上，壶内贮有货币，有专家认为是用于衡器的权。如此大型金兽，是目前考古发掘中最重的一件金器，在汉代作品中实属罕见。现藏南京博物院。（图 1-90）

金灶

西汉时期炉灶模型。通长 3 厘米，宽 1.7 厘米，高 1.2 厘米。1972 年陕西西安沙坡村出土。整体为椭圆形，由灶门、膛、面、釜、烟囱组成。灶门周围装饰有以金丝和联珠组成的 S 形和弧形纹饰图案，下有长舌形灰盘。釜内盛粟，粒粒可见。灶台周围也有用掐丝工艺制成盘绕的带纹和弧形纹样，灶台右上角安有细金丝盘旋起的烟囱；另有五块桃形红、紫、绿色宝石镶嵌，灶底有“日利”篆书吉祥语款。金灶制作工艺精巧而复杂，综合运用了锤鍱、掐丝、炸珠、焊接、模冲、镶嵌等工艺，造型小巧，形象逼真，做工精细，装饰华丽，工艺复杂，又有铭文，是研究汉代金银细工的重要实物资料，具有很高的科研价值和艺术观赏价值。现藏西安市文物考古研究所。

压花牛头纹金剑鞘

西汉时期兵器。长 49 ~ 52.5 厘米。云南晋宁石寨山汉墓出土。同时出土两件，样式相同，其中一件端部有残。剑鞘为金质，由三部分组成：一端为剑鞘口，近似长方形，表面锤鍱凸起的菱形装饰框，框内饰凸起的牛头纹；中段为三节条形饰，并列相排，上面又饰方折的几何纹；剑鞘下端周边饰绳纹，表面饰凸起的环形纹。两件剑鞘形制虽同，但局部纹饰略有差别，因而不是由统一的模具锤鍱，剑鞘局部采用了压花方法。此副剑鞘制作精致，是西汉云南滇国金器的代表作。现藏云南省文物考古研究所。

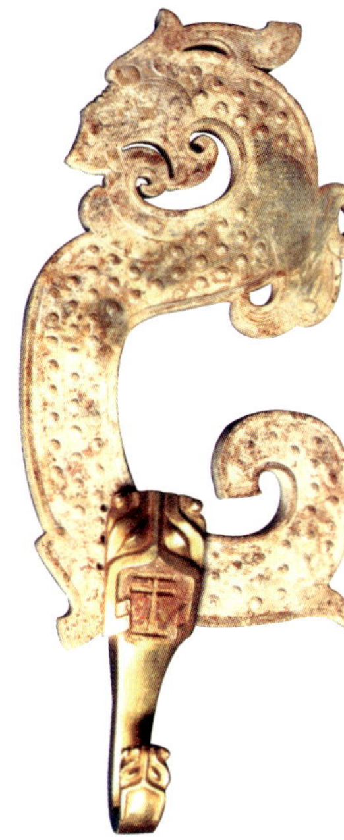

图 1-91 衔玉龙金带钩

衔玉龙金带钩

西汉时期生活用器。通长 14.4 厘米，带钩长 5.9 厘米，玉龙长 11.4 厘米，宽 5.8 厘米。1983 年广东广州南越王赵眜墓出土。金带钩头尾均作虎首形，头大，身窄，尾上卷成扣，头部额上刻有一“王”字；侧面镂空呈卯状，中间插入一龙尾，呈虎龙争斗状。玉龙体扁平，头向背作张口状，躯体弯曲呈 S 形，饰谷纹。腹部与尾部分成两截，上下近接缝处各钻有三个小孔，用丝线联缀。此带钩构思新颖，风格盎然有趣。现藏广州南越王墓博物馆。（图 1-91）

八龙纹金带扣

西汉时期腰带装饰品。长 9.8 厘米，宽 6 厘米。1976 年新疆维吾尔自治区马耆县黑格达遗址出土。在薄金片上压制出八条大小不同，形态各异的龙。其中以一条龙为主纹，龙体起伏盘绕于全器，周围饰以七条小龙。龙身上的花纹及水波纹由纤细如发的金丝焊接而成，其间嵌以极细小的金珠，龙身多处镶嵌绿松石。带扣的四周亦用金丝围边。八条龙游动自如，栩栩如生。这件带扣的制作，采用了钣金、压模、錾刻、抛光、掐丝、焊接等工艺，是一件极为珍贵的古代艺术品，而且以龙纹作为带扣的主纹极为少见。现藏新疆维吾尔自治区博物馆。

图 1-92 虎豕咬斗纹金饰牌

虎豕咬斗纹金饰牌

西汉时期腰带装饰品。长 13 厘米，宽 10 厘米。伊盟准格尔旗西沟畔出土。画面定格在猛虎和野猪嘶咬得难解难分，身体滚动在一起的瞬间，塑造了一种后肢翻转的特定艺术造型，使之具有了浪漫主义风格，老虎的斑纹和野猪的毛都雕刻得栩栩如生，不失为匈奴艺术的精华之作。现藏内蒙古自治区博物馆。（图 1–92）

丨龙凤纹银铺首衔环丨

西汉时期榱壁饰件。通长 19 厘米，铺首宽 14.9 厘米，环长 12.9 厘米，重 425 克。1968 年河北满城陵山中山靖王刘胜墓出土。作兽面衔环式，背部有插钉。兽面较小，额上双角细长，向两侧环绕又反穿角根向上高耸呈云头形饰。两条细长的蟠龙攀登在环形的兽角上，昂首向外探视，龙身及兽角均起脊。清新明快，柔中有刚。龙背并披短巾，兽面舌部衔一双龙双凤环。双凤倒悬，其下双龙攀附在环上，龙首呈方斗形，探向环心，环下并有变形云纹装饰。整件铺首造型优美，玲珑剔透，反映了西汉冶铸技术的高度水平。现藏河北省博物馆。（图 1–93）

图 1–93 龙凤纹银铺首衔环

丨银跽坐女俑丨

图 1–94 银跽坐女俑

西汉时期明器。高 22.6 厘米，宽 9.5 厘米。此俑为一女奴，上身挺直，双膝着地，《史记》称之为“跽”，乃是一种合乎传统礼制的坐法。膝前有圆形筒，双手原应握有灯杆之类的器物。银俑发髻上挽，表现出沉默拘谨的神情。俑多为陶质，铜、铅制作的尚不多见，而此件比例适度、制作精致则更为珍贵。现藏故宫博物院。（图 1–94）

丨刘胜金缕玉衣丨

西汉时期葬具。通长 188 厘米。1968 年河北满城中山靖王刘胜墓出土。玉片有绿色、灰白色、淡黄褐色等。共 2498 块，金丝重 1.1 千克。用金丝将玉片编缀成人形，头部由头罩、脸盖组成，上身由前后衣片、左右袖筒及左右手套组成，下身由左右裤筒及左右足套组成，皆能分开。玉衣内头部有玉眼盖、鼻塞、耳、口琀，下腹部有生殖器罩盒和肛门塞。周缘以红色织物锁边，裤筒处裹以铁条锁边，使其加固成型，脸盖上刻划眼、鼻、嘴形，胸背部宽阔，臀腹部鼓突，似人之体型。玉衣是汉代皇室和高级贵族的敛服，按等级分为金缕、银缕、铜缕三等。皇帝的玉衣用金缕。中山王刘胜是诸侯王，也用了金缕玉衣。此件玉衣是中国考古发掘中出土年代最早最完整的玉衣，对研究汉代的丧葬制度有重要意义。现藏河北省文物研究所。

金丝编项链

东汉时期装饰品。周长 19.4 厘米，重 12.8 克。1959 年湖南长沙李家老屋出土。用极细的金丝编织而成。形似鳝鱼之脊骨，以方形金牌衔结扣合成链。设计新颖，匠艺高超，为金质装饰品中的精品。现藏湖南省博物馆。（图 1–95）

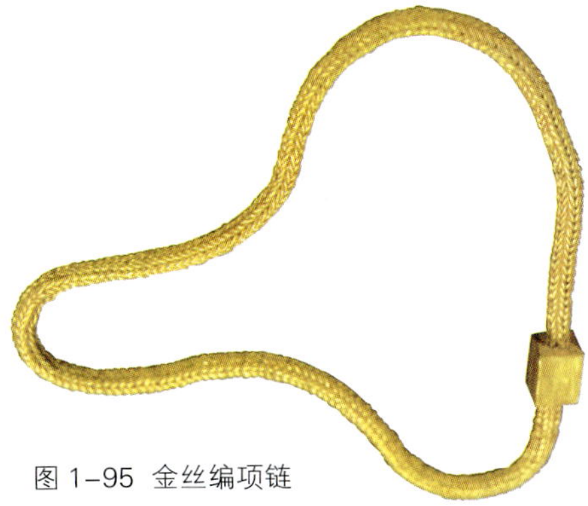

图 1–95 金丝编项链

八角圆环嵌松石金饰

东汉时期装饰品。高 1.8 厘米，直径 2.4 厘米。1980 年江苏邗江广陵王刘荆墓出土。纯金。大小似指环。上缘八齿状，内嵌瓜子形绿松石。圈体表面以大小金珠及掐丝焊饰双龙纹；双龙作镜面对称布置，饰件边缘以突起的阳线作边廓，外侧再焊饰细小联珠纹一道。制作精细，花纹华美，是研究汉代金作工艺的重要实物资料。现藏南京博物院。

累丝镶嵌金辟邪

东汉时期明器。高 3.1 厘米，长 3.9 厘米，底座长 5.5 厘米，宽 1.6 厘米，重 8.4 克。1969 年河北定州北陵头村汉墓出土。形似虎，作昂首迈步状，前额隆起，独角向颅后垂卷，圈形兽耳，眼眶突出，内镶绿松石为睛，张口露齿。四肢前伸，长尾曳地，蹄趾利爪。用金丝累捏成骨骼、肌肉凸部和双翼，角尾用粗金丝制成后，又缠上细丝。颈前和脊背各有一条凹槽，镶嵌松石或红玛瑙，其他部位有零星的点缀。表面饰有较多的金粟粒，犹如卷毛。底托片上錾有流云纹，周饰小金粒，前端有两孔。气势凌人，制作精湛，集累丝、镶嵌工艺于一身，显现出东汉后期金匠的高超技艺。现藏定州市博物馆。（图 1–96）

图 1–96 累丝镶嵌金辟邪

掐丝镶嵌银铃

西晋时期装饰品。通高 4 厘米，径 3.5 厘米，重 36 克。1965 年北京西郊八宝山西晋幽州刺史王浚妻华芳墓出土。球状，顶部有辟邪座环钮。四周以掐丝工艺制成八个乐人形象：两人捧箫，两人吹笛，两人吹喇叭，两人扬手击鼓。乐人下面系有圆形小铃一周，每个铃上嵌有红、蓝宝石，部分已失。造型小巧玲珑，制作工艺精细。八人乐队的组合对研究晋代的音乐史有重要价值。现藏首都博物馆。

四兽形金牌

图 1-97 四兽形金牌

西晋时期装饰品。横长 10 厘米。1956 年内蒙古乌盟凉城县小坝子滩窖藏出土。模铸而成。上四个神兽，头部似鹿非鹿，似马非马，身、腿似马，但虎爪，犬尾，兽首向外，作张口吞噬状，屈身，短尾上卷，兼有食肉动物的特征，是西晋草原上难得的艺术品。此金牌反映了鲜卑的民族特色，对研究鲜卑族的历史文化有重要意义。现藏内蒙古自治区博物馆。（图 1-97）

累丝金龙佩饰

图 1-98 累丝金龙佩饰

北朝时期首饰。总长 128 厘米，重 214 克。1981 年内蒙古达茂旗出土。整体为一身双龙首项链。两龙首造型相像，系用金片卷成筒状，上面焊接有角、眼、耳和须，均用金丝盘卷而成。下颌及附加饰物均有圆圈纹和鱼子纹，圆圈内镶嵌蓝、绿料石，现多数已脱落。龙身以金丝编缀，呈绞索状。其上连接附加装饰物：钺一，盾、戟、梳各二。其中一龙嘴上下颌间用串钉贯连一圆环；另一龙嘴有脱落的串钉孔痕，推测原龙嘴亦衔有钩环之物，以便与另一圆环相扣。造型生动别致，制作工艺精湛。以龙形为首，象征了北方骑马民族与内地汉族的文化融合。现藏内蒙古自治区博物馆。（图 1-98）

金手镯

南朝时期饰品。直径 7 厘米。1977 年江苏句容陈武南朝墓出土。手镯呈环形花状。因黄金成色较差，硬度较大，不易弯曲，故推断花状为原型，不似受压变形成为弯曲状。六朝时期，因社会动乱，经济萧条，金银器生产相对衰落，故六朝墓中出土金银器较少，出土多为镯、钗、环、簪等装饰品。此花形手镯形制特殊。现藏镇江博物馆。

金虎饰

东晋时期饰品。高 1.3 厘米，长 2.3 厘米，宽 0.8 厘米。1966 年江苏镇江阳彭山砖瓦厂出土。金虎饰呈卧伏状，虎头刻画细致入微，圆瞪双目，牙齿毕露，形态逼真，造型威武凶猛。虎腹部上方有一孔，作穿系用。古人视虎为神兽，以虎饰作辟邪之物。金虎饰在东晋墓葬中出土甚少。现藏镇江博物馆。

波斯萨珊朝银币

北魏时期货币。直径 3.07 厘米。1964 年河北定县城东北角塔基地宫出土。此币为波斯萨珊王朝耶斯提泽德二世（438—458）的银币。圆形银币正面为半身王像。像旁为婆罗钵文的铭文，意为“主上，耶斯提泽德，万王之王”。银币背面是拜火教祭坛。亦有铭文，右侧为简化的王名，左侧为铸造地点。此币正面联珠纹圆框以外的边缘上，右边有一个 S 形的符号，下边有一行印压上去的铭文，文字为哌哒文。波斯银币上打有哌哒国的戳记，表示此币可在其国境内流通作为法币。这是中国境内首次发现的与哌哒国有关的资料，有较高的历史价值和研究价值。出土时银币藏于一石函内。石函内共出土波斯萨珊朝银币 41 枚，除 4 枚为耶斯提泽德二世银币外，其余均为卑路斯（157—483）的银币。石函上有太和五年（481）的纪年铭文，可知此枚银币是作为施舍物于公元 4 年放入舍利函内埋入塔基地宫的。现藏河北省文物研究所。

萨珊朝鎏金银盘

北魏时期盛食器。高 4.1 厘米，直径 18 厘米。1981 年山西大同市小站村花圪塔台北魏封和突墓出土。中央为一狩猎图，系经锤鍱压法使器物成多曲形，纹饰则以锤鍱法制成凸面、再加刻划的萨珊朝金细工艺的习惯手法制成。图中占据主体位置的是一典型伊朗脸型的中年男子，留着的络腮胡须，直垂而不卷曲，头戴半弧形冠，边饰联珠，冠后有萨珊式飘带两根，耳下及颈部悬挂缨珞，上身着紧身便服，腕套手镯，腰部革带上系箭筒，足蹬半长统靴。猎者面部沉着安详，双手横执一矛，矛尖已刺入近前一野猪右额，右脚抬起反踹由后方袭来的野猪，另有一头野猪正从前方高高的芦苇丛中窜出，来势凶猛。此器为典型的萨珊朝金银器，反映了魏晋南北朝时期中西方的交流，对研究中外交流史有重要意义。现藏大同市博物馆。

莲花纹银碗

东魏时期盛食器。高 3.4 厘米，口径 9.2 厘米，足径 3.5 厘米。1976 年河北赞皇邢郭村李希宗墓出土。出土时此碗与鎏金小铜壶、铜鐎斗和 6 件青瓷碗，同置于一大铜盘内，当是一套酒具。形似莲花。敞口，唇略卷，喇叭形圈足。碗内壁锤鍱水波纹 33 道，自底向口部作辐射状排列；碗内底中央捶成一圆台，上有一朵俏丽的莲花，花瓣肥硕丰满，瓣尖微上卷，莲花外饰联珠纹两圈，口沿处饰联珠纹一圈，制作精致。碗内斟满酒后，由于折光作用，有酒波荡漾、令人陶醉之感，是北朝时期金银细工中之珍品。此碗是西方舶来品的典型代表，反映了西方金银器制作技术和生产理念逐渐融入到中国传统金银器的制作中，并对中国传统金银器的制作产生了一定的影响。现藏正定县文物保管所。（图 1–99）

图 1–99 莲花纹银碗

鎏金银壶

北周时期酒器。通高 37.5 厘米。1983 年宁夏回族自治区固原县出土。鸭嘴状流，颈至长腹细长，下腹圆鼓，颈腹间及高圈足上下皆焊饰联珠纹；两把手皆有兽首铸接壶腹，把上端铸一深目高鼻戴冠的胡人头像，壶腹表面锤鍱出三组人像图饰。人像男妇相对，作扭揉状，被认为是表现希腊神话传说中“帕里斯审判”“掠夺海伦”“回归”的连续场面。画面中人物头发、衣纹均用细线刻画，宛转流畅，衣服质感轻薄柔软，形象栩栩如生。此器无论从器型和纹饰上看都具有明显的萨珊朝金银器风格，是研究中西交通的珍贵史料。现藏宁夏固原博物馆。

鎏金龟纹桃式银盘

唐代盛食器。高 1 厘米，口径 12.3 厘米。1970 年陕西西安南郊何家村窖藏出土。银质。桃形，宽折沿，弧腹，平底。内底心锤鍱一龟，露头，向右，双眼圆睁，作窥视状。四肢、曲尾露出壳外，趾爪锋利；背面布满龟纹，以阴线刻划。龟全身鎏金。相传龟有千年之寿，古人视其为长寿的象征，常作为器物的装饰。现藏陕西历史博物馆。（图 1–100）

图 1–100 鎏金龟纹桃式银盘

鎏金双狐纹银盘

唐代盛食器。通高 1.9 厘米，径 22.5 厘米。1970 年陕西西安南郊何家村窖藏出土。器型为宽沿双桃形，浅腹，平底。两桃形盘底心各锤鍱一相向追逐的狐。两狐腹部及腹股处錾刻细纹，周身鎏金，在光洁锃亮的银盘衬托下熠熠生辉。此器造型奇妙，选题意深，构图简洁，神态生动，富有立体感，是比较少见的唐代艺术品。此器盘心装饰动物纹，周围留白的构图方法显然是接受了粟特的艺术手法，但取双狐双桃形作装饰题材是典型的中国题材，这反映出唐代工匠在对西方金银器艺术吸收借鉴的前提下更注重推陈出新，使之符合中国人的使用和欣赏习惯。现藏陕西历史博物馆。（图 1–101）

图 1–101 鎏金双狐纹银盘

鸟兽纹莲瓣金碗

唐代盛食器。高 5.6 厘米，口径 13.4 厘米，底径 6.8 厘米。1970 年陕西西安南郊何家村窖藏出土。金质。侈口，弧腹，圈足。碗外壁锤出两层相互交错的大型莲瓣，上层每瓣内分别刻有鸳鸯、鸭、鹦鹉、鹿、狐等珍禽异兽，周围饰草花；下层每瓣内饰卷曲的蔓草纹。莲瓣上至口沿的三角空间饰如意云纹和各种飞翔姿态的鸟纹。圈足饰方胜。以上花纹均为鱼子纹地。足沿外侈，边饰一周大联珠纹。内刻飞鸟一只，流云数朵。碗内墨书“九两半”三字。造型规整、纹饰富丽，是西方金银器工艺与东方审美情趣完美结合的佳作。现藏陕西历史博物馆。（图 1–102）

图 1–102 鸟兽纹莲瓣金碗

鎏金宝相花纹银盖碗

唐代盛食器。通高 11.7 厘米，口径 21.7 厘米，底径 12.2 厘米。1970 年陕西西安南郊何家村窖藏出土。银质，鎏金。有盖，深腹，圈足。盖似覆扣的侈口盖，大于碗口一周。盖顶中心部位饰一簇圆形宝相花，外饰等距离六簇宝相花。碗腹亦饰等距离六簇大型宝相花。纹饰皆鎏金，空间为素面，显得富丽大方。现藏陕西历史博物馆。

鎏金仰莲荷叶纹银碗

唐代盛食器。通高 8 厘米，口径 16 厘米，足径 11.2 厘米，重 223 克。1987 年陕西扶风法门寺唐真身宝塔地宫出土。锤鍱成型，纹饰鎏金。花口，腹壁斜收，平底，荷叶形圈足。碗壁为三重相互交错的莲瓣，瓣尖形成口沿，宛如一朵盛开的莲花。三重莲瓣，均填以不同的纹饰。圈足作翻卷荷叶，外錾叶脉。足底錾“衙内都虞侯兼押衙监察御史安淑布施，永为供养”铭文二十字，内足壁墨书一“吼”字，系密教咒语。说明密教在晚唐皇室信仰中占有重要地位。此器造型优美，纹饰新颖。现藏法门寺博物馆。

鎏金忍冬联珠纹花式银碗

唐代盛食器。通高 4 厘米，直径 11 厘米，重 198 克。1970 年陕西西安西郊出土。银质，鎏金。直腹，高圈足。八瓣葵花形。碗内鎏金，中心饰两重联珠纹，外围饰忍冬花结。碗外壁在八瓣区内均布满蔓草忍冬花纹，圈足底沿饰联珠纹一周。现藏西安市文物管理委员会。（图 1–103）

图 1–103 鎏金忍冬联珠纹花式银碗

鎏金鹦鹉纹银碗

唐代盛食器。高 11.5 厘米，口径 21.3 厘米，足径 14 厘米。1982 年江苏镇江丁卯桥唐代银器窖藏出土。碗呈五曲形，敞口，深腹，圈足。底心刻一对展翅欲飞的鹦鹉，间以缠枝莲花和鱼子纹，底缘刻一周联珠纹，腹内曲处饰以花结，衬托五组散点团花，口缘破式海棠纹，圈足缘变体莲瓣纹，刻花处鎏金。圈足内刻“力士”两字。此碗造型别致，纹饰精美，镌刻图案流畅，加之刻花处鎏金，黄花白地，金光灿灿，富丽堂皇。现藏镇江博物馆。

丨鎏金折枝花纹银碟丨

唐代盛食器。高 1.4 厘米，口径 10.2 厘米，足径 10 厘米，重 130 克。1987 年陕西扶风法门寺唐真身宝塔地宫出土。锤鍱成型，纹饰填金。五瓣花口，坦腹，圈足。碟内底錾团花一朵，内壁五瓣各錾十字形折枝花一朵，口沿饰花瓣纹一周。纹饰简洁典雅，独具风格。现藏法门寺博物馆。

丨鎏金双鸾戏珠纹菱形银盘丨

唐代盛食器。高 4.8 厘米，长 21 厘米，宽 15.2 厘米，重 203 克。1982 年江苏镇江丁卯桥唐代窖藏出土。银质，鎏金。委角菱形，宽口沿，浅腹，平底，矮圈足。内底錾刻一对展翅回飞的鸾鸟，两鸟间錾一火焰宝珠。沿口面锤鍱缠枝莲花，以鱼子纹作地，花间点缀飞鸟八只。纹样皆鎏金。金银相映，自然成趣。现藏镇江市博物馆。（图 1–104）

图 1–104 鎏金双鸾戏珠纹菱形银盘

丨腰形银盘丨

唐代盛食器。长 20 厘米，宽 15 厘米，高 4.3 厘米。1982 年江苏镇江丁卯桥唐代银器窖藏出土。盘呈海棠形，宽沿，平底，圈足。圈足内刻“力士”两字。通体光素。此盘出土代表晚唐江南地区金银器制作工艺水平的镇江丁卯桥唐代银器窖藏，时代明确，制作精工，简洁清秀。现藏镇江博物馆。

丨鹿纹菱花形三足银盘丨

唐代盛食器。通高 10 厘米，口径 50 厘米，足高 7.6 厘米，重 2.4 千克。1984 年河北宽城峪耳崖大野峪村出土。银质，鎏金。敞口，宽折沿，浅腹弧收，平底，下有三足。宽沿作六瓣菱花形，边缘圆鼓，各瓣锤鍱花卉一组，纹样相同。盘口作六分凸线伸向底部，盘心锤鍱一凸起梅花鹿，昂首站立，头顶肉芝，身錾饰斑点纹，短尾上翘，足呈镂空卷叶状。造型优美，纹饰图案富有立体感，制作精良，具有盛唐作风。现藏宽城县文物保管所。（图 1–105）

图 1–105 鹿纹菱花形三足银盘

鎏金摩羯纹银盘

唐代盛食器。口径 47.8 厘米。1976 年内蒙古赤峰喀喇沁旗哈达门沟出土。该地出同类银盘两件，此盘为其中的一件。器微呈六曲秋葵形，卷唇，浅腹，圆底，宽折沿，腹壁有六条折棱。内底锤出一对摩羯纹，首尾相接，环绕一颗凸起的火焰珠，周围錾刻六组相同双联式团花。盘沿亦锤出六组纹饰，每组构图呈椭圆形，是葡萄、葵花两种纹饰相间而出，并以阴线錾刻细部。有纹饰处均鎏金。口沿下有沟槽一周，原应有镶嵌物，盘底有三个圆形凸起，似是安装器足留下的痕迹。此器做工考究，可见当时的工艺水平，其纹饰是研究摩羯纹演化的重要资料。现藏内蒙古自治区博物馆。（图 1–106）

图 1–106 鎏金摩羯纹银盘

猞猁纹银盘

唐代盛食器。高 3.7 厘米，口径 18.5 厘米。1975 年内蒙古敖汉旗李家营子唐墓出土。银质。口沿内卷，坦腹，圈足。内底圈心内凹，圈内锤鍱一猞猁，两角竖立，低头垂尾，张牙舞爪，作欲扑状，神态凶猛威武。口沿和兽纹皆鎏金。兽头突破圈线，肌肉有起有伏，立体感很强，给人有呼之欲出之感。现藏敖汉旗文物管理所。

鎏金缠枝忍冬纹高足银杯

唐代佛教随葬品。高 6 厘米，口径 5 厘米。1985 年陕西临潼庆山寺遗址塔基出土。银质，通体鎏金。侈口，深腹，高足。颈上和足中部各饰凸弦纹一周；内壁为素面，外壁饰缠枝忍冬纹，地饰鱼子纹。造型融合了当时波斯（今伊朗）的装饰特点，是研究中伊友好往来和文化交流的实物例证。现藏临潼县博物馆。（图 1–107）

图 1–107 鎏金缠枝忍冬纹高足银杯

花鸟莲瓣纹高足银杯

唐代饮酒器。通高 5.1 厘米，口径 7.5 厘米，足径 4 厘米。1982 年陕西西安韩森寨纬十街出土。银质镀金。侈口，沿微外翻；腹外壁中部有一周突棱，把腹部分成上下两部分；高足上部有大小两层，形似花托，下束腰，足呈覆莲瓣形。上腹部錾出十个莲瓣，每瓣内均饰花鸟纹；下腹部亦錾出十个莲瓣，每瓣内饰萱草花；足面饰忍冬八出花。地皆为鱼子纹。整个造型宛如一朵初开的莲花，纹饰呈现出一派草木峥嵘，鸟雀欢跃的景象。现藏陕西历史博物馆。

高足银杯

唐代酒器。高 14.8 厘米，口径 14.5 厘米。1982 年江苏镇江丁卯桥唐代银器窖藏出土。口杯呈五曲形，深腹、圈足。腹外饰凸棱一周。圈足内刻有“力士”两字。此杯通体素面，器形饱满，制作规整，朴素无华的造型展示了晚唐南方金银器的另一种风貌。银杯出土于代表晚唐江南地区金银器制作工艺水平的镇江丁卯桥唐代银器窖藏中，时代明确。现藏镇江博物馆。

伎乐纹八棱金杯

唐代酒器。通高 6.4 厘米，口径 7.2 厘米。1970 年陕西西安南郊何家村窖藏出土。侈口，八棱，喇叭形圈足。杯柄上有两个后脑相连的胡人头作平鋬，柄外侧饰有兽首。八棱杯身的每面均以联珠纹为界栏，内浮雕出执拍板、小镲、箫、曲颈琵琶的乐伎，还有抱壶、执杯以及两名舞伎，人物形象均为高鼻深目、头戴卷沿或瓦楞帽的胡人，另外用忍冬、卷草、山石、飞鸟、蝴蝶、鱼子纹为衬景。此器工艺精湛，内容丰富，是研究唐代中西文化交流、乐舞、绘画以及金银工艺不可或缺的实物资料。现藏陕西历史博物馆。（图 1–108）

图 1–108 伎乐纹八棱金杯

仕女狩猎纹八瓣银杯

唐代饮酒器。高 5.5 厘米，口径 9.2 厘米，足径 4.2 厘米。1970 年陕西西安南郊何家村窖藏出土。银质，鎏金。葵口微侈，唇沿外凸，饰锯齿纹；腹略鼓，由绳纹相隔成八瓣，每瓣以鱼子纹为地，上饰各种姿态的仕女和骑马狩猎图案，空间衬以花草；下部饰一周凸起的莲瓣，莲瓣上饰一朵宝相花，犹如莲花托杯。足呈八棱，圈边饰一周联珠纹；柄作联珠圆环形，上有七瓣组成的三角护手，护手中心圈内饰一立鹿，地为鱼子纹。杯内底部中心饰水波纹，水波上錾游鱼三尾。此银杯的造型奇特瑰丽，采用唐代典型的八曲葵口和圜底碗形，指垫上的鹿与指环吸收粟特银器的特点，内底的摩羯纹受印度文化的影响，狩猎图中的猎人又是突厥人的形象，仕女游乐又是盛唐时期画的典型题材，体现了各民族文化和东西文化交流的特点，除了实用性，也不失为一件精美的艺术品。现藏陕西历史博物馆。

掐丝团花金杯

唐代酒器。通高 5.9 厘米，口径 6.8 厘米。1970 年陕西西安南郊何家村窖藏出土。器呈圆形，口略侈，深腹内收成小圜底，喇叭形圈足，6 字形环柄，杯的外壁有金丝编成的四朵团花。此器设计精巧，纹饰典雅，采用切削、抛光、焊接、铆、掐丝焊等多种工艺技术制成，是研究唐代

金工技术不可多得的实物资料。现藏陕西历史博物馆。（图 1-109）

图 1-109 唐代掐丝团花金杯

蔓草花鸟纹八棱银杯

唐代饮酒器。高 5.3 厘米，口径 5.4 ～ 6.9 厘米，足径 3.1 厘米。1982 年陕西西安韩森寨纬十街出土。银质，镀金。八曲侈口，腹和足均作八棱形，腰略束。腹壁棱间饰以缠枝蔓草和花鸟相间的图案各四组；圈足面亦饰缠枝蔓草纹；环柄上有半圆形护手，护手上饰一展翅飞翔的鸿雁，下以萱草相衬。地纹皆饰鱼子纹。刻工精细，富有生机，颇具匠心。现藏陕西历史博物馆。

银杯

唐代酒器。高 7.2 厘米，口径 5.8 厘米，底径 3.1 厘米。1971 年安徽肥东店埠程村出土。敞口，斜直腹。喇叭形圈足。近口处有凸弦纹一周。系采用锤锞、压模、分铸、焊接、抛光等技法制成。唐代是金银器制作工艺的繁荣时期，银杯制作精致，造型美观，虽素面无纹饰，却仍显得高雅、富贵，气度不凡，具有典型的时代特征。现藏安徽博物院。

银托

唐代盛器。高 8.5 厘米，盘径 18 厘米。1982 年江苏镇江丁卯桥唐代银器窖藏出土。托呈五出变体莲瓣形，盏托凹底，喇叭形圈足。圈足内刻“力士”两字。通体素面。银托制作精工，造型秀雅别致，整器造型恰似一朵亭亭玉立的莲花，在崇尚丰满、富丽、华美的唐代，银托以其挺拔秀美的造型，展示了晚唐时期江南地区金银器制作的另一种风格。现藏镇江博物馆。

鎏金刻花银匜

唐代盥洗器。通高 8.4 厘米，口径 20 ～ 22 厘米，足径 11.9 厘米。1970 年陕西西安南郊何家村窖藏出土。银质。侈口，单流，弧腹，圈足外撇。外壁饰鸳鸯衔枝纹，并以折枝五瓣花相间。在工艺上先锤鍱出花纹轮廓，再以阴线刻划细部。纹饰鎏金，主题鲜明，具有写实特点。银匜器壁光滑平整，抛光极佳，有润泽如玉的感觉，纹饰洗练精美，在装饰风格上摆脱了早期繁琐细密的满装风格，花纹手法] 写实，并加入了浮雕技法，体现出金银制作进入成熟期的工艺水准。现藏陕西历史博物馆。（图 1-110）

图 1-110 鎏金刻花银匜

蔓草鸳鸯纹银羽觞

唐代酒器。高 3 厘米，长 10.5 厘米，宽 7.5 厘米，口径 7.5 ~ 10.5 厘米。1970 年陕西西安南郊何家村窖藏出土。银质，鎏金。椭圆形，双耳，平底。内底饰一朵海棠，内壁饰折枝花卉；两长方形耳满饰蔓草纹，地饰鱼子纹；外壁饰蔓草鸳鸯纹。纹饰雍容华贵，线条舒展自如。现藏陕西历史博物馆。

刻花金铛

唐代酒器。高 3.2 厘米，口径 9 厘米。1970 年陕西西安南郊何家村窖藏出土。金质。敞口，圜底，单柄，三足。内底饰一浮雕海兽，外围一周变形绳纹；外壁饰十条斜曲突棱，分壁为九斜格，格内分别饰蔓草、鸳鸯等图案，地饰鱼子纹；足上部为蛇头，蛇嘴伸出一兽爪，组成铛足；柄作张嘴龙头状。构思新颖，形式多变，给人以生动活泼之感。现藏陕西历史博物馆。（图 1–111）

图 1–111 刻花金铛

单流折柄银铛

唐代药具。通高 7.8 厘米，口径 13.2 厘米，柄长 1.8 厘米。1970 年陕西西安南郊何家村窖藏出土。银质。敛口，沿边有一半圆形短流；颈腹交接处内收，使内壁形成一突棱；腹略鼓，平底微隆；腹部有一长柄，柄上有箍，柄首作双桃孔；柄接腹部一端折曲，呈两个直角形，使柄与铛口保持一个高度，折角上还装有铰链，使延伸的柄能反折扣到铛口上。腹下有三蹄足，趾外侈。设计精妙，别具匠心。现藏陕西历史博物馆。（图 1–112）

图 1–112 单流折柄银铛

鎏金人物银瓶

唐代陈设器。高 7 厘米，口径 3.8 厘米，腹径 6.6 厘米。1982 年江苏镇江丁卯桥唐代银器窖藏出土。侈口，束颈，鼓腹，圆底。腹下有等距离三处焊接痕，原应焊有三足，出土时已失。颈周分别刻有联珠纹、回纹及蔓草纹带，腹部有三个开光，内以鱼子纹为地，分别锤刻三童子表演杂剧“参军戏”、两童子对坐斗草、三童子表演“胡旋舞”三组人物图。开光四周饰以蕉叶，瓶底饰莲花，除地纹外，余皆鎏金。此瓶装饰华丽，腹饰的主题画题材选自现实生活中的童子乐舞，形象生动，富有生活气息，在唐代金银器装饰图案中较为少见。现藏镇江博物馆。

鎏金舞马衔杯纹银壶

唐代酒器。通高 14.5 厘米，口径 2.3 厘米，底径 7.2 ~ 8.9 厘米。1970 年陕西西安何家村窖藏出土。器造型仿北方游牧民族使用的皮囊壶形状，壶身为扁圆形，有提梁、盖和圈足。壶腹壁两侧各模压一马，做奋首鼓尾的舞蹈之状，马口衔杯。据史书记载，唐玄宗时曾训练舞马，能按音乐节拍舞蹈，舞毕，口衔酒杯匍身敬酒。此纹应是这一史实的形象反映，故具有重要的历史价值。同时，以北方游牧民族的皮囊壶之形，饰以鎏金舞马纹，构思奇特，形象生动，制作精美，有很高的艺术性。皮囊形壶是契丹族墓葬或窖藏中常见的器物，在唐京城长安则非常少见，这件银壶显然是金银匠为适应皇家贵族的外出游猎活动巧妙地借鉴契丹族皮壶制作而成的，也是唐代中原汉族与北方契丹族文化交流的物证。现藏陕西历史博物馆。

鎏金婴戏纹银壶

唐代酒器。高 7 厘米，口径 3.8 厘米，腹径 6.6 厘米，重 86 克。1982 年江苏镇江丁卯桥唐代窖藏出土。银质，鎏金。侈口，高颈，球腹，圜底，底有三足已失。颈部自上而下刻联珠纹、折带纹及蔓草纹。腹部刻三组人物图案：一幅为童子舞乐图，正中一童子立圆垫上，作金鸡独立舞，左右两童伴奏；另一幅为童子斗草图，两童子坐草地上勾草比试；第三幅为说唱图，一人头戴幞头，穿长袍，手持云板，立于方垫上说唱，左一人捧乐器，右一人着短装，作行走状。三组图案以针叶、草叶纹相间。底外刻十二重瓣莲一朵。童戏题材的银器，在唐代极为少见，因此具有特殊的意义。现藏镇江市博物馆。（图 1–113）

图 1–113 鎏金婴戏纹银壶

鸳鸯莲瓣纹金执壶

唐代酒器。通高 21.3 厘米，口径 6.6 厘米。1969 年陕西咸阳市郊出土。直口，长颈，圆肩，深腹。壶盖上有一莲苞状钮，钮周围錾复莲瓣两周，下饰四朵莲花瓣，空间饰鱼子纹地和蔓草纹。执壶把顶部有一可转动的小龟，连接钮盖链条。肩至底部花纹分四个单元，有莲花、鸳鸯、蔓草及仰莲。此器制作精美，造型优雅，纹饰细致，内容复杂，颇具研究价值和观赏价值。现藏咸阳市博物馆。

银执壶

唐代酒器。高 22 厘米，口径 8.4 厘米，腹径 10 厘米，底径 7.8 厘米。1982 年江苏镇江丁卯桥唐代银器窖藏出土。侈口、束颈、圆肩、深弧腹、矮圈足。长曲流，环形鋬，头盔形盖。

外底刻“力士”两字。通体素面。唐代社会饮酒之风盛行，各种著名酒器应运而生。除著名的力士瓷酒具，镇江丁卯桥唐代银器窖藏出土的“力士银酒具”也堪称南方之最。出土的宴饮酒具，多数器物的底部或圈足皆刻有道劲的楷体“力士”两字，此件执壶即为其中之一。现藏镇江博物馆。

图 1–114 银酒瓮

银酒瓮

唐代酒器。通高 55 厘米，口径 26 厘米，腹径 42.5 厘米，底径 29.3 厘米。1982 年江苏镇江丁卯桥唐代银器窖藏出土。直口，广肩鼓腹，平底。设有覆盆式盖，葫芦形钮。盖边与瓮口有链环相连，锁失。素面，底外中部竖刻楷书“酒瓮壹口并盖隙(锁)子等共重贰佰陆拾肆两柒钱”。唐代每两合今 37.3 克，此瓮实重 9873.31 克，是镇江丁卯桥唐代银器中器形最大的一件，且有铭文，而科学考古中发现自铭为“酒瓮”的银器，尚属首例。现藏镇江博物馆。（图 1–114）

宣徽酒坊银酒注

唐代酒器。高 25.8 厘米，口径 14 厘米，底径 14.1 厘米，最大腹围 68.7 厘米，重 3.245 千克。1979 年陕西西安鱼化寨出土。银质。圆形，鼓腹，圈足，平底。口沿微侈，粗颈宽肩，肩部有双系，颈至腹部有一椭圆形曲柄；另一端有圆管形流嘴。器底刻铭文“宣徽酒坊。咸通十三年六月二十日别敕造七升。地字号酒注壹枚重壹百两正。匠臣杨存实等造。监督蕃头品官臣冯金泰。都知高品臣张景谦。使高品臣宋师贞”。是少见的以铭文记录制造时间、工匠等信息的金银器，因此具有很高价值。现藏陕西历史博物馆。

图 1–115 双耳护手银锅

双耳护手银锅

唐代炊具。高 14 厘米，口径 28.2 厘米。1970 年陕西西安南郊何家村窖藏出土。银质。宽折沿，卷唇，外侈，鼓腹，底呈扁圆形。沿下平列锤压两条凹弦纹，弦纹中间外鼓。沿边安两个对称的莲瓣状护手，护手上又装两个半圆环形竖耳。现藏陕西历史博物馆。（图 1–115）

提梁银锅

唐代炊具。高 10 厘米，口径 25.6 厘米。1982 年江苏镇江丁卯桥唐代银器窖藏出土。宽沿，敞口，直腹下收为圜底，沿面设有一对护耳及环状提梁，银锅系锤击成型。通体光素。此锅出土于丁卯桥唐代银器窖藏中，时代明确，反映了唐代炊用器具的情况。现藏镇江博物馆。

鎏金鸳鸯团花纹双耳圈足银盆

唐代盥洗器。通高 14.5 厘米，口径 46 厘米。1987 年陕西扶风法门寺地宫出土。器系浇制成形，鎏金纹饰。四曲口沿錾饰有面化的莲瓣纹，盆壁饰团花，花内有鸳鸯站于莲花之上，盆底也有一对鸳鸯。此器造型典雅、纹饰精美，制作工艺复杂。尤其盆底外沿錾刻有“浙西”两字，说明此盆为浙西地方官（当时唐有浙西观察使，治所在今镇江市）献给皇家的贡品，应是当时以制造金银器闻名的镇江地区的作品，为同类作品中的佼佼者。现藏法门寺博物馆。（图 1-116）

图 1-116 鎏金鸳鸯团花纹双耳圈足银盆

鎏金鹦鹉纹提梁银罐

唐代贮盛器。通高 24.1 厘米，口径 12 厘米，底径 14.4 厘米。1970 年陕西西安南郊何家村窖藏出土。侈口，有盖，短颈，溜肩，鼓腹，喇叭形圈足。覆碗形盖，浑圆厚实的罐身，通体布满多层纹饰，以鱼子纹衬底，罐的正背两面各饰一只欲飞的鹦鹉，其余部分则满饰大型宝相花纹，纹饰皆为鎏金。工艺精湛，富丽堂皇，是唐代金银工艺的代表作之一。更为重要的是在盖内墨书有“紫英五十两”“白英十二两”的两行题记，这既说明了此器为储存药物之用，也说明了具体所盛放物品的名称和重量，是研究古代医学史的珍贵资料。现藏陕西历史博物馆。

鎏金花鸟孔雀纹银方箱

唐代贮盛器。高 10 厘米，边长 11.8 厘米。1970 年陕西西安南郊何家村窖藏出土。银质，鎏金。正方形。盝顶盖，盖顶满饰花草纹，四坡和盖沿皆饰蔓草纹。盒底正面饰孔雀一对，各衔一枝蔓草，双脚蹬莲花，昂首鼓翼翘尾，作欲飞状；空间饰花草、岩山、飞鸟和天鹅，地饰鱼子纹。两侧饰蔓草和碎花纹。盖与器身用合页相连，并有钮扣可锁。纹饰细密，主题鲜明，别有情趣。现藏陕西历史博物馆。（图 1-117）

图 1-117 鎏金花鸟孔雀纹银方箱

龟背纹银盒

唐代药具。高 2.3 厘米，口径 3.7 ~ 4.7 厘米，重 30 克。1979 年陕西西安出土。银质。

四瓣圆形，盒盖隆起，盒底平坦，除盒面錾出龟背纹外，其余均为素面。此器以龟背纹作装饰，构思新颖，别具一格。现藏西安市文物管理委员会。

鎏金银龟盒

唐代茶具。高 13.1 厘米，长 27.6 厘米，宽 15 厘米。1987 年陕西扶风法门寺地宫出土。器为用仿生技法做成的龟状盒。龟昂首屈尾，四足内缩。盒以龟背甲作盖，盖内焊接子口架，龟首、腹先套接，然后在外壁点焊。通体錾刻龟甲纹和锦纹，部分鎏金，造型鲜见，工艺精湛，代表了唐代金银工艺的水平，也是研究唐代饮茶文化的典型实物。现藏法门寺博物馆。（图 1–118）

图 1–118 鎏金银龟盒

鎏金翼鹿纹银盒

唐代化妆用具。高 2 厘米，口径 6 厘米。1970 年陕西西安南郊何家村窖藏出土。银质，鎏金。圆形，盖与底以子母口扣合。盒盖中心，饰口衔绶带的翼鹿，以祥云点缀其上，外围一周饰麦穗纹圈，圈外饰鸡心形连续蔓草花纹；盖侧饰飞翔的喜鹊，间饰祥云。盒底中心饰凤鸟衔绶带，辅助纹饰与盒盖相似。通体饰鱼子纹。现藏陕西历史博物馆。

素面“光明碎红砂”银盒

唐代药具。口径 16.2 厘米，高 6.7 厘米。1970 年陕西西安南郊何家村窖藏出土。呈圆形，由盒盖、盒底两部分组成，以子母口扣合，通体光面无纹饰。墨书“光明碎红砂一大斤”等 39 字，记录盒内所装物品及数量。丹砂、麸金都是冶炼丹药的原材料，也是贵重的医药用品，此盒内所装的“光明碎红砂”就是炼丹术中被视为至尊之物的“丹砂”。现藏陕西历史博物馆。（图 1–119）

图 1–119 素面“光明碎红砂”银盒

鸳鸯蔓草纹银盒

唐代化妆用具。高 0.8 厘米，口径 3.1 厘米，重 10 克。1965 年陕西西安南郊区三北村出土。银质。圆形，底、盖中心部均稍隆起。盖面饰一对鸳鸯立于叠石之上，空中有一对鸾鸟飞翔，空间填蔓草，地饰鱼子纹。盒底中心饰追逐飞翔的鸾鸟，四周填以折枝、莲花、莲蕾和莲叶。口部饰平列式如意云纹组成的连续图案一周。此盒精巧玲珑，花纹繁缛富丽，从盒的图案看，似取“鸳鸯比翼，永结同心”之意。现藏西安市文物管理委员会。

鎏金鹦鹉纹海棠式银盒

唐代药具。高 3.4 厘米，口径 4.8 ~ 6.4 厘米，圈足口径 3.5 ~ 5 厘米，重 38.2 克。1979 年陕西西安出土。银质，鎏金。海棠花形，喇叭圈足。盖面隆起，中部饰头尾相向飞翔的鹦鹉一对，口衔缠枝卷叶花，空间饰蔓草纹；地饰鱼子纹；边沿饰单相仰莲瓣一周，外加两条并列突棱纹；盖和底外侧，饰一整两破式海棠瓣两方连续图案。纹饰皆鎏金。现藏西安市文物管理委员会。

树下双猴纹银盒

唐代化妆用具。高 1.8 厘米，口径 4.1 厘米。1968 年陕西西安郊区出土。银质。圆形，盖和底均略隆起。盖面中间饰阔叶树一株，干粗叶肥，荫影蔽地，枝条垂绕；树下左右各有一猴，右边一猴四肢攀藤，尾巴垂地；左边一猴坐地，左臂和左腿前伸，右手和右腿屈曲，尾巴上翘；空间部分填以花瓣。器底纹饰内容与盖面相似，只是两猴姿态不一；右边一猴侧身回首蹲地，尾翘于背部，两手与左边一猴相握；左猴则坐地，右臂与双腿前伸，右手抓背，尾巴垂地。口沿饰以平列式如意云组成的两方连续图案。这种树下双猴纹，有取其“辈辈封侯”之意。此盒采用阳文作轮廓，阴文勾勒的雕刻技法，把猴一刹那的动态刻画得惟妙惟肖，充分显示了唐代工艺水平之高超。现藏西安市文物管理委员会。（图 1-120）

图 1-120 树下双猴纹银盒

鎏金鱼纹小银盒

唐代化妆用具。通高 5 厘米，长 9 厘米，宽 5.5 厘米。1982 年江苏镇江丁卯桥唐代银器窖藏出土。盒呈四出海棠形。直腹、子口、圈足。盖面锤刻四鱼及辐射纹，腹部上下刻菱形纹带，刻花处均鎏金。银盒玲珑奇巧，新颖雅致，花纹图案生动活泼，在唐代以大为美的时尚中，此件小巧玲珑之作仍可视为精品。现藏镇江博物馆。

摩羯纹三足银盐台

唐代盛贮器。高 27.9 厘米，盘径 7.8 厘米。1987 年陕西扶风法门寺地宫出土。由盖、台盘、三足架组成。盖上有莲蕾捉手，中空，有铰链可开合，下焊接盘屈的银丝与盖相连，可能是放胡椒的。盖心饰团花一朵，盖面饰摩羯鱼四尾，盖沿饰卷荷。台盘中心下凹，直口，宽沿，浅腹，平底。宽沿上锤刻以海石榴为花蕊的双层莲瓣，瓣尖饰以扇形花蕊，平底饰莲蓬。三足支架与台盘焊接相连，支架中心斜出四根盘屈的银丝，末端分别焊有摩羯与智慧珠铸件。智慧珠绕以火焰纹，其下并有莲座，支架上錾文：“咸通九年文思院造银涂金盐台一只”。现藏法门寺博物馆。（图 1-121）

图 1-121 摩羯纹三足银盐台

丨鎏金鸿雁纹银茶碾子丨

唐代茶具。通高 7.1 厘米。1987 年陕西扶风法门寺地宫出土。碾子由槽身、槽座、辖板组成，器身涂金。座的两侧饰有麒麟流云纹。在辖板表面饰有飞鸿流云纹。碾底錾文：“咸通十年文思院造银金花茶碾子一枚共重廿九两”。唐时饮用茶多为团饼，烹煮前须经碾成茶末，此器即为碾茶器具，而且是罕见的宫廷茶具，制作讲究，纹饰流畅，有明确纪年及名称，对当时的饮茶文化研究也有重要的参考价值。现藏法门寺博物馆。（图 1-122）

图 1-122 鎏金鸿雁纹银茶碾子

丨鎏金鹤纹银茶罗子丨

唐代茶具。通高 9.8 厘米，通长 14.9 厘米。1987 年陕西扶风法门寺地宫出土。唐人饮茶，对茶末的细度有着特殊的要求，因此，碾出的茶末要过罗后方可烹煮饮用。此罗为长方形，由盖、罗、屉、罗架、器座部分组成，均为钣金成型，纹饰涂金。纹饰有飞天、仙人、仙鹤、莲瓣及流云等。制作精巧，工艺复杂，集实用与观赏于一器。这是目前所见唯一一件唐代茶罗，填补了考古资料的空白，有着重要的文物价值。现藏法门寺博物馆。（图 1-123）

图 1-123 鎏金鹤纹银茶罗子

鎏金镂空飞鸿球路纹银笼子

唐代茶具。通高 17.8 厘米，口径 16.2 厘米。1987 年陕西扶风法门寺地宫出土。器由模冲成型，通体镂空，纹饰鎏金。盖面隆起，直口，平底，四足，有提梁。盖面主题纹样饰 15 只飞鸿，口沿上缘錾饰一周莲瓣纹。笼子的腹壁饰三周飞鸿，共 24 只，均两两相对。此器制作异常精巧，且在底部边沿錾有“桂管臣李杆进”六字铭文，是一件实用性与艺术性兼具的茶具文物，颇有科研和观赏价值。现藏法门寺博物馆。

捧真身银菩萨

唐代佛教随葬品。通高 38.5 厘米，像高 21 厘米。1987 年陕西扶风法门寺地宫出土。上部为一头饰高髻、戴花冠，斜披披帛双手捧盘的菩萨像。下部为一高台形的莲花座。菩萨通身装饰珍珠璎珞。双手所捧的金银匾荷叶形盘中錾刻有发愿文。在匾上錾有十行六十五字：“奉为睿文英武明德至仁大圣广孝皇帝，敬造捧真身菩萨，永为供养。伏愿圣寿万春，圣枝万叶，八荒来服，四海无波。咸通十二年辛卯岁十一月十四日皇帝延庆日记。”在莲座的顶面和底面均錾刻有梵文。另外在上两层的莲瓣内各有一尊有首光或背光、手执莲、捧琴或结跏趺坐的菩萨或声闻伎乐纹及四天王像、金刚杵等佛教法器纹饰。这件菩萨造型特殊，工艺复杂，特别是刻有皇帝名号，这在唐代属仅有，是迄今唐代金银器最高等级的文物。现藏法门寺博物馆。（图 1–124）

图 1–124 捧真身银菩萨

鎏金四天王盝顶银宝函

唐代佛教葬具。通高 23.5 厘米，边长 20.2 厘米。1987 年陕西扶风法门寺地宫出土。器为同出八重宝函的第二重。钣金成型，通体鎏金。盖函之间用铰链相连属。盖面錾有行云和两条走龙，四面斜刹錾有双龙戏珠纹。立沿錾两只迦陵频伽鸟，身侧则衬以海石榴花。函的四面錾饰四天王像及其名称，如“北方大圣毗沙门天王”左手托塔、右手举剑。此器为佛教研究的重要文物，也具有较高的观赏价值。现藏法门寺博物馆。

六臂观音盝顶金宝函

唐代佛教葬具。通高 13.5 厘米，口径 12.9 厘米。1987 年陕西扶风法门寺地宫出土。器为同出七重宝函的第五重。钣金成型，纹饰錾刻。盖面錾刻相向而飞的双凤。宝函正面中部刻画一尊六臂观音坐于莲座之上，四周有六位胁侍、二童子，前置有案裙的香案。观音身后有四株菩提树。其余三面有坐佛，佛前也设香案。此器制作工艺精湛，纹饰錾刻流畅，特别是其内容完整地展示了佛堂陈设画面，是了解当时佛教文化的重要资料。现藏法门寺博物馆。（图 1-125）

图 1-125 六臂观音盝顶金宝函

宝珠顶单檐四门金塔

唐代佛教葬具。高 7.1 厘米，塔座边长 4.8 厘米。1987 年陕西扶风法门寺地宫出土。器系铸造成型，纯金质地。仿木结构造型的单檐四门塔，纹饰錾刻、雕绘得很细致，将宝珠的火焰纹，房顶的瓦棱，房檐的挑檐，门侧的鱼子纹地和流云，塔座的踏步，都精妙地刻画出来，塔内安置佛指舍利。此塔结构复杂，錾刻精巧，代表了盛唐时期金银器制作的最高水平，同时也是研究唐代宗教建筑文化和冶金技术方面珍贵的实物资料。现藏法门寺博物馆。（图 1-126）

图 1-126 宝珠顶单檐四门金塔

迎真身银金花双轮十二环锡杖

唐代佛教用具。通高 196 厘米。1987 年陕西扶风法门寺地宫出土。锡杖是佛教僧人修行、云游时随身携带的十二种物品之一。显宗以之为乞食、驱虫的用器；密宗则以之为主尊大日如来的内证本誓的标识物。此杖由五十八两白银二两黄金雕铸而成。杖身布满了各种佛教纹饰。整体造型装饰华贵，制作精绝，比已知现藏于日本正仓院的白铜头锡杖等级高，形制也宏伟得多，是当时佛教中最高等级的锡杖。现藏法门寺博物馆。

单轮纯金十二环锡杖

唐代佛教用具。通长 27.6 厘米，重 211 克。1987 年陕西扶风法门寺地宫出土。通体用纯金制成。杖杆为圆形，顶部有桃形轮杖首，轮心之杖端为结跏趺坐于莲座上的坐佛，有背光。轮顶为仰莲座智慧珠。是唐懿宗为迎请法门寺佛骨，特命宫廷文思院制造的法器，制作讲究，为高等级的佛教锡杖，是十分罕见的佛教文物。现藏法门寺博物馆。

金莲花

唐代佛教供具。宽 9 厘米，高 29.5 厘米。1985 年陕西临潼庆山寺塔地宫出土。系在石雕宝帐座前角上作为饰物。皆由梗、茎、叶、花、蕾组成。花瓣薄如纸，层层迭压排列，花蕊嵌绿色宝石，蕊周布满珍珠；莲叶被染成绿色，脉络纤细而突出。其光艳逼人的显赫奢华与超凡脱俗的冰清玉洁，皆令人生不敢仰视之心。现藏临潼县博物馆。（图 1–127）

图 1–127 金莲花

银芙蓉

唐代佛教供具。高 40 厘米，重 535 克。1987 年陕西扶风法门寺地宫出土。同出两枝。以银片及银丝制成，中间为莲蓬，其外包裹三层莲瓣，莲茎和盘座用银丝弯曲而成。芙蓉即为莲花，是佛之净土，又是佛教六供具（花、香炉、烛、汤、果、茶）之一，专用来供养佛和菩萨。现藏法门寺博物馆。

兽首衔环银熏炉

唐代焚香器。高 13 厘米，口径 13 厘米。1985 年陕西临潼庆山寺遗址塔基出土。银质。直口，折沿，直腹，平底。有盖，呈三级覆钵形，顶沿上有桃形和梅花形镂孔。腹外壁饰双线弦纹三周；下腹有六虎头腿足，腿外撇，趾爪抓地；虎头紧贴腹部，两耳竖立，双眼微眯，犬牙外露，神态凶猛。六腿间各以一兽首衔环链相隔，链由三环联成。造型古朴庄重，工艺精湛，纹饰给人以望而生畏之感。现藏临潼县博物馆。（图 1–128）

鎏金双蜂纹银香囊

唐代熏香器。直径 12.8 厘米。1987 年陕西扶风法门寺地宫出土。采用钣金、镂刻、錾刻、铆钉、鎏金等工艺制成，为当时金银器制作工艺的代表作。香囊的上下两半球，以子母相结合，一侧以铰链相接，另一侧以勾环相连。面上各有五个花团，双蜂上下飞舞于花间，使器物的造型精美、图案典型，是一件科学价值和艺术观赏价直都很高的唐代宫室珍宝。现藏法门寺博物馆。

图 1–128 兽首衔环银熏炉

镂空花鸟纹挂链银香球

唐代卫生用具。通高 4.5 厘米。1970 年陕西西安南郊何家村窖藏出土。圆球形。球冠和球

图 1-129 镂空花鸟纹挂链银香球

底均以八出团花为中心，外绕以葡萄忍冬组成的石榴花结共四朵，上半球体还有相对和相背的瑞鸟四只，飞翔在石榴花结之间。制作精美，小巧玲珑，亦称“袖珍香球”，能够系于衣袖之中。其制作符合“陀螺仪”原理，在半球体内有一焚香金盂，由内外两环组成的支架支承，这两个环可分别绕相互垂直的两个轴转动。香盂本身，可随重力作用保持盂面的平衡，球体无论如何滚动，盂面始终朝上，不会使香灰或火星外漏。说明唐代匠师在掌握同心圆的原理和机械力学方面，已达到了很高的水平。现藏陕西历史博物馆。（图 1-129）

鎏金银锁

唐代生活用具。长 12 ~ 18.8 厘米。1970 年陕西西安何家村窖藏出土。共四具。通体鎏金。分锁和钥匙两部分，出土时开锁自如，尚能使用。锁和钥匙饰菱形、三角形、方形和蔓草、宝相花等纹饰，地饰鱼子纹，并以鱼子纹勾勒图案。花纹繁缛，制作精致。现藏陕西历史博物馆。（图 1-130）

图 1-130 鎏金银锁

掐丝菱纹柄金刀

唐代生活用具。长 8.9 厘米，宽 0.4 厘米。1980 年湖北安陆王子山唐吴王妃杨氏墓出土。金质。长条状，刀锋斜出，环首。柄与刀身合铸。柄上饰掐丝菱形花纹，刀身素面。器型小巧，纹饰精细。现藏安陆县博物馆。（图 1-131）

图 1-131 掐丝菱纹柄金刀

鎏金银钗

唐代首饰。高 37 厘米。1956 年陕西西安南郊惠家村出土。银质，通体鎏金。共出土四枚。钗头像两扇蝶翅，上镂空成飞蝶、鱼尾兽头的动物或菊花形图案花纹。钗头下连粗银丝两根，盘钮后又绕成对称的两个环，然后用银套束紧，两银丝通过银套后，并列下伸，成为钗尾。纹饰华美，做工精巧，显示出当时皇家作坊金银细工艺的高度水平。现藏陕西历史博物馆。（图 1-132）

图 1-132 鎏金银钗

錾花金栉

唐代生活器。高 12.5 厘米，宽 14.5 厘米。1983 年江苏扬州三元路唐窖藏出土。栉为金板制成，下部为齿，在金板上剪出，两侧之齿较短，中部渐长，齿的端部呈尖状，上部栉背较宽，其上镂刻细密的图案。图案分为三区：外周为梅花、蝴蝶；中区为细密的锦纹；内区为一对飞天，其一吹笙，另一飞天持板，飞天身旁布满镂空的卷叶蔓草纹。栉是梳、篦的总称，既可梳理头发，又有装饰意义。唐代妇女非常重视用栉，习惯于头部插栉为装饰，已知的有嵌玉木栉、玉栉、银栉，金栉等，栉的质地愈贵重愈显得装饰华丽，金栉应是高档次的饰品，唐代的金栉目前已非常罕见。此栉图案华美，工艺精致，是唐代金首饰的代表作品。现藏扬州博物馆。

嵌宝金耳坠

唐代首饰。通高 8.2 厘米，大金珠径 1.6 厘米，重 21.5 克（含珠宝重量）。1983 年江苏扬州市区出土。主要用金丝编制焊接而成。上部挂环中横饰金丝簧，环下边穿两粒珍珠；中部为透空大金珠，用单丝和花丝编成七瓣宝装相对莲花形，其间焊有等距离的嵌宝孔和相间的小金丝圈各六个，部分嵌孔内保留红宝石和琉璃珠；下部为七根相同的坠饰，六根穿系在大金珠腰间的小金圈上，一根穿挂在金珠下端，每根坠饰在簧式金丝条上系花丝金圈、珍珠、琉璃珠、红宝珠各一粒。造型优美，制作精细，镶嵌珠宝，显赫奢华。现藏法门寺博物馆。（图 1-133）

图 1-133 嵌宝金耳坠

鎏金龟负“论语玉烛”银器

唐代酒筹器。通高34.2厘米，筒深22厘米，龟形座长24.6厘米。1982年江苏镇江丁卯桥唐代窖藏出土。器由圆筒及龟形器座组成。器座圆雕龟形，龟背负双层四面展开的仰莲堆饰。上立圆筒，筒身一长方框内刻双线“论语玉烛”四字。此器除地纹及部分龟甲纹外，通体鎏金。与此器同出的还有50支酒令筹，上刻文字。内容上半段采自《论语》，下半段为行令章程。其中一支有“劝玉烛录事五分”字样，可知此器为盛放令筹的用具。所谓“玉烛”，这里既指器形而言，也有吉祥之意。这种成套的宴集行令的专用器具，在国内尚属首见。唐代酒令艺术，后世多已不详，“玉烛”器及令筹的出土，一定程度上弥补了这个缺憾。酒筹的内容，保留了唐代版本《论语》的部分面貌。这套“论语玉烛”酒筹器无论从何种角度而言，都可称得上是目前所知的唐代后期金银器中的佼佼者。现藏镇江市博物馆。

甘露寺铁塔地宫金棺银椁

唐代佛教葬具。棺高2.8～2.1厘米，长6.4～5.1厘米，宽1.9～1.6厘米，重97克，椁高4.9～3.9厘米，长11.5～9.6厘米，宽4.3～3厘米，重203.5克。1960年江苏镇江甘露寺铁塔地宫出土。棺纯金，椁纯银。由金银薄片锤鍱制成。通体浅錾精细花纹，棺、椁多相同。头档饰门扉，并饰如意云托慧日。足档刻如意云纹。两侧各刻双头迦陵频伽像一身，间以缠绕缠枝花纹。两侧刻高髻迦陵频伽，棺盖刻仙鹤，椁盖刻飞天。制作工细，纹样有晚唐遗风。现藏镇江市博物馆。（图1-134）

图1-134 甘露寺铁塔地宫金棺银椁

大云寺金棺银椁

唐代佛教葬具。金棺高4.6厘米，宽4.6厘米，长7.5厘米；银椁高7.1厘米，宽6厘米，长1.7厘米。1964年甘肃泾川大云寺出土。棺以钣金法成型，焊接而成，金质，棺盖略宽，饰有菱形四瓣花及叶，花瓣以绿松石嵌之，花心嵌珍珠，花叶略小，为金质嵌石。棺四壁之外饰折枝花花卉纹，花瓣、叶、亦嵌绿松石，每面中部有八瓣莲花组成一朵，花心中部各嵌大珠一颗，棺座为四围栏式。银椁略大，是金棺之外的包装，形制与棺同，亦为

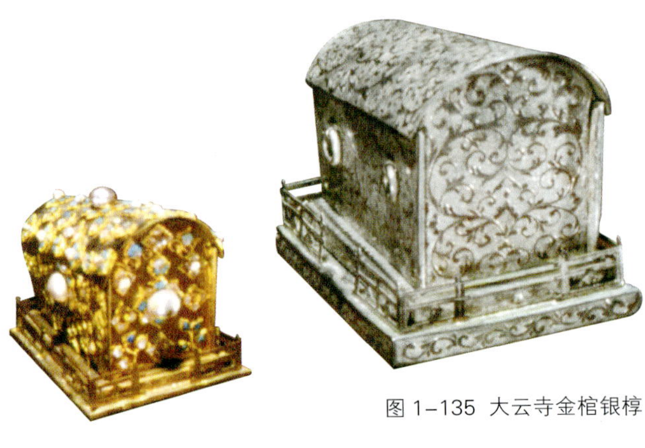

图1-135 大云寺金棺银椁

钣金法成型，焊接而成，椁盖及椁四壁，錾缠枝卷叶纹，椁座近似长方形，一端略宽，四周饰有围栏，形制同棺座围栏同。出土时棺内有装有舍利的玻璃瓶，银椁外有铜匣、石函，此套金棺银椁采用了钣金、錾花，嵌镶工艺，制造精致，是甘肃地区佛教文化作品中的典型作品。现藏甘肃省博物馆。（图 1–135）

静志寺塔基鎏金银塔

唐代佛教用具。高 13.9 厘米，足径 9.5 厘米，重 341 克。1969 年河北定州城区静志寺塔基地宫出土。塔身、座基用银丝缀连而成。塔形为单层六面亭阁式。宝珠刹顶，六角攒尖起脊，脊端附有六颗鎏金铜质受花宝珠，坡面饰单枝花卉纹；塔身不设门窗，均饰云气和花卉纹，以珍珠为地；座基为花瓣口带高圈足托盘式样；出土时塔内放有鎏金受花宝珠银盖的方形琉璃瓶和琉璃葫芦各一，内盛舍利；塔身转角宇池内有直书铭文九十四字。记述了唐代废佛与再兴之经历，具有历史和艺术价值。现藏定州市博物馆。

图 1–136 钱镠银投龙简

钱镠银投龙简

五代时期吴越礼仪用具。长 31.8 厘米，宽 6.8 厘米，厚 0.3 厘米。浙江绍兴出土。皇帝举行“投龙”典礼时刻祭文的银牌。内容除歌颂吴越国王钱镠治国功绩，要在“洞府名山遍投龙简式陈醮谢上”，祈求“风雨顺时军民乐业”等，还刻有“吴越国王钱镠年七十七岁二月十六日生”“宝正三年（928）大岁戊子三月丁未朔”等字样，对研究吴越国历史有佐证作用。现藏绍兴市文物管理委员会。（图 1–136）

图 1–137 银镶珠金翅鸟

银镶珠金翅鸟

大理佛教用具。通高 18.5 厘米。1976 年云南大理崇圣寺三塔主塔塔顶发现。圆雕作品。银质，通体鎏金。鸟作鹰首，细颈弓身，展翅，脚爪锋利，立于莲座上，头顶有冠，颈羽屈起，尾羽上扬，雕镂如火焰状。尾部镶嵌五颗水晶珠，胸部及颈部两侧本也有镶嵌，但发现时水晶珠已遗失。此鸟制作时首先铸出头、翼、身、尾、足等部分，再经细部刻画，最后焊接成型，工艺颇为精致。金翅鸟发现时置于一木制经幢内。金翅鸟，又译妙翅鸟、顶瘿鸟等，梵名“迦楼罗”，是古代印度传说中的大鸟，居四天下之大树，取龙为食。佛教列为八部众之一。大理国水患频仍，当地人以为是龙作怪，遂取金翅鸟为保护神，慑服诸龙，消除水患。此件银质“金翅鸟”正体现了这样的宗教信仰。依据崇圣寺塔塔藏中有纪年的文物，推测此鸟系 11 至 12 世纪初大理国时期重修塔刹时放入的，代表了大理国银作工艺的水平及特点，是一件艺术瑰宝。现藏云南省博物馆。（图 1–137）

银执壶

北宋时期酒器。通高 30 厘米，底径 8.2 厘米，腹径 18 厘米。1986 年浙江义乌柳青游览亭村窖藏出土。壶由盖、耳两部分组成。盖为变形僧帽式，圆锥形钮，下有三层台，折腰，与器身套合。器身为直口长颈，平折肩，深腹，圈足外撇。肩部对称用铆钉铆接，流端微曲的细长流和扁平耳形环状柄。全身素面无纹，柄底和圈足底部均有阴刻楷书文字，执柄下部内侧阴刻“辛卯陈宅”，足外底阴刻“仙都张家工夫”两行竖排。这些铭文说明此壶为陈姓之人向浙江仙都张氏工匠定制的酒具。此壶造型别致，制作精良，且有记事性文字，实属珍贵。现藏义乌市博物馆。

錾刻人物故事银碗

北宋时期盛食器。高 3.8 厘米，口径 11.6 厘米，底径 4.4 厘米。1986 年浙江义乌柳青窖藏出土。碗口部呈六瓣葵花形，腹壁向下斜收。口沿内錾刻一周卷草纹鎏金装饰带。内底鎏金，饰人物饮酒图。同窖藏内出土数件碗，造型、尺寸均相同，唯内底人物图不同。银碗轻薄光洁，錾刻精细，纹饰图案具有浓郁的生活气息，且出土于明确的宋代窖藏。现藏义乌市博物馆。（图 1–138）

图 1–138 錾刻人物故事银碗

银盏托

北宋时期茶具。高 5.5 厘米，底径 17.5 厘米。1986 年浙江义乌柳青出土。瓣莲花形盘口，圆唇内卷，葵口喇叭形圈足。盘口边缘錾刻一圈缠枝番莲纹，鎏金。内托凸起高于盘面。盏托较浅，圆形盏座。盏盘亦呈六瓣莲花形，俯视之，犹如一朵盛开的莲花，盏托外壁阴刻极细小的“陈官人宅用”字样。器物上部有残缺。盏托造型优美，雕刻精细，融艺术性和实用性为一体。且器壁有铭文，具有较高的价值。现藏义乌市博物馆。

鎏金银净瓶

北宋时期佛教用具。高 26.2 厘米，口径 1.1 厘米，足径 8.6 厘米，重 340 克。1969 年河北定州城内静志寺遗址塔基地宫出土。银质，表面鎏金，采用焊接、錾凿技法。胎体薄。小口细长颈，颈中部附一相轮式圆盘，下颈中部略细，溜肩，腹上丰下敛收，足外撇。肩腹部一侧附一大口葫芦形流，口扣平盖。肩部錾覆莲瓣一周，下腹饰仰莲瓣两层，颈部圆盘面刻铭文“张氏、李氏、刘氏、十王氏、崔氏、梁氏、张氏、樊吴三，弟子愿生生供养”。造型挺拔俊秀，纹饰明快淡雅。现藏定州市博物馆。

图 1-139 静志寺塔基金棺

静志寺塔基金棺

北宋时期佛教葬具。高 4.8 厘米，长 7.7 厘米，床宽 3.9 厘米，重 51 克。1969 年河北定州城内静志寺遗址塔基地宫出土。长方形，上有盖，盖面隆起，首端圆。棺床略大于棺壁。除棺床外，周身錾刻花纹，盖顶饰缠枝牡丹纹，首端饰假门，门上有圆泡钉三排，并有忍冬纹边饰；尾端饰“佛出双足”纹，以示释迦牟尼涅槃后有“不灭”之意。以上均以珍珠纹为地。两侧，一为三弟子跪拜，另一为两弟子树下守丧。棺床以镂空壸门为饰。纹饰富丽，具有唐代的装饰遗韵，是北宋初期定州金器之精品。现藏定州市博物馆。（图 1-139）

净众院塔基鎏金银塔

北宋时期佛教用具。通高 363 厘米，底径 13.2 厘米，重 510 克。1969 年河北定州城区净众院塔基地宫出土。由基座、塔身、塔顶三部分组成。为三级六角楼阁式。塔基为须弥座，六角形底边錾饰凸仰莲纹。塔身有两层：第一层底部有平座，周围以回廊，其栏杆由饰钱纹的栏板和宝珠顶柱子组成。正面设假门，门上挂大锁，门两侧各置一圭形碑牌，刻竖行三字，右铭“善心寺”，左铭“舍利塔”。塔身各壁锤鍱隐起的敲木鱼、击钹、吹螺号、诵经等作法事的僧人像。第二层平台的回廊纹饰与一层同，下接腰檐一周，坡面饰瓦楞纹，檐角悬挂风铎 6 个。正面设镂空拱券门，内悬观音像一尊。回廊上方附有流云数朵，其下环绕身披鳞甲、张牙舞爪的骄龙两条，守护在门两侧。塔身各壁錾一隐起的立式供养菩萨像，作双手合十、端桃、持净瓶等姿态。塔顶为六脊攒尖式，坡面饰瓦楞纹，角脊檐端置鎏金宝珠，脊顶竖有刹杆，其上附有葫芦形宝珠刹顶、受花、宝盖、相轮刹身和覆仰莲花刹座，宝盖与檐角宝珠间并有银链相连，观音、龙、门、栏杆、宝珠等各部皆鎏金，各细部用银丝缀连，自宝珠刹顶至底基，贯穿一粗铁心，便于提携，纹饰繁缛华丽，做工精致至极，是北宋初期定州金银制品中之杰作。现藏定州市博物馆。（图 1-140）

图 1-140 净众院塔基鎏金银塔

慧光塔塔基鎏金舍利瓶银龛

北宋时期佛教用具。通高10.1厘米。1966年浙江瑞安慧光塔塔基出土。银质。瓶连束腰须弥座，与龛分制。通体均为锤鍱纹饰。须弥座三级六角形，座底有如意头六足；束腰部分作六瓣瓜棱球状，每瓣中部透雕桃形花蕊；上作三级座面，面沿刻“弟子胡用□，勾当僧庆恩、可观。景祐二年（1035）乙亥岁十二月日造”铭文二十四字。座面近边沿处作子口，正面与壶门相对留出一缺口。中央置一舍利瓶，瓶腹正面刻“冲汉舍瓶，道清舍金”两行八字。座面上覆盖一椭圆形龛，正面有一壸门；背面与左右两侧锤鍱三个开光，开光中央各饰一长尾鸟，四周配以卷草；开光之间布满花卉。顶端作一盛开的牡丹。造型小巧玲珑，通体鎏金，显得精致而富丽，为佛教的工艺品。现藏浙江省博物馆。（图1-141）

图1-141 慧光塔塔基鎏金舍利瓶银龛

慧光塔塔基鎏金玲珑银塔

北宋时期佛教用具。通高34.8厘米。1966年浙江瑞安慧光塔塔基出土。塔身四面七层，全用薄银片制成。通体鎏金。下有须弥座，腰间镂刻壸门佛像，座面四周围以勾栏，一面镌刻“弟子沈质范从吉张护夏思明张□公等同造塔一所范从周舍□□”题记，另三面施雕武士像。塔南面辟门，从第二层起每层均开四个壸门，中间各有一尊坐像。顶冠塔刹，由仰莲、相轮、宝珠等组成，用链条与最上层的四角相连。每层四角悬挂象征性风铎，塔体轻盈挺秀，雕刻精致玲珑，是南方首次发现的宋代银制艺术珍品。现藏浙江省博物馆。

舍利银塔

图1-142 舍利银塔

北宋时期佛教用具。通高69.7厘米，底座宽14.6厘米。1968年山东莘县宋塔塔身发现。由薄银片制成。塔座呈六边形，立墙饰壸门一对。塔身为四方形，共13层，往上逐层减小。每层四周有镂空花栏，四角均悬龙头衔风铎。底层甚高，四周有“卍”字连续纹勾栏，前后有壸门。门内有释迦佛像，坐于莲花座上，后面有背光，两旁为童子胁侍。塔身两侧为普贤与文殊菩萨，分别由象或狮驮着。门楣有飞天一对，其上有一周力士斗栱，承托单层檐。佛像皆鎏金。第二层往上，前后有壸门，左右开窗，皆单层檐。第二、三层内均置释迦佛像，坐于莲座上，均有背光。第四层内放舍利盒，内盛舍利子。顶部为塔刹。现藏山东省博物馆。（图1-142）

金背光银菩萨像

北宋时期佛教用具。通高 30.6 厘米。云南大理崇圣寺塔出土。菩萨像为银质，立形，敛容、低眉，发髻上耸，头顶发冠，着长衣，裙裾下垂，胸前有璎珞饰件，左手托钵于胸前，右手持花枝，两臂各挎长带，下垂于地，菩萨背后有一金背光，背光中部为光环，光环之上有云朵，光环之外布满火焰纹。此尊菩萨造型生动，圆脸，丰肌，细腰，身体呈曲线状，衣褶长直下垂，是宋代菩萨造像的典型风格，目前发现的宋、辽、金代金银器中圆雕作品极少，此像合金银为一体，制作精良，有准确的出土地点及年代，是北宋云南菩萨造像的标准作品。现藏云南省博物馆。

银质袆服供养人像

北宋时期佛教用具。高 13.3 厘米，宽 3.3 厘米。1984 年浙江义乌塘李景德寺村窖藏出土。此像戴冠立像，面容表情呈恭敬之态。穿宽袖、绣花、霞帔袍，双手执圭，两腿直立，朝裙蔽膝，穿云头鞋。此像为供养人，佛教称以香花、灯明、饮食等资养三宝（佛、法、僧）的人为“供养人”，从而得到佛菩萨的保佑。供养人一般以真实的人物为蓝本，因此衣饰具有鲜明的时代特征。此件出土于明确的宋元丰七年（1084）窖藏。现藏义乌市博物馆。（图 1-143）

图 1-143 银质袆服供养人像

鎏金银执壶

南宋时期酒器。通高 23.4 厘米，口径 6.8 厘米，腹径 6.9 厘米，底径 11.2 厘米。1990 年福建福州茶园山南宋许峻墓出土。器为细颈，溜肩，凸腹，矮圈足。有圆形盖，双层如阶状，顶立柱式高钮。盖与身间有银链相连。流细长，弯如新月。执呈 S 形，扁平如带。器身满饰双鸟对飞的团花图案，口沿饰三角圆点纹，足沿、流、执等处饰卷草纹。全器有纹饰处皆鎏金。流，执等处锤鍱及焊接痕迹明显。此壶造型别致，装饰优雅，是南宋时期同类作品中的代表作。现藏福州市博物馆。

银碗

南宋时期盛食器。通高 5.4 厘米，口径 8 厘米，底径 4.4 厘米。1952 年安徽休宁朱晞颜夫妇墓出土。敛口，鼓腹，圈足。素面无纹饰，且口沿处有剪痕。同墓出土的金扞、金盏、金盘，皆以造型美观新颖、制作工艺精湛，令人称奇。现藏安徽博物院。

六角形金杯

南宋时期酒器。高 5.5 厘米，口径 9.1 厘米，足径 4 厘米，重 98.892 克。1952 年安徽休宁朱晞颜夫妇合葬墓出土。金质。六角形。口沿外侈，下腹微鼓，足沿外撇。口沿和足沿均饰

图 1-144 六角形金杯

两方连续雷纹带，内底饰三朵菱花穿环图案。纹饰一变唐代的鲜明艳丽为淡雅柔和，是宋代金银器的代表作。现藏安徽博物院。（图 1-144）

鎏金六瓣花式银杯

南宋时期酒器。高 4.8 厘米，口径 10 厘米，重 60.9 克。1981 年江苏溧阳平桥宋代窖藏出土。银质，鎏金。形如栀子花。花瓣口呈六瓣，斜腹，喇叭形圈足。腹饰折枝栀子花，每瓣两朵，共 12 朵。由器内锤鍱，故器内为阴纹，器表呈阳纹。圈足边缘錾刻几何纹带。花纹皆鎏金，具有写实特点。现藏镇江市博物馆。（图 1-145）

图 1-145 鎏金六瓣花式银杯

八卦纹银杯

南宋时期酒器。高 6 厘米，口径 8.7 厘米，足径 3.6 厘米。1974 年浙江衢州市郊史绳祖墓出土。侈口，深腹，圈底，圈足外撇。杯身用内外两层银片锤鍱制成，内层底部錾刻金、木、水、火、土五行图像。外层口沿下有一周方块纹带，颈、腹部各有一道凸弦纹，其间用竖向凸纹分为八区，每区锤鍱八卦符号。造型端庄浑厚。八卦纹饰，是当时道教思想在银器制作上的反映。现藏衢州市博物馆。

鎏金覆瓣莲花式银盏

南宋时期酒器。通高 5.3 厘米，口径 9 厘米，重 6.5 克。1981 年江苏溧阳平桥宋代窖藏出土。银质，鎏金。直口平唇，弧圆腹，喇叭形圈足。口沿外錾刻一周花蕊纹。盏体锤鍱出外突的覆莲瓣。圈足錾刻重瓣覆莲及联珠纹。盏内底心锤出隐起莲蓬，含莲子 13 枚，周刻花蕊纹两周。整盏纹饰犹如一朵怒放的莲花，具有古朴清雅的风格。现藏镇江市博物馆。（图 1-146）

图 1-146 鎏金覆瓣莲花式银盏

鎏金双凤葵瓣式银镜盒

南宋时期化妆用具。高 5.9 厘米，口径 13.7 厘米。1990 年福建福州茶园山南宋许峻墓出土。器呈六出葵瓣形。器身扁平，上下对开，盖与身子母口相合。盖面上锤鍱首尾相连的双凤对飞图案，周边錾刻一周如意花叶纹。腹部盖、身相接处饰两周卷草纹。镜盒表面鎏金。出土时盒内置一层屉板，放一面六出葵花式铜镜。此镜盒器形规整，装饰秀丽，显示出南宋银工艺的高度发展水平，为当时的代表作品。现藏福州市博物馆。

鎏金瓜形银发冠

南宋时期发饰。长 9.5 厘米。1990 年福建福州茶园山南宋许峻墓出土。器呈半球形，中空，器表共锤出瓜棱六瓣，端部瓜蒂处饰有瓜叶及枝蔓，并精刻细部。通体鎏金。发冠造型颇具匠心，工艺精巧细腻，很能代表南宋的工艺风格。据墓志，墓主许峻（1223—1272），字景大，福唐（今福建福清）人，曾补承务郎铨中授饶州商税务，后主管架阁户部文字，官至架阁朝清通判。包括此发冠在内的随葬品数量多，制作精，对于研究南宋金银制造业及社会经济状况有重要的参考价值。现藏福州市博物馆。（图 1–147）

图 1–147 鎏金瓜形银发冠

鎏金龙纹银簪

南宋时期首饰。长 19.5 厘米，宽 2.2 厘米，重 11 克。1983 年浙江永嘉下嵊宋代窖藏出土。以镂空缠枝细花衬地，边沿浅刻细珠纹，中间压印一条高凸的蛟龙，龙腾空而起，直逼火珠；龙爪反卷，锐利有锋；龙的颈、腹、尾部又分别錾刻一朵菊花。整个造型玲珑剔透，精美绝伦，反映了宋代银器制作工艺的高度水平。现藏永嘉县文化馆。

金花饰

南宋时期饰品。宽 8.5 厘米。1952 年安徽休宁朱晞颜夫妇墓出土。花饰呈正方形。饱满的花团，柔长的蔓枝模铸成型，焊接在金片上。金片四边多余部分外卷为素边。稍有残破。同时出土的金、银、玉等器物，皆以工艺精湛、有明确纪年庆元四年（1200），成为鉴定断代的标准器。此件金花饰对研究当时金银器制作工艺有重要价值。现藏安徽博物院。

天封塔地宫银塔

南宋时期佛教用具。通高 28 厘米。1982 年浙江宁波天封塔地宫出土。银质。六角形七级。基础作须弥座式，往上逐级缩小，每边均饰有唐草纹。在台基上为第一级，设置副阶、栏杆，栏板上刻有对称菱形花纹，六面均有柱、阑额，南北两面设壶门，其余四面刻铭文

图 1–148 天封塔地宫银塔

六十四字，其中有“绍兴十四年（1144）三月二十一日”年款。第二级，六面柱、额分明，每面设壶门，位置正中，高低统一，墙壁与起翘屋面相联，栏杆上望柱、斗栱的形制与一级相同。三至七级结构完全一致，逐级上收，至第七级为六角攒尖式顶，上置相轮、宝珠。塔体俊俏，结构谨严。现藏宁波市文物考古研究所。（图 1-148）

天封塔地宫银殿

南宋时期佛教用具。通高 49.6 厘米，深 24.7 厘米，宽 34 厘米。1982 年浙江宁波天封塔地宫出土。为一座面阔三间，进深两间的单檐歇山顶建筑。多用银片制作。屋面为九脊顶，宽 52.2 厘米，深 45.6 厘米。有四个翼角，坡面作筒瓦骑缝。正脊两端饰对称鸱吻，正中作火焰宝珠。垂脊端部作兽纹；戗脊中间以鬼瓦式戗兽相间，左右两面饰三条线纹，脊上分别置三个鱼兽。博风头作卷瓣，并镂有卷云纹。仔角梁头装饰一套兽，套兽肚下悬一风铎。殿中前后有檐柱（含角柱）八根、山柱两根，并饰覆莲式柱础。上端有“天封塔地宫殿”直式匾。殿中东西向后半部分采用墙的形式，墙上錾幡幢。上部饰荷叶，下部饰莲花，中间镌刻铭文，末端署“太岁甲子，绍兴十四”等字样。殿中设有活动槅扇门二、固定欢门三。四周置栏杆。台基内为木芯，外包银片，外观为束腰须弥座，中间饰双狮戏球及花草纹突起图案。造型端庄雄伟，做工精致，纹饰细腻逼真，为研究南宋时期江南地区歇山建筑的重要实物资料。现藏宁波市文物考古研究所。（图 1-149）

图 1-149 天封塔地宫银殿

童子花卉银托杯

宋代酒器。杯口径 8.5 厘米，盘口径 18.3 厘米，通高 7 厘米。1981 年安徽六安嵩寮岩出土。器由杯、托两部分组成，均为银质鎏金。杯夹层，直口，卷唇，圆腹，圈足。内壁除口沿处阴刻一周卷草纹外，皆光素无纹。杯底端坐一圆雕男童，垂目下视，外壁满饰折枝花叶。杯两侧相对各有一圆雕女童，张臂环抱杯沿，恰成银杯的双耳。三童均为雕成后焊接杯上。托盘侈口，折沿，平底。折沿上錾刻卷草纹。内底除盘心置银杯处阴刻牡丹一朵外，四周环饰凸起之花叶，并有高浮雕的四童嬉戏其间。此托杯充分利用铸造，锤鍱、錾刻等工艺，将圆雕、浮雕及线刻等效果结合起来，使器物装饰层次丰富，与众不同。高凸花工艺难度很大，在唐代只是偶有所见，直到宋代才被普遍使用，此件托杯堪称为应用凸花工艺的代表作。现藏六安市文物组。

花卉纹圆银碟

宋代盛食器。高 1.2 厘米，口径 8.4 厘米，底径 6 厘米。1981 年江苏溧阳平桥乡小平桥村宋代银器窖藏出土。一套共9只。敞口、深腹、平底。口沿内錾刻一周四瓣花纹带，9只碟心分别有各种花纹，为山茶花、芙蓉、牡丹花、荷花、栀子花、梅竹等。外底部均刻“张四郎𠄎”名押。此套银碟，展现出多种时令花纹，做工讲究，保存完整。现藏镇江博物馆。（图1-150）

图1-150 花卉纹圆银碟

兽耳乳钉纹鎏金银簋

宋代酒器。盏口径8.7厘米，底径5厘米，通高7.1厘米，托口径16.8厘米，底径12.4厘米，高1.8厘米。1981年江苏溧阳平桥乡小平桥村宋代银器窖藏出土。由盏和托两部分组成。盏仿商周青铜器簋的造型，侈口、直颈、圆鼓腹、圈足、双兽耳。盏为夹层，底部夹层最厚处为1.3厘米，颈外饰两周雷纹，腹部及兽耳为方格乳钉纹，圈足下部一周雷纹。托口圆形、平沿、浅腹、平底、沿面饰一周雷纹。间以涡纹，托底内区周边为凸弦纹，内饰套环纹，外区为四组凸花变形饕餮纹图案，托与盏均鎏金，为成套出土。器体为复壁，中空。设计精妙，别具匠心。现藏镇江市博物馆。

狮子戏球纹鎏金银托盏

宋代酒器。盏口径8～9.6厘米，底径3.7～5.7厘米，托口径14～18.4厘米，底径11～15.2厘米。1981年江苏溧阳平桥乡小平桥村宋代银器窖藏出土。托与夹层盏为成套出土。盏直口、斜弧腹、圈足、整体平面呈四曲海棠形，内外壁为夹层。底部錾刻狮子滚球图案。外壁四周刻细云纹地，角曲凸出五颗乳钉，外底心刻“张四郎𠄎”名押。托为海棠花形平沿，浅腹平底，托底为两枚牡丹花图案，两头狮子相逐跳跃戏球，形态逼真。现藏镇江博物馆。（图1-151）

图1-151 狮子戏球纹鎏金银托盏

复瓣莲花银盏

宋代酒器。高5.3厘米，口径9厘米，底径4.5厘米。1981年江苏溧阳平桥乡小平桥村宋代银器窖藏出土。此器敞口、深腹、圈足外撇。盏壁錾刻复瓣莲花。口沿饰一周联珠纹，盏底凸刻“十三籽”莲蓬，圈足圆形，錾刻复瓣覆莲。足沿刻一周联珠纹，瓣形又有钝角、圆角及委角之异，造型生动，制作精细，保存完好。现藏镇江博物馆。（图 1-152）

图 1-152 复瓣莲花银盏

海兽纹银盘

宋代盛食器。高 1.5 厘米，口径 17.5 厘米。1983 年四川遂宁出土。器为折沿，斜壁、平底，内底中心为两个素面同心圆，圆内錾刻小同心圆十四组。四周满饰阴线水波纹，并以凸起波涛纹划分出六个区间。每个区间有一凸雕海兽，有龙、马、龟、象、鹿、鱼等。壁光素，折沿上饰一周凸起之牡丹花叶纹。底部刻款“周卿”二字。此器设计匠心独运，是一件颇具代表性的作品。现藏四川省文物管理委员会。

图 1-153 刻花银盘

刻花银盘

宋代盛食器。高 2 厘米，长 19 厘米，宽 14.5 厘米，重 110 克。盘呈四边菱花形。盘为宽边，浅腹，平底，无足。盘沿錾刻棱形、圆点纹，盘底中心锤打凸起四曲菱花窗，窗内錾刻《踏莎行》一词，十行，每行字数不等，共计 61 字。窗外四周锤压凸起人物图案，内容与词意相对应。此盘采用浮雕式凸花工艺，集人物、亭阁、诗词文章为一体，颇具宋代金银器的特征风格。现藏江西省博物馆。（图 1-153）

图 1-154 刻花双鱼银盘

刻花双鱼银盘

宋代盛食器。高 2 厘米，直径 11.8 厘米，足径 5.8 厘米，重 27 克。江西乐安出土。盘折沿宽边，浅腹，矮圈足焊接其上。口沿处满錾缠枝纹，盘壁素面光洁，盘底錾刻两条鱼纹，鱼鳞、鱼鳍刻画细致，形态生动，加之鱼边錾刻的水草、浮萍及落花一朵，落叶一片，展现了一幅生动的池塘景色。这一写实性极强并充满浓郁生活气息的构图、纹饰，集中体现了宋代的审美时尚。现藏江西省博物馆。（图 1-154）

图 1-155 凸花双鱼纹鎏金银盆

凸花双鱼纹鎏金银盆

宋代盥洗器。口径 17.4 厘米，底径 10.2 厘米，高 4.6 厘米。1981 年江苏溧阳平桥乡小平桥村宋代银器窖藏出土。共两件，形制、大小相同。平底、弧腹、板沿上锤刻卷草纹，盆底錾刻凸花双鲤鱼戏游在浮萍水草中，纹饰均鎏金。一件板沿残缺。此盆构图精美，刻画细腻，充满生活气息，为宋代银器佳品，惜一件有残损。现藏镇江博物馆。（图 1-155）

鹅形银勺

宋代食器。长 27 厘米，重 55 克。江西南昌青云谱出土。全器呈鹅形。扁方弧状长柄似鹅颈，末端为鹅首，其嘴、眼、鼻刻画俱肖，椭圆形深腹，勺似鹅身，勺沿与柄正对处有一尖角突出，与鹅尾相似。通体素面，仿生造型巧妙、简练，线条流畅柔美，充分体现了宋代器物以造型、线条美取胜的时代风尚和审美情趣。现藏江西省博物馆。

四脊金镯

宋代饰品。长 17.2 厘米，最宽 2.5 厘米。安徽芜湖小桃园出土。镯由薄金片制成，整体宽窄不一，中部稍宽，两端渐窄，面模压凸出四脊，做工简易，款式别致。四脊金镯不多见。金手镯是历代妇女喜爱的饰品，同时也是财富的象征。四脊镯特别之处是用料少，却显得厚重，同样用料制成扁金条式手镯，绝对比不上此款富贵、大气。现藏安徽博物院。（图 1-156）

图 1-156 四脊金镯

金棺

宋代佛教葬具。高 10.3 厘米，长 19 厘米，宽 7.5 ~ 9 厘米。1987 年陕西武功报本寺塔地宫出土。此棺由棺盖、棺身和须弥座三部分构成。棺盖顶部正中饰球路纹，四周及棺身錾刻莲瓣和牡丹花纹。金棺制作精细，花纹繁密，工艺复杂，出土层位及时代比较明确，是宋代金银器断代研究和宗教文化、工艺研究的重要文物。现藏武功县文物管理委员会。

银函

宋代佛教葬具。高 10 厘米，长 10.9 厘米，宽 8 厘米。1960 年江苏镇江甘露寺铁塔塔基地宫出土。银函呈长方形，顶式盖。函的正面圆形焰光宝圈内刻释迦坐像，周边饰以缠枝忍冬纹，两侧面刻仕女月下焚香图，周边亦饰缠枝忍冬纹，后面刻文字十行八十六字："大宋嘉祐初，大学医生刘永徒携佛骨自西来，欲率润之巨姓建琉璃宝塔以葬，不幸大缘未就而刘生卒。天锡求而得之。今郡人焦氏施铁塔埋李卫公以藏舍利，因率就葬塔下。时元丰元年戊午四月初八日，许天锡谨记。”函盖面上刻两龙攫珠图，盖阴墨笔楷书三行十四字：“临川王安礼元丰元年四月七日记”。王安礼是王安石之弟，其时任镇江太守，曾参与铁塔塔基的瘗埋舍利活动。银函年代确切，制作规整，纹饰精细，为研究宋代佛教艺术和银器制作工艺提供了极为重要的实物资料。现藏镇江博物馆。（图 1–157）

图 1–157 银函

鹿纹银马镫壶

辽代容器。高 26.5 厘米。1979 年内蒙古赤峰城子出土。马蹄形，直口，平底，附盖，盖面微鼓，正中有盖钮拴孔。口沿下有一小环，盖面及周沿饰四瓣花纹。提梁作鸡冠式，中间有一孔。器腹稍鼓，两面錾花内容相同：中间有内外两个菱形图案，中央錾一鹿，昂首垂尾，四肢蜷曲，作卧伏状，神态自若；鹿前、后各缀一“佛山”，上端饰灵芝，下端饰海浪纹，地为鱼子纹。壶身左右两侧呈三角形，周沿均仿皮囊器作皮绳装饰，中间为串枝花卉，鱼子纹地。造型精湛别致，纹饰既有中原风格，又有浓郁的契丹民族的地方特点。现藏赤峰市博物馆。

带托银茶盏

辽代茶具。盏高 2.7 厘米，口径 6.2 厘米，圈足径 2.2 厘米，托高 4.2 厘米，口径 4.4 厘米，圈足径 3.6 厘米。1977 年河北易县净觉寺塔基地宫出土。银质。钣金成型。由盏和托两部分组成。盏呈六曲花瓣形，口外敞，斜直壁，圈足。盏沿内壁錾刻一周缠枝莲纹，鱼子纹地。托呈钵形、直口、鼓腹、平底。底部接六瓣葵花形平盘，盘沿下折，下呈喇叭口圈足。钵口沿外壁、平盘盘缘均錾刻一周缠枝莲纹，盘折沿錾刻一周忍冬纹，圈足底部錾刻一周火焰纹。纹饰均以鱼子纹为地。托上置小茶盏，盏与托纹饰细腻，造型小巧美观。现藏河北省文物研究所。（图 1–158）

图 1–158 带托银茶盏

双鸾纹银盒

辽代化妆用具。口径 5.3 厘米，通高 5.2 厘米。1977 年河北易县净觉寺塔基地宫出土。盒呈圆形，直口、鼓腹、平底。盖呈半球形，有子母口与盒口相扣。盖及盒的近口处錾刻一周忍冬纹带，盖顶錾刻团凤图案，双鸾展翅，同向飞舞。银盒錾刻精细，花纹优美，是辽代不可多得的艺术精品。现藏河北省文物研究所。

带柄银香炉

图 1-159 带柄银香炉

辽代熏香器。带柄长23.7 厘米。1977 年河北易县净觉寺塔基地宫出土。香炉为银质，钣金成型。基座为涩台式高圈足，中部束腰，上承炉体。炉体呈垂腹筒形，宽折沿。炉体一侧焊有扁长柄，柄和炉体相接的一端呈云头形，两侧边缘上折，尾端呈椭圆形。带柄香炉又名“鹊尾香炉”，在唐代已常见此类器物。定为二级品。现藏河北省文物研究所。（图 1-159）

孝子图鎏金银罐

辽代生活用具。高 14.8 厘米，口径 7.6 厘米。内蒙古赤峰市阿鲁科尔沁旗耶律羽之墓出土。通体錾花，主题纹饰为八幅孝子故事，证明在辽早期契丹贵族就已经接受儒家孝悌观念。现藏内蒙古博物馆。

凤衔珠舍利银塔

辽代佛教用具。通高 42 厘米，底径 10.8 厘米。1992 年内蒙古巴林右旗辽庆州白塔出土。塔由塔座、塔身、塔檐、塔刹等部分组成，以 0.3 毫米银板分别锤鍱、錾刻、铆固、焊接后又插接而成。塔座双层，边沿外折，錾刻荷叶覆莲纹饰。塔座前嵌一镀金立像，右手持杖，左手托钵。塔身六棱柱形，一面刻饰塔门，门楣上刻祥云，两侧四面刻对称之供养人、侍女各二，与塔门相对一面，刻一赤足力士。塔檐上有莲台作为刹座，上置覆钵，刹与其铆固。檐沿上瓦当、滴水、瓦垄脊均作精微表现。刹杆上有露盘及三重华盖、三颗宝珠，刹顶饰一立雕凤凰，喙衔二十四颗珍珠编缀的璎珞。自第一重华盖下分出六根刹链与塔檐相连。华盖、刹链及塔檐上都悬挂风铎。风铎方形，共 32 枚。塔表采用错金及局部鎏金工艺。根据塔内所藏银板陀罗尼咒的“上京善友记”题记，推知此塔出于辽上京工匠之手。此塔制作精巧逼真，是一件不可多得的工艺珍品，也是辽代佛教考古的重大发现。现藏巴林右旗文物馆。

鎏金花鸟镂空银冠

图 1-160 鎏金花鸟镂空银冠

辽代冠饰。通高 30 厘米，口径 19.5 厘米。1986 年内蒙古哲里木盟奈曼旗青龙山辽陈国公主与驸马合葬墓出土。冠顶呈圆形，两侧有立翅，上宽下窄，各向外敞。

全用鎏金薄银片制成，通体镂空、錾花。正面及立翅均饰相对凤凰，展翅欲飞，周围衬以缠枝花卉。纹饰和谐典雅，富有民族特色。据墓志记载，墓主陈国公主为辽景宗耶律贤的孙女，死后葬于开泰七年（1018）。此冠为研究契丹贵族冠服制度、丧葬习俗和金银工艺的珍贵资料。现藏内蒙古自治区文物考古研究所。（图 1-160）

錾花金针筒

辽代生活用具。通长 11.7 厘米、直径 1.2 厘米。1986 年内蒙古哲里木盟奈曼旗青龙山辽陈国公主与驸马合葬墓出土。长圆筒形，外表錾刻缠枝花叶纹。有盖和链，便于携带。是辽国特有的器型，具有浓重的游牧文化色彩。现藏内蒙古文物考古研究所。

鎏金银冠

辽代冠饰。高 31.5 厘米，宽 31.4 厘米，口径 19.5 厘米。1986 年内蒙古哲里木盟奈曼旗青龙山辽陈国公主驸马合葬墓出土。冠由 16 片镂雕鎏金银片组成，以银丝缀合。前面正中两片，上下叠压，边缘呈云朵形。两侧由下至上各三重六片，每两片一组，叠压连缀，边缘亦呈云朵形。背面两片略大，上下叠压，下片云朵形，上片莲瓣形。银片均以镂孔鳞形纹或镂孔古钱纹为地。前面下片正中錾刻道教真武形象，并刻龟蛇及云鹤。前面上片錾刻双凤，两侧下部两组银片上亦刻凤纹。背面两片均刻云朵及双凤纹。冠箍口为一条银片折成双层，曲成环形，冠身下口插入其双层夹缝中，并以银丝缀合。外刻缠枝卷叶纹。冠正面钉缀火焰珠形鎏金银牌饰一枚，鎏金立雕对凤两枚，另有刻以凤、乌、雁、鹦鹉、莲花、菊花、宝相花等纹饰的图形鎏金银牌饰 21 枚。此冠出土时置于驸马头部右上方，冠口倾向驸马，冠内残留褐色纱。此墓葬于辽代中期，墓主陈国公主夫妇地位荣宠，银冠仅为大批随葬品中的一件。此冠虽是明器，但精雕细镂，对于了解辽代银作工艺的发展水平，研究辽代葬俗的演变均有重要的史料价值。现藏内蒙古自治区文物考古研究所。（图 1-161）

图 1-161 鎏金银冠

金面具

辽代随葬用具。高 21.1 厘米，宽 18.8 厘米。1986 年内蒙古哲里木盟奈曼旗青龙山辽陈国公主驸马合葬墓出土。此面具出土于辽代陈国公主与驸马合葬墓。金片制成，呈人面形，其上锤出眼、鼻，嘴。眼细长，睁开，錾有瞳仁，直鼻，高鼻粱，嘴紧闭，面具边框有 26 个孔洞，穿有银丝，同尸体外包银丝网络相连。陈国公主为辽景宗的孙女，墓中出土大量的金银器、玉器，反映了辽代工艺品制造的水平。墓中出土两件金面具，此为其中一件。目前的考古发掘中，敛尸所用金面具极少发现，此面具表现了辽代贵族入敛情况，为珍贵文物。现藏内蒙古自治区文物考古研究所。

鎏金凤纹银靴

辽代葬具。高 34 厘米，底长 32 厘米，宽 4.5 ~ 8.5 厘米。1986 年内蒙古哲里木盟奈曼旗青龙山辽陈国公主与驸马合葬墓出土。薄银片制成，连接部分用银丝缀合。由靴筒、帮、底三部分组成。靴口椭圆形，靴筒上宽下窄，外侧略呈扇形，靴头较尖，底细长，脚心微凹。靴筒、帮表面錾有凤鸟及云纹并鎏金。凤鸟均作展翅翱翔状，姿态栩栩如生。此靴为研究契丹习俗提供了重要的实物资料。现藏内蒙古文物考古研究所。（图 1–162）

图 1–162 鎏金凤纹银靴

六角形银塔

辽代佛教用具。通高 19.5 厘米。1977 年河北易县净觉寺塔基地宫出土。塔呈六角形，由塔基、塔身和塔刹三部分组成。塔基为八角束腰须弥座，座四周饰双层仰莲。束腰部分各面有葵花形镂孔六个。塔身呈六角柱状，下端插入塔座，上下固定为一体。塔刹为六角攒尖顶，各角垂一风铎（缺一）。塔顶有受花、覆钵和相轮。净觉寺俗称太宁寺，位于河北省易县太宁寺村西北。因地宫内有“天庆五年三月十五日时建”的墨书题记，因此可以确定净觉寺舍利塔的建造年代及出土遗物的时代下限。银塔结构复杂，工艺精湛，具有较高的研究价值。现藏河北省文物研究所。（图 1–163）

金银经塔

辽代佛教用具。高 39 厘米。1988 年辽宁朝阳北塔天宫出土。塔由金、银、铜等材料制成，分为炉、座、塔身、塔盖四部分。炉盆为铜质鎏金，平底钵形，上有银盖，连弧边如莲瓣。炉盖上接塔座，座折沿，外壁錾刻仰莲纹，内置一单层金莲叶。塔身系四重圆筒套合而成，均为金银片锤鍱成形。从外至内依次为：第一重金制，外壁刻坐佛及八大灵塔；第二重银制，刻三尊菩萨；第三重金制，刻

图 1–163 六角形银塔

大日如来与八大菩萨，并有三行题记；第四重银质，素面。塔身内置经卷，由 7 块银片连接后卷成筒形，展开后长 362.2 厘米，宽 11.3 厘米，刻写“波罗密多心经”和陀罗尼真言密语，分汉字音译，意译及梵文三种。塔盖为金质、八角帽顶形，顶尖置一颗大珍珠，并辐射至檐角以银丝穿串珍珠，盖缘亦饰一周串珠。此塔不仅结构独特，工艺精湛，而且对于研究辽代佛教特别是密宗的传播，也是有价值的实物资料。现藏辽宁朝阳北塔文物管理所。

图 1–164 契丹文敕宜速金牌

契丹文敕宜速金牌

辽代金牌。长 21 厘米，宽 6.2 厘米，厚 0.3 厘米，重 475 克。1972 年河北承德深水河村老阳坡峭壁中出土。长方形板状，四角抹圆，上端有一圆孔，孔周突起，正面孔下刻双勾阴文契丹小字三字，前一字是单文，后两字是由三单文组成的复文，可释为“敕宜速”。据《辽史·仪卫志》记载：“国有重事，皇帝以牌亲授使者……所至如天子亲临，须索更易，无敢违者。使回，皇帝亲受之，手封牌印郎君收掌。”可见符牌是皇权至高无上的一种象征，用于国家掌管并调发地方的兵、刑、钱、粮等要事。现藏河北省博物馆。（图 1–164）

图 1–165 花式金托盏

花式金托盏

西夏酒器。通高 5 厘米，盘径 12.8 厘米。1958 年内蒙古临河高油房西夏城址出土。金质。盏、盘、圈足均作十出花瓣形。盏为直口，平底，外壁口沿下錾刻一周变形西番莲纹带。盏下承托一圈足盘，坦腹宽沿，边沿和盘底各饰一周西番莲。圈足呈喇叭状，足沿上也饰西番莲。造型庄重，具有素雅纯静的风格。现藏内蒙古自治区博物馆。（图 1–165）

图 1–166 八棱银熏炉

八棱银熏炉

金代熏香器。口径 7.9 厘米，高 11 厘米。1975 年河北固安于沿口村宝严寺塔基地宫出土。熏炉由器身、盖、提梁和银链等部分组成。器身呈八棱形，敛口、圆唇、折肩、小平底。器外壁由上而下分别錾刻灵芝、飞蝶戏牡丹和花朵等纹饰。炉沿两侧有一对人字形云纹环鋬，以接提梁。盖呈八角僧帽状，盖口为立沿子母口，与器口相扣合。盖顶中心焊接有圆环和半浮雕八瓣莲花形饰。莲花周围和盖肩部各面有 8 个气孔。盖沿周围装饰 16 朵大小相间的如意头云纹。提梁呈拱形，两端较细，与器錾勾连。提梁中心有一孔，孔中套一环，环上挂两链条。一长一短。长链条为 51 厘米，一端安有活环，可以垂挂旋转。短链条长 12 厘米，与器盖相连。链呈四棱麦穗状。熏炉设计巧妙，工艺精湛，是一件不可多得的艺术品。现藏河北省文物研究所。（图 1–166）

丨鎏金佛舍利银棺丨

金代佛教葬具。棺长 23.6 厘米，宽 15.5 厘米，通高 28.8 厘米。1975 年河北固安于沿口村宝严寺塔基地宫出土。舍利棺为银质，钣金成型。通体鎏金，錾刻花纹。银棺由棺和基座两部分组成。棺呈长方形，上有盝顶式盖。盖顶中部錾刻二凤衔花团花，两侧各有一蟠龙，构成“二龙戏珠”图案。棺盖斜刹、主沿和棺口沿分别錾刻莲花、莲子图案，以鱼子纹为地。棺盖内侧錾刻铭文“严村宝严寺西史毛贾三村邑众等共办此佛舍利棺一所天会十二年五月一日永记”。棺身四周分别錾刻护法神、乐伎、舞伎等 18 个不同的人物形象。棺置于基座上，基座呈束腰须弥式，束腰段錾饰花叶、云龙纹，纹饰均以鱼子纹为地。银舍利棺采用钣金、钻孔、锤鍱、镂孔、錾刻、铸造等多种工艺制作，结构复杂，工艺精湛，纹饰丰富多彩，具有较高的研究价值。现藏河北省文物研究所。

丨章仲英造金把杯丨

元代饮器。高 2.5 厘米，口径 7.5 厘米，底径 4.9 厘米，重 80.5 克。1955 年安徽合肥孔庙庙基出土。金质。敛口，方唇外突，委角，瓜棱形腹，平底，方茎平把。杯心边沿压印“章仲英造”阴文楷书款。伴出有“至顺癸酉”胆式银瓶等。现藏安徽博物院。（图 1–167）

图 1–167 章仲英造金把杯

丨朱碧山造银槎杯丨

元代酒器。通高 18 厘米，长 20 厘米。此杯身作老树状，有松柏的纹理，树瘿错结，枝丫纵横。一道人斜坐其上，长须宽袍，左手拄槎，右手执卷，正专心研读。槎及人身为银铸，复于细部进行雕刻，而人物的头、手及云头履等部分，皆为铸成后焊接。槎尾正面阴刻“龙槎”二字，杯口下有“贮玉液而自畅，泛银汉以凌虚，杜本题”十五字，下腹有“百杯狂李白，一醉老刘伶，知得酒中趣，方留世上名”绝句一首，槎尾后部刻“至正乙酉，渭塘朱碧山造于东吴长春堂中，子孙保之”款识，并钤篆书“华玉”图章。作者朱碧山，一名华玉，嘉兴渭塘（今浙江嘉善）人，为元代著名银作工匠，其作品为世所重，流传至今的只有槎杯一种。从此件槎杯可以看出朱氏精湛的技艺及深厚的修养；而其流露出的文人化倾向和传统雕塑的特点，更使其成为弥足珍贵的佳作，代表了元代银作工艺的最高水平。现藏故宫博物院。

如意纹金盘

元代盛食器。长 16 厘米，宽 16 厘米，厚 1.3 厘米。1959 年江苏吴县元吕师孟墓出土。器近似正方形，其形又似由四个如意头对接而成，如意纹向盘心延伸，其中相对两如意压于另外两如意之上。如意端部略尖，两侧卷成螺旋状。金盘中部饰一凸起的花心，花心周围有四瓣凸起的如意形花瓣。盘边缘微上翘，盘内满布缠枝莲花叶纹，由阴线錾刻而成，盘外底有“闻宣造”款。此器造型异常别致，用宋、元时期非常流行的如意图案组合成型，盘内有复杂的装饰，工艺精湛，艺术性强，且錾有店家名号，具有很强的艺术性和代表性。现藏南京博物院。

阿拉伯文银盘

元代盛食器。口径 16.5 厘米。1966 年江苏金坛湖溪元代窖藏出土。板沿、浅腹、平底。外底刻有阿拉伯文的回历纪年铭文，即回历七百一十四年一月（元仁宗延祐元年，1314）。盘上的纪年为探讨窖藏时间提供了依据，同时为中外文化交流的研究提供了实物资料。现藏镇江博物馆。

梵文银盘

元代盛食器。口径 14.8 厘米。1996 年江苏金坛湖溪元代窖藏出土。圆唇、浅腹、平底、平折沿。盘口沿刻一周回纹。盘底上压印梵文，梵文经鉴定为六字真言的首字“唵”。盘底锤饰八瓣仰莲，莲花周围饰以法器降魔杵。银盘时代特征明显，且出土地点明确，甚为珍贵。现藏镇江博物馆。（图 1–168）

图 1–168 梵文银盘

银壶

图 1–169 银壶

元代容器。高 32.5 厘米，口径 8.5 厘米，足径 10.8 厘米，腹围 60 厘米。1955 年安徽合肥孔庙旧基出土。喇叭口、卷唇、细长颈、胆式腹、圈足。圈足内镌刻“章仲英造”楷书款。元代窖藏出土。同时出土金银器 102 件，其中银壶 9 件，依次由大到小。圈足内镌刻八思巴文“扬”字两件，刻“章仲英造”款 4 件，其他分别刻“九成银造，重肆拾两”“庐州丁铺”及“至顺癸酉”年款。此壶底署“章仲英造”款，无疑为元至顺四年（1333），庐州丁铺工匠章仲英制作，是研究元代手工业生产、金银制作工艺难得的实物资料。现藏安徽博物院。（图 1–169）

银匜

元代盥洗器。高 5.5 厘米，口径 18.2 厘米，底径 11.8 厘米，口流长 6.3 厘米。1955 年安徽合肥孔庙旧基出土。敛口、卷唇、鼓腹、平底。长流下方饰云形支托，通体素面。此匣系窖藏出土，同时出土金银器 102 件，有银果盒、银壶、金杯、银碗等。银匜共 6 件，大多有“庐州丁铺”“至顺癸酉”“章仲英造”署款，此器当为元至顺四年（1333），庐州丁铺工匠章仲英所造。虽为手工制作，但锤蝶，焊接无痕，造型规整、美观，至今无甚锈蚀，十分珍贵。现藏安徽博物院。

银碟

元代盛食器。高 0.8 厘米，口径 7 厘米，底径 13.6 厘米。1955 年安徽合肥孔庙旧基出土。折沿，平底。通体素面。此碟为元代窖藏出土。同时出土金银器 102 件，有银果盒、银壶、金杯、银碗等。同类型银碟有 9 件，其中两件器型稍大，其余 7 件尺寸相同，分别镌刻“庐州丁铺”“至顺癸酉”“章仲英造”楷书款，根据署款，可知这批金银器是元代至顺四年（1333）庐州丁铺工匠章仲英制作，是研究元代金银器制作工艺难得的实物资料。现藏安徽博物院。（图 1-170）

图 1-170 银碟

银奁

元代化妆用具。通高 24.3 厘米，口径 16 厘米。1964 年江苏苏州南郊吴门桥张士诚父母合葬墓出土。器呈六出葵瓣式，分上中下三层，子母口相合。盖面及器身錾刻牡丹、芍药、荷花、梅花、灵芝、葵花、迎春等团花纹。出土时奁以黄绸包裹，内盛梳妆用具。上层盛银镜一面，光素无纹，钮作锭式；剪刀一把，式样与现代相似，前刃略长，无刃口；银刷两把，大小各一，均以横棕穿结竹片上，插入刷前长方槽内，唯大刷柄薄而宽，正反刻牡丹卷草，小刷柄收尖；另有薄片银刮器一件，饰牡丹纹，上鎏金。中层盛银圆盒 4 只，皆直壁、平底、有盖，盖直口，盖面刻划花草，上鎏金，其中一件有粉迹，一件有胭脂，一件放黄绸粉扑；另有银罐一，广肩小底，盖下联一小勺；大小银碟各一，皆曲边葵形，碟心刻团花。下层盛水银盂一，短颈广肩小底圈足，荷叶形盖，身饰团花，足饰斜细点纹；银梳一件，半月形，边鎏金；银篦一件；银针 6 枚，互相系联；银刀一把；小银剪一把。奁下有银托盘一。盘圆形，卷唇，平底，口沿刻一周缠枝花，盘心刻折枝海棠。如此齐备的全套梳妆用具，实属罕见。此器为了解元人，特别是元代妇女的生活习俗提供了珍贵的资料。现藏苏州市博物馆。

银镜架

元代化妆用具。通高 32.8 厘米，宽 17.8 厘米。1964 年江苏苏州南郊吴门桥张士诚父母合葬墓出土。镜架折合式，分为前后两个支架，结构略似交杌。后架上部镂雕凤凰戏牡丹纹，框

图 1-171 银镜架

沿为如意式，顶端立雕流云葵花。中部分为三组，中雕团龙，左右二组对称，如窗式，透雕牡丹，四角有柿蒂形镂空。下部为支架。一“H”形活动构件斜撑于前后架间，其中心錾六瓣形开光，内凸雕玉兔、蟾蜍、灵芝、仙草等。此构件可用来承镜。两架底部横档有一活动底板相联，底板上饰六出开光，内凸雕鸟雀花草。底板可使镜架立放时更稳定。此镜架结构巧妙，玲珑剔透，是一件非常少见的工艺杰作。尤其是其银皮雕作工艺，充分显示了元末江苏一带银工的高超技艺。现藏苏州市博物馆。（图 1-171）

文王访贤金饰件

元代腰带饰件。长 10.9 厘米，宽 7.2 厘米，重 63.5 克。1959 年江苏省吴县出土。主题纹饰刻画了周文王访姜子牙的场景。画面上，在一阔叶树的掩映下，姜太公持钓杆坐于水边，其身后有两个身穿官袍革带、手据剑鞘的武士，似正欲与姜太公招呼。在树石旁的车辇上，周文王探出半身，作正欲下车之状。金带饰上 4 个不同身份的人物，太公的隐逸淡漠、武官的趾高气昂与周文王求贤若渴的期待之情都刻画地生动传神，而人物的服饰、车具与旁衬的树石、河水也都表现得惟妙惟肖、精细入微。现藏南京博物院。（图 1-172）

图 1-172 文王访贤金饰件

金壶

明代酒器。高 21.8 厘米，足径 5.9 厘米，托盘径 8.3 厘米。1958 年北京昌平定陵出土。锤鍱而成。局部錾刻纹饰，壶较高，腹部呈方形，饰凸起的云龙纹并嵌镂雕龙纹白玉片及宝石。壶肩略坡，其上亦嵌宝石。壶颈略细，錾满云纹。壶流呈棱状，兽吞式，流自兽口中出，细而长，小口。壶下部呈筒状，亦饰凸起的云龙纹，足下附一圆形托盘。圆形壶盖，盖顶嵌玉钮，钮下部有长链与壶柄相连。此壶为明代嵌玉及嵌宝石作品。方形壶腹为明代典型造型，下部筒状高足则不多见，形状别具一格。壶上的龙纹及云纹极有特点，为万历时云、龙纹的典型纹饰，是明代工艺品的代表作。现藏定陵博物馆。（图 1-173）

图 1-173 金壶

金爵、金托

明代酒器。通高 10.3 厘米，爵托直径 15.9 厘米。1958 年北京昌平定陵出土。锤鍱成型。局部錾刻纹饰。爵足呈象鼻式，下端光素，上端为龙首形。腹部饰凸起的龙纹，侧面有鋬，敞口，口两侧有柱，饰龙首纹，柱顶及爵腹嵌宝石。托盘较大，盘边嵌红、蓝宝石。盘底錾云龙纹，底中部凸起爵托，爵托为山形，较大，边部有凹槽，与爵足及底相吻合，托上嵌宝石。托杯在明代较为流行，与宋代相比，杯下已不用托子而用杯盘，杯盘大而浅，中心用杯座。此金爵制造精致，造型仿古而有变化，为实用之器，不似专门的祭器。明代托杯很多，但爵形杯很少，金质带托嵌宝爵杯更为罕见，因此极为珍贵。现藏定陵博物馆。（图 1–174）

图 1–174 金爵、金托

金粉盒

明代化妆用具。高 5.1 厘米，口径 9.7 厘米。北京定陵出土。器呈八方形，平盖面，饰龙纹。盖边呈向外的坡状，盖壁八开光，开光内錾龙纹，盖口为母口，可扣于盒上，口外饰卷草纹。盒之口沿亦饰一周卷草纹，沿上有一周子口，可扣子盖内。盒腹为八面，每面饰一龙纹，盒腹下部略收，八方形足。盒底有“大明万历年制”款，盒内有一金制粉扑并白粉。明代宫廷遗物中，盒夹器物甚多，漆盒有庶段、蒸饼式，玉盒有方盒、圆盒等多种样式，唯金盒存世甚少。此器为八方形，造型沉稳庄重，制造精致，是明代宫廷使用的化妆用品。现藏定陵博物馆。

御药房金罐

图 1–175 御药房金罐

明代药具。通高 18.4 厘米，口径 9.3 厘米，底径 10.1 厘米，重 895 克。1958 年北京昌平定陵万历朱翊钧棺内出土。直口，溜肩，鼓腹，平底。腹部附有带鋬炳，鋬内安有短木柄。盖呈弧形，宝珠形钮。子母口。素面。底部用双线刻“大明万历年御用鉴造八成五色金重二十二两四钱”铭文一周。腹部刻“尚冠上用”四字。明代皇帝患病煎服药物，有严格的制度和规定，经御医诊治后，计药开方，用金罐煎之。此药罐为研究宫廷医学提供了重要的实物资料。现藏定陵博物馆。（图 1–175）

明神宗金冠

明代冠饰。高 24 厘米，口径 20.5 厘米。1958 年北京昌平定陵出土。冠以极细的金丝编成，最下部为一周金圈，其上为金丝编成的帽身，呈极细密的网状、冠顶部錾两条金龙对峙，共戏一火珠，为“二龙戏珠”图案。金冠主体近似于圆帽，帽顶后部高起，承袭了唐代幞头的样式。幞头原是一种包头用巾，逐渐演变为束发之帽，属便帽，明代的乌纱帽又吸取了这种便帽的造型特点，使这一样式的冠帽较为流行。此冠是明代金丝编织的代表作，出于定陵，是明神宗的御用品，有很高的历史价值。现藏定陵博物馆。

图 1–176 孝靖皇后嵌珠宝凤冠

孝靖皇后嵌珠宝凤冠

明代礼器。高 27 厘米，重 2320 克。1958 年北京昌平定陵出土。冠框用髹漆竹丝编织而成，通体嵌各色珠宝点翠如意云片。前部近顶饰九条金龙，后部点翠九凤，龙、凤首均朝下，口衔珠滴。翠凤下缀有三排以红蓝宝石为中心的珠宝钿，其间缀以翠蓝花叶。冠檐底部有翠口圈，上嵌宝石珠花。凤冠左右各有三扇舌形博鬓，其上点翠、嵌金龙，并饰珠花璎珞。金冠共镶大、小红蓝宝石一百多颗，珍珠五千余粒，通体珠光宝气，色泽瑰丽，皇家风范十足。现藏定陵博物馆。（图 1–176）

图 1–177 孝端皇后嵌珠宝凤冠

孝端皇后嵌珠宝凤冠

明代礼器。高 35.5 厘米，口径 19 ~ 20 厘米，重2905克。1958年北京昌平定陵出土。以漆竹丝作胎，下缘镶金口，顶部饰有 6 条金龙和 3 只点翠凤；龙伫立于花丝制作的云头上，口衔珠宝串饰，似奔腾于云海之上；凤背部满布珍珠，口衔珠滴，翱翔于珠宝花丛之中。冠后插三博鬓，左右分开，每面三扇。全冠共饰红、蓝宝石一百余块，珍珠五千余颗，金龙、点翠凤、珠花、点翠叶，金彩交辉，富丽堂皇，堪称瑰宝。系明代皇后在受册封、谒庙、朝会等典礼时戴的礼帽。现藏定陵博物馆。（图 1–177）

莲瓣式高足金杯

明代酒器。高 10 厘米。浙江龙游石佛村出土。杯为圆形，撇口，宽沿。口沿呈莲瓣状，莲瓣连于杯壁，直通杯底。口沿内有一周阴线刻的花蕊纹装饰，呈二方连续排列。杯底有一周莲瓣形托，托下为杯足，杯足高而似柄，呈筒状，足上部略细，呈棱状，饰一周绳纹，下部如倒置的喇叭形，足壁呈花瓣状，愈往下愈大，到足底变成一周花瓣，并饰花蕊纹一周，与杯口相对应。杯之足底镌阴文“天启六年季春月，余荣四六置，吉旦”，内底镌阴文“元”“亨”。此杯设计精巧，相同程式的作品极难发现，且带有制造年号及字号，是明晚期金制品的代表作品。现藏龙游县文物管理委员会。

菊瓣式高足金杯

明代酒器。高10厘米。浙江龙游石佛村出土。杯为圆形，口沿外撇，近沿处刻一周阴线花蕊纹。杯身锤出菊瓣式条纹，上下两层花瓣纹相接。杯底有一周菊瓣式花托，其下接杯足，杯足上段呈圆筒状，饰阴线花纹并绳纹，下端略粗，呈伞状，锤鍱上下两层菊瓣式条纹，连接最下部的足圈，足圈表面亦饰一周花蕊纹。足底镌阴文“崇祯十三年仲春月，余荣四六置，吉旦”，内底镌阴文楷书“行”“文”。现存于世的明晚期金器，除定陵出土部分作品及博物馆藏少量作品，数量不多。龙游县出土的金杯造型美观，制造精致，菊瓣纹的使用与清代杯盘近似，开菊瓣纹器皿之风，且有具体制造年号，十分珍贵。现藏浙江龙游县文物管理委员会。

福寿纹镀金银羽觞

明代酒器。高3.1厘米，长11.5厘米，宽7.6厘米，重35克。羽觞呈椭圆形，无足，用银片锤压、錾刻而成。内壁饰凸起四条棱纹，其间錾饰缠枝纹，羽觞底部饰凸起篆文“福寿”两字，字上部饰凸起三条弧形棱，似蝉头状，下部饰凸起一朵五瓣花，羽觞内通体镀金。此件羽觞造型虽仿古青铜器，然器形轻巧单薄，纹饰简洁清新，实为典型的明代仿古银器皿。现藏江西省博物馆。（图1–178）

图1–178 福寿纹镀金银羽觞

金冠

明代冠饰。通高6.5厘米，口径10.5厘米。1996年浙江明嘉靖石板墓出土。冠由圈、檐、盖三部分组成。圈用直径1.6毫米的金丝环状相连，两圈之间用极细金丝编结成网状，网孔径1毫米，檐宽2厘米。盖平面呈圆形，用直径1.6毫米的金丝连成一环状。左右两侧向上凸起3.7厘米，每侧用细金丝两条绕成绳纹结成外圆内方的钱文图案，直径9毫米，左右各三。整个金冠网状排

图1–179 金冠

列有序，大小匀称紧密，工艺精致。该墓主人为吴鹤山之元配金安人。生于弘治九年（1496），卒于嘉靖三十七年（1558）。金冠有确切年代、地点的墓中出土的金器，为研究明中晚期当地的历史、工艺制作和民间风俗提供了珍贵的实物依据。现藏义乌市博物馆。（图 1-179）

累丝嵌宝石金冠

明代礼器。口径 6.5 ~ 7.5 厘米，重 146.25 克。1958 年江西南城明益庄王朱厚烨墓出土。冠由圈、盖、檐和舌四部分组成。圈为一带状小金片构成的镂空环，平面呈椭圆形。圈上覆置形如半椭圆形的盖，盖外中线饰宝石 9 颗。其下各有一小孔。孔内各插金簪一枚。簪柄压印“银作局嘉靖二十六年（1547）十月造金五钱”字样。宝石前后两边各有横筋一条，纵筋 9 条分别穿过横筋，使冠盖向上拱起。檐与舌均镶嵌宝石。其制作特点，全用金叶剪成长约 4 毫米，宽约 1 毫米的小段绕成“四”形，然后逐个焊接成行，再按所需大小和轮廓焊接成片，作为冠的部件，最后以绳形金丝焊于表面。制作精工，绮丽壮观，为当时最为成功的作品之一。现藏江西省博物馆。

嵌宝石金凤冠

明代礼器。通高 29 厘米，口径 14 厘米，重 1388.8 克。1954 年贵州播州扬家土司墓地出土。银片作胎，外缀以金片砑花、金丝缕花做成的龙、凤和花卉，并在一些部位的饰件上镶嵌红绿宝石。正面中间置大牡丹花一朵，瓣片重迭，嫩枝参差；花上五凤并立，花下有条形边饰一道；顶部三龙腾空，左右两侧各有一横栏花耳。背面当中是大芙蓉一朵，蒂、瓣尖均嵌宝石；顶部横置一菱边大花块，左右上方各有二凤伫立花间；下方各垂卷云头扁体花翅，中间夹一飞蝶，并悬半弧形大花一朵。其装饰方法，正背两面均以大花为中心，再向前后左右对称展开。工艺精湛，殊不多见。现藏贵州省博物馆。（图 1-180）

图 1-180 嵌宝石金凤冠

学士登瀛金钗

明代首饰。连钗股长 16.4 厘米，云头长 6.5 厘米。1957 年四川重庆江北蹇芳墓出土。金质，作卷云形，钗头面镂刻楼台亭阁，曲苑回廊，花鸟人物活动于其间，背面刻有《三学士》诗：“冠世文章绝等伦，瀛州学士盛时人，玉堂金马声名旧，明月清风气象新。阆苑朝回春满袖，宫壶醉后笔如神，平生自是承恩重，每赐金莲出禁宸。”又《七绝》一首云：“福如东海长流水，寿比南山不老松，长生不老年年在，松柏同岁万万春。”“岁在戊申（宣德三年，1428）仲冬”。

出钗墓葬，俗称驸马墓，即蹇芳墓。据《巴县志》记载：“明永乐年间吏部尚书蹇义之子蹇芳早卒，永乐帝赐以早殁的公主，封为驸马，实行‘冥婚’，葬于江北凤居沱”，此钗为殉葬之物。现藏重庆市博物馆。

楼阁人物金发饰

明代首饰。高 5 厘米，长 9.5 厘米，重 90.5 克。1958 年江西南城益庄王朱厚烨墓出土。金质。两端为尖形，中部有宫殿三栋：正中一栋分上下层，下层为三开间。前面有踏步，两旁有栏杆。正中一间向前突出，各间屋顶分立，均为重檐，三间之内各有一造像。中间的双手执笏。左右各间的则手执掌扇。上层无梁柱，仅见重檐歇山屋顶：左右两栋较低。每栋亦作三开间，各间之内均有一造像，手中抱一小孩，簪足向背后平伸。工艺精湛，纹饰显赫奢华，是明代王室奢侈生活的真实写照。现藏江西省博物馆。（图 1-181）

图 1-181 楼阁人物金发饰

金凤钗

明代饰品。凤长 10 厘米，高 6.5 厘米，钗脚长 24 厘米。江西南城明益宣王孙妃墓出土。凤口衔一串珍珠，脚踏一朵浮云，仰首挺胸作振翅高飞状，钗脚上錾刻“大明万历庚辰伍月吉旦益国内典宝所造珠冠上金凤每枝计重贰两贰钱捌分整”款。钗用金叶锤压、焊接而成。中空，凤体、胫、胸、翅上錾刻细小羽纹。作为珠冠上的配饰，工艺较为单一，金凤口衔珍珠也已风化，然因钗脚上刻有时间、产地、用途、重量款，且具有重要的史料价值。现藏江西省博物馆。

镂孔龙纹嵌珍珠宝石金项圈

明代饰品。直径 18.6 厘米。1976 年河北丰宁出土。项圈通体用金片和金丝锤打编缀而成。项圈底面平滑，镂饰缠枝莲间云山纹和卷草纹。两侧上折呈凹槽状，槽外壁饰掐丝织锦纹。凹槽上缀饰四条掐丝游龙，两两相对，龙身满饰云纹，并镶嵌红宝石、珍珠等。项圈正面前端中部嵌一颗猫眼宝石，周围锤蝶云纹，内托一仙阙。两侧各有一龙首侧面相对，作张口吞珠状。项圈后为开口处，亦为二龙首正面相对，口内各有一环，可衔接。项圈两侧各有一轴，佩戴时可以开启。项圈采用掐丝、锤鍱、编缀、镶嵌等工艺，制作精细，装饰富丽，光彩夺目。现藏河北省文物研究所。

龙头金耳环

明代酒器。直径 3.6 厘米，重 17 克（一对）。江西南昌明墓出土。耳环由龙头和一环形金丝组成。龙头呈上昂状，用两块金片锤压成型后焊接而成，各部位刻画细致，张口露齿，鼻须、耳须飘动生威，鬃发聚中前倾，与明中期龙纹形象相似。在明代，龙凤纹饰不为封建统治者独有，民间使用的瓷器、金银器上常有出现。现藏江西省博物馆。（图 1-182）

图 1-182 龙头金耳环

金环镶宝石玉兔耳坠

明代饰品。通长 5.8 厘米，重 5.5 克。1958 年北京昌平定陵出土。金环镶宝石玉兔耳坠出土于定陵孝靖皇后王氏棺内。耳环金质，作钩形，下垂一红宝石，红宝石下垂一圆雕的捣药玉兔，玉兔双耳竖立，前肢抱一玉杵，下连玉臼，兔身浅刻细毛纹，两眼镶红宝石，显得十分机灵可爱。耳坠的装饰题材取自民间流传的玉兔在月宫捣药的美好神话传说，构思巧妙，用料精当，不愧为皇后钟爱的珍宝。现藏定陵博物馆。

金发插

明代饰品。金如意长 10.8 厘米，重 9.3 克，关刀形长 9.8 厘米，重 2.3 克。安徽屯溪出土。金发插，由古人用来插定发髻式连冠于发的长针，发展成为女子专用的首饰。如意形发插常见，关刀形发插却不多见，在一定程度上代表了墓主的性格特点。如意寓吉祥，关刀驱邪保平安，反映了当时人们对吉祥、平安的企盼。现藏安徽博物院。（图 1-183）

图 1-183 金发插

金凤簪

明代饰品。长 13.1 厘米，重 8.993 克。1969 年安徽嘉山李贞夫妇墓出土。此簪出土于明代李贞夫妇墓。李贞为明太祖朱元璋的姐夫，身分特殊。同墓出土金凤簪、双龙戏珠金簪、金瓜簪等十余件，皆小巧玲珑，制作精细，为研究明代金饰品制作工艺的实物资料。现藏安徽博物院。

金蝉玉叶

明代饰品。金蝉长 2.4 厘米，玉叶长 5.1 厘米。1954 年 5 月江苏苏州五峰山博士坞明弘治进士张安晚家族墓出土。居于中心位置的金蝉，形制轻巧，重仅 4.65 克。经测检，含金量高达 95%，通体金光闪闪。金蝉双眼凸出，头颈用横竖线条勾出，背部錾刻平行减地横凸纹八层，每层再以无数竖直短线表现细部。两翼有内外翼翅之分，厚仅 2 毫米，堪称“薄如蝉翼”的现实写照。蝉足共三对，其中一对前足翘起，中足与后足微微抬伸。整体形象匍匐于玉叶上，神态自然，栩栩如生。衬托金蝉的玉叶，系以新疆和阗羊脂白玉精雕细琢而成，质地呈半透明凝脂状。玉叶片共分八瓣，有主脉一根，支脉四根，极为细薄，俱仿真叶而作。玉叶中部有一小孔，金蝉就通过其底部的一根金梗插置于玉叶中间的孔内，便构成了金蝉在玉叶上匍爬的生动形象。整个器物蝉叶相衬，金玉匹配，动静结合，逼真而雅丽，直令人惊为天成。从制作工艺来看，金蝉采用了范铸、锤鍱、錾刻、焊接、抛光等多种工艺，而玉叶则选料精良，采用了浮雕、圆雕等综合技法，充分展现了琢玉技术的成熟。金、玉匹配有昭示使用者尊贵而不同凡俗的地位的作用，同时也体现了人们对幸福姻缘的追求，也饱含了美意延年的吉祥之意。现藏南京博物院。（图 1–184）

图 1–184 金蝉玉叶

嵌宝石金手杖顶

图 1–185 嵌宝石金手杖顶

明代生活用具。高 1.5 厘米，直径 2.6 厘米，重 22 克。江西新建朱权墓出土。手杖顶呈覆碗状，全器用金片锤压、焊接、镶嵌而成。顶上饰八瓣重莲纹，中心镶嵌一颗大蓝宝石，杖顶圈满饰缠枝纹，等距离镶嵌五颗小红、蓝宝石和绿松石。杖顶纹饰精美生动，并镶嵌各色宝石，色彩斑斓，雍容华贵，富有皇家气息，与宋元清秀典雅之风迥然不同。现藏江西省博物馆。（图 1–185）

金编钟

清代礼仪乐器。高 21.2 厘米，最大直径 20.6 厘米。此编钟全套 16 枚，皆以黄金铸成。样式统一，其形似鼓，内空，上部为双龙首形钮，以穿系悬挂。钟体纹饰分为上、中、下三部分，上部为一周云纹，仿明代金器云纹样式，中部凸雕龙纹，龙首前有火珠，龙身之下有海水，正面中部凸雕楷书律名，背面雕制造年号，钟体下部有一周乳凸，以供打击。金编钟是清代宫廷使用的重要乐器，每组 16 枚，为黄钟、大吕、太簇、夹钟、姑洗、仲吕、蕤宾、林钟、夷则、南吕、无射、应钟十二正律及倍夷则、倍南吕、倍无射、倍应钟四个半音，往往与编磬共用。逢宫廷重要典礼时“乐部陈乐悬于太和殿前至午门外”，奏“丹陛大乐”，

图 1–186 金编钟

金编钟为清代宫廷大乐中的重要乐器，典礼必备之物。清廷被推翻以后，末代皇帝为了维持皇族生计，曾将乾隆皇帝铸造的这套金编钟私下典押于天津盐业银行。中华人民共和国成立后，由政府将这 16 件一套的国之瑰宝重又拨还北京故宫。现藏故宫博物院。（图 1–186）

镶宝石金八方盒

清代陈设品。长 14.3 厘米，宽 14.3 厘米，高 7 厘米。清宫旧藏。盒为八方形。平面式盖，周边嵌红、蓝宝石及翠、碧玺，中心嵌粉红碧玺牡丹花。盒壁由八块方板联成，方板四周为金框，嵌红、蓝宝石、翠、碧玺。中部嵌花卉纹金板，图案镂空。中国嵌宝石工艺在明代有了较大的发展，清代又扩展到翠、碧玺，尤其珍爱粉红色碧玺。此器錾花精致，所嵌宝石皆磨成圆形，特点十分明显，是由广州地区制造的，属工艺水平特别精致且有地方特色的代表性作品。现藏故宫博物院。

金里珊瑚云龙纹桃式盒

清代陈设品。高 19.5 厘米，长 24.5 厘米，宽 20.5 厘米。清宫旧藏。器为两层材料结合而成，内层以黄金为里，外包一层红色珊瑚饰纹，桃形。盒身与盒盖各为半桃，盒身带有子口，可与盒盖扣合。盒盖较大，顶部雕一团形“寿”字，周围布满凸起的龙纹及云纹，盖口处露一周金质口沿，盒身底部饰云水纹，腹部亦布满云龙纹。盒表面所包为上等珊瑚，由多块红珊瑚片拼接而成，无杂色。龙身细长，云呈灵芝式，雕工精细，打磨光亮。据清宫档案记载，此盒制于雍正时期，是少数几件能够确定为雍正朝制造的金器，且为金工艺与珊瑚工艺相结合的代表作品。现藏故宫博物院。（图 1–187）

图 1–187 金里珊瑚云龙纹桃式盒

鎏金嵌珐琅银砚盒

清代文房用具。长 27.2 厘米，宽 22.1 厘米，高 22.5 厘米。清宫旧藏。器为长方体，盒上有盖，盒下有如意式云头矮足八只，通体錾花鎏金。盖顶中心嵌一鎏金银圆片，内饰烧蓝珐琅之云龙戏珠纹，银片四周饰以凸起之缠枝花卉纹。盖边折角，外沿饰一周“卍”字纹。盒中空，四壁及底分别制成后焊接而成。盒顶嵌一层凹入两个砚池的银屉。四壁正中皆有与盖顶式样相同的银圆片。盒内有一密闭银质圆筒，联结两壁相对的圆片，其中一片可活动，联有半圆形银抽屉，可储墨锭。插入圆筒后，看似与其余三壁上镶嵌的圆片没有区别。盒壁围绕圆片饰夔龙纹，上下沿各饰一周“卍”字纹。冬天在盒内蓄以热水，可使墨汁不冻，俗呼此种砚盒为“暖砚”。此器构思精巧，纹饰繁丽，雍容华贵，是清代文具中的代表作。现藏故宫博物院。

嵌宝“金瓯永固”金杯

图 1-188 嵌宝“金瓯永固”金杯

清代礼器。高 12.5 厘米，口径 8 厘米。清宫旧藏。圆形。直口，口沿錾回纹。一面中部篆书“金瓯永固”，意为“江山永固”，在一定的节日作为象征性的礼器应用。一面錾“乾隆年制”，腹部满錾宝相花缠枝花叶及花朵，花蕊以珍珠及红蓝宝石为之，两侧各有一夔龙形耳，龙口接于鼎口，头上有珠。杯下三足皆为象首式，象耳略小，长牙卷鼻，额顶及双目间亦嵌珠宝。乾隆年间，宫廷作坊制造了各式酒杯，其中不乏龙耳作品，式样颇多，但金杯不多，以象鼻为足的作品更为少见。此杯为鼎式，设计及加工皆属上乘，是宫廷内专供皇帝使用的酒杯。故定为国宝级。现藏故宫博物院。（图 1-188）

嵌珠“万寿无疆”金杯

清代宫廷饮酒器。通高 8 厘米，杯径 7 厘米，盘径 20 厘米。清宫旧藏。杯略高，筒状，上大下小，圆口。杯外錾行龙，龙身侧为缠枝莲纹，近足处有海水纹，杯两侧各有一耳，耳上部为莲花托，托上嵌大珍珠一粒，其下为镂空篆字，一耳为“万寿”，一耳为“无疆”，字下有灵芝纹，杯底圈足。托盘较阔，宽沿，其上錾缠枝莲，等分嵌珍珠四颗，盘内平底，錾八朵莲花，其间四朵嵌珍珠为花心，盘中部为凸起的圆形杯座，饰龙纹。此套杯盘为清宫内务府造办处制造，是宫廷重要的生活用具，在宫廷举行大宴时由皇帝专用的饮酒器，带有“万寿无疆”赞语，目前很少见。现藏故宫博物院。

金天球仪

清代宫廷天文仪器。高 82 厘米，球径 30 厘米。天球仪由底座，支撑、子午圈、地平圈、球体五部分组成。底座为金胎，外周嵌掐丝珐琅纹饰，座下四个兽首形足，座表面凸起海水纹。支架于座上，架中部为立柱，上、下部分杈，呈九龙盘绕式，龙身侧有金片制成的云朵。天球由两半对接而成，表面嵌珠为星，约有 3242 颗，星侧标有名称，星间以阴线相联，以示星座，球

图 1-189 金天球仪

外环有地平圈及子午圈。子午圈亦为金胎嵌珐琅，球顶部有一小周铁质干支圈。清代宫廷制造过多件天球仪，唯此件以金为主，并嵌珠为星，纹饰复杂而精细，属珍贵文物。现藏故宫博物院。（图 1–189）

金龙首提炉

清代宫廷仪仗用器。炉高 16 厘米，宽 23 厘米。清宫旧藏。提炉由炉杆、链、炉三部分组成。炉为金质，圆形，似桶，上部略大。炉上有圆形盖，盖面微隆，镂空八卦纹，盖顶有一龙钮，炉体錾纹饰，并有三个凸起的兽面，兽口衔环，环接联提链，炉下有三个象首，象目前视，象鼻下卷为炉足，炉链颇长，一端接炉，一端接链盘，链盘上部有一钮，钮上有环，接于提杆。提杆为紫檀木制，尾端嵌金如意，首端为金质龙头、龙身。金提炉在清宫遗存中仅有数件，纹饰、造型各不相同，其中以龙首金提炉制造最精。现藏故宫博物院。

图 1–190 银盆金铁树盆景

银盆金铁树盆景

清代宫廷陈设器。通高 28 厘米，长 15 厘米，宽 15 厘米。清宫旧藏。此件以银制盆，以金制景。盆为六角形，折沿，口沿錾花卉图案，盆腹为六方形，六面各为方形开光，开光内錾斑状地子，浅浮雕人物图案，图案多为经典故事，人物神态各异、造型生动。盆下六方形足，足与盆腹间有一凹槽，槽内及盆足皆饰卷草纹。景为金质铁树，栽于盆中，树干粗且短，自根之上分为两杈，老皮如鳞，树干顶端及树芭处生出树叶，叶细长，小叶如骨刺排列，密而有序，树顶部有五根短簧，簧顶各撑一蝠。此作品以铁树喻长寿，含五蝠捧寿之意。清代宫廷陈设盆景甚多，质地也多种多样，五蝠捧寿盆景应为皇族庆寿时的恭进之物，银盆金景，制造精致。现藏故宫博物院。（图 1–190）

图 1–191 银胎绿珐琅嵌宝石靶碗

金錾花高足白玉藏文盖碗

清代宫廷盛食器。高 26 厘米，直径 14.5 厘米。清宫旧藏。全器由金托、玉碗、金碗盖三部分组成。托较高，下部为托筒，下粗上细，饰凸起的勾莲纹和数排如意纹，并嵌有松石海棠花、如意云。托筒之上为圆形托盘，联珠纹边沿并嵌绿松石边线，盘内开光，开光内饰缠枝莲并绿松石花。盘中部凸起碗座，碗座为圆形，鼓式，外錾勾莲纹并嵌松石梅花。碗为白玉制，圆形，撇口，其外素面无纹，碗内琢藏文，碗底有“乾隆年制”款。碗盖略高，宽沿，中部隆起，饰勾莲纹并嵌松石嵌片，盖上部锤鍱莲瓣纹，顶部有花蕾式钮。清代宫廷使用的盖碗很多，其中金玉组合的较少。此器金工精致，玉质绝佳，并采用藏族传统风格制造，托、盖、碗浑然一体，既实用，又有很好的陈设效果。具有很高的历史和艺术价值。现藏故宫博物院。

图 1–192 金坛城

银胎绿珐琅嵌宝石靶碗

清代生活用具。通高 23.3 厘米，口径 14.4 厘米。清宫旧藏。银胎，外施绿珐琅，通体嵌红宝石。靶碗盛一漆皮匣内，匣盖内裱白绫一方，上有满、汉、蒙、藏四体楷书签：“乾隆四十五年八月初三日班禅额尔德尼呈进银胎绿珐琅靶碗一件”。运用了锤鍱、镶嵌、珐琅、镀金等多种手法，用料华贵，做工精湛，体现了西藏手工业的制作水平，特别是西藏六世班禅为祝贺乾隆皇帝七十寿辰而进献，有着特殊的历史价值。现藏故宫博物院。（图 1–191）

图 1–193 四臂观音金坐像

金坛城

清代佛教法器。城高 20 厘米，座高 14.5 厘米，直径 17 厘米。清宫旧藏。坛城呈圆形，其外錾缠枝莲花纹，坛上有经殿并累丝殿基。作品制造精致，采用錾刻、锤鍱、累丝等多种金工艺。坛城为藏传佛教法器。金质坛城存世数量极少，此件则由清宫造办处仿照藏传佛教坛城制造。《国朝宫史》载，乾隆二十六年皇太后七十大寿，于年例恭进外，每日恭进寿礼九九，第三日恭进寿礼中有一九供器，为八件银镀金八宝及一件“毗耶净域银镀金坛城一座”组成。由此可见，在清宫，坛城可作为祝寿的恭进礼品，清宫遗留坛城颇多，金坛城却极少，它表明了藏传佛教在宫廷的影响。现藏故宫博物院。（图 1–192）

四臂观音金坐像

清代宫廷佛教用具。高 90 厘米，重 31.8 千克。清宫旧藏。金质。头戴宝冠，冠顶饰一佛，袒胸，披仁兽皮，四臂，着钏戴镯，前两手作莲花合掌印，后面上举作手印，左手执莲花。宽眉细腰，神态安详，结跏趺坐于莲花台上。背光作葫芦状，内饰联珠圈，外饰卷草纹边，镶嵌东珠、各色宝石多颗。佛光背部镌汉、满、藏文款“乾隆十三年（1748）十二月二十日奉旨赤金成造供俸利益四臂观世音，番称坚赖滋克库布勒库舍勒佛齐希，蒙古称都尔本噶尔图”字样。制作精工细密，装饰鲜丽华贵。为清代喇嘛教观音像的代表作。现藏故宫博物院。（图 1–193）

金本巴瓶

清代佛教用具。通高 34 厘米。为清代乾隆五十七年（1792）所赐。通体以莲瓣纹、如意头纹、缠枝纹等图案组成。外包五色锦缎制成的瓶衣。瓶口内插有签筒，筒内放置如意头像牙签 5 支，供寻找活佛和呼图克图灵童时用。大皇帝为求黄教得到兴隆，特赐一金瓶，今后遇到寻认灵童时，邀集四大护法，将灵童的名字及出生年月，用满、汉、藏三种文字写于牙签上，放进瓶内，选派真正有学问的活佛，祈祷七日，然后由各呼图克图和驻藏大臣在大昭寺释迦佛前正式认定。这个金瓶常放在宗喀巴佛像前，需要保护净洁并供奉。现藏西藏拉萨大昭寺。

杨存实

生卒不详。唐代晚期著名金银工匠。1979 年 10 月，陕西西安西郊未央区鱼化寨南二府庄，出土唐代咸通十三年（872）“宣徽酒坊”银酒器注，器底刻有铭文七行六十一字：“宣徽酒坊，咸通十三年六月廿日别敕造七升，地字号酒注壹枚，重壹百两，匠臣杨存实等造，监造番头品官臣冯金泰，都知高品臣张景谦，使高品臣宋师贞”。1958 年，西安南郊后村出土的一批银铤、银器中，有一银铤侧面錾刻有：“打作匠臣杨存实作下作残银”十二字铭文。姓名相同，时代相同，工种相同，应是一人。“打作匠臣”和“匠臣”，反映出杨存实是金银作坊院官匠，工种是“打作匠”。据此可推知杨是精通金银工艺的唐代“明资匠”。在器物上錾刻他的名字，反映唐代严格的管理、考核工匠制度。（图 1–194）

图 1–194 “宣徽酒坊”银酒器注

张四郎

生卒不详。宋代银器名匠。1981 年江苏溧阳平桥出土一批宋代银器，在 9 件花卉纹银碟外底部，都砸印有“张四郎㔽”款识，张四郎，当为这批银碟的制品人。（图 1–195）

图 1–195 “张四郎㔽”铭

谢君余、谢君和兄弟

生卒不详。元代平江人。著名的民间艺人，善铸金银器，与唐俊卿、朱碧山齐名。

图 1-196 朱碧山造银槎杯

唐俊卿

元代松江（今属上海市）人。著名民间艺人，精于银工，手艺精湛，与朱碧山齐名。

朱碧山

约生于元代大德初年。浙江嘉兴魏塘人，一说江苏苏州木渎人。又名华玉。元代铸银工艺名匠。《辍耕录》《香祖笔记》：“元人所造银槎最奇古，腹有文，曰：至正壬寅（1362）、吴门朱华玉甫制，华玉号碧山”。《乾隆吴县志》：“朱碧山，木渎银工，制蟹杯，甚奇”。故宫博物院所藏朱碧山所作槎杯，整件以白银铸成，后加錾雕，头、手、云履等部分是铸成后焊接的。杯呈一老树状，一道人斜坐槎上，道冠云履，长须宽袍，双目凝视手中书卷，作读书状。是件富有传统绘画与雕塑特点的铸银佳作。（图 1-196）

章仲英

生卒不详。庐州人。元代金银器工匠。1955 年安徽合肥孔庙庙基出土的金把杯杯心边沿压印“章仲英造”阴文楷书款，还有一件银壶上刻有“章仲英造”“庐州丁铺”“至顺癸酉”等铭文。“章仲英”应是铸器人姓名，并且是元至顺年间的庐州丁铺工匠。

闻宣

生卒不详。元代金银器工匠。江苏苏州曾出土一件元代如意形金盘，长宽各 16 厘米、高 1.3 厘米。整体以 4 个如意头构成，纹饰镂刻细密，设计巧妙，制作精致。金盘背面边上，刻有“闻宣造”三字铭款，闻宣当是制造者姓名。（图 1-197）

图 1-197 “闻宣造”如意纹金盘

张梦元

生卒不详。明代万历时金银名工。1958 年，北京定陵出土的金面盆，底面刻有“大明万历丁酉年（1597），银作局制六成色金，平钑云龙面盆一个，重七十九两四钱，经管官张朝，银匠张梦元”铭文，张梦元当是铸器人名。金面盆铸作精工。

姚功甫

山东潍县人。清代道光时潍坊嵌银丝艺人。据传为潍坊红木嵌银丝创始人之一。道光年间，潍县城内有位著名金石学家陈介琪，藏有秦汉尊彝、印玺等珍贵文物，甚为丰富，有“万印楼”之称。姚功甫、田畬帆两人，常为陈家修复古物，配制架座，得以过目文物颇多。见汉代铜器上有嵌银丝纹饰，便试以金银丝嵌入红木器，获得成功。从此，潍坊就创始了红木嵌银丝工艺。当时主要品种大多是文具，如镇尺、墨盒、笔筒、砚盒和朝珠盒等；图案有博古、瓦当和篆字等。

三星堆遗址金器

1986 年发现的四川广汉三星堆遗址，虽年代大致与中原地区的商王朝晚期相当，但出土的丰富文物展示出不同于中原地区的独立文化体系，被称为三星堆文化。三星堆出土的金器以品类奇谲、精湛绝伦著称于世，主要有金杖、金面罩、金虎形饰等。概观三星堆祭祀坑出土的金饰，工艺十分精湛，而且被赋予了高度的政治、宗教意义，不同于其他地区出土的作品。从这些金饰本身所蕴含的浓烈的域外因素，不难感知殷商对西南控制能力的疲弱，从而深刻体察到中国早期金银工艺发展的多元性和不平衡性。

成都金沙遗址金银器

金沙遗址是一处大型的商周时期蜀文化中心遗址，可能是古蜀国的又一都邑所在。位于四川成都苏坡乡金沙村。2001 年成都市文物考古研究所组织发掘。遗址分布面积在 3 平方公里以上，清理和发掘出土的重要文物共两千余件，包括金器四十余件、铜器七百余件、玉器九百余件、石器三百余件、象牙骨器四十余件等。此外，还出土了数量众多的象牙和数以万计的陶器、陶片等。其中金银器有金带、造型风格与三星堆的青铜面具基本一致的金面具和为金沙特有的圆形金饰、蛙形金饰、喇叭金饰等。这是四川省继三星堆之后最为重大的考古发现，极有可能是三星堆文明衰亡后在成都地区兴起的一个政治、经济、文化中心——古蜀国在商代晚期至西周时期的都邑所在。通过对金沙遗址的发掘与研究，对建立成都平原先秦考古学文化序列和对巴蜀文化的深入研究以及破解三星堆文明衰亡之谜等具有重要学术意义，被评为 2001 年“全国十大考古新发现”之一。（图 1–198）

图 1–198 太阳神鸟金箔

北燕冯素弗墓金银器

在辽宁北票西官营子村。1965 年发掘了十六国时期北燕贵族冯素弗夫妻的墓。冯素弗为北燕天王冯跋之弟，是鲜卑化的汉人，死于太平七年（415）。两墓同冢异穴，都是长方形石椁墓，椁内绘人物、星象等壁画。木棺上也有羽人、建筑等彩画，表明北燕沿用汉制，皇室勋臣使用画棺。但冯妻墓中殉犬，又属于鲜卑葬俗。该墓对了解北方民族与中原的文化关系有重要价值。两墓共出遗物五百余件，有金印、兵器、铠甲、马具、服饰、仪仗车器、文具、日用器物等。其中的金冠饰，可能即鲜卑贵族喜戴的步摇冠上的金步摇；冠前饰片上有锤鍱的佛像，反映出当时佛教的东传。

北周李贤墓金银器

位于宁夏回族自治区固原县西郊乡深沟村南。1983 年，宁夏回族自治区文物管理委员会、博物馆考古队、固原县文物工作站对此墓进行发掘。从甬道和墓室清理出半模制彩绘陶俑 255 件，以及陶器、金银器、铜铁器、玉器、玻璃器、各色料珠等。该墓葬七百七十余件出土物中，最引人注目的是充满西亚风格锤刻有人物故事的鎏金银瓶、玻璃碗、银装铁刀、镶青金石指环，说明古代固原地区与西域的密切关系。（图 1-199）

图 1-199 鎏金银壶

南京六朝家族墓地金银器

位于南京东郊仙鹤观南麓、北郊象山中段。1998 年 6 ~ 8 月、9 ~ 12 月，南京市博物馆考古队发掘了东晋名臣高崧家族的三座墓葬和东晋豪族王氏家族三座墓葬。墓葬均系砖筑结构，高崧家族的墓葬砖室规模较大。高崧家族墓出土的随葬品丰富而精美，计有金、银、铜、铁、玉石、漆木、陶瓷等几大类。其中高悝墓出土金器 56 件，高崧墓出土金器 68 件。

罗定南朝墓金银器

位于广东罗镜镇水摆鹤咀山。1983 年清理。长 9.6 米，宽 4.5 米，为夫妇合葬砖室墓。墓主人尚不清楚。这是目前岭南发现规模最大、出土文物最多的一座南朝墓葬。出土有越窑青瓷、金手镯、金指环、铜镜、陶器等物。金手镯上面凿有几组栩栩如生的神兽异草图案，镂刻工艺巧夺天工，在唐以前的金饰物中，还未见如此精美的珍品，而且具有西亚风格，对研究古代南方丝绸之路古道有重要价值。

图 1-200 李静训墓出土的金项链

李静训墓金银器

位于陕西西安梁家庄附近。1957 年经由中科院考古研究所发掘。出土了大批文物，计有陶俑和明器 90 件，瓷器 17 件，陶器 6 件，金银器共 31 件，铜铁器 19 件，玉石器 38 件，玻璃器 24 件，骨木、漆器 16 件，其他尚有一些易腐物品的残片如丝织物残片等。其中的玻璃器和金银器制作精美且具有浓郁异域风格，又以金项链和金手镯尤其引人注目。金项链由 28 个多面金珠穿缀而成，金手镯的祖型应源自北印度。这些具有异域风格的玻璃器和金银器是研究中西交通史的重要资料。（图 1-200）

赠卫国王驸马墓金银器

图 1-201 赠卫国王驸马墓出土的盘带纹银盏托

位于内蒙古赤峰大营子村西北山地。1954 年在赤峰大营子村西北山地上发现了三座辽墓，其中一号辽穆宗应历九年（959）埋葬的“故驸马赠卫国王墓”出土遗物最为丰富。通过志文结合历史资料多方考证，驸马卫国王是辽太祖耶律阿保机之婿肖屈列。此墓是驸马肖屈列和质古公主的合葬墓。主要出土文物有铁器、瓷器、马具等。其中尤以马具最为丰富多彩，其质地有银质鎏金、铜质鎏金，素面银质及玛瑙等都是成套或成组配置，两组为银鎏金鹿衔草纹饰件，铜鎏金金龙戏珠纹马鞍具饰件。两组马鞍饰件马笼头、盘胸、缨罩、后座、鞍桥、马镫等共一千多件，马具上面饰有动物纹或花草纹图案，装饰华丽、制工精巧。这批鎏金马饰具经清理后，依然金光灿烂，精美华丽，其中最令人感兴趣的是鎏金铜铃，它们大小不同，音色各异。（图 1-201）

吐尔基山辽墓金银器

位于内蒙古通辽吐尔基山东南麓山坡。2003 年 3 月偶然发现于吐尔基山采石矿的采石过程中。墓葬中出土了大量的铜器、银器、金器、漆器、木器、马具、玻璃器和丝织品。铜器有钟、铜铃、牌饰、铜泡等，大部分为铜鎏金。其中的鎏金铜牌饰上面錾刻精美的乐舞图案。金银器上面刻有栩栩如生的金龙和双狮以及鸾鸟、形态各异的人物和动物图案。这些精美的随葬品，对于丰富辽代的文化交流、艺术等方面认识提供了非常珍贵的实物资料。该墓的发现，是近年来辽代考古的重要发现，在研究辽代的社会风格、风俗习惯、服饰、艺术以及丧葬习俗等方面都有十分重要的意义，被评为 2003 年“全国十大考古新发现”之一。

耶律羽之墓金银器

位于内蒙古自治区赤峰市阿鱼科尔沁旗罕苏木苏木朝克图山。1992 年因被盗掘，由内蒙古文物考古研究所会同赤峰市博物馆、阿旗文物管理所，对墓葬进行了抢救性发掘。墓葬为砖石砌筑。耶律羽之为契丹迭剌部人，为东丹王耶律倍东丹国中台右平章事，是掌握东丹国实权的人物。葬于辽会同四年（941），是辽初最具有代表性的墓葬之一。随葬品共约三百余件，但由于盗掘破坏，原位不明。重要的随葬品

图 1-202 孝子图鎏金银罐

有五瓣花形金杯、鎏金錾花银把杯、金花银渣斗、金花银碗，以及各种金银、玛瑙、琥珀等装饰品以及大量的丝织品。其中的孝子图鎏金银罐主题纹饰为八幅孝子故事，证明在辽早期契丹贵族就已经接受儒家孝悌观念。耶律羽之墓的发现，不论在墓葬形制或随葬遗物上，都充分显示出辽代初期契丹贵族与中原汉文化之间的关系。（图 1-202）

辽陈国公主及驸马合葬墓金银器

位于内蒙古自治区哲里木盟奈曼旗青龙山镇斯布格图村，1985 年青龙山镇修建水库时发现，1986 年内蒙古文物考古研究所对该墓进行了抢救性清理发掘，工作历时两个月。合葬墓为砖木结构的多室壁画墓。墓中出土了两套由金面具、银丝网络、鎏金银冠、金花银枕、鎏金凤纹银靴以及金、玉、银靴的银带组合成的完整的殡葬服饰，反映出契丹皇室家族独有的葬俗。墓内还随葬有数百件极其精美的金银器、铜铁器、陶瓷器、玻璃器、木器、玉器等，还有六条金银腰带和两套银制马具。整个墓内金银器耗用黄金约一千七百两、白银二百余两，可以说是一座金银器的库藏，对研究契丹殡葬习俗以及辽代的服饰有重大的意义。（图 1-203）

图 1-203 金面具

定陵金银器

定陵为明十三陵之一，是明万历皇帝朱翊钧的陵墓。位于北京市昌平区大峪山东麓。1956 年起由北京市文物组与中国科学院考古研究所组成工作队进行发掘，1958 年完成。出土各类器物总计三千余件。其中金器有数百件，大都刻名称、重量及制作年月，金银锭刻产地、重量、贡纳时间等。其中帝后的金冠、金酒注、金爵杯尤为精美。金冠为金丝编成，饰二龙戏珠，最精美。（图 1-204）

图 1-204 明神宗金冠

何家村窖藏

位于陕西西安南郊何家村。1970 年，何家村在进行基建时发现。窖藏中的两个敛口鼓腹小平底陶瓮及虎头铺首提梁银罐内，装满宝玉珍饰、贵重药物、中外钱币、银铤、银板、银饼及 270 件金银器皿，是中华人民共和国建立以来唐代金银器空前的发现。这批文物可分九大类。食器类以双狐纹双桃形银盘、翼牛纹六瓣银盘最引人注目；饮器类兽首玛瑙杯、伎乐纹八棱金杯、掐丝团花金杯、鎏金舞马衔杯纹银壶均属其中翘楚；药具类与药物是少见的文物，反映唐代贵族生活的一个侧面。货币类除中国由春秋到唐代的各种货币外，还有日本元明天皇“和同开珎”银币、东罗马希拉克略金币、波斯库思老二世银币。这批金银器物主要以钣金、浇铸成形，切削、抛光、焊接、铆、镀、錾刻等工艺使用已很普遍。以焊为例，即有大焊、小焊，两次焊、掐丝焊等多种工艺，焊口平直，技巧纯熟。银器上的切削加工痕迹，螺纹清晰，起刀、落刀点显著，刀口跳动亦历历可见，很少有加工物件轴心摆动情况。这批文物对研究唐代衡制、赋税，以及中外友好交往提供了重要的资料。

丁卯桥银器窖藏

位于镇江市东南约3.5公里的一处唐代居住遗址内。1980年12月，民工施工时，于地下1.7米处发现唐代银铤20笏，叠放于生土坑内，但没有发现器物。1982年元旦，民工又在其东北20米，深约1.3米的地方发现一口径26厘米、腹径42.5厘米、通高55厘米的银质酒瓮，瓮内叠满各式银器，另有两只大银盒以及银盆、钗等银器堆放于瓮的西侧。经清理，共出土各种银器九百五十余件。除818件镯、钗外，其余一百四十余件器物皆与饮酒有关，包括烹调器、盛器、食器、饮器、令筹等成套的大型酒具。这是唐代金银器的一次重大考古发现，为了解唐代的饮酒之风提供了珍贵的实物资料。（图1–205）

图1–205 鎏金龟负“论语玉烛”银器

德阳宋代银器窖藏

位于四川德阳孝泉镇清真寺。1959年3月发现，在一四耳陶罐内共出土银器117件，罐上盖一砖，砖上有崇宁通宝少许，而罐的四周有崇宁通宝一百六十余斤。这批银器的种类除茶酒器具外，还有许多日用器皿，包括银瓶、碗、匜、尊、壶、勺、盏托、杯、炉、盒、钗等。

天彭镇宋代金银器窖藏

位于四川省彭州市天彭镇。1993年发现。共出土文物351件，可以辨认器形的有343件，其中金器27件，其余皆银器。按类型与大小叠压套装，多用麻布裹缠。保存手段高明，数百年之后，尤见金光灿烂，银光闪烁。近250件器物有铭记，包括制造工匠、制造商家、制造地的名款，金银器的成色和重量等。（图1–206）

图1–206 天彭镇宋代金银器窖藏出土的象钮莲盖银执壶

法门寺地宫金银器

位于陕西省扶风县法门镇。因重建寺内倒塌的明代十三层八角砖塔，清理地基时发现地宫，于 1987 年先后清理了明代塔基、唐塔基槽，发掘了地宫踏步漫道，清理隧道及三个室的遗物，并对出土的遗物进行室内呵护处理，开启灵账、阿育王塔及宝函，获得四枚佛舍利。遗物主要是为供养舍利而奉献的物品，其中金银器 121 件，瓷器 16 件（其中 13 件为秘色瓷），琉璃器 20 件、石刻文物 11 件，另外还有铜、铁器，大批唐代丝绸和“开元通宝”“乾元通宝”等货币。金银器可分食容器、熏香器、茶具、供养器、法器。其中捧真身银菩萨为唐代金银器最高等级的文物，八重定函为唐代舍利供养器的重要发现。鎏金金刚界大曼荼罗成身会造像银宝函对研究唐代佛教密宗具有重要意义。此外，茶罗子、茶碾子、茶笼子的发现，对唐代饮茶研究提供了不可多得的证据。

图 1–207 静志寺塔基鎏金银塔

定州静志寺、净众院两塔地宫金银器

位于河北省定县（今定州市），1969 年发掘了北宋静志寺塔和净众院塔的地宫。静志寺塔塔基地宫建于太平兴国二年（977），净众院塔塔基建于至道元年（995）。静志寺塔塔基地宫出土的遗物有石函、鎏金铜函、石棺、定窑瓷器、鎏金银塔、木塔、天王像等。净众院塔塔基出土有石函、银塔、银棺和银瓶、定窑瓷器等。其中，静志寺塔基鎏金银塔塔身铭文记述了唐代废佛与再兴之经历，金棺纹饰富丽，具有唐代的装饰遗韵，是北宋初期定州金器的精品。而净众院鎏金银塔做工精致至极，更是是北宋初期定州金银制品中的杰作。（图 1–207）

图 1–208 金银经塔

朝阳北塔天宫、地宫金银器

位于朝阳市城区北塔街内的双塔北端，与南塔相对而立，是全国重点文物保护单位。北塔为方形空心十三级密檐式砖筑佛塔。通高 43 米，由塔基座，须弥座，塔身，塔檐和塔刹五部分构成。1986 年至 1993 年间维修北塔时发现了天宫、地宫。地宫位于塔基座中心，早期被盗，仅出土有石函、滑石瓶和一些瓷器，均是辽代遗物。天宫中出土了一千多件辽代佛教文物。其中灌顶玻璃瓶、鎏金银塔、金塔、经塔、舍利子、银菩提树、宝盖、白瓷盘等文物，都是稀世珍宝。特别是金银经塔不仅结构独特，工艺精湛，而且对于研究辽代佛教特别是密宗的传播，也是非常有价值的实物资料。（图 1–208）

庆州白塔天宫金银器

庆州白塔名释迦佛舍利塔。位于内蒙古自治区巴林右旗辽庆州城遗址内，是遗址地面仅存的一座辽代建筑。1988 年，在对塔进行全面维修时于塔刹覆钵内发现形制特殊的五穴一体式天宫，清理出大批珍贵的辽代佛教文物。包括佛、菩萨造像、法舍利塔和供养用器，还有银器、漆器及大批辽代丝织品，且大都保存完好。其中数量多、制作最精细的是 109 件法舍利塔。其中的凤衔珠舍利银塔是一件不可多得的工艺珍品，也是辽代佛教考古的重大发现。（图 1–209）

图 1–209 凤衔珠舍利银塔

瑞安慧光塔金银器

位于浙江省瑞安市仙岩镇圣寿禅寺。1966 ~ 1967 年在慧光塔塔基和塔身内发现近六十件北宋遗物，包括写经、刻经、银神王像、木雕涂金的天王像和泗州大圣像等，其中以庆历二年（1042）描金堆漆舍利函和景祐二年（1035）鎏金银塔最为重要。鎏金银塔高 34.8 厘米，四面七层，银片鎏刻佛像，每层皆有栏杆和角铃，极为精细。塔体轻盈挺秀，雕刻精致玲珑，是南方首次发现的宋代银制艺术珍品。（图 1–210）

图 1–210 慧光塔塔基鎏金玲珑银塔

金属珐琅器

JINSHUFALANGQI

珐琅

①工艺品种。是用经过粉碎、碾磨后的矿物质珐琅釉料，涂施（又称填蓝）在按照器物造型设计要求制成的金属胎（主要是铜，也有金、银胎）的表面，经干燥、焙烧（烧蓝）、镀金、磨光等制作过程之后，得到的一种集金属制作工艺和珐琅釉料加工处理为一体的复合性工艺制品。

②特指珐琅釉。

佛菻

①即珐琅。参见【珐琅】。

②是唐宋以来中国对东罗马（拜占廷）帝国的称谓。

珐琅釉

覆盖于金属制品表面的一种玻璃质材料。其基本成分为石英、长石、盆硝和瓷土等。它是以纯碱、硼砂为熔剂，用氧化钛、氧化锑、砒霜以及氟化物为乳浊剂，金属氧化物为着色剂，经过粉碎、混合、熔融之后，倾入水中急冻成珐琅块，再经细磨后而得的珐琅粉，配入粘土经湿磨后成珐琅浆。珐琅釉料属于低温色釉，烧成温度一般在七八百度，低于1000℃的分界线。其具有质硬，除弱酸、强碱外不溶于水及一般常用的酸液和碱液，耐擦拭，釉面具有光泽，不透气体和液体，色彩丰富，适于彩绘和装饰等特点。

金属珐琅器

依据金属制作工艺和珐琅加工处理方法等的不同，金属胎珐琅器一般可划分为掐丝珐琅、錾胎珐琅、画珐琅和透明珐琅等四个不同的工艺品种。其中，掐丝珐琅出现最早，也是金属胎珐琅器的主流。

元末明初金属珐琅器

元末明初金属珐琅器，有掐丝珐琅和錾胎珐琅两个品种，但目前所见遗存实物仅有掐丝珐琅。从现存的元代作品来看，无论是器物的成型，器身纹饰掐丝的娴熟，还是釉料的丰富多样，色彩的表现力等方面，均已达到很高的水平。可见，元代刚刚传入的珐琅工艺，此时已是技艺不凡了。（图 2–1）

图 2–1 元代掐丝珐琅三环尊

明代金属珐琅器

明代金属珐琅器出现了新品种錾胎珐琅。如现收藏于北京故宫博物院“宣德年造”的錾胎珐琅缠枝莲纹圆盒，是目前所见最早纪年款的錾胎珐琅实物，也是目前可以确认的明代錾胎珐琅器的唯一实物。圆盒胎体厚重坚实，造型朴实圆润。盒盖面及立壁錾刻缠枝莲花纹，线条粗犷豪放，图案布局规整疏朗，珐琅釉料色调稍显灰暗。掐丝珐琅仍是明代金属珐琅器的主要品种，不同时期的作品有一定的差别。（图 2-2）

图 2-2 明代錾胎珐琅缠枝莲纹圆盒

清代金属珐琅器

清代金属珐琅器的生产取得了重大发展，掐丝珐琅仍很兴盛，錾胎珐琅得到发展，还出现了画珐琅、透明珐琅等新品种。宫廷造办处珐琅作和广州成为生产珐琅器的两大基地，产品代表着清代金属珐琅器生产的最高水平。（图 2-3）

掐丝珐琅

金属珐琅工艺品种之一。具体制作方法是：在已制成的金属胎表面，按照图案设计要求先描绘纹样轮廓线，然后用细而薄的金属丝或金属片（主要是铜，兼用金或银丝、片）焊着或粘合在纹样轮廓线上——即掐丝，组成纹饰图案，再于纹样轮廓线的空白处，点施各种颜色的珐琅，经过多次入炉焙烧及镀金、磨光而成。

掐丝技术起源很早，可能与贵金属——金工艺的包镶技术有关。一说这种技术起源于波斯（今伊朗），在公元 5、6 世纪后传到阿拉伯、东罗马帝国等地。在中国出现的时间有唐代、元代、明代等多种说法，目前学术界普遍认同的是元代。依据之一是明初曹昭《格古要论》有关“大食窑”的记载，依据之二是见有元代的掐丝珐琅器。中国掐丝珐琅工艺应是在 13 世纪末、14 世纪初，通过蒙古军队的西征，接受从阿拉伯半岛传入的“大食窑”器工艺的影响而发展起来的。这一工艺传入之初，作品是由“大食”工匠或是在“大食”工匠具体指导和帮助下完成的。因此，或多或少受到一些阿拉伯文化的影响。由于金属掐丝珐琅器具有的特殊的艺术效果，很快得到封建帝王的赏识，于是宫中效而制之。经过明清长达六七百年的发展，中国工匠逐渐掌握了制作技术，将阿拉伯“大食窑”器的工艺技法融入到自己的审美习惯中，逐步制成具有本民族特色的掐丝珐琅器。目前所见具有年款的明代有宣德、景泰、嘉靖、万历四朝，清代有康熙、雍正、乾隆、嘉庆、同治、光绪等六朝，还有部分私营作坊作品。

图 2-3 清代画珐琅葫芦式瓶

景泰蓝

清代民间对金属掐丝珐琅器的俗称，明末清初人笔记中有“景泰御前珐琅”的记载。“景泰蓝”之名的由来有三种代表性的说法：一是因明代景泰年间开始生产金属胎掐丝珐琅器，故称；二是器表地色多为蓝色；三是明代景泰年间制作工艺最精，代表了掐丝珐琅器的最高水平。

目前所知，具有年款的掐丝珐琅器最早为明宣德时期，早于景泰，而实际上存世的作品中还有元末明初之作，因此，第一种说法并不成立。至于掐丝珐琅器的地色，除蓝色外还有白色等其他多种地色，显然以“蓝”为名也不够贴切。

錾有景泰年款识的掐丝珐琅器，北京故宫博物院收藏有一百余件，占该院收藏的具有年款的明代作品的80%。这些作品在很长的一段时间里一直被确认为景泰年间所制无疑，并被看作是掐丝珐琅工艺中的精品之作，同时也是解释“景泰蓝”一词的重要依据。但款识、形式、器型种类等诸多方面风格各异，即便在一件作品上，也有呈现出不同风格特点者。如款识形式，从布局（横排、竖排、横竖交错）、制款方法（铸錾、掐丝、刻划）、字数（六字、四字）、书体（楷书、篆书、仿宋体）、框栏（长方框、方框、圆框、委角框）以及款识所镌位置（器底、器身）等方面看，竟有三十余种。这些数量众多、风格多样、制作精美的存世作品同时出现在仅有六七年历史，期间又逢内忧外患政局不稳、经济衰退、手工业陷入低谷的景泰时期，真让人匪夷所思。

近年来通过对大量的金属珐琅制品的对比研究，逐渐认清了其真实面目。其实，具“景泰”款的掐丝珐琅器大多数是伪款、伪器。这其中有景泰年间对早期留存器用拼装、修配等方法重新制作，加刻年款者；有后世将无款、有款旧器重新镌刻景泰年款者；或者完全是伪造器。真正的景泰年制品可谓寥寥可数，而且成就也并不突出。因此，研究者对“景泰款”掐丝珐琅器，需要特别仔细观察，辨其真伪。

元末明初掐丝珐琅

元末明初掐丝珐琅器的器型种类比较简单，主要是一些瓶、炉、罐等宫廷陈设和生活方面的用具。珐琅颜色主要有浅蓝、红、黄、白、紫、草绿、墨绿等几种，特别是葡萄紫、宝石红和草绿等几种颜色的珐琅釉，更显鲜艳醒目。珐琅质地细腻洁净，釉面异常光亮，给人一种晶莹剔透，似水晶般的透明感。

元末明初掐丝珐琅器的一大特点是图案纹饰多以缠枝莲花纹为主题。具体装饰手法是以单线技法勾勒枝蔓花朵轮廓线，在串联的枝叶间点缀数朵盛开的大莲花头，枝叶伸展流畅，并衬托以小的花苞，莲花头饱满充实。布局疏朗，花纹线条奔放有力。器物的颈下或足上常常以莲花瓣或垂云开光等纹饰作为花纹主题的陪衬，起到一种既稳定又显富丽的作用。这种装饰手法也常见于同一时期的瓷器、漆器和金银器上。例如掐丝珐琅象耳炉，

图 2-4 元代掐丝珐琅缠枝莲纹象耳炉

作鼓腹圆形，铜镀金双象首卷鼻耳。颈部以浅蓝为地饰黄、白、紫、红四色菊花 12 朵，腹部以宝蓝色珐琅为地，掐饰红、黄、白色缠枝莲花 6 朵，腹下部饰一周莲瓣纹。

元末明初掐丝珐琅器的图案主题，除缠枝莲花纹外，也有其他图案内容，但数量很少。如掐丝珐琅玉壶春瓶，以蓝色珐琅为地，通体装饰小朵菊花和梅花纹，图案的内容题材新颖，有别于同时期以莲花纹为主题的装饰手法，风格独特。

元末明初掐丝珐琅器所用的珐琅料，在得到考证确认的可断代的明清掐丝珐琅器中均未见到。联系有关“大食窑”记载，估计这种珐琅原料是舶来品，而非中国所自产。即 13 世纪下半叶，元蒙军队入侵西亚，阿拉伯地区的一些珐琅工匠被掳到元大都（北京），他们不仅带来了烧制珐琅器的技术，也带来了烧制珐琅器所用的珐琅原料。这些作品就应是用此料并在阿拉伯工匠的指导下制成的。（图 2-4）

明早期掐丝珐琅

是指明代早期以宣德年间为代表的掐丝珐琅器的总称。宣德时期的掐丝珐琅器，铜胎制造一般比较厚重，成型规整，一丝不苟，造型朴实无华，具有自然而庄重的特征。铜镀金装饰与器物造型的配合相得益彰，更加突出整体效果。器物种类在元末明初基础上又有所增加，主要有炉、瓶、碗、盒、觚、尊、盘等。一般以浅蓝色珐琅作地色，也有白色珐琅地，但为数很少。用宝石蓝、宝石红、黄、绿、紫、白等颜色珐琅装饰图案，浓郁醇厚，色彩纯正，表面蕴亮，不似元末明初时期的晶莹透亮。装饰图案继承元末明初时期的特点，仍以缠枝莲花作为主题纹饰，并用单线技法勾勒枝蔓，以串联形式连接花朵，大花大叶，花心常呈桃形，图案布局舒朗，掐丝活泼。此外，龙戏珠纹、蟠螭纹等也有出现。

图 2-5　明早期掐丝珐琅缠枝莲花纹熏炉

宣德掐丝珐琅器上出现款识，成为中国金属掐丝珐琅器生产具有纪年款识的开始。款识有两种，一是在器身用珐琅釉烧成，一是在器底或口沿铜胎上铸或刻款。款字有“宣德年制”“大明宣德年制”“大明宣德御用监造”等几种。款字以楷书居多，间有隶书和篆书。（图 2-5）

明中期掐丝珐琅

指明代景泰、嘉靖、万历年间的掐丝珐琅作品。有“景泰年制”款的掐丝珐琅器存世数量较多，但经研究，其中的许多是利用早期遗存的旧器重新改制而成，也有部分是后世慕名仿造改款的，真正的制于景泰年间的珐琅器数量并不多。其中比较近似景泰风格的作品如掐丝珐琅花蝶纹香筒，筒外部以深蓝色釉为地，颜色略显灰青，用珊瑚红、草绿、深蓝、姜黄和甜白等彩釉描绘花蝶，与元末明初及宣德时期的图案式装饰方法迥异。珐琅釉色不够纯正，表面缺乏光泽，填釉虽然

图 2-6 具嘉靖年款的掐丝珐琅云龙纹盘

饱满，但多细小砂眼，也不同于元末明初及宣德器，属于宣德之后、万历之前的过渡时期的作品。

嘉靖掐丝珐琅实物存世罕见，国内能够确认的仅有北京故宫博物院收藏的具嘉靖年款的掐丝珐琅云龙纹盘一件。此盘浅蓝色珐琅地，以掐丝小勾云纹作锦地，盘内底一黄龙蜿蜒腾飞，神态威猛，空间缀以彩色流云纹，盘内边及盘外边饰凤鹤和游龙纹。掐丝纤细流畅，填釉准确，色彩鲜艳，与万历年间的作品风格相近，是断定这一时期掐丝珐琅的重要标志器。

万历年间掐丝珐琅器的生产和制造出现前所未有的变化。器物造型向多样化发展，涉及当时宫内生活、陈设等诸多角落。其中以用端最具代表性，是这时期掐丝珐琅器物断代的主要依据之一。珐琅的色彩搭配和运用上，除继续以蓝色珐琅作地外，比较盛行以浅淡色调的珐琅作地，新出现如白地、绿地，或在同一件器物上同时使用两种或两种以上的珐琅色地，擅长以红、白、黄、绿等几种颜色的珐琅装饰图案。珐琅颜色品种日趋丰富，出现如豆青、松石绿等新的色釉，色彩鲜艳饱满，表面较光洁，反映出万历时期珐琅烧炼工艺的进步。装饰图案上前期普遍应用的缠枝莲花纹显著减少，取而代之的是龙戏珠、瑞兽及各种折枝花卉纹，以双线勾勒技法表现。由于嘉靖、万历年间宗教盛行，因此，八宝纹、如意纹等纹饰频繁出现在掐丝珐琅器的图案装饰之中。年款颇具时代特点，多为六字款，其中以“大明万历年造”为这一时期特有的一种款识形式。所镌部位一般在器物底部，长方框栏，周围并缀以掐丝彩色如意纹，款识多以掐丝填釉形式镌成，这种在款识外围加装饰的方法是其他时期所不见的。（图 2-6）

明晚期掐丝珐琅

明代万历之后的掐丝珐琅作品。明晚期社会动荡，国库空虚，中国的珐琅器制造进入相对低谷时期。主要表现在，铜胎减薄，铜镀金工艺质量下降，光泽度较差。珐琅釉料灰暗无光，且气泡（砂眼）较多。图案装饰繁缛，又显得较为松散零乱，不够规整，掐丝略显潦草。云鹤纹、灵芝仙鹤纹、松竹梅纹、荷鹭鱼藻纹等各种寓意福寿吉祥的纹饰，成为这一时期掐丝珐琅器图案装饰的主题。此外，将文字与花纹相结合也是这时期具有典型时代特点的图案装饰方法。在器物造型上有一定的变化和增加，生产和制造如缸、匙等日常生活用具，以及用鸳鸯、狮等动物原形而制作的“仿生”掐丝珐琅

图 2-7 明晚期掐丝珐琅福寿康宁圆盒

器。（图 2-7）

清早期掐丝珐琅

主要指康熙年间的掐丝珐琅作品。康熙年间掐丝珐琅器的生产，大致经历早、中、晚三个发展阶段，并以细丝粗釉、粗丝淡釉和匀丝浓釉等三种不同的风格类型为其代表。细丝粗釉基本是以明代掐丝珐琅器为样板烧制，多为浅蓝色珐琅地，以缠枝莲花纹为主题图案装饰，掐丝纤细，线条刚劲流畅，但不甚工整。粗丝淡釉掐丝线条粗壮，一般以浅蓝色珐琅为地，纹饰间并填施红、黄、白、绿等珐琅，质地细腻洁净，色调明快淡雅。图案装饰内容题材较为简单，有缠枝莲、菊石纹和桃蝠纹等。器型多是一些小圆盒、小瓶等小件器。匀丝浓釉是在细丝粗釉和粗丝淡釉工艺类型的生产基础上，经过不断的摸索和实践制造出的，是一种成熟的标志。掐丝均匀细腻，一丝不苟，纹饰线条自然流畅，并多以双线勾勒技法表现图案花纹，掐丝技法熟练，图案布局规整，珐琅质地精细，色彩纯正，表面略显光亮，反映出珐琅质量和打磨技术的提高。（图 2-8）

图 2-8 清康熙画珐琅玉堂富贵图直颈瓶

清中期掐丝珐琅

包括清代雍正和乾隆两个时期的掐丝珐琅作品。雍正时期掐丝珐琅的生产在宫廷文献有所记载，但实物中很少见到有雍正年款的，目前还不能从遗存的无款或仿款器中将其识别出来。

清代乾隆时期是中国古代掐丝珐琅器生产的鼎盛时期，对后世影响颇深。它继承并发展康熙晚期成熟的匀丝浓釉制作工艺，以双钩技法勾勒图案花纹，图案布局严谨规整，从设计到制作一丝不苟。珐琅原料由造办处珐琅作烧炼，还有广州及进口的西洋釉料。质地细腻，色彩纯正，但均不透明。色彩品种丰富，最典型的珐琅颜色是用上等的纯金叶为着色料，加入镪水和硇砂烧炼而成的粉红色釉料，可作珐琅器断代的重要依据。铜胎制造厚重，镀金光亮，灿烂夺目，充分展示出皇家的富贵气派和金碧辉煌的艺术效果。品类繁多，有仿景泰器，

图 2-9 清乾隆掐丝珐琅塔

仿先秦青铜钵、尊、觚、炉、提梁卣等造型的仿古器，用于宫殿陈设的屏风、宝座、仙鹤、熏炉，用于宫廷祭祀活动的七珍、八宝、五供、佛塔等，涉及日常生活中的掐丝珐琅物件则更为广泛，有碗、盘、瓶、盆、罐、轴头、如意、鼻烟壶，以及烛台、文房用具中砚箱、笔架、墨床、笔杆、水丞等，可以说涉及宫内生活的各个角落。

乾隆时期掐丝珐琅器，广州、扬州等地生产的与造办处生产的风格有差异。广州掐丝珐琅器，掐丝生动活泼，珐琅质地细腻，更多以浅淡颜色的珐琅，如天蓝色、草绿色等装饰图案，色调明快。受西方珐琅器题材装饰的影响，常见大卷叶西番莲纹。扬州掐丝珐琅器，器物造型标新立异，有天球瓶、桌灯、动物形尊等。图案装饰变化多端，与内廷珐琅作和广州风格截然不同，掐丝技巧娴熟，线条匀细流畅。珐琅色彩基调多为冷色，对比强烈。（图 2-9）

清晚期掐丝珐琅

指清代嘉庆及其以后的掐丝珐琅器。清代金属珐琅器在乾隆之后逐渐衰退。嘉庆时期作品在图案、掐丝技法和珐琅色彩的运用方面，基本是在维持和模仿乾隆晚期的制作风格，已经没有多少新的创意了。道光二十年（1840）鸦片战争爆发以后，内廷珐琅作形同虚设，基本陷于停产状态。在遇“万寿”等宫廷庆典节日时，勉强制作一些掐丝珐琅，但已找不到昔日的辉煌了。因珐琅器受到西方人的喜爱，成为出口产品，刺激了民间珐琅作坊的生产。清晚期及民国时，北京先后成立许多商业作坊，如“老天利”“志远堂”“洋天利”“德兴成”等，以及“大清工艺局”和“印铸局”等官营企业。出于商业利润需要，民间制品胎体轻薄，造型多为瓶、笔筒等实用性器物，由于采用机械拉丝，因此掐丝线条均匀细腻，在色彩运用上，为迎合西方人口味，有意追求一种晕染效果，颇具西方作品的韵味。（图 2-10）

图 2-10 清晚期九桃纹天球瓶

大食窑

金属胎掐丝珐琅器。元末明初人曹昭所著《格古要论》中的“窑器论”说：“大食窑，以铜作身，用药烧成五色花者，与佛朗嵌相似……又谓鬼国窑。”所谓大食是唐宋以来中国对阿拉伯地区的泛称。“身”即器胎；“药”即珐琅釉料；“烧”即入炉焙烧；“色”即珐琅釉色；“花”即图案纹。这段文字记载“大食窑”器的工艺制作方法，是以金属铜为器胎，在图案花纹间填施五颜六色的珐琅，经入炉焙烧而成。

仿景泰珐琅器

景泰年间多利用早期遗存的珐琅旧器重新改制而成的刻有“景泰年制”款的作品被后世称：

“景泰御前之珐琅器”，又不似宣德年间时釉色纯正稳重，显现出新的特点，被视为“时玩”。后世多有效仿，或在新器上，或将旧器经改造后加刻“景泰年制”款。这类器物称为“仿景泰珐琅器”。

图 2-11 清乾隆掐丝珐琅牲尊

仿古珐琅器

以明代掐丝珐琅器或古代青铜彝器造型为样板，而制作的掐丝珐琅器。以乾隆时期的仿古作品最具代表性。乾隆皇帝嗜古，常把青铜器的造型、纹饰运用到珐琅器制作中。尽管仿古器物多有所本，但仍能展现出珐琅工艺的魅力，如掐丝珐琅牲尊。（图 2-11）

广州掐丝珐琅

广州地区的掐丝珐琅器，清乾隆年间逐步兴起。器物掐丝生动活泼，珐琅釉料质地细腻，更多以浅淡的珐琅釉，如天蓝色、草绿色等装饰图案，色调明快。受西方珐琅器题材装饰的影响，常见大卷叶西番莲纹。

扬州掐丝珐琅

扬州地区生产的掐丝珐琅器。清乾隆年间逐步兴起。器物造型标新立异，有天球瓶、桌灯、动物形尊等。图案装饰变化多端，与内廷珐琅作和广州风格截然不同，掐丝技巧娴熟，线条匀细流畅。珐琅釉料色彩基调多为冷色，对比强烈。代表如掐丝珐琅仿古凫尊。

錾胎珐琅

金属胎珐琅工艺中的一个品种。是金属雕錾技艺与珐琅制作相结合而产生的一种复合性装饰工艺。做法是在金属胎的表面雕錾起线花纹，然后于花纹下陷处填施各种颜色的珐琅，经过焙烧、镀金、磨光而成，器物表面呈现出似宝石镶嵌的效果。金属雕錾技术，是古代发明较早的一种金属加工方法，在我国商代已广泛应用，提高了青铜工艺的装饰美，丰富了它的色彩感。可见錾胎珐琅除图案纹饰起线方法不同之外，在点蓝、烧蓝、镀金、磨光等制作工艺上，与掐丝珐琅基本相同。

錾胎珐琅工艺的历史较为久远，但具体起始年代，目前尚无定论。杨伯达先生认为：“仅从现存最早的实物以及有关的条件，即玻璃工艺的发展联系起来看，目前可以暂定这种金属錾胎珐琅似乎发源于埃及（可以上溯到公元前 2000 年），再传至欧洲，至 11 ~ 13 世纪之间得到了异常迅速的发展。”錾胎珐琅工艺传入中国的时间，可据明初曹昭《格古要论》中关于“大食窑”的记载推论，当略早于掐丝珐琅，大约是在13世纪中后期。传入途径当与“大食窑”工艺相同，即蒙古军队的西征。

錾胎珐琅工艺传入中国后，并没有像掐丝珐琅一样普及开来，仅集中于某个时间或地区。目前所见最早纪年款的錾胎珐琅实物，是现收藏于北京故宫博物院“宣德年造”的缠枝莲纹圆盒，这也是目前可以确认的明代錾胎珐琅器的唯一实物。清代錾胎珐琅器的生产，主要集中于乾隆年间，当时宫内造办处珐琅作和广州等地均可烧造。（图2–12）

图2–12 清乾隆錾胎珐琅牺尊

广州锤鍱起线珐琅

广东是清代中国最大的锤鍱起线珐琅生产基地。广州锤鍱起线珐琅纹饰受欧洲珐琅制作工艺的影响颇深，金属锤鍱技法精熟，起线粗细均匀，如行云流水般酣畅自然。釉料浅淡典雅，釉质细腻洁净，纹饰题材广泛，有传统纹饰，又有西方特色的西番莲纹。技法运用上一般以一种技法为主，其他技法兼用。起线精熟、色彩淡雅，在清代珐琅制造中独树一帜，其生产数量和产品质量均居首位。

图2–13 清雍正画珐琅牡丹纹鼻烟壶

画珐琅

画珐琅又称“洋瓷”，是用珐琅来直接作画。做法是先在胎胚烧上一层不透明的珐琅作底层，然后按照图案设计要求用珐琅直接在金属胎上作画，入窑烧制而成。画珐琅器的画面内容题材十分广泛，有山水人物、虫草花鸟等，极富绘画趣味，因此也可称之为“珐琅画”。15世纪初由欧洲法兰德斯人发明，传入中国的时间较晚，大约是在清代康熙年间，伴随着废除海禁和对外贸易、交流传入。

清康熙二十二年（1683），清军收复台湾，设置台湾府，确保了东南沿海的安定。次年，康熙皇帝颁布废除海禁令。此后，清政府与英、法、德、荷、西等西方国家正常的文化交流和贸易往来逐渐开展起来。中国的丝绸制品、陶瓷、茶叶、生丝等输往西方，而西方各国生产制造的金属器、科学仪器、钟表、玻璃器等“洋品玩珍”也源源不断涌入中国，并对中国工艺美术的生产产生一定影响。在此历史背景下，西方的画珐琅工艺传入我国，并被引进皇宫，受到帝王的喜爱，因此很快兴起和发展起来。

康熙五十年之前为中国画珐琅器生产的测试阶段。这个阶段的画珐琅工艺，胎体制造厚重，器物造型简练庄重，且器形品种较单一，多为一些实用性器具。珐琅施用浓重，表面不够平滑，色彩暗淡，绘饰效果似早期粉彩瓷器。图案的内容题材较简单，基本是一些山水人物画内容，用笔飘逸洒脱，不尽工致，少见装饰性图案纹样。

清康熙五十年以后，中国的珐琅工匠们通过几十年的努力，并在一些欧洲国家画珐琅器制作匠师们的帮助下，基本掌握了画珐琅器制造技术。从此，中国的画珐琅器生产逐渐步入成熟和进一步的发展时期。

雍正时期虽仅十余年，但却是中国画珐琅工艺重要的发展阶段。珐琅色彩处理方法独特，新颖的器物造型不断涌现，特别是雍正六年（1728）试制成功新的珐琅颜色达二十余种，极大地丰富了珐琅颜色品种，为乾隆时期画珐琅工艺乃至金属珐琅器等其他工艺品种的全面发展奠定了基础。

乾隆时期的画珐琅器，在康熙、雍正两个时期的基础上，生产规模更为庞大，呈现出百花齐放的形势，是我国古代画珐琅工艺的全面发展时期。（图 2-13）

丨北京烧瓷丨

北京著名传统工艺品之一，即对北京地区画珐琅的称谓。北京烧瓷与西方画珐琅不同，在图案题材、风格、器物的形制，以及珐琅釉的成份比例等方面有自己的特点，所以中国画珐琅不像西方画珐琅那样有强烈的玻璃光，而是比较厚重，与瓷器中的粉彩十分相似。

丨康熙画珐琅丨

康熙时期画珐琅以康熙五十年（1711）为界，可分两个阶段。康熙五十年以前是中国画珐琅器生产的初创阶段，工艺尚未成熟。胎体厚重，器物造型简练，器形品种单一，多为一些实用性器具。珐琅施用浓重，表面不够平滑，色彩暗淡，绘饰效果似早期粉彩瓷器。图案内容题材简单，多为山水人物画，用笔飘逸洒脱，不尽工致，少见装饰性图案纹样。康熙五十年以后，画珐琅工艺步入成熟和发展期。胎体薄，成型规整，珐琅质地细腻温润，气泡基本消失，表面平滑，色彩鲜艳明快。珐琅釉料的颜色品种由早期的五六种增加到十二种之多。地色除白色地外，更为盛行的是黄色地。（图 2-14）

图 2-14 清康熙画珐琅牡丹纹海棠式花篮

雍正画珐琅

雍正时期画珐琅生产取得重大突破，特别是雍正六年试制成功新的珐琅颜色达二十余种，极大地丰富了珐琅颜色品种，为乾隆时期画珐琅工艺乃至金属珐琅器等其他工艺品种的全面发展奠定了基础。这一时期画珐琅的地色除康熙时期的黄、白色外，更盛行用黑色珐琅作器物的地色来衬托图案纹饰。图案装饰设计上，出现如百花、绣球花等新的装饰花纹。器物造型风格各异，有别于其他时代，如天球瓶式冠架、佛教供器中八宝之一的法轮，以及卤壶、六颈瓶、渣斗，一些仿动植物造型器如桃式洗等。（图 2-15）

图 2-15　画珐琅花蝶纹玻璃天球冠架

乾隆画珐琅

乾隆时期画珐琅实物遗存丰富多彩，作品风格各异，有仿康熙、雍正两朝画珐琅风格的，有以欧洲画珐琅器造型和西洋妇婴图、风景画题材为样款的，有仿青铜器、瓷器、镶嵌等其他工艺的，还有仿动物、植物等造型的。用途广泛，大到家俱、塔龛，小至轴头、烟壶，从祭祀所用五供，陈设用尊、瓶，到日常生活中用的罐、盆、手炉等，涉及宫内生活各个角落。产地主要有宫廷造办处和广州两地。宫廷造办处作品带有浓厚的皇家生活气息。器物造型沉稳规范，胎体较厚重。珐琅质地细腻洁净，表面温润，颜色纯正。图案设计一丝不苟，画面布局工整严谨。图案内容题材有许多是由皇帝钦定，或是以皇家如意馆画稿为蓝本，画工精致。广州作品更多地借鉴欧洲画珐琅器的制作风格，构图多用欧式大卷叶纹，或是以西洋风景人物画为题材，绘饰图案。胎体的制造较薄，器物造型不拘一格，新颖别致。珐琅色彩艳丽明快，对比强烈。（图 2-16）

图 2-16 金胎画珐琅西洋少女图卷草纹耳盏

清晚期画珐琅

嘉庆初年画珐琅还保留着乾隆时期的某些遗韵，画珐琅的生产也保持在一定的发展水平上，并取得了一些成就。如画珐琅花卉纹盏托釉色富于变化，色彩凝重，显示出一定的制作水平。但此后随着国力的衰退，画珐琅的生产逐渐没落。（图 2-17）

图 2-17 画珐琅花卉纹盏托

宫廷样式

乾隆时期清宫内务府造办处珐琅作制造的画珐琅的风格特征。由于制作是在皇室的直接参与和控制下进行的，所以器物带有浓厚的皇家气息，造型沉稳规范，胎体较厚重。珐琅釉料质地细腻洁净，表面温润，颜色纯正。图案设计一丝不苟，画面布局工整严谨，其图案内容题材有许多是由皇帝钦定，或是以皇家如意馆画稿为蓝本，画工精致。

广州样式

乾隆时期广州所生产的画珐琅的风格特征。广州地理位置特殊，外来文化的影响尤其突出。广州样式画珐琅器，更多地借鉴欧洲画珐琅器的制作风格，构图多用欧式大卷叶纹，或是以西洋风景人物画为题材绘饰图案。胎体的制造较薄，器物造型不拘一格，新颖别致。珐琅体釉料色彩艳丽明快，对比强烈。形成与北京内廷风格不同的“广州样式”画珐琅器。画珐琅海棠花式瓶是其中的精品之作。（图 2-18）

透明珐琅器

珐琅工艺的一种。利用具有透明或半透明性特点的珐琅釉料，罩在成形的金属器胎上，再经焙烧而成。依其在透明珐琅釉料熔点高低的不同，可以分为“高温熔融硬透明珐琅器”和“低温熔融软透明珐琅器”两种工艺类型。此种工艺 13 世纪末由意大利人发明，14 世纪法国已经出现了多彩的透明珐琅器。大约是在清代康熙晚期，从欧洲经广州传入中国，它的大量生产主要在乾隆时期。中国的透明珐琅器生产以广州最为著名，因此称为“广珐琅”。银烧蓝五蝠捧寿八方盒是目前所见中国最早的低温熔融软透明珐琅器实物。

低温熔融软透明珐琅器

透明珐琅器的一种。也称“烧蓝”。制作方法是：按照图案的设计要求，以金属錾刻或锤鍱技法，对金属胎进行先期加工，制作出浅浮雕花纹，然后在其表面涂施具透明性的珐琅，经过入炉焙烧而成。由于锤錾的花纹深浅凹凸不平，器物表面花纹会呈现出一种若隐若现、明暗对比的视觉效果。代表作如清雍正年间广州制造的银烧蓝五蝠捧寿八方盒，这也是目前所见中国最早的低温熔融软透明珐琅器实物。由于低温熔融软透明珐

图 2-18 清乾隆画珐琅海棠花式瓶

琅器的制作工艺相对简单和容易，除广州和清宫内务府造办处珐琅作之外，当时内务府所属广储司下辖的“银作”也烧制许多“银发蓝”类的器物。此外，清晚期及民国时期，有些民间作坊还烧制烧蓝首饰物件，充斥市场。（图 2–19）

图 2–19 银烧蓝五蝠捧寿八方盒

高湿熔融硬透明珐琅

透明珐琅器的一种。胎体轻薄，制作方法复杂，工艺难度大。一般在锤錾起线花纹的同时，还需再贴饰金片花纹或银片花纹。在珐琅色彩装饰上，除使用单色的透明珐琅之外，有些作品还需涂施多彩的透明珐琅。主要的颜色品种有宝蓝色、绿色、紫色等，从而形成器物表面色彩斑斓，绚丽夺目的效果。由于高湿熔融硬透明珐琅器的烧制，在工艺制作水平和制作的材料方面均要求很高，乾隆以后基本上停止生产，遗存下来的产品非常少，主要有面盆、攒盒、五供、瓶，及一些钟表上的嵌片等。

广珐琅

高湿熔融硬透明珐琅器以乾隆年间广州所制最具代表性，而且广州是唯一掌握并且能够制作这一工艺制品的地方，因此被称为“广珐琅”器。（图 2–20）

图 2–20 广珐琅贴金锦袱纹瓶

制胎

制胎是金属胎珐琅器制作最基本的工序之一。先按照器物造型设计图，将铜板材切成所需要的铜片、铜叶，并锉刮平整，然后收镂、合对、嵌接或烧焊成器。此外，尚有铸胎成型技法，主要是一些小件器物。填蓝，又称“上药”“点蓝”，即在制成的金属胎上按照图案设计要求填注珐琅釉料。烧蓝，将器物放入炉中，经 500 ~ 900℃焙烧，使珐琅附着在金属胎上。镀金，又称“鎏金”，是中国古代金属工艺装饰技法，铜胎金属珐琅器表面多镀金。磨光，经过金属加工和烧制后的珐琅器，再用黄浆石磨平，然后用磨炭加清水打磨，使表面光滑平整。

填蓝

填蓝又称“上药”“点蓝”。金属胎珐琅器制作最基本的工序之一。即在制成的金属胎上按照设计填注珐琅釉料。具体到不同品种的珐琅器，填蓝的方法有所不同。

上药

上药即填蓝。参见【填蓝】。

点蓝

点蓝即填蓝。参见【填蓝】。

烧蓝

金属胎珐琅器制作最基本的工序之一。将填蓝过后的器物放入炉中，用 500 ~ 900℃左右的火焰焙烧，一般需要反复焙烧三四次。使釉料附着在金属胎上。

磨光

金属胎珐琅器制作最基本的工序之一。珐琅器在经过金属加工和上蓝填釉后，其表面不完全平整，需用黄浆石磨平，然后用磨炭加清水打磨，使之光滑平整。

细丝粗釉

明代和康熙早期掐丝珐琅器代表性的工艺特点。掐丝纤细，线条刚劲流畅，釉料质地干涩无光，似乎缺少釉面磨光工序。

粗丝淡釉

康熙中期掐丝珐琅器代表性的工艺特点。掐丝线条粗壮，釉料色彩浅淡典雅。一般以浅蓝色珐琅为地，纹饰间并填施红、黄、白、绿等珐琅色釉，釉料质地细腻洁净，色调明快、淡雅。这一类器型，多是一些小圆盒、小瓶等小件器，图案装饰内容题材也较为简单，有缠枝莲、菊石纹和桃蝠纹等。

匀丝浓釉

康熙晚期掐丝珐琅器代表性的工艺特点。掐丝均匀细腻，一丝不苟，纹饰线条自然流畅，并多以双线勾勒技法表现图案花纹，掐丝技法熟练，图案布局规整，珐琅釉料质地精细，色彩纯正，表面略显光亮，反映出珐琅质量和打磨技术的提高。

雕錾

中国传统工艺，起源于商周时代。也是錾胎珐琅基本制作工序。即按照图案设计要求，用小凿在金属表面凿出图案花纹，有些精细的纹饰需用刀刻，称“刻花”。金属錾花技法，有“清花”“阳花”“沙地”和“阴地”等几种。

复合珐琅器

一件作品的装饰中，除运用一种技法外，还使用其他技法。一般以一种技法为主，其他技法兼用。此类金属胎珐琅器，称为“复合珐琅器”。盛行于清乾隆时期。代表作品如清乾隆时期的錾胎珐琅太平有象尊，同时运用了掐丝、錾胎两种技法。（图 2-21）

格古要论

中国古代工艺美术的一部重要著作。明代曹昭著。曹昭，字明仲，江苏松江人。成书于明洪武二十一年（1388）。共三卷，十三论。上卷为古铜器、古画、古墨迹、古碑法帖四论；中卷为古琴、古砚、珍奇（包括玉器、玛瑙、珍珠、犀角、象牙等）、金铁四论；下卷为古窑器、古漆器、锦绮、异木、异石五论。明代中期，王佐作增补，其章次也有所变更，共十三卷。并易名为《新增格古要论》。但见识远不及原著。

图 2-21 锤鍱起线珐琅太平有象尊

掐丝珐琅缠枝莲纹象耳炉

元代陈设品。通高 13.9 厘米，口径 16 厘米，足径 13.5 厘米。炉作鼓腹圆形，铜镀金双象首卷鼻耳，圈足。口为铜镀金，口沿下为浅蓝色珐琅釉地上饰各色菊花纹，腹部以宝蓝色珐琅为地，掐饰红、黄、白色缠枝莲花六朵，造型朴实庄重。珐琅釉色鲜艳明快，晶莹亮洁，高贵典雅，造型端庄敦厚。是元代掐丝珐琅的代表作。双象首耳、錾花炉胆、圈足均为后加。现藏故宫博物院。

图 2-22 掐丝珐琅缠枝莲纹鼎式炉

掐丝珐琅缠枝莲纹鼎式炉

元代陈设品。通高 28.4 厘米，口径 17.1 厘米。炉的造型为仿商周青铜器，双耳，三柱足。朴实庄重，具有传统的民族风格。口沿下施墨绿色珐琅釉地，上饰折枝白色菊花纹；腹部浅蓝地掐饰红、黄、白、紫色的缠枝莲花共计六朵，花朵充实饱满，枝叶伸展自如流畅，底为蓝釉地饰缠枝菊花纹双耳及柱足的梅、菊等花卉。此炉用浅蓝、墨绿、红、白、紫、黄六色，釉色纯正，光泽耀眼，釉质上乘，具有元代的釉色特征。是元代掐丝珐琅的代表作。现藏故宫博物院。（图 2-22）

掐丝珐琅缠枝莲花纹熏炉

图 2-23 掐丝珐琅勾莲纹出戟觚

明早期陈设品。通高8.8厘米，口径15.3厘米，足距10厘米。炉圆形，垂腹。口饰铜镀金錾花回纹，上有铜镀金绳纹双耳，底部有铜镀金三乳足，上置铜镀金錾花双龙镂空盖。此器以蓝色珐琅为地，腹部饰缠枝莲花六朵。熏炉以单线条技法勾勒缠枝莲花纹，花朵饱满充实，花心常呈桃形，纹饰线条洒脱，图案规整。此器造型小巧别致，掐丝精细，花纹流畅，釉色也较丰富透明，尤以绿色釉为佳，还保持了一些元代遗风，但形制的纹饰均有变化。花筋叶脉转折流畅活泼，具有明早期掐丝珐琅特点。现藏故宫博物院。

掐丝珐琅勾莲纹出戟觚

明宣德年间陈设品。高28.4厘米，口径16.4厘米，足径9.6厘米。御用监制造，觚铜胎鎏金云螭纹四出戟，阔口，体圆形，上大下小。通体以掐丝珐琅浅蓝釉为地，用单线勾勒缠枝莲纹枝干，串联多朵彩釉大花。颈部宝蓝地彩绘蕉叶纹，内饰缠枝莲纹，器底无釉，足内刻双钩楷书“宣德年制”单行四字款。出戟和底足均为后配。此出戟觚造型端正，釉色沉稳纯净，鎏金极厚，为明早期掐丝珐琅的典型器物。现藏故宫博物院。（图 2-23）

掐丝珐琅云龙纹盘

明嘉靖年间陈设品。高5.1厘米，口径24.2厘米，足径16厘米。盘镀金，撇口、圈足。盘内外均施蓝色珐琅釉为地，盘心饰黄色腾龙及朵云，盘内壁饰凤凰及仙鹤展翅飞翔。底錾阴文填金“大明嘉靖年制”款，字体不甚考究。此盘原出土资料不详。大部分釉色、金色已被腐蚀，能够辨别出的珐琅釉色有红、黄、白、蓝、绿。尽管珐琅釉已失去了温润的光泽，但此盘是国内唯一一件有明确嘉靖款的金属珐琅的标准器，弥足珍贵。现藏故宫博物院。

掐丝珐琅双龙戏珠纹花口盘

明万历年间陈设品。高8厘米，口径51.8厘米，足径31.8厘米。盘花口，折边，圈足，盘内外均施蓝色珐琅釉为地，盘心饰双龙戏珠，一红一黄，张牙舞爪，飞腾追逐，两龙之间有一颗火焰明珠，四周环绕五彩如意祥云，盘内饰两组藏传佛教八宝纹，盘外壁饰俯仰缠枝莲花纹。底饰六朵缠枝勾莲纹，中间嵌有

图 2-24 掐丝珐琅双龙戏珠纹花口盘

长方形铜镀金片，其上阴刻双线“大明景泰年造”楷书款。此盘器型硕大，掐丝工艺娴熟，纹饰精美，做工精湛。镀金片下有原器的万历款，景泰款为后加。此盘是万历时期最具代表性的器物。现藏故宫博物院。（图 2-24）

掐丝珐琅福寿康宁圆盒

明晚器陈设品。高 10 厘米，口径 16 厘米，足径 11.4 厘米。盒为铜胎镀金，圆形，盖鼓起如半球，盖上饰白地彩色灵芝、杂宝纹以及楷书“福、寿、康、宁”四字，以掐丝双钩填红釉而成。器身饰浅蓝地折枝花卉。此器珐琅釉料灰暗无光，图案装饰繁缛，不够规整，花纹与文字结合的装饰手法，体现了明晚期珐琅器的特色。现藏故宫博物院。

掐丝珐琅缠枝莲八卦纹炉

清康熙年间陈设品。通高 65 厘米，口径 22 厘米，足距 19 厘米。炉为铜胎镀金，朝冠耳，桶形腹，三象首足，有盖。通体以海蓝色珐琅釉为地，盖面饰八个宝蓝色釉圆形开光，其内镂空，共同组成八卦图样。环周有菊花、牡丹纹，顶为镀金镂雕云龙。腹外壁饰红、白、藕荷色缠枝莲各两朵。口沿下为宝蓝色珐琅地饰夔龙纹，口沿阴刻“大清康熙年制”楷书款。象首辔头上嵌青金石、红珊瑚、绿松石、红料石等。此炉胎体厚重，造型挺拔，掐丝细腻，色彩略显灰暗，这是康熙早期掐丝珐琅工艺的特征。现藏故宫博物院。

掐丝珐琅缠枝莲纹开光长颈瓶

清乾隆年间陈设品。高 29 厘米，口径 6.5 厘米，足径 8 ~ 9.4 厘米。瓶长颈，扁腹，椭圆形圈足。口、足为铜镀金饰莲瓣纹一周。颈部有铜镀金兽首衔活环双耳。通体施天蓝色珐琅釉为地，饰彩色缠枝莲纹。腹部正、背两面凸起桃形开光，内“卍”字纹锦地饰海水江崖、灵芝和红色蝙蝠，组成吉祥纹样，近足处为如意云头纹。底镀金，镌阳文“乾隆年制”楷书款。此器造型俊秀，装饰富丽，釉色鲜艳，画面工致。纹样寓意“洪福齐天”“寿比南山”，体现了乾隆时期标准珐琅器的风格。现藏故宫博物院。（图 2-25）

图 2-25　掐丝珐琅缠枝莲纹开光长颈瓶

掐丝珐琅塔

清乾隆年间佛教供器。高 231 厘米，底径 94 厘米。塔为铜胎镀金，覆钵式。通体满饰番莲纹。共四层，上三层饰梵文佛经，底为圆形，中部有一佛门经，内供玉佛一尊。塔刹共 13 级，均饰梵文佛经。华盖为圆形，周垂玻璃缨络。顶为镀金仰月托宝瓶式宝顶。塔下有束腰四方形座，四面饰有金刚杵和狮纹，正面上沿内蓝地铸铜镀金“大清乾隆壬年造”。此器体形宏大，工艺复杂，做工精细，色彩辉煌，为掐丝珐琅器之最。现藏故宫博物院。

丨掐丝珐琅牺尊丨

清乾隆年间陈设品。高 20 厘米，长 28 厘米，宽 9 厘米。器作牛犊形，立式，瞪目闭口，立耳垂尾。颈饰錾花缠枝莲花纹铜环，通体以黑绿色釉为地，满饰掐丝镀金卷曲纹，头尾饰掐丝回纹。背开椭圆形孔，附盖，盖中央有“乾隆年制”款。此器造型具有较强的仿生意识，掐丝粗犷，与战国后期的镶嵌云纹牺尊如出一辙，是仿古器物中的成功之作。现藏故宫博物院。

丨掐丝珐琅仿古凫尊丨

清乾隆年间陈设品。通高 30.5 厘米。尊为铜胎镀金。器形为一凫卷尾站立，背部装连一椭圆形尊。鸟身为掐丝羽纹填彩釉。尊以浅蓝色为地，上饰勾莲纹与盛开的花朵，两侧饰太极图。器物造型古朴，设计精巧，为扬州制品代表作之一。现藏故宫博物院。（图 2–26）

图 2–26 掐丝珐琅仿古凫尊

丨掐丝珐琅九桃纹天球瓶丨

清晚期陈设品。高 55.7 厘米，口径 13 厘米，足径 20 厘米。瓶直口，长直颈，球形腹，口、足镀金。通体施黄色珐琅釉，上饰掐丝“卍”字纹锦地，锦地上饰彩色整株桃树，枝繁叶茂，结有 9 个肥硕的粉色桃实。此瓶掐丝精致，镀金光亮，釉料饱满，色彩丰富，具有清晚期掐丝珐琅的典型风格。现藏故宫博物院。

丨錾胎珐琅蟠螭纹碗丨

清中期陈设品。高 5.5 厘米，口径 12.9 厘米，底径 7.7 厘米。碗铜胎镀金，敞口，圈足。胎上錾出花纹轮廓，填饰湖蓝色珐琅釉为地，外壁满饰红、蓝色相间的八条蟠螭纹，足墙饰回纹。此碗胎体厚实，金属雕錾技法精熟，起线粗细均匀，纹饰规整，富有装饰意趣，是广州錾胎珐琅的代表作之一。现藏故宫博物院。（图 2–27）

丨錾胎珐琅牺尊丨

清乾隆年间陈设品。高 19 厘米，长 21.2 厘米，宽 9 厘米。此器为錾胎珐琅工艺手法制成。仿商周时期青铜器造型，牛背负两圆筒，圆筒

图 2–27 錾胎珐琅蟠螭纹碗

又与一书册相连，组成书册笔筒式，设计新颖。造型古朴典雅，胎壁厚重，牛身勾云纹的装饰，錾刻技法精湛。以深绿色珐琅釉为地，是乾隆时期内廷錾胎珐琅的一个特点。此尊造型巧妙，纹饰简洁流畅，釉料色彩纯正浑厚，镀金光亮，虽为仿古之作，却显示出新意。为乾隆时期内廷錾胎珐琅的代表作。现藏故宫博物院。

錾胎珐琅象

清乾隆年间陈设品。通高 174 厘米，长 102 厘米，宽 40 厘米。通体铜胎镀金。象身以月白色珐琅为地，通体雕錾起线卷云纹，技法娴熟，线条自然流畅，色调浅淡。宝象鞍鞯的云蝠纹和其左右的云龙纹为掐丝技法完成，掐丝活泼，色彩艳丽明快，寓意“太平有象”。为复合珐琅器的代表作。现藏故宫博物院。

图 2-28 画珐琅开光花卉小瓶

画珐琅开光花卉小瓶

清康熙年间陈设品。高 13.5 厘米，口径 4 厘米，足径 4 厘米。造办处珐琅作造。铜胎，圆形，垂腹细颈。瓶身以浅蓝色珐琅为地，腹中部有勾云葫芦形开光三个，分别饰红、绿、蓝花一朵，近足处亦饰开光黄釉地绘彩色牡丹纹，瓶内里为浅蓝釉，底白釉，蓝色方框内署“康熙御制”楷书款。器形规整，图案工整简洁，设色艳丽，工艺成熟，为早期画珐琅的成功之作。现藏故宫博物院。（图 2-28）

画珐琅莲花式碗

清康熙年间陈设品。高 10 厘米，口径 11 厘米，足径 9.1 厘米。造办处珐琅作制。碗作莲花式，敛口，弧壁，平底。外壁饰凸莲瓣三周，施紫红釉，花瓣下部渲染呈绿色。座分两节，有子母扣。上节作莲蓬状，下节弧形外撇饰凸形覆莲瓣纹，呈紫红色。碗底和座底均有蓝釉双方框隶书“康熙御制”款。造型别致新颖，装饰简洁淡雅。是康熙时期画珐琅精品。现藏故宫博物院。（图 2-29）

图 2-29 画珐琅莲花式碗

画珐琅牡丹纹海棠式花篮

清康熙年间陈设品。高 13.6 厘米，长 18.7 厘米，宽 14.9 厘米。花篮为海棠花瓣式。置有铜镀金画珐琅提梁，铜镀金矮圈足。外壁以黄色珐琅为地，腹中部前后左右饰盛开的红色牡丹花卉四朵，间以红色和蓝色小花。内壁以浅蓝色珐琅为地。底白釉，署紫红色“康熙御制”楷书款。此器铜胎轻薄，造型设计简练，珐琅釉料精良，釉色温润，色彩明快，以黄色釉为地是康熙年间画珐琅器繁荣时期的风格。花纹布局对称，极具图案装饰性。当时由于宫廷珐琅作有广州和欧洲画珐琅匠师参与指导，共同为清宫烧制了一批工艺水平很高的御用画珐琅器，此即为代表作之一。现藏故宫博物院。

｜画珐琅开光花果图寿字盏｜

清雍正年间实用器。通高 8.5 厘米，盏口径 5.1 厘米，足径 2.5 厘米，托口径 16 厘米，足径 12 厘米。盏直口，圈足，下有盏托。盏施天蓝、黄色珐琅釉地，盖饰勾莲纹及“寿”字；盏外壁饰缠枝牡丹纹及“寿”字，盏托绘缠枝莲花纹及红蝙蝠衔“寿”字桃。盏及盏托各四面开光，内绘梅花、月季和竹、荷花、蝙蝠。盏托外壁绘缠枝莲花、葫芦、佛手、灵芝。盏底及盏托底均施天蓝釉，宝蓝色双圈内署“雍正年制”仿宋体款。此盏图案描绘精致，地色分别使用了浅蓝、黄以及当时非常流行的黑色等三种珐琅釉色，色彩鲜明，对比强烈，是雍正时期画珐琅工艺的精美之作。现藏故宫博物院。（图 2–30）

图 2–30 画珐琅开光花果图寿字盏

｜画珐琅海棠花式瓶｜

清乾隆年间陈设品。高 50.5 厘米，口径 16 厘米，足径 14 厘米。瓶为铜胎镀金。身、口、足均为四瓣海棠花形。通体锤鍱出隐起法国建筑洛可可式“洋花图案”，间饰珐琅百花。腹部饰双兽首环耳，并两面开光，饰不同的山水楼阁纹。足内有“大清乾隆年制”篆书款。此瓶为广州专为宫廷制造的贡品，在中国传统造型基础上吸收西方的金属装饰方法，纹饰为典型的仿西洋画珐琅风格。此种绘有舒卷自如的蔓草纹样和西洋楼阁、风景、妇婴等的风格为广州画珐琅的地方特色。它的形成与演变受西方画珐琅及油画的影响，至乾隆时期这种风格更趋明显，对当时珐琅制造业有很大的影响。现藏故宫博物院。

｜画珐琅菊花纹执壶｜

清乾隆年间实用器。通高 9.6 厘米，口径 6 厘米，足径 6 厘米。执壶呈方形，菊花瓣式口，曲流，环柄。壶身通体以黄色珐琅为地，绘饰彩色菊花纹，色彩鲜艳。壶腹部四面为凸起的铜镀金錾花菊瓣式开光，内饰一朵怒放的大团菊花头。此壶造型及花纹装饰的设计新颖别致，制作规整，花卉描绘精细，颜色控制准确，充分体现出乾隆年间画珐琅工艺的制作水平。现藏故宫博物院。

｜画珐琅八棱开光提梁壶｜

清乾隆年间实用器。高 37.8 厘米，口径 8.8 厘米，足径 13.3 厘米。器呈八棱形，镀金嵌金星料提梁，镀金曲流。下置铜镀金足架，架内为一可盛燃油的画珐琅菊花纹小盒，点燃后，可以加温。壶身八面开光，开光内相间排列设色山水和花鸟图各四幅。壶底及油盒底均署“乾隆年制”款。此器的制作集中了金属、珐琅和料器等多种工艺，造型仿西洋式样，而图案花纹则是中国传统的山水花鸟画，是一件融东西方文化为一体的画珐琅精品。现藏故宫博物院。（图 2-31）

图 2-31 画珐琅八棱开光提梁壶

画珐琅花卉纹盏托

清嘉庆年间实用器。高 1.8 厘米，口径 19.8 厘米，足径 13.6 厘米。盏托为铜胎镀金，侈口，折沿，器心有凸起杯槽。槽内周缘饰画珐琅蓝色蔓草纹及粉红色花瓣纹。内底施黄色珐琅釉地，饰彩色番莲纹，里壁施天蓝色珐琅釉为地，饰彩色团花纹锦纹。折沿上施紫色珐琅釉地，开光内饰彩色牡丹纹，折沿下，外壁施素黄釉。底白釉，蓝色双方框内署“嘉庆年制”楷书款。此器代表嘉庆时期画珐琅风格造型规整实用，釉色比较简单，色彩缺乏鲜艳感，显示出嘉庆时期画珐琅器的风格及画珐琅工艺已开始走向衰落。现藏故宫博物院。

银烧蓝五蝠捧寿八方盒

清雍正年间实用器。高 16.3 厘米，长 26.5 厘米，宽 18.5 厘米。广州制。盒为长方形，削肩小平盖，算珠式四足。盒上以银片外向锤成中内凹的花纹轮廓，内填半透明彩色珐琅。盖面锤鍱起线出海水江崖，五蝠捧寿及勾莲纹，壁饰勾莲纹，每面均有开光，内绘折枝桃实，外嵌透明玻璃。此器是目前所知中国透明珐琅器最早的实物遗存。现藏故宫博物院。

广珐琅贴金八宝纹攒盒

清中期实用器。高 16 厘米，直径 35.5 厘米，足径 34 厘米。盒内储一铜屉，上置小攒盘 12 个。盒外面施蓝色珐琅地，贴镂银折枝花卉纹，上罩透明珐琅，再贴镂金八宝纹。盖面有圆形开光，中心饰团花纹，外环以如意云头纹。此盒金、银花卉相互辉映，富丽典雅，别具一格，是用广珐琅工艺制成，为广州地方官员进贡的贡品。现藏故宫博物院。（图 2-32）

图 2-32 广珐琅贴金八宝纹攒盒

钟表

ZHONGBIAO

圭表

古代量度正午日影长度的天文仪器。包括“圭”和“表”两部分。“圭”是石板制成的尺子，平置于南北方向，“表”是直立的竿子或石柱，立于“圭”的南端，根据表投射在圭面上的影长，来定二十四节气和年的长度。史载春秋时已用圭表连续数年测日影最长最短之间的天数，取平均值以定年的长度。圭表始于何时，尚无明确考证。《三辅黄图》中“长安如法灵台有铜表高八尺，长一丈三尺，广一尺二寸，太初四年立”是最早的记录。《淮南子·天文训》中，除记载八尺表之外，还提出高十尺之表。以后历代官府多立圭表，著名的有元代郭守敬首创于河南登封观星台的巨大圭表，圭长一百二十八尺，表高四十尺，称为量天尺。

图 3-1 故宫坤宁宫前的日晷

日晷

日晷亦称日规。古代计时仪器。通过观测太阳影子以定时刻。“晷”的古义是太阳的影子。日晷由晷盘面和晷针构成。晷盘面是刻有时刻线的盘，中心装有与盘面垂直的针，以针的影子不同时刻在盘面的位置来确定时刻。分为赤道式和地平式。赤道式日晷的晷盘倾斜装在基座上，晷盘表示天赤道。而晷针穿过中心与地平面所形成的夹角等于当地的纬度。晷面盘的两面周围各刻十二时辰，春分至秋分以后看南面，秋分至来年春分看背面。如现藏故宫博物院太和殿前的清代日晷便是赤道式日晷。地平面日晷是晷面平行于水平面的日晷，由西方传入，我国只有其雏形。（图3-1）

日规

日规即日晷。参见【日晷】。

漏壶

图 3-2 漏壶

漏壶亦称“刻漏”“壶漏”。古代计时仪器。利用滴水多少来计算时间。《初学记》：“昔黄帝创观漏水，制器取则，以分昼夜。”一般认为漏壶的起源较早，大约起源于公元前三四千年前的原始社会时期，发展于夏商时期，周代已有稍具规模的漏壶，最早的漏壶是在壶中插入一标竿，称为箭，箭下用一舟承托，浮在水面上。水流出壶时，箭下沉，指示时刻，称为“泄水型漏壶”或“沉箭漏”。另一种为水流入壶中箭上升以指时刻，称“受水型漏壶”或“浮箭漏”。泄水壶多为一只壶，即单壶。结构简单，精确度低。西汉末年，已发展成到叠加漏水壶，用上面流出的水来补充下面壶的水来保持壶体内水压的一致以提高流水稳定度。晋时出现三级漏壶，唐初吕才设计四只一套的漏壶。清代以后，日晷和钟表等计时工具逐渐发展起来，取代了漏壶。（图 3-2）

刻漏

刻漏为古代计时仪器。即漏壶。参见【漏壶】。

壶漏

古代计时仪器。即漏壶。参见【漏壶】。

沉箭漏

漏壶的一种。参见【漏壶】。

浮箭漏

漏壶的一种。参见【漏壶】。

图 3-3 铜镀金镶玛瑙壳怀表

表

①表又名臬或髀等。测天仪器。实为一木杆，长度有八尺、九尺、一丈及数丈不等。竖立于地，察日影以定方位及日至。《周礼·考工记·匠人》：“置臬以悬，视以景（影）。”郑玄注：“于所平之地中央树八尺之臬，以悬正之，视之以其景，将以正四方也。”

②圭表中直立的杆子或石柱。

③体积小的钟称为表。可放在口袋内，为随身携带的小型计时工具。

怀表

怀表是可随身携带的小型钟表。产生于 18 世纪的英国。形体较小，可放入上衣口袋中，多配有表套和表链，既可记时，又可玩赏。（图 3-3）

钟

钟又称时钟。利用机械装置运行的记时器。早期的钟主要靠水力或火力等运行。东汉张衡制作的水力浑天仪，就有机械转动的记时装置。北宋时人苏颂曾在开封建造了一座高三十余尺的钟楼，有利用水力发动的擒纵机构，可报时。1364 年，意大利人唐棣制造出第一座有擒纵器的机械钟，这是最早的完全依靠机械运行的时钟，此后机械钟在欧洲得到很大发展。明末，欧洲机械钟传入中国，并在中国开始制造。清康熙时中国机械制钟业兴起，到乾隆时达到鼎盛。清宫内以及广州、苏州等地所制机械钟已达很高水平。机械钟按其报时方式和使用性质，可分为更钟、自鸣钟、时乐钟、问钟、闹钟、摆钟等。

水钟

利用细水长流的道理设计的一种计时工具。漏壶即是其中一种。参见【漏壶】。

沙钟

古代计时仪器。与水钟原理相似。将两个玻璃小瓶，瓶口相对熔接，熔接前其中一个装满细沙，熔接时两瓶间留下细管，只允许少量细沙通过。为了美观和实用，把两瓶镶在精致的木架内。用的时候把盛满细沙的瓶倒放在上端，细沙顺着细管流入下端的瓶。待上端瓶内的细沙全部流完便可知时间。第二次使用时，只要把沙钟倒置，便可以第二次计时。（图 3–4）

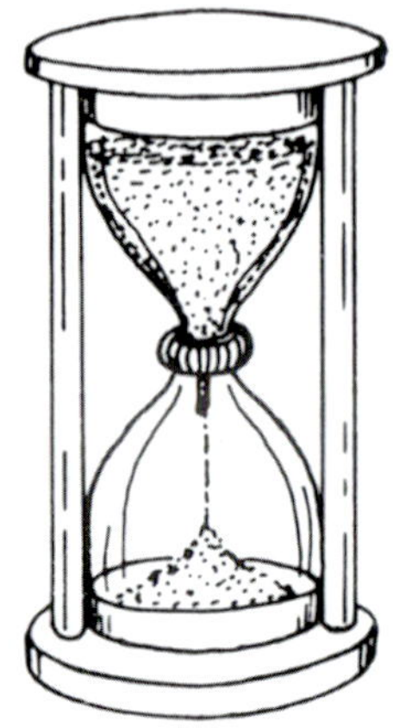

图 3–4 沙钟

火钟

古代计时仪器。利用物体燃烧时间的长短来测定时间。最早且最简单的火钟是蜡烛钟。用法是在蜡烛边上刻上间隔相等的圈，写上时刻，蜡烛燃烧到某一圈，便可知时间。还有一种与此类似的油灯钟，在透明的玻璃瓶内装满了灯油，瓶的一侧有一把刻有时辰的标尺，油灯点燃后，灯油慢慢消耗，油平面不断降低，可从标尺来看油平面，借此可知时刻。中国古代有一种燃烧檀香粉末的火钟，做法是将檀香粉末置于有规则镂空的模子中，压实檀香粉后，取走模子，就在底板上形成檀香块，燃烧最头的檀香块，根据燃烧到的位置可判断时间。此外还有一种焚香自鸣钟，做法是在木架上挂等距的棉线，线端缚小球，将香置于木架上，点燃香，随着香的燃烧逐渐烧断各根棉线，棉线断时小球落地发出声响，即可计时。

图 3–5 紫檀木亭时刻更钟

更钟

根据中国夜间打更报时的传统而创造，是中西计时法相结合的定时器。它既可按一昼夜十二时辰二十四小时，又可把一夜分为五更计时，每更的间隔长短随二十四节气夜间长短的不同而变化，因而它在机械结构上，除了走时报时（有的还可报刻）的齿轮传动系统外，还增加了发更、打更的齿轮系统及调更、定更结构。更钟更加符合中国传统的计时习惯。清宫遗留至今的更钟，除报时盘外，钟上还置定更盘与节气盘，一年之中按节气定起更的时间。夏至夜最短，每敲十响为一更。冬至夜最长，每敲十六响为一更。春分、秋分昼夜相等，敲十三响为一更。起更、止更则敲一百零八响。（图 3-5）

图 3-6 黑漆描金木楼自鸣钟

自鸣钟

按时自动报时报刻的钟。《续通考·乐考》："明万历二十八年（1600），大西洋人利玛窦来献自鸣钟，秘不知其术。大钟鸣时，正午一击，初未二击，以至初子十二击，正子一击，初丑二击，以至初午十二击。小钟鸣刻，一刻一击，以至四刻四击。"自鸣钟一般体积比较大，大多以铅质坠砣的重力为动力源，带动齿轮系统。（图 3-6）

时乐钟

时乐钟指可奏乐的钟表。多于整点报时时奏乐，有的还可以随时通过开关开启奏乐，此种当时称为"问乐钟"。其原理，有的是在钟表内装置一套奏乐机械，以条盒、塔轮、链条为动力源，带动齿轮，拨动冲气袋，以气冲击哨子奏乐。另一种乐钟的原理是在钟内部装置一棘轮（即根据乐曲音律的不同，布列许多疏密不同的类似钉子的小圆柱的圆筒），由齿轮带动旋转。此时棘轮上的小圆柱撞击其上方的箅子或许多钟锤击打钟碗，即可奏出合谐美妙的乐声。

图 3-7 铜镀金冠架钟

问钟

钟表的一种。《澳门记略》中载："欲知其辰，而非其应鸣之时，则掣绳转机而报响，谓之'问钟'"。代表作如清乾隆时期的铜镀金冠架钟，钟的侧面有一条绳子，随时拉一下，即能启动报时报刻。（图 3-7）

图 3-8 时辰醒钟

闹钟

钟表的一种。通常有走时和闹铃两套发条装置，一套称为时炼，一套称为闹炼。闹之前先校好时刻，当表

针走到指定的时刻时，齿轮上一个凸出的小钉就拨动闹炼上的掣，实现闹铃。（图 3-8）

图 3-9 铜镀金珐琅六柱亭式钟

摆钟

以钟摆为调节器的钟。根据 16 世纪意大利科学家伽利略关于摆的等时性原理，1656 年荷兰物理学家惠更斯制造出了第一座摆钟。利用钟摆来回摆动推动摆叉带动机轴，使冠轮转动，带动钟表运行。代表作如 19 世纪末瑞士制作的铜镀金珐琅六柱亭式钟，钟摆为铜镀金錾花铜盘。（图 3-9）

清宫御用钟

清宫御用钟是指清宫养心殿造办处制作的御用钟。雍正十年将贮存、修理、制作自鸣钟的自鸣钟处改名为做钟处，成为造办处制作钟表的一个作坊。做钟处主要是奉皇帝之命制作更钟、自鸣钟和时乐钟等。多在西方技师的指导下完成，工匠多为广东招募来的工匠，也有太监学做钟表的。由造办处漆、木、金、玉、牙、铸炉、枪炮等作坊配合制作。为了保证钟的质量，有时还要通过广东粤海关购买发条、表盘等。乾隆时期是做钟处最兴盛的时期，制造了大量钟表，现藏故宫博物院的大型自鸣钟、更钟、时乐座钟、座钟、问钟、闹钟大多都是乾隆时期的产品，多在表盘上有“乾隆年制”四字。嘉庆之后做钟处逐渐衰落，制钟较少。道光以后已不再做钟。光绪时只是管理名殿陈设的钟表，一般不再修理损坏的钟表，而是送到北京城内的钟表店去修理。（图 3-10）

图 3-10 铜镀金珐琅亭献福寿钟

广州钟表

广州钟表又称为“广钟”。指广州及其附近等地制造的钟表。清康熙二十四年（1685）在广东澳门设立海关，管理进出口贸易。在欧洲舶来钟表的影响下，广州开始制作钟表。从粤海关进贡朝廷的贡品看，乾隆前期以前质量欠佳，到 18 世纪后期已与英国钟不相上下，价格却便宜三分之一。广钟的造型大多是亭、台、楼、阁、塔，钟壳大都色彩鲜艳，装饰富丽堂皇的铜胎珐琅。钟壳的装饰大多称颂“天下太平”“太平盛世”。机械构造较为复杂，既有走时、报时、伴乐系统，又有变化多样的玩意系统。以盒装发条配以链条和塔轮组成动源结构，带动齿轮传动系统。走时、报时和玩意多组系统相衔接，既有仿欧的特点，又有独到之处。玩意部分包含我国传统造型的吉祥寓意，如“福禄寿三星”“八仙庆寿”“群仙庆寿”“龙凤呈祥”“仙猿献寿”“渔樵耕读”等等。每座钟在制作技术上精益求精，既能准确计时，又能作为赏心悦目的娱乐消遣玩意。“广钟”主要是生产贡品钟和满足高官富商的需要，具有极大的局限性，随着清王朝的逐步衰落而日渐凋零。（图 3-11）

图 3-11 铜镀金变寿字乐钟

广钟

广钟即广州钟表，参见【广州钟表】。

江苏钟表

江苏钟表又名苏钟。指江苏的南京、苏州、松江一带制造钟表的统称。最先于南京制造，而后遍及江苏。据清初刘廷献《广阳杂记》记载，明代江宁（今南京）人吉坦然能制通天塔钟，即三层塔形自鸣钟，说明南京钟表制造业已逐渐兴起。南京制造的钟有专为官府制造的更钟，走时打时打刻的三套钟，带日历、月历的钟，专为船上用的圆摆钟，带打秋千、翻跟斗的玩具钟，插屏钟等。苏州制钟业工匠有许多来自南京，有更钟、摆钟、圆摆钟、三套钟以及加入鸟音、水法、掀帘的钟，清末以生产插屏钟为主。此外松江、扬州、娄县、婺源等地也有制钟业。江苏钟表的制钟原理虽源自欧洲，但是在外型、计时习惯等方面具有鲜明的中国特色，其构件机芯也为本地手工生产。（图 3-12）

图 3-12 木楼四面钟

苏钟

苏钟即江苏钟表，参见【江苏钟表】。

南京钟

南京钟即江苏钟表，因源于南京，故名。参见【江苏钟表】。

英国钟表

英国是制造机械钟表较早的国家之一。1348 年，在伦敦出现了第一座自鸣钟。17 世纪下半叶，英国成为摆钟的重要产地之一，当时欧洲市场上堪称为最好的钟表便出自英国。18 世纪英国钟表制造开始使用机械生产，生产效率迅速提高，为当时世界上重要的钟表生产基地。故宫博物院收藏的英国钟表，大多数是 18 世纪的产品，19 世纪的为数较少。种类多样，既有体量巨大、装饰华丽的大型自鸣钟，也有制作精致便于携带的小型怀表。造型不拘一格，各色建筑、田园风光、自然景观等均可被选取作为题材，附之以水法、变花、跑人、跑船、转鸭等结构复杂的变动机械装置，动静结合，情趣盎然。部分钟表有署名，如巴伯特、本杰明·沃德、乔治·希金森等五十余家。（图 3-13）

图 3-13　1736 ~ 1758 年英国制作的铜镀金象驮阿波罗神乐钟

法国钟表

法国是制造机械钟表较早的国家之一。14 世纪出现了大众报时钟。1369 法国制作出冠状擒纵结构。1459 年法国钟匠新加坡为查理七世制作了第一个发条钟。15、16 世纪初法国试制出便于携带的蛋形表。1535 ~ 1558 年法国各地制造了许多优良的建筑形制的塔钟、四面钟和自动钟。17 世纪出现摆钟之后，法国也是也是重要的产地之一。18 世纪，由于英国钟表在进口钟表中占有绝对优势，所以很少输入中国。直到 19 世纪末 20 世纪初，才在中国市场上广泛销售。故宫博物院收藏的大多是 19 世纪至 20 世纪的产品，有各式各样的摆钟和机械模型玩意钟，还有不装发条的钢压力钟、钟体压力钟、机芯坠砣滚钟等。这些钟表有些是法国制造的，有的是法国人在中国开设的钟表公司制造的。（图 3-14）

图 3-14　19 世纪末法国制作的铜女神举球钟

瑞士钟表

瑞士是制造钟表较早的国家之一。16 世纪中期就生产小型挂钟，17 世纪中叶出现摆钟之后，日内瓦是生产摆钟的重要产地。大约 1700 年，在伦敦的日内瓦钟匠第一次使用有孔的红宝石做滑动的轴承，这是后来表中采用宝石轴承的开始。18 世纪瑞士受法国人迁徙的影响，钟表业有所发展。1756 年瑞士人制造出第一只自动上弦的表。1820 年瑞士制

图 3-15 铜镀金掐丝珐琅镶珠锁形表

出第一只可将秒分离出来，并可以停下来的表，这是现代表的雏形。瑞士为钟表的逐步完善及向小型发展做出了贡献。（图 3-15）

擒纵器

擒纵器俗称“卡子”。控制钟表运行速度的装置。有机轴擒纵器、工字轮擒纵器、马式擒纵器等多种擒纵器。

机轴擒纵器

最古老的擒纵器。其结构主要部分为 T 字形机轴和侧向冠轮。T 字形机轴由一横杆和一立轴组成，立轴上下各有一个相反方向的小瓣。冠轮与动力轮连接，当冠轮由动力驱动转动时，立轴上的小瓣左右摆动，一收一放，把冠轮一个齿一个齿有节奏地过去，使冠轮始终保持匀速转动，从而使钟表走时准确。

工字轮擒纵器

工字轮擒纵器即将擒纵器垂直的冠轮改为水平的工字轮，再加上一个套管构成。18 世纪初由钟表大师葛量汉发明。工字轮擒纵器解决了钟表的薄型化，因此，在其出现以后逐渐取代了机轴擒纵器。

马式擒纵器

马式擒纵器又称不联接擒纵器。擒纵器不直接与动力系统相联，而是通过擒纵杆带动摆轮，因此杆形似马，故名。1770 年英国人毛奇发明。具有走时精确的优点，成为工字轮擒纵器后更为先进的擒纵器。

L Vrard

钟表销售名店。1860 年建于中国上海，专门销售法国制造的装饰华美的钟。大约 1872 年在天津建分公司，1881 年在北京建分公司。（图 3-16）

图 3-16 L Vrard 公司制铜镀金珐琅圆座钟

播威

钟表制造名店。1820 年瑞士人爱德华·播威建立，专门制造出口中国的表，挂牌“播威（Bovet）”。1901 年播威

牌卖给了 Lauba Freres，1918 年并入乌利文。播威钟表以构造精细，表壳装饰华丽而著称。（图 3-17）

图 3-17 播威制怀表

有威

钟表制造名店。1848 ~ 1891 年爱德华·播威的儿子在瑞士弗勒里耶开设，专门制造出口中国的表。

利威

钟表销售名店。约 1880 年于香港建立，至 1900 年止，专营瑞士钟表。所售钟表来自瑞士拉绍德封。

亨达利

钟表销售名店。1864 年（清同治三年）法国人霍普于上海建立，专营德国钟和瑞士表。后多次易主，约在 1919 年亨达利业务并入当时上海钟表大王孙梅堂的美华利钟表店，对外仍沿用“亨达利”店名。（图 3-18）

图 3-18 铜镀金掐丝珐琅钟

货币

HUOBI

贝币

货币早期形制之一。以贝为材料或制成贝形的货币的统称。贝天然外形美丽，光泽迷人，且具有作为货币的坚固耐磨、小巧玲珑、便于携带、计数方便的特性。贝币有天然贝和人工贝两种形式。天然贝主要为齿贝，背顶为紫色，产于东海和南海。人工贝为天然贝的代用品，有石贝、骨贝、玛瑙贝、铜贝、铅贝等多种。夏代二里头文化已有随葬贝的现象，用作贵重的装饰品，很可能已具有了货币的功能，而大量使用则是在商代。春秋战国时期被刀、布等金属货币取代。贝作为货币在中国使用时间长，地域广，对中国的经济、文化等方面产生了深远的影响。（图 4-1）

图 4-1 贝币

布币

春秋至战国晚期货币。铲形，青铜铸成。《农书》中记载：“钱镈，古耘器也。”布即镈，为其同音假借字。布币应为“钱”“镈”这种生产工具转化和仿制而来。分空首布和平首布两大类。空首布出现的时间较早，春秋时期周王室及三晋地区已有。平首布较晚，出现于战国时期，由周王室及其附近扩大到燕、秦、楚等国。因首、肩、足的不同出现多种多样的形制，常见的有空首尖足、圆肩圆足、耸肩尖足、平首方足等。

蚁鼻钱

蚁鼻钱又名“鬼脸钱”。春秋战国楚国货币。铜质，鼻形，背面平凸，阴刻有蚁形符号。铸造时间始于春秋时期，止于战国晚期秦灭楚之前。多数学者认为蚁鼻钱是铜贝的高级形态，也有学者认为此钱源于龟币。（图 4-2）

圜钱

圜钱又名环钱、圜金、圜法。战国时期货币。其形圆而中间有孔。便于携带，亦便于计数，且不易折损。圜钱是由纺织工具纺轮演化的货币，也有人认为是从玉环、石环等装饰品或刀币的环部演化而来。早期的圜钱形较大，厚重。孔先圆后方，先无郭后有郭，并有铸文，多记有都城名称

图 4-2 战国蚁鼻钱

和货币单位。圜钱的出现是货币形制上的巨大变革，圆形货币最终代替了刀、布币，成为货币的主流形制。（图 4-3）

环钱

环钱即圜钱。参见【圜钱】。

圜金

圜金即圜钱。参见【圜钱】。

圜法

圜法即圜钱。参见【圜钱】。

图 4-3 战国共屯赤金圜钱

刀币

春秋战国时期货币。刀形状的铜铸币，故名。刀币由刀首、刀身、刀柄、刀环几部分组成。刀首是划分刀币类型的主要依据，按形状可分为针首刀、尖首刀、截首刀、圆首刀和平首刀。按刀背可分为磬折刀和弧背刀。刀币是由渔猎工具刀削演变而来，起源于东方。主要流通于齐国以及燕国和赵国的一部分区域。齐国是使用刀币的主要国家。齐国的刀币文字生动、制作精美。主要有“齐造邦长法化”“即墨之法化”“齐法化”和“齐明刀”等。燕国起初流行尖首刀、针首刀，战国时发展成截首刀与燕明刀。赵国刀币出现较晚，大约在战国晚期，以形体较小且圆首的直刀为主。刀身多铸地名，有“甘丹”“柏人”“圁阳”等。如现藏中国国家博物馆的赵国圁阳新化小直刀。刀币因其形制粗拙，不便携带，其主导地位最终为圆形的圜钱所代替。（图 4-4）

图 4-4 战国刀币

货币印凿

货币制作工具。多为铜制，上重下轻，下端中方形，有反书文字印章，有“郢爰”“陈爰”“卢金”等记号。是制造钣金时使用的工具，后世的银饼、银锭也是用这样的工具制成。实物如现藏中国国家博物馆的郢爰铜印凿。（图 4-5）

图 4-5 战国郢爰铜印凿

金钣

金钣又称金饼、饼金、印子金。春秋时期货币。金质，钣状。上多钤有表示都城和重量的文字。如“郢爰”“鄗爰”“陈爰”“卢爰”等。表示重量的有“爰”“镒”“斤（金）”等。流通时切割成小块使用。金钣为中国最早以黄金做为材料的货币，是中国钱币史上的里程碑。

印子金

印子金即金钣。参见【金钣】。

郢爰

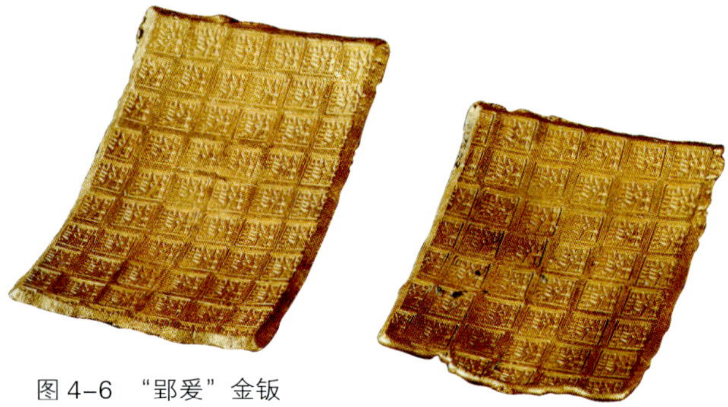

图 4-6 “郢爰”金钣

楚国的货币。金质，钣状。用印凿钤满“郢爰”两字阴文。“郢”为楚国都名，“爰”为重量单位。“郢爰”的重量不一致，钤印的大小也不相同，支付使用时，大多切割成小块，称其重量作等价交换。实物有 1969 年安徽六安出土的“郢爰”金钣。（图 4-6）

五铢钱

图 4-7 西汉五铢金钱

铢两货币的一种。共同特点为圆形方孔，正面包含有“五铢”字样。自西汉始铸郡国五铢，至唐高祖武德四年废五铢钱，铢两钱时代随之结束。五铢钱的行用期长，铸量大，版别多，存世丰，在钱币史上实属罕见。（图 4-7）

马蹄金

马蹄金又名麟趾金。汉代货币。底面圆形，正成中空，如一马蹄，故名。较为精致者上部掐丝贴花装饰，顶部镶琉璃盖。《汉书·武帝记》：“今更黄金为麟趾褭蹄，以协瑞焉。”可见马蹄金是皇帝应“祥瑞”而制。所以异常精致，成为赏赐大臣的珍贵礼物。汉代马蹄金出土较多，1973 年河北定县墓出的马蹄金为其中精美者。（图 4-8）

图 4-8 马蹄金

麟趾金

麟趾金又名马蹄金。参见【马蹄金】。

范母

范母即用于翻制子范的阳文母范，不直接铸钱，以其印制子范，把数十个子范摞在一起，一次能铸上百枚钱币。阳文母范铸出的钱币，钱面文字笔划棱角圆浑，不见锋利，钱体不平整，但无细小的砂粒痕迹。代表实物如河北平泉出土的半两钱铅范母。

金饼

汉代黄金币。形状为圆饼形，故名。主要用于黄金贮备，有时也用作赏赐功臣。多刻有文字，如太原东太堡出土的金饼刻有王、朱、吉、二等字，西安北郊新华砖厂出土的金饼刻有“V”形等符号以及“租”字。（图 4-9）

图 4-9 西汉金饼

公式女钱

五铢钱的一种。铜质，无郭，文字较大，制粗。《通典·食货》：“梁初，武帝乃铸钱，肉好周郭，文曰五铢，重四铢三参二黍，其百文则重一斤二两，又别铸，除其肉郭，谓之公式女钱，径一寸，文曰五铢，重如新铸五铢，二品并行。”上海博物馆藏有南朝梁五铢公式女钱范，十分难得。

重宝

中国古代铜币的一种名称。币面形式为年号后加“重宝”。最早见于唐肃宗乾元元年（578）铸的“乾元重宝”，后有南汉的“乾亨重宝”、宋仁宗时期的“庆历重宝”、徽宗的“崇宁重宝”和清代的“光绪重宝”。（图 4-10）

图 4-10 唐乾元重宝

镇库钱

一种大型钱币。官府在开铸流通钱币时特意铸造的大型超重钱币。置于库房神堂中，以镇钱库之邪，寓意兴旺发达，永镇财富。因此镇库钱往往质地考究，制作精美，反映了当时铸钱工艺的较高水平。代表作品有大唐镇库钱。

银锭

铸造成锭的银块。制造形式不一，平色各地亦略有差异。可分为四类：五十两左右马蹄形的称马蹄银，十两左右为秤锤形之锭，三至五两馒头形称小锞，一至三两的福珠、滴珠。此外还有银条、碎银等多种。中国以银为货币始于汉代，武帝时尝作白金三品，新莽时亦作银货二品，其后历代虽有铸造但流通不广，至明清两代开始普及。民国二十二年（1933）实行废两改元，

银锭始废不用。（图 4–11）

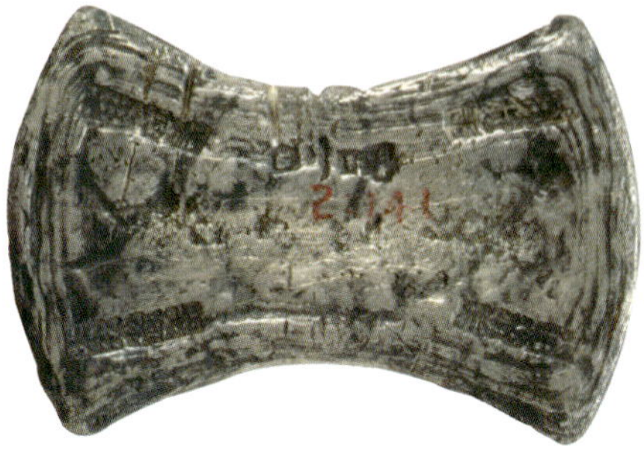

图 4–11 宋代银锭

银两

银两即银锭。参见【银锭】。

银铤

银铤即银锭。参见【银锭】。

元宝

元宝由贵重的黄金和白银制成，一般以白银居多，黄金制成者罕见。“元宝”的名称是从元代开始的，陶宗仪《缀耕录》记载，元朝至元十三年（1276），元兵征服南宋，回到扬州，丞相伯颜命令将士把征途中所得白银交出，熔化浇铸，每五十两为一锭，上写有“扬州元宝”，献给世祖。后来朝廷也开始铸造，民间有元宝流通。元宝作为货币，一直通行到清代末年。（图 4–12）

图 4–12 清代银元宝

马蹄银

马蹄银即元宝。银锭的一种。似马蹄而得名。

钞版

制币工具。印刷纸币的模版。中国自宋代开始印制、发行纸币。纸币的发行系国家之经济命脉，历朝均注意加强防伪措施，故均采用当时最先进的工艺技术。因此钞版代表了当时印刷技术的最高水平。代表器物如金代的贞祐宝钞铜钞版和元代的至元通行宝钞铜钞版。（图 4–13）

图 4–13 元至元通行宝钞铜钞版

交子

北宋纸币。世界上最早的纸质货币。主要在四川流通，后曾一度扩行于陕西、河东、京西北路、淮南等地。是北宋时期的主要货币。交子起于民间，因铁钱笨重不易于交易，由当地富民十六户主持发行。后归官办，设立交子务，榷其出入禁止民造。迄今发现的最早的一块纸币印版长 16 厘米，宽 9.1 厘米。上半部刻着“除四川外许于诸路州县公私从便主管并同见钱七百七十陌流转行使”29 个字。下半部刻有房屋、人物和成袋的包装物以及三个人正在房屋外面空地上背运货物等图形。票面上虽未刻有货币名称，但依据票面图案古朴、出自四川和无货币名称等情况，可以基本认定其为早期的交子印版。

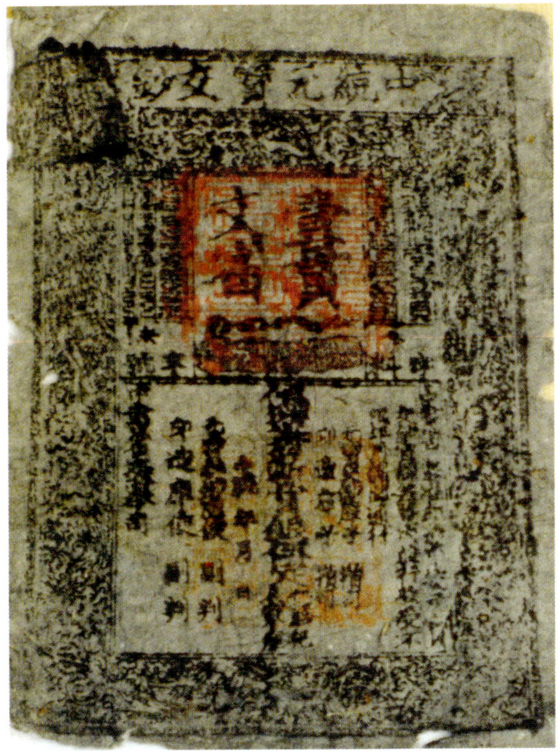

图 4-14 中统元宝壹贯交钞

交钞

金元纸币名称。花纹边栏，写明贯数，某字料、某字号，伪造者及告发者的惩奖，及官衙的公文、官吏的押字和兑换方法等。金贞元二年（1154）五月开始发行。依宋钞引法开始印制。分大钞、小钞两大类，大钞分一贯、二贯、三贯、五贯、十贯五种，小钞分为一百、二百、三百、五百、七百文五种，与铜钱一同使用。元代太宗八年（1236）、宪宗三年（1253）发行交钞。中统元年发行中统元宝交 钞，使用较久。至正十一年发行至正交钞。（图 4-14）

宝钞

元、明、清发行的一种纸币。花纹边栏，写明贯数，某字料、某字号，伪造者及告发者的惩奖，及官衙的公文、官吏的押字和兑换方法等。元世祖中统元年（1260）发行中统元宝交钞，至元二十四年（1287）发行至元通行宝钞。明洪武八年（1375）发行大明宝钞。咸丰三年（1853）发行大清宝钞，又称官票、票钞。

银元

银元俗称洋钱、洋钿、花边钱、大洋。大型货币的通称。15 世纪末开铸于欧洲。16 世纪时西班牙殖民者在美洲大量铸造，明代万历年间开始流入中国。清道光年间台湾曾仿制银元，称为“银饼”。光绪十四五年间（1888 ~ 1889）广东开铸“龙洋”，各省纷纷仿造。宣统二年（1910），颁布《币制则例》，规定银元为本位币，每枚重库平七钱二分，含纯银九成，合六钱四分八厘。翌年五月，开始铸造，后因辛亥革命爆发，未正式发行。民国元年（1912）开铸孙中山半身侧面像的开国纪年币。1914 年铸造袁世凯头像银元。1933 年，国民党政府两改元，颁布《银本位币铸造条例》，规定每枚银元总重 26.6971 克，含纯银 23.493448 克，并铸帆船图案的“船洋”。

大洋

大洋即银元。参见【银元】。

铜元

清末以来所铸新式铜币的通称。因与传统的圆形方孔钱不同，中间无孔，故又称“铜板”。光绪二十六年（1900）在广东开始铸造。正面有“光绪元宝”四字，背面有蟠龙纹。每枚重库平二钱，当制钱十文，每面枚换银元一元。除当十元以外，还有一文、二文、五文、十文和二十文等面额。流通最广的是当十铜元，俗称“单铜板”；其次是当二十文的铜元俗称“双铜板”。宣统年间，铜元正面改铸“大清铜币”四字；北洋政府时期，铜元的种类很多，河南有当五十的铜元，四川有当百和当二百的铜元。后因各省滥铸，铜元贬值，每枚银元可兑铜元数远远超过百枚，其兑换行市在上海称衣牌。1935 年国民党政府实行法币政策；翌年发行新的铜辅币，有一分、半分两种，旧铜元多被销熔。

铜板

铜板即铜元。参见【铜元】。

纪念币

纪念币是用金属材料精工铸造的一种纪念品性质的货币。材料有金、银、铜、镍、铝或合金等。它既有一定的经济价值，又是一种精致的工艺美术品。

空首尖足布

春称时期晋国货币。通长 15 厘米，重 44.8 克。1959 年山西侯马遗址出土。青铜铸造。布呈空首、耸肩、尖足、弧裆形，长柄。布首有上大下小楔状的方銎，以纳把。面、背有三条稍凸起垂线纹饰。有五个文字，前三字不易辨识，后两字为“黄釿”。与空首尖足布同时出土的还有大量范蕊和铸币泥范。根据文化层的堆积和其他同时出土器物判断，这批空首尖足布当属于春秋后期遗物，即晋景公十五年（前 585）迁新田之后的铸币。是研究中国古钱币的生产和发展的佐证，同时也是研究晋国金属铸币的重要实物。现藏山西省考古研究所。

图 4-15 南行唐三孔布

南行唐三孔布

战国时期赵国货币。通高 5.7 厘米，足宽 2.8 厘米，重 7.2 克。圆首，圆肩，圆足，其上各有一圆孔。这种形制的币又称“三窍布”。有大小十二型，面记地名“南行唐”，背记重量。大型的是“一两”，小型的是“十二朱（铢）”。其背面首端大都铸有炉次或范次的数字。币文南行唐易即南行汤（唐），汉代属常山郡，今河北省行唐县附近，战国赵地。三孔布存世极少，极为珍贵，就是其拓片也很珍贵。现藏中国国家博物馆。（图 4-15）

右明新货方足布

战国时期燕国货币。长 4.4 厘米，宽 2.4 厘米，足宽 2.2 厘米，厚 0.1 厘米，重 5.1 克。1965 年河北新城废品站拣选，原为易县出土。铜质。平首内收，平肩，方足外撇，正面有突起的轮廓线和中分线，两侧有阳文篆书“右明亲化”四字，“明”字与常见的燕国刀币钱文同，有释为“易”或“匽”者。亲是新，化是货的省文。背面平素无纹。此种货币极为稀见。现藏河北省文物研究所。

银实首布

战国时期楚国货币。长 16 厘米，宽 6 厘米，重 188.8 克。1974 年河南扶沟窖藏出土。银质。长铲形，方肩，实首。通体虽光素，但实首布在布的总量中较少，此器较为罕见，是研究实首布的重要资料。现藏河南博物院。（图 4-16）

图 4-16 银实首布

郢爰金钣

战国时期楚国货币。长 7.4 厘米，宽 6.9 厘米，厚 0.35 厘米，重 260 克。1969 年安徽六安出土。金质版状。束腰形，两端翘，腰间鼓，割成弧形。正面作排列式压印，篆书白文“郢爰”两字。郢为楚国都名，爰为重量单位。支付使用时，大多数切割成小方块，称其重量，作等价物交换。上有压印说明是官方发行的货币，在金的纯度上做到了统一，方便了等价交换。是研究货币沿革的重要资料。现藏安徽博物院。

郢爰铜印凿

战国时期楚国制币工具。一长 11.2 厘米，另一长 10.6 厘米。传为安徽寿县出土。铜质精湛，上重下轻，下端呈方形，有反书阳文“郢爰”两字，两者文字相同，因经长期使用，顶端有明显的锤打痕迹。此凿为钤打郢爰钣金所用的铜印凿，揭示了战国陈爰、栎爰、卢金等钣金的制作方法。此印凿极为少见。后世的银锭和银饼皆有锤印字号，即本于此。现藏中国国家博物馆。

贝币钱铜范

战国时期楚国钱范。其中一件残长 27 厘米，宽 10.7 厘米，边厚 0.95 厘米，重 1.055 千克，另一件残长 25 厘米，宽 10.8 厘米，边厚 0.95 厘米，重 1.001 千克。1981 年安徽繁昌出土。

铜质，浇铸口残损。两范形制相似，长方形，薄边，浇铸口为长条形，在一端。背中心铸造一长方形钮。正面阴刻贝型和浇铸槽。贝型排列四行，作对称式，每行 16 枚凹贝型，文为“羿”字。正面计两条浇铸铜液的槽沟，于铸口汇合为一槽沟。右范在四行贝型前端中心又单置一枚贝型。贝币背部隆起，并有铸文，底平，无文，面涩，以示铜贝币范只需要一面，平放在砂面上，即可进行浇铸铜液。此范为世所罕见。现藏繁昌县文物组。（图 4–17）

图 4–17 贝币钱铜范

共屯赤金圜钱

战国时期魏国货币。直径 4.3 厘米，内径 1.7 厘米，宽径 0.9 厘米，重 19.8 克。1982 年山西侯马市出土。金质。圆好无郭，背面较平坦。面文右旋读：“共屯赤金”。共，为地名；屯，即纯字省；赤金，言铜质。即完全用赤色的铜所铸造，无其他杂质。共，为铸币之城邑，与共字币同一铸地。共邑在春秋时属卫国，汉置共县，即今河南省辉县。三家分晋后遂为魏地。此钱首次出土，为圜钱中罕见之品，并为秦半两钱及汉以后的方孔圜钱奠定钱币形制的基础。现藏山西省考古研究所。

圁阳新化小直刀

战国时期赵国货币。长 10 厘米，宽 1.2 厘米，重 7 克。传为山西晋北出土。刀身平直薄小，刀首残缺，铸造粗率，除正面“圁阳新化”四字外，背平素无饰。“圁阳”是铸地（今陕西省神木县东），“新化”是对“四化”而言，说明此为较原铸行的“圁化”时代为晚。按赵在战国后期还铸行过尖足布，此刀币的发现，对研究燕、赵等国刀货布钱并行区的货币制度提供了宝贵的实物资料。现藏中国国家博物馆。

西汉马蹄金

西汉货币。长径 5.8 厘米，短径 4.8 厘米，高 3.6 厘米，重 273 克。1973 年河北定县 40 号墓出土。马蹄状，中空，顶部镶绿琉璃盖，上部周边掐丝贴花装饰，底部有一阳文“中”字，为赏赐大臣的贵重礼物。现藏河北省文物研究所。（图 4–18）

图 4–18 西汉马蹄金

五铢金钱

西汉货币。径 2.6 厘米，穿 1.1 厘米，厚 0.2 厘米，重 9 克。1980 年陕西咸阳塬上农民在平整土地时偶然得之。金质，正面阳文篆书“五铢”。“五”字中间两笔缓曲，上下两横较长，“铢”字“金”字旁头三角形小而尖，“朱”字上下均为方折形。含金量为 95%。五铢钱过去从未发现，文献中亦无记载，十分罕见。是中国现存最早的金质方孔圆钱。现藏陕西历史博物馆。

丨淮阳王五铢钱铜范丨

西汉制币工具。长 12.5 厘米，厚 1.3 厘米，宽 7.5 厘米。范形长方而微椭，为铜制母范。中列阳文五铢钱，面背各四，正中凸起处为铸口，左侧上下凹槽，右侧上下凸起乳钉为铸造固定铆钉，范底部右侧刻款“更始二年（24）七月工维岑刻”十字。此钱文字严整，制作精美，朱头折笔微圆，较东汉五铢略方，周边缘郭严整微宽，不及西汉五铢高细。此范铸于更始之末，为时短暂，铸额甚少，历代谱录无所记载。对研究更始年五铢提供了可贵的资料。现藏中国国家博物馆。（图 4–19）

图 4–19 淮阳王五铢钱铜范

丨半两钱铅范母丨

西汉钱范。长 15.9 厘米，宽 8.9 厘米，厚 0.5 厘米，重 767 克。1962 年河北平泉半截沟出土。长铲形。范母上端两肩斜削成折肩，折肩中部为漏斗状浇口。浇口连通总流，其两侧各有四条支流，与支流相连的是八枚半两钱模。钱径 2.7 厘米，穿宽 0.9 厘米。钱模无内外郭，略呈方圆形，钱体较薄。钱面阳文篆书“半两”两字。文字狭长，较扁平，且整齐，笔划匀称，具有小篆风韵。根据钱径、穿宽及文字风格等考证，这件器物应属西汉吕后时期八铢半两钱范母。经取样化验，含铅量 90.61%。现藏平泉县文物保管所。（图 4–20）

图 4–20 半两钱铅范母

丨宫中行乐铜钱丨

西汉货币。直径 3.3 厘米。1968 年河北满城陵山 2 号墓出土。共 40 枚。圆形，方孔无郭，正面铸篆体阳文，背面平。其中 20 枚分别铸“第一”至“第廿”字样，缺“第三”，

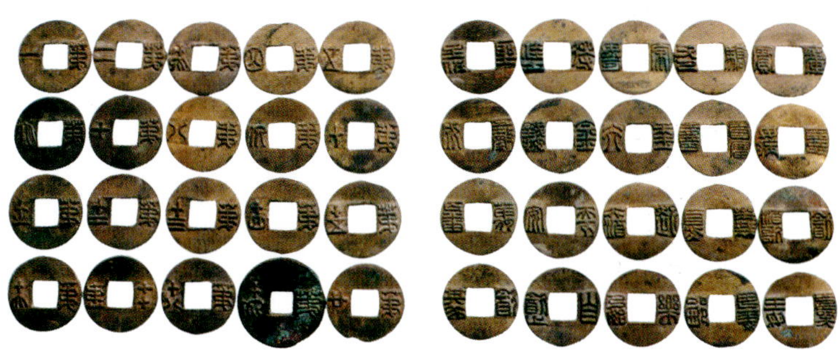

图 4–21 宫中行乐铜钱

但多一枚“第十九”，钱样较大，直径 3.7 厘米，用以补“第三”，可见当时此类钱不只一套；另 20 枚，铸韵语一首，二十句，每钱铸一句，句三字或四字。出土时已经散乱，依韵脚文义整理，录文如下：第一，圣主佐；第二，得佳士；第三，常毋苛；第四，骄次己；第五，府库实；第六，五谷成；第七，金钱抱；第八，珠玉行；第九，贵富寿；第十，寿毋病；第十一，万民番；第十二，天下安；第十三，起行酒；第十四，乐无忧；第十五，饮酒歌；第十六，钦其加；第十七，自饮止；第十八，乐乃始；第十九，田田妻鄙；第廿，寿夫王母。这套钱配合骰子，是封建贵族行酒作乐时的玩具。现藏河北省文物研究所。（图 4–21）

图 4–22 赐上金称于郢陶冥币

丨赐上金称于郢陶冥币丨

西汉明器。长 8.3 厘米，宽 5.3 厘米。1957 年湖南长沙烈士公园 6 号墓出土。陶土制成，火候低。呈长方形，内分六格，每格模印一字，篆体阳文。自右至左文为“赐上金称于郢”，为赏赐黄金之意。此冥币为研究汉初长沙国币制的珍品。现藏湖南省博物馆。（图 4–22）

图 4–23 国宝金匮直万铜钱

丨国宝金匮直万铜钱丨

新莽货币。通长 6.2 厘米，重 41.7 克，径 3.1 厘米。正面上部为圆形，中有一方穿，阳文“国宝金匮”，下部为正方形，正中刻“直万”两字。汉代黄金每斤值万钱，则此钱可值黄金 1 斤，即与一枚金饼等值。王莽时金禁甚严，列侯至庶人均不得挟黄金，故铸此钱以代金饼。此钱铸造精好，文字秀劲，保存完整，是古钱币中难得的珍品。现藏中国国家博物馆。（图 4–23）

图 4–24 一刀平五千错金铜币

丨一刀平五千错金铜币丨

新莽货币。通长 7.4 厘米，厚 0.4 厘米，径 3 厘米，重 50 克。1983 年宁夏固原出土。形似环首刀，环首方孔。正面铸篆书“一刀平五千”5 字，“一刀”两字是用黄金镶嵌，俗称“金错刀”。铸造精美，技艺精巧，堪称钱绝。现藏固原县博物馆。（图 4–24）

丨西顺郡铜锭丨

新莽货币。长 46 厘米，宽 18 厘米，厚 0.35 厘米。1962 年四川彭山出土。长方形，生铜铸成，表面凹凸不平。上部有直径 8 厘米的圆穿。正中铸阴文汉隶“西顺郡□符则车山官”九字，笔画粗壮。穿右刻“第二百三十八”，左刻“重七十一斤”，笔画极细，系后加刻。彭山县汉代为武阳县，隶属犍为郡。新莽始建国元年（9），改犍为郡为西顺郡，治武阳县（今彭山县东）。西汉至新莽时，武阳设有铁官，管理铜铁开采。正中文字说明铜锭为西顺郡所冶铸。右侧文字是铜板的编号，左侧则是它的重量。铜锭标重 71 斤，经实测重 31 市斤，合 15.5 千克，当时每斤合今 218.31 克。此铜锭对研究新莽的衡制具有重要价值。现藏四川博物院。

大泉五千铜钱

三国吴国货币。径 3.9 厘米，重 14.9 厘米。仿王莽“大泉五十”形制。面背有内外郭。面文篆书“大泉五千”。光背。至今已发现三国吴铸的大钱有四种：“大泉五百”“大泉当千”“大泉二千”“大泉五千”。《三国志・吴书》记载，嘉禾五年（236）春，铸一当五百大钱“大泉五百”。赤乌元年（238）春，铸“大泉当千”。“大泉二千”“大泉五千”史志未见记载，铸造年代不详，当在“大泉当千”之后。三国时吴行用大钱，是经济基础薄弱、通货膨胀的具体表现。“大泉五千”仅有两枚传世，皆为民国时期分别出土于浙江上虞、绍兴地区。现藏中国国家博物馆。（图 4-25）

图 4-25 大泉五千铜钱

太夏真兴圆钱

十六国夏国货币。直径 2.3 厘米。上铸“太夏真兴”四字，字体制作规整，内外郭清晰，字体隽美。“夏”为十六国割据在中国西北部小国，“真兴”为年号，此钱开创了国号、年号同铸于币文的先例。同时，它又是五铢重量钱向年号钱过渡的中间类型，在中国货币史上占有一定地位。现藏天津博物馆。（图 4-26）

图 4-26 太夏真兴圆钱

五铢公式女钱范

南朝梁国货币。长 15.2 厘米，宽 11.9 厘米，重 1.22 千克。铜质。椭圆形，上有阳文五铢正背钱形 16 枚。铸钱时用于打印泥质子范。范上的五铢钱没有外郭（肉郭），据《通典・食货》记载：“梁初……武帝乃铸钱，肉好周郭，文曰五铢……又别铸，除其肉郭，谓之公式女钱，径一寸，文曰五铢……”

图 4-27 五珠公式女钱范

所以称此钱范为公式女钱范。此钱范印证了典籍，为研究五铢钱的形制和分类提供了物证。现藏上海博物馆。（图 4-27）

杨国忠进奉银锭

唐代货币。长 30.1 厘米，厚 1.1 厘米，宽 5.3 厘米，重 2.1 千克。1970 年河南洛阳唐宫城遗址出土。共两件（同时出土的还有银饼一块）。长方形版状，上部为拱形，下部为方形。两面有字，一面为“专知采市银使右相兼文部尚书臣杨国忠进”；背面上部有“安边郡和市银铤伍拾两”铭文一行，下部有铭文三行，自右至左为“专知官监太守宁远将军守左司御率府副率”“充横野军营田等使赐紫金鱼贷郭子昂”“天宝十二载（753）十月口日”。铭文反映了唐代和市制度的存在；所记重量，可推算出当时重量单位是每两 41 克，1 斤重 656 克左右，比今秤重 150 克，反映了当时的度量制度，是研究唐代社会经济的重要实物资料。现藏洛阳市文物工作队。

开元通宝金钱

唐代货币。径 2.4 厘米，穿 0.6 厘米，厚 0.16 厘米，重 8.5 克。1970 年陕西西安何家村唐窖藏出土。背面光素，正面书“开元通寶”为篆、隶两体，字体纤细，轮廓深峻。“通”字“走”旁上部三撇不连；“元”字第一笔短、第二笔略有左挑；“寶”字之“貝”部中间两横与左右两竖不连，下面两撇为“八”字形，“尔”部的后两笔为两点。为皇室赏赐馈赠之用。如《旧唐书·玄宗本纪》载：“开元元年（713）九月已卯，玄宗宴王公百僚于承天门，令左右于楼下撒金钱，许中书门下五品以上官及诸司三品以上官争拾之”。现藏陕西历史博物馆。（图 4-28）

图 4-28 开元通宝金钱

内库银铤

唐代货币。长 27.5 厘米，厚 0.8 ~ 1 厘米，宽 7 厘米，重 1.625 千克。1977 年陕西西安东郊枣园村出土。长方形。正面錾字四行：“内库使臣王翱”“文思使臣王彦珪”“文思副使臣刘可濡”“乾符六年（公元 879 年）内库别铸重卌两”。右侧錾“匠臣武敬容”五字。通过计算不仅可以反映了当时的度量制度，而且可以了解到当时库银的保管程序。现藏西安市文物管理委员会。

图 4-29 大唐镇库钱

大唐镇库钱

五代南唐镇库钱。方孔，有郭。背面光素，正面对读“大唐镇库”四字，字体介于真隶之间，雄浑朴茂。制作精细。为制大唐通宝钱时造，用作镇库之宝。此钱从未见过，被古钱专家视为珍宝。现藏中国国家博物馆。（图 4–29）

乾亨重宝石钱范

五代十国南汉钱范。钱形面径 2.5 厘米。1982 年广东阳春石望圩铁屎迳村出土。钱范用板岩制作，背面保留石块粗糙面，其余部分砥磨过。背平无文，外缘阴刻，穿为阳刻，范角有一孔，以便合范时固定位置。范面有沟槽，为合范后注铅液渠道，主槽刻在两行钱模中间，支槽稍窄而浅，连接各钱模。钱文阴刻，顺读为“乾亨重宝”。穿孔大，肉薄，有周郭，宽缘。“乾亨重宝”钱范未见诸著录，为首次发现，对研究中国货币史南汉币制和南汉刘龚王朝经济状况提供了重要的实物资料。现藏广东省博物馆。（图 4–30）

图 4–30 乾亨重宝石钱范

应运元宝铜钱

北宋货币。直径 2.4 厘米，重 3 克。方孔，有郭，背面光素，正成旋读面文：“应运元宝”。北宋淳化五年（994）李顺领导的起义军攻占成都，建国大“蜀”，年号“应运”，并发行“应运元宝”铜钱和“应运通宝”铁钱，由于起义不久被镇压，所以铸造数量不多，这是中国农民政权铸造的最早货币。现藏上海博物馆。（图 4–31）

图 4–31 应运元宝铜钱

连州经制银铤

南宋货币。长 8.7 厘米，厚 1.5 厘米，宽 5.9 厘米，重 461 克。1955 年湖北黄石西塞山出土。扁平，两端外弧，束腰。正面微凹，周有波纹，侧、背面呈蜂窝状小孔。正面錾刻铭文：“连州起淳祐六年（1246）经制银赴湖广总所交权司法元”三行二十字。束腰处左右两边各戳印“蒲四郎记”楷书阳文四字。是研究宋代赋税制的实物资料。现藏湖北省博物馆。（图 4–32）

图 4–32 连州经制银铤

牌子金

南宋货币。长 1.55 ~ 1.9 厘米，宽 0.7 ~ 1 厘米，厚 0.1 ~ 0.15 厘米，重 3.6 ~ 4.1 克。1979 年江苏句容茅山

窖藏出土。纯金制。扁平长方形，正面有地名、铺号、姓氏、成色等的戳记，如“行在周宅”“南京周宅”“王周铺”“周四郎”“十分金”“出门税”等等。是宋代金银币中的“牌子金”。常为统治者用以赏赐官吏臣下。是研究宋代货币形式的实物资料。现藏常州市博物馆。（图 4–33）

图 4–33 牌子金

贞祐宝钞伍贯铜钞版

金代印钞版。通长34.9厘米，宽21.7厘米，重6.13千克。铜制。外周饰海水纹。外栏内的文字可分上中下三部分。上部楷书“贞祐宝券”，四字横列。正中为“伍贯八十足陌”，右为“字料”，左为“字号”，下部为“奏准印造诸通行宝券，并同见钱行用不限年月”“伪造者斩”“赏宝券叁百贯”“仍给犯人家产”共计一百一十八余字。据《金史·食货志》记载：贞祐三年（1215）“七月，改交钞名为贞祐宝券……四年正月，监察御史田迥秀言：国家调度，皆资宝券，行才数月，又复壅滞。”金人造贞祐宝券是为了应付巨大的军费开支及通货膨胀，后因滥印和不能兑现而停止流通。现藏上海博物馆。（图 4–34）

图 4–34 贞祐宝钞伍贯铜钞版

至元通行宝钞铜钞版

元代印钞版。长25.3厘米，重2.4千克，宽16.3厘米。1963年河北平山出土。版分两面，两面阳文格局基本相同，上额横书“至元通行宝钞”六字，左右填铸内向对称的宝珠火焰纹。额下是由花卉组成的花纹栏一周。版心分上下两部分，上部中央横书钞面金额，一面书“贰贯”，另一面书“伍百文”。其下为串钱图案。“贰”“贯”字下各有一串圆钱，每串由十垛组成，共二十垛；“伍百文”字下的串钱，分五垛叠成“品”字形。金额框两侧两框内各刻叠体八思巴文，右为“至元宝钞”，左为“诸路通行”八字，其下，右为“字料”，左为“字号”四字。版心下部自右至左铸竖读真书十行：“尚书省，奏准印造至元宝钞宣课差发内，并行收受不限年月诸路通行，宝钞库子攒司，印造库子攒司，伪造者处死首告者赏银伍定，仍给犯人家产，至元年月日，宝钞库使副，印造库使副，尚书省提举司”。此宝钞为元世祖至元二十四年（公元1287年）颁行。元代钞版，中统初系用木版，以绵纸印刷，至元十三年改用铜版，说明当时铸版技术已有较大进步。“伍百文”钞版发现很少，且此钞版正背两面金额不同尚属仅见。为研究中国货币发展史和元代社会经济提供了宝贵资料。现藏河北省文物研究所。

龙凤通宝铜钱

元代货币。直径 2.8 厘米。方孔，内外有郭，外郭宽缘。面文为对读楷书阳文“龙凤通宝”四字，字体端庄。此钱为 1355 年红巾军刘福通迎立韩林儿为帝，建元龙凤铸行的货币。现藏天津博物馆。（图 4-35）

图 4-35 龙凤通宝铜钱

中统元宝壹贯交钞

元代货币。纵 26 厘米，横 18 厘米。原藏西藏萨迦寺内。正面上额自右至左横书“中统元宝交钞”六字。版心被长方形花栏隔为上下两段。上半部分居中“壹贯文省”，字下方横置钱贯一串，其左右为汉语和八思巴文篆书两行，右书“中统元宝”，左书“诸路通行”。下半部分居中一行为“伪造者斩赏银伍定仍给犯人家产”右侧为“中书省奏准印造中统元宝交钞宣课差役内并行收受不限年月诸路通行”“元宝交钞库子攒司”“印造库子攒司”左侧为“中书省提举司”“印造库使副判”“元宝交钞库使副判”“中统年月日”。上下部分正中各有一正方形官印，印文不清。背面印一长方形板框，上为“至正印造元宝交钞”八字，下有交叉钱贯两串，正面官印亦见于背面。此交钞对于研究元代钞法及中央与西藏的关系具有重要意义。现藏西藏自治区文物管理委员会。

至元通行贰贯宝钞

元代货币。纵 16.3 厘米，横 9.2 厘米。1958 年青海格尔木出土。桑皮纸质。最上端横书“至元通行宝钞”，下为版心，被花纹栏分为上下两部分。上半部分横书“贰贯”，两旁各书八思巴文“至元宝钞”和“诸路通行”四字。下半部分竖写真书十行：“尚书省，奏准印造至元宝钞宣课差发内，并行收受不限年月诸路通行，宝钞库子攒司，印造库子攒司。伪造者处死，首告者赏银伍定，仍给犯人家产，至元年月日，宝钞库使副、印造库使副、尚书省提举司。”钞面正背均钤有官印。现藏青海省文物考古队。（图 4-36）

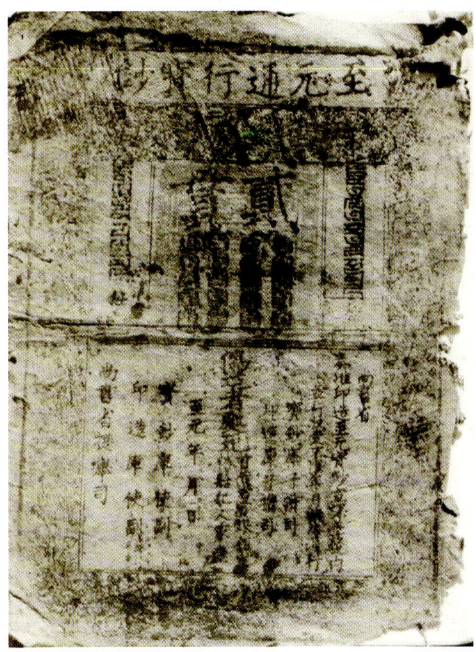

图 4-36 至元通行贰贯宝钞

西王赏功金钱

明代货币。径 5 厘米，重 38.7 克。金质。方孔圆形，内外有郭，外郭较宽。面铸楷书阳文对读“西王赏功”四字。《明史·张献忠传》载：万历十六年（1643）“据楚王第，铸西王之宝”。次年“号大西国王，改元大顺”。张献忠所铸“西王赏功”钱共有金、银、铜三种，以分别赏赐有功者。现藏上海博物馆。（图 4-37）

图 4-37 西王赏功金钱

广济县折禄米银元宝

明代货币。长 14.2 厘米，宽 9.2 厘米，厚 3.3 厘米，重 1.8816 千克。1956 年湖北蕲春刘娘井墓出土。面大底小，两端外弧上翘，束腰。正面微凹，周有波纹，侧、背面有蜂窝状小孔。正面錾刻楷书阳文五行三十九字：“姚仲才广济县里纳朱应斗解正德十一年分折禄米银伍拾两广容管仓梁大用库交看银匠武勇”。为明英宗正统元年（1436）现物税正式转入货币税一折征金花银之举提供了实证。现藏湖北省博物馆。

大顺通宝铜钱

大西货币。直径均为 2.65 厘米，重 5 克。方孔，内外有郭，外郭缘较宽。面铸楷书阳文对读“大顺通宝”四字，背文有三种：郭下有“户”字；郭下有“工”字；郭下无文。张献忠于明崇祯十七年（1644）在成都建立大西政权，称西王，年号大顺。后设置丞相及六部以下各官，设铸钱局，铸造“大顺通宝”铜钱一批。此钱币是研究大西农民政权政治、经济的重要实物资料。现藏四川博物院。

“和”字金元宝

清代货币。高 3.1 厘米，长 5.5 厘米，宽 3.3 厘米。1959 年安徽屯溪隆阜戴姓墓出土。元宝系铸成马蹄形的金锭，作货币流通。一般记有金银匠姓名、铸造年份、地点、重量等。此件元宝腰一侧打有“和”字印记，可能为金铺的字号、标记。金元宝系清代墓葬出土，对研究清代货币体制有重要参考价值，又明清两代银元宝通行，金元宝则不多见。现藏安徽博物院。（图 4-38）

图 4-38 “和”字金元宝

玺印

XI YIN

图 5-1 战国“会平市玺”铜玺

图 5-2 西汉“轪侯之印”铜印印文

图 5-3 三国“平东将军章”金印

印章

印章也称“图章”。古称“鉩”或“坅”，后作“玺”。是一门融合书法和雕刻的综合性艺术。材质多种多样，古代多用铜、银、金、玉、琉璃等为印章，后有牙、骨、水晶等；元以后石章盛行。在等级社会里，不同时期，不同阶层对印有不同的称呼。秦以前统称为“玺”，秦统一六国，皇帝的印称“玺”，官、私所用均改称“印”。至汉代，官印中始有“章”和“印章”之称。唐以后，皇帝所用印或称“宝”，官、私所用印别有“记“朱记”“关防”“图章”和“花押”等名称。文字形制随时代而变化，风格各有特点，体现了文字的演变。先秦及秦、汉的印章多用作封发物体、简牍之用，把印盖于封泥之上，以防私拆，并作信验。而官印又是权力的象征。后简牍易为纸帛，封泥之用渐废，印章改用朱色钤盖。除日常应用外，又多用于书画题识，遂成为中国特有的一种艺术品。

战国印章

战国时期已广泛使用印章，遗存数量较多，分官玺、私玺两大类。质地、形状、钮式乃至用字多寡、玺文排列形式等均无固定的模式。玺文为战国古文，用阴阳两法镌刻，结构多紧密，笔划圆转多姿，印面布局错落有致，和谐自然，是研究古文字和篆刻艺术的重要资料。（图 5-1）

秦汉印章

秦以前，无论官私印都称“玺”。秦统一六国后，规定皇帝的印独称“玺”，臣民只称“印”。汉代也有诸侯王、王太后称为“玺”的。印材主要有铜、银、金、玉。秦印使用的文字为秦篆，汉印印文更为整齐，结构平直方正，风格雄浑庄重，亦是篆刻艺术的高峰。（图 5-2）

魏晋南北朝印章

由于王朝更迭频繁，政治动荡不安，官印需求量激增，原本明确而严格的等级制度渐趋涣解，以至于武职中的“征”“镇”“安”“平”将军及其等而下之的杂号将军也都在佩享金印之列，金银官印滥用。西晋政权颁赐给鲜卑、乌丸、羌等少数民族首领的金质官印所见也不少。（图 5-3）

宋代印章

宋代官印传世较多，官印的管理已出现新的定制。官印形制上的特点较为显著，印背均有年号凿款与制作地点的记载，印钮明显增高，多呈版状，印面呈长方形，印文款识盘叠满布。宋仁宗年间规定，赐给臣僚的印应该随葬，以表示所受赐印记已随本人身死而失去作用。私印存世不多。画押印的使用始于宋代，如著名的宋徽宗“天下一人”押常见于其书画之上。（图 5-4）

图 5-4 宋代“宣抚处置使司随军审计司印”铜印

元代印章

元代官印以八思巴蒙古文入印，当时官印的印文有蒙文、汉文两种，武官用印用蒙文，文官用印则使用汉文或蒙汉文并行，这是因为当时武官以蒙古人居多，而文官则是汉人与蒙人均有。元代私印也分蒙文与汉篆两种，汉族文人仍用汉篆，且多为细朱文。元朝末年，义军四起，义军统领均颁有官印，这些官印多数与宋代的九叠篆类似。（图 5-5）

明清印章

明清印章有官印、私印两种。官印形制、大小、文字、字体、印钮等皆有严格规定。皇帝用金、玉石，印文为小篆；贵妃、太子、亲王印均为金质龟钮；一、二品官员为银印；三品以下官员为铜印，橛形钮，印文均九叠篆，都有边款，一般都是背刻印文铸造时间和机构，边刻印章编号，但编号已不纯用千字文，有的用当朝

图 5-5 元代八思巴文“大元帝师统领诸国僧尼中兴释教之印”玉印

图 5-6 “大清嗣天子宝”金玺

帝号，如“崇”（崇祯）。明末起义军李自成、张献忠也都颁行有各自政权的官印。

明清私印以石料所作为多，寿山石、昌化石、青田石等质优色美的石材被广泛运用于治印，也有少量牙角竹木之作，取代了铜质印章。印章成为书画作品的重要组成，印文主要由书画家亲自捉刀，或由治印家镌刻，他们皆以秦汉六朝古印为宗，创造出个人风格，使印章艺术进一步发展，成为一门逐渐摆脱实用性的艺术门类。清代还出现了不同风格的篆刻流派，著名的有“皖派“浙派”“西冷八家”等。（图 5-6）

古鉨

“鉨”也作“玺”，即“玺”。先秦印章的通称。古鉨印面文字为当时六国的篆书，风格奇特多变，不易辨识，形式多样。秦统一六国，皇帝所用称“玺”，官、私所用均改称“印”。材料多数是铜，间有银和玉等。多用作封发物体、简牍之用，把印盖于封泥之上，以防私拆，并作信验。而官印又是权力的象征。（图 5-7）

图 5-7 战国铜玺

玺

玺即印章。古尊卑通用。秦汉以后，唯皇帝印称“玺”。参阅《宋书·礼志》《文献通考·王礼·圭璧符节玺印》。参见【印章】。

官印

古代任命官爵时授予的凭信。皇家颁发，是权力和身份的象征。历代官印，各有制度，官职高低不同，其官印之印材、形制、钮也不同，显示了森严的等级制度。官印一般器形规整，文字规范，谨严稳重。不同朝代的官印各有差异。秦汉官印多为方寸大小（汉制寸为 2.3 厘米）。隋唐官印印面加大，多用朱文。北宋官印印背皆有年款。金、元、明、清官印篆书多用九叠篆。

私印

私印是指官印之外印章的统称。是个人身份的信物。私印没有章法制度，所以体制十分复杂。可以从作用、字意、文字安排、制作方法、治印材料以及构成形式上分成各种类别。如按印文内容可分为姓名印、肖像印、花押印、表字印、别号印等。（图 5-8）

图 5-8 明代“洑阳李廷相双桧堂书画私印”象牙印

印章三品

对印章好坏的品评。清陈目耕《篆刻针度》："印之佳者有三品，神、妙、能。轻重有法中之法，屈伸得神外之神，笔未到而意到，形未存而神存，印之神品也。婉转得情趣，稀密无拘束，增减合六义，挪让有依顾，不加雕琢，印之妙品也。长短大小，中规矩方圆之制，繁减去存，无懒散局促之失，清雅平正，印之能品也。"

用印八法

使用印章时的八种方法和忌讳。语出《玉燕楼书法》：①慎收贮，以瓷器为好，忌用铜、锡、铝等器；②养色泽，贮器中宜将印泥攒起如阜，再在四周以印油滋养，使色泽鲜明耐久；③勤翻调，细砂易沉，油性易浮，勤翻调方有色；④戒动摇，印时正按，白文宜重，朱文宜轻，一动摇则白文细而朱文粗；⑤宜净拭，印章要随用随拭，切勿使尘灰残物粘滞其中。⑥印厚垫，用纸约 30 层为宜；⑦时封晒，春冬晒一时，夏秋晒一刻，须以薄纱盖面，以防灰落；⑧谨霉湿，宜常晒，勿放置潮湿处。

印泥

①专供图章盖印用的涂料。历史上有水印、蜜印、油印之分。水印即以水调朱而成，色淡而薄；蜜印为以蜜调朱，色红而厚；油印为艾绒、蓖麻油及红色颜料等混和制成，色泽深红，字口清晰。旧制印泥多以银朱或朱砂等为主要色质。最为名贵者为八宝印泥，是用珊瑚和红宝石等研成细末后调制而成，色泽美观，可历数百年而不变。

②也指封泥，参见【封泥】。

朱记

①唐以后官印的一种称谓。印文中有"朱记"字样。

②指魏、晋以来，用红色颜料钤印在纸帛上的印文。

印章学

考古学的一个分类。研究古代印章及其制度的学科。从印章形制、材制、图文等的本体出发着重研究其文化内涵，包括篆刻艺术、文字的演变、文书制度、官制和地名的变迁以及文物的断代。现存最早的印章学专著是宋王厚之《汉晋印章图谱》。

封泥

封泥又称"泥封"。钤有印章的土块。在纸张产生以前，公私简牍大都写在竹简、木札上，封

图 5-9 西汉"轪侯家丞"封泥

发时用绳捆缚，在绳端或交叉处加以检木，封以粘土，上盖印章，作为信验，以防私拆。封发物件，也常用此法。主要流行于秦汉。魏晋后，印章可直接钤于纸、帛之上，封泥之制渐废。代表器物如轪侯家丞封泥。（图 5-9）

金印

古代用黄金铸造的印章。《汉书·百官公卿表上》："相国、丞相、皆秦官，金印紫绶。"如滇王之印金印。（图 5-10）

图 5-10 金印

蜜印

①又称"蜜章"。古时明器类印章。人死后追赠官职时所用。用蜂蜡刻制而成。不知始于何时，始见《晋书·山涛传》："以太康四年薨……敕赠司徒，蜜印紫绶，侍中貂蝉，新沓伯蜜印青朱绶，祭以太牢，谥曰康。" 唐人文笔中亦多用此。

②印泥的一种。参见【印泥】。

蜜章

蜜章又称蜜印，参见【蜜印】。

蜜玺

古时明器类印章。以蜂蜡制成，用以皇帝殉葬。郝懿行《晋宋书故·蜜章》："晋武帝泰始四年（268），文明王皇后崩，将合葬，开崇阳陵，使太尉司马望奉祭，进皇帝蜜玺绶于便房神坐。"

传国玺

传国玺也称秦玺。秦以前以金、玉、银为方寸玺，秦以来皇帝独称玺，专用玉材。相传秦始皇得蓝田玉，雕为印，四周刻龙，正面刻李斯所写篆文"受命于天，既寿永昌"八字（见《后汉书·徐璆传·注》，《宋书·礼志·汉旧仪》作"受天之命，皇帝寿昌"）。历代封建王朝以玺有"受命于天"文，争以得玺为符瑞。秦玺已亡，历代自行铸造，文亦有别。

六玺

秦、汉皇帝使用的印玺。分别为皇帝行玺、皇帝之玺、皇帝信玺、天子行玺、天子之玺、天子信玺，合称为"皇帝六玺"。皆玉螭虎钮，皆以武都紫泥封之。引自《后汉书·光武纪》建武三年注引蔡邕《独断》。又有传国玺，合称为七玺。

秦印

指战国末期的西汉早期流行的印章。字体小篆居多，白文的印面常有界格，风格苍秀。与汉印并为后世篆刻家所取法。例如弄狗厨印铜印。（图 5-11）

图 5-11 秦代“弄狗厨印”铜印

汉印

汉至魏、晋时期印章的统称。字体多为篆体，且有别于秦篆，大都方平正直，布局谨严，有独特风格。与秦印并为后世篆刻家所取法。代表器物存世较多。

西汉印绶

西汉用印有着严格的等级限定。按官员品秩不同，分金印、银印、铜印；绶为系官印的绳子，有绿绶、紫绶、青绶、黄绶和黑绶；印上有钮，有龟钮、鼻钮等。佩印之制，战国已有，汉沿用，并形成制度，显示了等级制度的森严。

半印

半印又称半通。官印的一种。下级官吏，如管仓库、园林的官员，只能用大官印的一半，印呈长方形，后世沿其制，称半印。清桂馥《札朴·少内印》：“馥案少内与仓库诸官印皆长而小，下吏卑职不得用径寸方印也。”

半通

半通即半印。汉扬雄《法言·孝至》：“不由其德，五两之纶，半通之铜亦泰矣。”注：“皆有秩啬夫之印绶，印绶之微者也。”参见【半印】。

套印

由形制、镌刻内容相似的大小几方印套合而成的印章。汉代子母印即为套印的一种。明、清以后，为携带使用方便，套印多以铜、石制成。每套印中每方印五面都可刻字。如孟奬子母铜印。（图 5-12）

子母印

套印的一种。由大小两个或三个印套合起来的印章。多见于东汉。一般铸有兽、龟等钮，大的印腹空，小印嵌入腹内，呈母抱子状，故称“子母印”。如孟奬子母铜印。

图 5-12 东汉“孟奬子母”铜印

连珠印

连珠印又称联珠印。印章的一种。将长方形印面的中间刻去，上下二头各刻一方印，就成了连珠印。起于周秦之际，当时仅三连珠、四连珠印两种。二连珠印，始于唐代，取长方印界为二，分刻姓名表字，亦有作椭圆式的。

六面印

一种特殊形状的印章。像“凸”字形，上为印鼻，有孔可穿带，鼻端刻一小印，其余五面也刻有印文，故称“六面印”。流行于南北朝。明、清后，正方或长方印六面都刻有印文的也称“六面印”。(图 5-13)

图 5-13 三国曹氏六面铜印

穿带印

因左右有孔可以穿带，故名。印的上下面都刻有印文，大多是一面刻姓名，一面刻字号的私印，故又称“两面印”。盛行于汉代。如窦绾铜印。

肖形印

肖形印亦称形肖印、象形印，元明时称“图像印”，后又称“图案印”“浮雕印”或“虫鸟印”。是一种刻有图案纹饰印章的统称。古肖形印盛于两汉。一般刻铸有人物、鸟兽、建筑等纹饰，取材多样，布局简练，造型生动，古朴大方，与汉代画像石、青铜器等有许多相似之处。按玺印内容的不同可分为人物形印、兽畜形印、鸟形印、纹饰印等多类。著名的有牛耕印、鹿印、鹤印、虎印、乐舞印等。是古代刻印艺术中的独特创造，在我国印学史上具有重要地位。（图 5-14）

图 5-14 凤鸟印

形肖印

形肖印即肖形印。参见【肖形印】。

形印

形印即肖形印。参见【肖形印】。

像印

像印即肖形印。参见【肖形印】。

图案印

图案印即肖形印。参见【肖形印】。

浮雕印

浮雕印即肖形印。参见【肖形印】。

牛耕印

古代肖形印的一种。此印为汉代玉印。龟钮，纹饰为一牛力耕，一人扶犁，其上似飞鸟。雕刻古朴，作风和同时期石刻画像牛耕图类似。牛耕肖形印极罕见。（图 5–15）

图 5–15 牛耕印

鹿印

古代肖形印的一种。多为汉代铜印。饰以鹿形或绘有鹿纹。汉人以鹿为瑞兽，寓意吉祥，称“鹿来禄至”。

鹤印

古代肖形印的一种。多为汉代铜印。鹤的造型不一，变化较多。鹤在古代被崇拜，其地位仅次于凤。鹤被神化，常与神仙组合一起。鹤还被作为长寿的瑞禽，古人有“以鹤取寿”之说。故鹤印较常见。

虎印

古代肖形印的一种。多为汉代铜印。虎的纹饰不一，有立、有卉、有卧、有昂首等，都具有汉画风格。白虎在汉代被认为是西方之神，是驱逐邪恶的神物。且虎代表了威猛，武将被称为虎贲，以虎为印代表了自己在武艺方面的造诣。

乐舞印

古代肖形印的一种。多为汉代铜印。乐舞的形象多样，有仅有舞者的，亦有加伴奏的，舞蹈多为“长袖”舞。亦有许多为杂技、幻术表演形象。

回文印

文字回旋排列的印章。方式有多种。最常见的，如古代双名印，为使中字相连，避免拆散在左右两侧，从姓开始采用从右到左、从左到右（即逆时针方向）排列，即在姓下加“印”字，作“姓印某某”。回文应读作“姓某某印”。（图 5–16）

图 5–16 清代“赵之谦印”石印印文

花押印

镌刻花写姓名的印章。是将个人姓名或字号经过草写，改变成类似于图案的符号，使人不易摹仿，作为取信的凭记。源于古人画诺之遗。元代较为盛行。据陶宗仪《辍耕录》载：“今蒙古色目人之为官者，多不能执笔花押，例以象牙或以木刻而印之。宰辅及近侍官至一品者，得旨则用玉图书押字，非特赐，不敢用。”元代盛行的花押印，其形多为长方，一般上刻楷书姓氏，下刻八思巴文或花押，别称“元押”“元戳”。如范文虎青玉押。

元戳

元戳又称元押。元代一种花押印。参见【花押印】。

边款

刻于印侧的题记。指隋、唐以来官印周围多刻有制印年月、编号、释文等的通称。明以后篆刻家在印侧或上端刻年月、名款，甚至刻上诗文、图案等，多数为阴文。

闲章

用章为镌刻诗词或成语的印章。一般钤盖在书、画上。由秦汉时期刻有吉祥文字的印章演变而来，宋元以后风气颇盛，成为中国书画艺术不可或缺的部分。内容十分广泛，且意趣盎然，书画家或自拟词句，或撷取格言、警句，以示对人生和艺术的感悟。

阳文

阳文又称朱文。指镌刻成凸状的印文。用阳文印章钤出的印文为朱色，故也称“朱文”。（图 5-17）

图 5-17 战国“子坴子锴”铜玺印文

朱文

朱文即阳文。参见【阳文】。

阴文

阴文又称白文。指镌刻成凹状的印文。用阴文印章钤出的印文是红地白字，故也称“白文”。

白文

白文即阴文。参见【阴文】。

摹印

秦代用于玺印的字体。字体屈曲缜密，与小篆十分相似，为其稍加变化而成。因印材有大小，所以在写刻之前必须先予规画，故名。

缪篆

摹刻印章用的一种篆书。王莽时官定的“六书”之一。缪是绸缪之意。形体平方匀整，线条屈曲缠绕，而得名。清桂馥将汉、魏印文，统称为“缪篆”，并类编其文为《缪篆分韵》。（图 5-18）

图 5-18 西汉“武意”玉印印

九叠篆

刻印用的篆书。始见于宋。笔画折叠堆砌，均匀对称。九为约数，为多之意，所谓“九叠”，只是形容其折叠之多。折叠多少，根据字的笔划繁简而定，有多至十叠以上者。九叠文官印，都作朱文，盛行于宋、元。明代的如来大宝法王之印玉印达十一叠之多。（图 5-19）

图 5-19 元代“元帅之印”铜印九叠篆印文

“大府”铜玺

出于战国时期。长 5 厘米，宽 5.8 厘米，高 11.6 厘米。近方形，柱钮，形制特殊。凿白文“㾍”（大府），字间有格。此类印屡见于楚国。大府是管理国家财赋物资的机构。此种柱钮铜玺，多为烙印。现藏故宫博物院。（图 5-20）

图 5-20 “大府”铜玺印文

子坴子鍴铜玺

用于战国齐。高 2.3 厘米，边长 5.2 厘米。传山东临淄出土。方形，盝顶，鼻钮。色黝黑，间以红绿斑砂砾。凿朱文“子坴子鍴”四字。“子坴子”为人名。子某子称谓，在战国诸侯士大夫间甚为通行，齐国最为常见。此类玺是专门用来钤盖陶量器所用的馆印。称玺为鍴是齐国玺印的特征。子坴子当为齐国统治阶级中的显赫人物。此玺笔势浑朴遒劲，是齐国官印的典型，在战国玺印中如此巨大者殊不多见。现藏中国国家博物馆。

“陈之新都”铜玺

用于战国楚。边长 2.9 厘米。方形，台钮。凿白文“陈之新都”四字，为楚国字体。“陈”字从土，与陈国之陈作敶不同，而与齐田氏作“塦”相同。公元前 479 年，齐灭于楚，陈（今河南淮阳）于春秋末即为楚地，顷襄王二十一年迁都于此，以为新都。现藏上海博物馆。

“君之信玺”玉玺

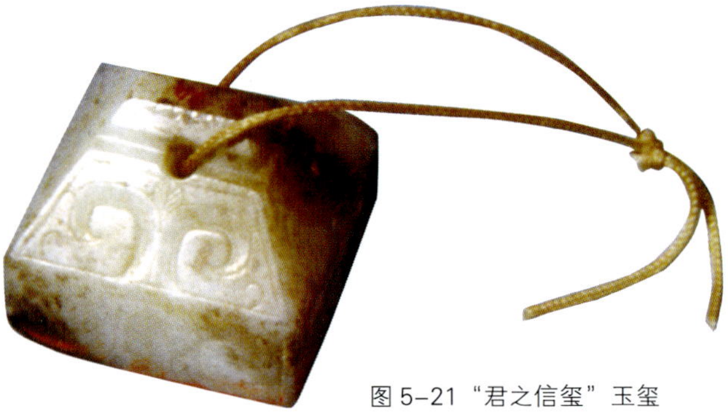

图 5-21 “君之信玺” 玉玺

用于战国。高 2.1 厘米，边长 2.5 厘米。白玉，略泛青色。方形，覆斗钮，四坡刻云纹图案。凿白文 “君之信玺” 四字。战国时，君指各国封君而言，封君多由王赐爵，反映了当时王权的加强。此为战国时期某国封君之玺。用于发布文书命令，打印简牍封泥，以起凭信作用。现藏中国国家博物馆。（图 5-21）

“弄狗厨印”铜印

秦印。长 2.5 厘米，宽 2.3 厘米，高 1.3 厘米。近方形，台式瓦钮。印身较薄，凿白文篆书 “弄狗厨印” 四字，笔势自然风趣，整齐而不呆板，字间加田字格，具有典型的秦印特点。《后汉书・孝灵帝纪》：光和四年（181），“于西园弄狗……”。弄狗厨是秦代官府所设以狗肉为主的膳房，此为其官长之印。现藏河南博物院。

“皇后之玺”玉玺

图 5-22 “皇后之玺” 玉玺

西汉用印。边长 2.8 厘米。1968 年陕西咸阳汉高祖长陵附近出土。白玉。方形，螭虎钮。凿白文篆书 “皇后之玺” 四字。秦统一后，规定皇帝为玺，一般官吏称印。汉代诸侯王、王太后，皆称玺。汉官旧仪称，皇后玉玺，文与帝同，金螭虎钮。此玺正与汉制吻合。因出土于汉高祖长陵附近，故有人断定为吕雉之物。现藏陕西历史博物馆。（图 5-22）

“石洛侯印”金印

西汉用印。通高 1.5 厘米，印面边长 2.3 厘米。近方形，龟钮，印面阴文篆书 “石洛侯印”。龟身俯伏而形体狭长，龟背中部稍隆，略呈拱起状，龟甲刻饰相套合的六边形，其中外侧六边形较规整，向内渐简化为五边形或四边形；龟体和龟足的棱角及刀痕多自然显露。据《史记》及《汉书》所载，石洛侯为西汉城阳顷王之子刘敬，于汉武帝元鼎四年（前 113）获封，24 年后因罪被杀，该金印的颁刻也正系于此 24 年间，则西汉前期金龟钮官印的形制由此可见一斑，其无论对于西汉金银器雕铸工艺的探讨，或对印史研究来说，都是弥足珍贵的实物资料。现藏中国国家博物馆。

“文帝行玺”金印

西汉用印。边长 3.1 厘米，通高 1.8 厘米，重 148.5 克。1983 年广州南越王墓出土。方形，龙钮，金印的印面阴刻有篆书“文帝行玺”四个字，刚健有力。钮上的龙盘身昂首，形态生动而富有神采，蟠龙环睁的眼、粗壮的角、紧密的鳞片，皆雕镂精细入微，反映了西汉南越地区高超的手工业水平。“文帝行玺”四字被安排在田字方框的四个格子里，印文为端庄的小篆，具有秦官印的特点。是迄今所见最大的一枚西汉金印。对确定墓主的身份起到决定性的作用。现藏广州南越王墓博物馆。

丨“滇王之印”金印丨

西汉用印。高 1.8 厘米，边长 2.4 厘米，重 89.5 克。1956 年云南晋宁石寨山 6 号墓出土。方形，蛇钮，双目圆睁，昂首盘屈，身有鳞纹。凿白文篆书“滇王之印”四字。《史记·西南夷列传》载，元封二年（前 109），“滇王离难西南夷，举国降，请置吏入朝。于是以为益州郡，赐滇王王印，复长其民。西南君长以百数，独夜郎、滇受王印。”此印证实《史记》所载赐印之说。不仅对石寨山古墓群的年代和寨主人身份的推断提供了依据，而且是研究云南历史和当时民族关系的重要文物。现藏中国国家博物馆。（图 5–23）

图 5–23 “滇王之印”金印

丨“轪侯之印”铜印丨

西汉用印。高 1.7 厘米，边长 2.2 厘米。1974 年湖南长沙马王堆 2 号墓出土。方形，龟钮。鎏金，金多脱落。凿白文篆书“轪侯之印”四字，字体草率。审其印文，出于急就，应属明器，非实用之物。原印传给继承侯位之子利豨。《汉书·高惠高后文功臣表》载：“轪侯黎朱苍，以长沙相侯七百户，二年（前 193）四月庚子封。”现藏湖南省博物馆。

丨“汉归义賨邑侯”金印丨

西汉用印。高 2.5 厘米，边长 2.3 厘米。方形，驼钮。铸白文篆书“汉归义賨邑侯”六字。賨人即蜀之巴人，秦代在巴人居住的地区建黔中郡，《魏书·賨李雄传》：“薄赋其民，口出钱三十，马人谓赋为賨，因为名焉。”“归义”是汉朝中央政权给予边疆少数民族首领的一种封号。《后汉书·百官志》载：“归义侯，邑君，邑长，皆有丞，比郡县。”此印为汉廷颁赐賨人首领者。有关賨人之印，仅此一见，弥足珍贵。现藏中国国家博物馆。

丨赵诩三十字铜印丨

西汉用印。高 1.7 厘米，边长 2.3 厘米。方形，瓦钮。凿白文“赵诩子产印信。福禄进，日以前，乘浮云，上华山，

图 5–24 赵诩三十字铜印印文

食玉英，饮醴泉，服名药，就神仙。”印文内容为汉代常见的道家用语，祈求升仙长寿，表达了对美好生活的向往。此印是中国古印中文字最多者。现藏天津博物馆。（图 5-24）

“武意”玉印

西汉用印。高 1.65 厘米，边长 2.3 厘米。方形，覆斗钮，玉为白色。白文鸟篆书“武意”两字。文字较之战国私玺中的鸟篆书有所发展，寓鸟形、鱼形、虫形于笔画之中，整齐匀美，十分工致。动物形象也更为写实，印中鱼形具有胸鳍、属鳍，形象完整，四只鸟形各有姿态，其余以屈曲虫形或笔画充填，结合得相当完美。为研究鸟篆及其发展提供了重要的资料。现藏上海博物馆。

图 5-25 “窦绾”铜印

“窦绾”铜印

西汉用印。高 0.8 厘米，边长 2 厘米。1968 年河北满城中山靖王妻窦绾墓出土。方形，两面印，无印钮，中为长方形穿孔。凿白文篆书，一面为“窦绾”；另一面为“窦君须”（须为“婆”之省笔），文字清晰秀丽。当为墓主的姓名和字的印信。为汉代妇女以姓名印随葬提供了实例。现藏河北省博物馆。（图 5-25）

“婕伃妾娋”玉印

西汉用印。高 1.2 厘米，边长 2.3 厘米。方形，凫钮。凿白文鸟篆书“婕伃妾娋”四字。《汉书·外戚传》序载，武帝制婕伃等，各有爵位。妾是一种自谦的称谓，多见于汉魏女子自称。此印当为宫中女官的随葬专用印。据传，明代此印即已流传于世。清代多种大型印谱有著录，为历代古收藏家所重视。现藏故宫博物院。（图 5-26）

图 5-26 “婕伃妾娋”玉印印文

“轪侯家丞”封泥

西汉用印。木匣长 4.4 厘米，宽 2.7 厘米，厚 1.2 厘米。1972 年湖南长沙马王堆 1 号墓出土。泥面盖白文篆“轪侯家丞”印。“轪侯家丞”为当时长沙国丞相、轪侯利仓家的总管，故利仓妻子的陪葬品都经过他检验缄封后入葬。这是研究古代封缄制度的重要资料，亦可称补传世官印之不足。现藏湖南省博物馆。

“广陵王玺”金印

东汉用印。高 2.1 厘米，边长 2.3 厘米，重 12 克。1980 年江苏扬州邗江县甘泉乡东汉刘荆墓出土。方形，龟钮。印文为阴刻“广陵王玺”四字，布局疏密有致，行笔直中有曲，使全印非常饱满，流畅和谐。光武帝刘秀的第九子刘荆于明帝永平元年被封为广陵王，此印为其封玺。这是国内首次发现的汉代诸侯王玺，是汉代印玺中极为罕见的珍品。现藏南京博物院。

孟蒉子母铜印

东汉用印。大印高 2.5 厘米，边长 2 厘米，中印边长 1 厘米，小印边长 0.8 厘米。1972 年云南昭通二坪寨梁堆出土。方形，三套印。大、中两印作母、子狻猊钮，小印则作龟钮。大印刻“孟蒉之印”四字；中印“孟蒉”两字；小印“伯称”两字，皆白文篆书。孟氏为“南中大姓”之一。此印形制独特，制作精巧。为研究当时的套印提供了佐证。现藏昭通地区文物管理所。

“晋归义氐王”金印

西晋用印。高 3.2 厘米，边长 2.2 厘米，重 88.5 克。近方形，驼钮。凿白文篆书“晋归义氐王”五字，分列三行，“晋”字独居一行，布局规整，镌刻细劲犀利，为存世晋代少数民族官印精品。雕刻块面处理概括，略加刻细线纹，风格粗犷洗练而形象鲜明。此印当为晋王室颁赐给归顺于晋的氐部落酋长之印，对研究晋王室与少数民族关系有重大意义。现藏上海博物馆。（图 5-27）

图 5-27 “晋归义氐王”金印

曹氏六面铜印

三国魏用印。高 3.6 厘米，边长 2.2 厘米。方形，鼻钮。印文六面凿白文悬针篆“曹氏”“曹氏印信”“女言疏”“官”“曹新妇白疏”“印完”。书体竖笔引长下垂，收笔尖细，形成上密下疏的结构特点，近于魏正始石经书体。此印是当时妇女印之精品。现藏天津博物馆。

“晋率善氐邑长”铜印

西晋用印。高 2.6 厘米，边长 2.2 厘米。方形，羊钮。凿朱文篆书“晋率善氐邑长”六字。氐是古代少数民族名。自秦汉以来世居岐、陇以南，汉川以西。自汧渭抵于巴蜀，种族实繁，或谓之白氐，或谓之故氐，各有侯王，受朝廷封拜。此印当为氐族邑长的官印。现藏陕西省宝鸡市博物馆。

“范阳公章”金印

十六国燕用印。高 1.98 厘米，边长 2.27 厘米，宽 2.35 厘米。1965 年辽宁北票西官营子冯素弗墓出土。近方形，龟钮。凿白文篆书“范阳公章”四字，有边。审其文字草率，应为随葬用品。考冯素弗见《晋书·冯跋》记载，赠官范阳公与印文相符。此为北燕时期官印

图 5-28 “范阳公章”金印

的标准品。实为难得。现藏辽宁省博物院。（图 5-28）

独孤信多面体炭精印

北周用印。高 4.5 厘米，长 2 厘米，宽 4.35 厘米，重 75.7 克。陕西旬阳出土。纵横呈八棱形，印面共 24 个，其中方形 16 个；三角形 8 个。16 个印面中有 14 面凿白文："臣信上疏""臣信上章""臣信上表""臣信启事""大司马印""大都督印""刺史之印""柱国之印""独孤信白书""信白笺""信启事""耶敕""令"和"密"。其中"耶勅""令"和"密"三印文较其他印文大。书体多为魏书，亦有成熟的楷书。此印在中国尚属首次发现。现藏旬阳县博物馆。

"契丹节度使印"铜印

唐用印。高 4.3 厘米，长 6.5 厘米，宽 6 厘米。1972 年河北隆化韩吉营西沟出土。鎏金，近方形，狮钮。印背略呈覆斗形，四坡平缓，阴刻神态各异的狮纹。顶部铸一昂首蹲踞狮，两眼平视，嘴微启露齿，胸肌前突，垂尾右甩，造型端庄秀丽。焊接朱文篆书"契丹节度使印"六字，细文细栏。唐置节度使始于景云二年（711），以戍卫边疆，掌总军旅。契丹节度使官职，两《唐书》不见，但有"常以范阳节度使为押奚及契丹两蕃使"记载。今隆化为当地奚族居地，此印当为唐军征伐中的遗物。现藏隆化县文物保管所。（图 5-29）

图 5-29 "契丹节度使印"铜印

"宣抚处置使司随军审计司印"铜印

南宋用印。通高 4 厘米，边长 5.5 厘米。1955 年浙江杭州西湖出土。方形，短矩形把手。铸朱文屈曲篆书"宣抚处置使司随军审计司印"三行十二字。背款白文楷书"建炎四年（1130）二月日""宣抚处置使司行府铸"两行，顶款刻白文篆书"上"字。《宋史·职官志》载："中兴初，张浚以知枢密院事，孟庾以参加政事，李纲以前宰相，皆出宣抚，浚又加'处置'两字入衔。"此印铸于建炎四年二月，即宋高宗因金兵大举南下，出奔东海返回越州之前所铸，实为罕见。现藏浙江省博物馆。

图 5-30 范文虎青玉押

范文虎青玉押

元用印。高 2.7 厘米，边长 3.5 厘米。1956 年安徽安庆棋盘山范文虎墓出土。方形，虎钮。虎作卧伏式，俯首盘尾，两目平视，作捕食姿势，形象逼真。范文虎原为南宋殿前副都指挥使知安庆府。后降元，官至尚书省右丞。大德五年（1301）卒，九年与妻陈氏合葬于安庆东郊。元代用押较为盛行。据陶宗仪《辍耕录》载：“今蒙古色目人之为官者，多不能执笔花押，例以象牙或以木刻而印之。宰辅及近侍官至一品者，得旨则用玉图书押字，非特赐，不敢用。”此押应是元朝所特赐。现藏安徽博物院。（图 5-30）

八思巴文“国师之印”玉印

元用印。高 8.4 厘米，边长 10.9 厘米。白玉。方表，螭钮。穿上系红丝双穗。凿八思巴文朱文篆书“国师之印”四字。中国封国师始于北齐，齐王尊高僧法常为国师。元中统元年（1260）封西藏僧人八思巴为国师，赐玉印。玉印在当时是职权的象征，足见国师之地位。此印是元王朝封赐西藏上层僧人的印信。现藏西藏自治区文物管理委员会。

八思巴文“太尉之印”铜印

北元用印。高 9.5 厘米，边长 10.2 厘米。方形，台钮。铸八思巴文朱文篆书“太尉之印”四字。背款右刻“太尉之印”；左刻“北元宣光元年（1370）中书礼部造”，均白文楷书。北元文物传世甚少，此印对研究北元历史具有重要价值。现藏故宫博物院。

“如来大宝法王之印”玉印

明用印。高 8.5 厘米，边长 12.8 厘米。白玉。方形，双盘龙钮。凿朱文十一叠篆书“如来大宝法王之印”四行八字。据《明太宗实录》载，僧人却贝桑波于永乐五年（1407）二月，奉命在灵谷寺设普渡大斋，为太祖帝后荐福。三月，成祖赐名“如来”，封“万行具足，十方最胜，圆觉妙智，慧善普应，佑国演教，如来在宝法王，西天大善自在佛”，简称“大宝法王”。此为明成祖赐封西藏佛教噶举派僧人却贝桑波的印信，书体十一叠篆，与众不同。现藏西藏自治区文物管理委员会。

“金峒安抚司印”铜印

明永乐时期用印。高 7.5 厘米，边长 7.1 厘米。1959 年湖北咸丰大悔寨出土。玺印。铜质。方形，杙钮。凿朱文九叠篆书“金峒安抚司印”三行，背款上刻“礼部造”，左刻“永乐五年（1407 年）四月日”一行；右刻“金峒安抚司印”一行；侧款刻“节字四十六号”一行，均白文楷书，此为明成祖敕封土司的信印，附有残铜印盒一件，上刻“监

图 5-31 “金峒安抚司印”铜印

造舍目知印长官覃胜廉冠带大头目谭亮工作林凤朝造”。现藏咸丰县文化馆。（图 5-31）

“朵儿只唱图记”象牙印

明用印。高 6.1 厘米，边长 5.2 厘米。方形，狮钮。凿朱文梵字两行六字。背款右刻“大明万历戊子年制”一行；左刻“钦赐朵儿只唱图记”一行，均白文楷书。朵儿只唱，即藏文多吉锵的音译，意为持金刚。这是西藏佛教界对密宗取得最高成就者的称号。《明神宗实录》载，万历十五年（1587）十月，神宗派使臣到土默特（今呼和浩特）敕封索南嘉措为“朵儿只唱”，赐“敕命图书”。因敕封在前，制印在后，故文献记载与此印差一年。此印为研究明王朝与西藏佛教格鲁派的关系提供了重要的实物资料。现藏西藏自治区文物管理委员会。（图 5-32）

图 5-32 “朵儿只唱图记”象牙印

“一丘一壑自谓过之”石印

明用印。高 6.1 厘米，印面长 2.7 厘米，宽 2.5 厘米。昌化石质。明代中叶著名篆刻家何震刻。印面白文篆刻“一丘一壑自谓过之”。边款以单刀刻行书“兰嵎老先生题赠景开词兄余篆此请正时甲辰夏日记事何震”。印文章法平正，边款字体欹斜雄健，为同类器中的精品。现藏南京博物院。

“笔底烟霞”石印

明用印。高 7.1 厘米，印面边长 1.9 厘米。寿山石质。明末清初安徽歙县著名篆刻家程邃刻。印面朱文“笔底烟霞”四字，以冲刀代笔，正楷刻款“笔底烟霞，穆倩”。印文笔划细而古雅，刻款线条稳健流畅，挺秀多姿。现藏南京博物院。

“工政府屯田清吏司契”铜印

明大顺时期用印。高 10.3 厘米，印面边长 8.4 厘米。1959 年北京王府井大街出土。铜质。方形，杙钮。为李自成大顺政权官印。凿朱文篆书“工政府屯田清吏司契”三行；背款右刻“工政府屯田清吏司契”一行；左刻“永昌元年肆月□日造”一行；侧款刻“宇字伍百贰拾捌号”一行，均白文楷书。李自成政权的印信有称信、记、契等

图 5-33 “工政府屯田清吏司契”铜印

数种。铸于永昌元年四月，当为占领北京后所颁发。反映了大顺政权对农业生产的重视。现藏中国国家博物馆。（图 5-33）

“敕命之宝”玉印

清乾隆时期用印。高 13.4 厘米，印面长 12 厘米，宽 12 厘米。玉质，玉料呈青白色。方形，雕双龙钮。印面刻朱文篆书满汉文“敕命之宝”。清代乾隆皇帝曾指定代表国家政权的二十五方御用玺印，又称清二十五宝，各有所用，集合在一起，代表了皇帝行使国家最高权力的各个方面。这件是清朝皇帝命令臣僚时使用，对研究清朝的玺印制度有重要意义。现藏故宫博物院。（图 5-34）

图 5-34　“敕命之宝”玉印

“奉天之宝”金玺

清乾隆时期用印。高 9.7 厘米，印面边长 12 厘米。金质。方形，交龙钮。满文阳文篆书“奉天之宝”。钮系牙牌，两面分别镌刻满、汉印文。乾隆皇帝确定二十五方宝玺存放在交泰殿，又从交泰殿其他诸宝中选出十方“命宝”，移贮盛京（今辽宁潘阳）凤凰楼，后归故宫博物院。该玺印是乾隆十方“命宝”之一，对研究清代用印制度有重要意义。现藏故宫博物院。

“皇后之宝”金印

清用印。高 10 厘米，印面边长 14 厘米。金质。方形，交龙钮。满、汉阳文篆书“皇后之宝”。 清代后妃划分为不同的等级，册封皇后、妃嫔，均要颁给册宝，以证明其身分。《大清会典》对其有明确的记载：“皇后之宝，对汉文玉箸篆，交龙钮，平台，方四寸四分，厚一寸

图 5-35　“皇后之宝”金印

图 5-36 “和硕智亲王宝”金印

图 5-37 “正黄旗汉军四甲喇叁佐领图记”铜印

二分，用三等赤金五百五十两。”此件是清代典型的皇后册宝，是研究清代印制的重要资料。现藏故宫博物院。（图 5-35）

“和硕智亲王宝”金印

清嘉庆时期用印。高 12.3 厘米。玺印。金质。方形，钮龙首龟身，壮硕雄健。满、汉朱文篆书“和硕智亲王宝”，汉文在右，满文在左。和硕智亲王为清仁宗嘉庆皇帝次子旻宁，嘉庆十八年（1813 年）册封为智亲王，二十五年继承王位，为道光皇帝。此件是较为少见的清代亲王金印，是研究清代印制的重要资料。现藏南京博物院。（图 5-36）

“达赖喇嘛之印”金印

清顺治时期用印。高 10.3，边长 11.5，重 8.5 千克。方形如意钮。凿朱文汉（篆书）、藏、满三体“西天大善自在佛所领天下释教普通瓦赤拉呾喇达赖喇嘛之印”二十六字。顺治九年（1652），五世达赖阿旺・罗桑嘉措亲率三千人赴京觐见顺治帝，受到清廷的优遇和册封。次年辞归，清廷命承泽亲王硕塞等率八旗兵护送至代噶（今呼和浩特）。同年四月，又遣礼部尚书觉罗朗球等前往代噶赐授金册、金印。“达赖喇嘛”这一封号及其在政治上的地位从此正式确立下来。达赖，蒙语意为大海；喇嘛，藏语译为上师。此印是研究清朝初期与西藏地方关系的珍贵实物资料。现藏西藏自治区文物管理委员会。

土尔扈特银印

清乾隆时期用印。高9.6 厘米，边长 10.6 厘米，重 4.3 千克。方形，虎钮。凿满、蒙文，译文“乌讷恩苏珠克图旧土尔扈特部卓里克图汗之印”。背款左右各刻满、蒙字一行；侧款刻汉字白文楷书“干字伍佰肆拾贰号”“乾隆肆拾年玖月日”两行。“乌讷恩苏珠克图”，意为忠诚、忠顺，“卓里克图”是英勇、勇敢之意，“汗”即王。整个印文的意思是“忠诚的旧土尔扈特部英勇之王”，反映了土尔扈特首领渥巴锡从沙俄伏尔加河流域率部回归祖国的史实。现藏新疆维吾尔自治区博物馆。

“正黄旗汉军四甲喇叁佐领图记”铜印

清乾隆时期用印。高 9.5 厘米，印面边长 5.5 厘米。玺印。合金铜质。方形，椭圆形柱状直钮。印面文为满汉文对译，右汉文篆书“正黄旗汉军四甲喇叁佐领图记”，左满文书三行。印背刻有满文。左立侧阴刻汉文楷书“乾隆十四年（1749 年）十一月日”，左立侧阴刻楷书“乾字三千六百八十二号”。前立侧刻楷书“礼部造”。此印为汉军八旗之一正黄旗下四甲喇叁佐领的官印，官秩相当于四品，为研究清代八旗军事制度提供了实物资料。现藏河北省博物馆。（图 5-37）

“古楼欢”石印

清康熙时期用印。高 4.5 厘米，印面边长 3.5×2.3 厘米。寿山石质。黄学屺刻印文，周彬雕印钮。椭圆形，单只卷毛喜狮钮，四腿屈曲趴卧于印台上。背脊刻阴弦纹，须鬃毛发均开丝修饰，印面镌“古欢楼”朱文，印台正面署“尚均”，左侧“楚桥”款。刀法浑朴重厚，为康熙时期寿山石雕玺印中的精品。现藏南京博物院。

“豆华村里草虫啼”石印

清用印。高 7 厘米，印面边长 2.5×2.7 厘米。丁敬刻。青田石周青冻质。方柱体，无钮。印面镌朱文“豆华村裹草虫啼”。印章四面刻行书款二百余字。末行题“甲辰（1724 年）秋九月廿又八日丁敬作于琴堂”。笔划平直，字形端正，章法和谐匀称。现藏南京博物院。

印钮

印钮又称印鼻、印首。印章顶部的雕刻装饰叫做“钮”。古人印玺随身携带，或佩于腰，或系于臂。在印章顶部钻孔，用以系绳，系绳处多雕简单的形象，作为装饰，于是产生了“印钮”。许慎《说文解字》说：“钮，印鼻也。”最初印钮的形式非常简略，有的只在各种形状的印顶穿个圆洞。以后在封建社会，统治者利用印钮的不同兽形来显示职位官阶，以别尊卑。秦汉六朝以来，官印多用钮制。有螭、龟、天禄、辟邪、虎、狮、象、驼、豸、羊、兔、凫、蟾、蛇等。按规定皇帝、皇后的玉玺才能“钮用螭虎”，其他各层官员的钮制，据应劭《汉官仪》所载：诸侯王，黄金玺，橐驼钮；列侯，黄金印，龟钮；丞相、太尉等，黄金印，龟钮；二千石，银印，龟钮；千石、六百石、四百石至二百石以上，皆铜印，鼻钮，等等。至于民间私印，却不受这种官钮制的束缚，根据个人爱好，雕刻多种多样的印钮形式。

印鼻

印鼻即印钮。参见【印钮】。

印首

印首即印钮。参见【印钮】。

鼻钮

古印钮名。印章的钮作鼻形，故名。多见于先秦时期。铜印钮制最原始的是鼻钮，起于战国小玺。后经秦、汉、魏、晋以至元、明的花押印，均有鼻钮。如子垒子镈铜玺。

图 5-38 战国“陈之新都”铜玺

台钮

古印钮名。又名“坛钮”。印章的鼻作成坛形，以象封禅筑坛，故名。有一坛钮、二坛钮、三坛钮等多种形式。先秦私印多用台钮。如八思巴文太尉之印铜印就是三坛钮。（图 5-38）

图 5-39 东汉“广陵王玺”金印

坛钮

古印钮名。即“台钮”。参见【台钮】。

龟钮

古印钮名。印章的钮作龟形，故名。汉卫宏《汉官旧仪》上：“中二千石、二千石银印青绲绶，皆龟钮。”又补遗上：“列侯印黄金龟钮，文曰印；丞相、大将军黄金印龟钮，文曰章。”也用作官印的通称。《艺文类聚·辞禄赋》：“解龟钮于城邑，反褐衣于丘窟。”由秦到元、明，均有龟钮。（图 5-39）

蛇钮

古印钮名。印章的鼻作蛇形，故名。在西汉时期，官印有蛇钮。如“滇王之印”金印。

钱钮

古印钮名。亦名“泉钮”。印章的鼻雕制成钱形，故名。钱形有的为单钱，亦有的以多钱构成，形式多样。汉代私印有钱钮。

泉钮

泉钮即“钱钮”。参见【钱钮】。

瓦钮

古印钮名。印章的鼻作瓦形，故名。形式近似鼻钮。秦官印用瓦钮。如东汉“诏假司马”铜印。（图 5-40）

图 5-40 东汉“诏假司马”铜印

羊钮

古印钮名。印章的鼻雕刻成羊形，故名。汉蛮夷印有羊钮。如晋率善氐邑长铜印。

驼钮

古印钮名。印章的鼻雕成骆驼形，多数背有双峰，故名。是东汉以后作为统一赐给少数民族的官印钮式。应劭《汉官仪》载：诸侯王，黄金橐驼印，文曰“玺”，骆驼钮。魏晋时，官印亦有驼钮。如“晋鲜卑归义侯”金印、“晋归义氐王”金印。（图 5-41）

图 5-41 “晋鲜卑归义侯”金印

覆斗钮

古印钮名。印章的鼻作成覆斗形，故名。汉代玉印多用覆斗钮。如“武意”玉印。（图 5-42）

图 5-42 西汉“武意”玉印

龙钮

古印钮名。印章的鼻雕成龙形，故名。龙形有行龙、盘龙等多种形式，一般都雕刻精致。

螭钮

古印钮名。印章的鼻雕成螭形，故名。螭形有蟠螭、穿螭和子母螭等多种形式，一般均雕刻精致。

凤钮

古印钮名。印章的鼻雕成凤形，故名。凤形有飞凤、双凤等多种形式，一般均雕刻精美。

虎钮

古印钮名。印章的鼻雕成虎形，故名。虎形有坐虎、伏虎等多种形式。秦汉以来的印钮制规定，只有皇帝、皇后以及重要官员的印方能用虎钮，所以雕刻多精美。（图 5-43）

图 5-43 明代“荡寇将军”银印

铸印

金、银、铜等金属材料铸印的方法。一般有两种方法：一种称“拨蜡”，即先雕一蜡膜，然后外面用泥作范，再将金属熔化后注入泥范成印；另一种称“翻沙”，即用木模覆于砂中取范，再浇铸成印。引自明代篆刻家甘旸《印章集说》。古代铸印，有些只铸印坯，然后刻凿印文；也有印坯及印文连同浇铸的。

拨蜡

铸印的一种方法，参见【铸印】。

凿印

刻印方法。即在预制金属印坯上凿刻印文。流行于汉、魏时期，印坯多为铜质，多为将军印或颁发给少数民族的官印。因军中官职往往急于任命，印信凿刻仓促，印文多不甚工整，故又称“急就章”。其布局章法别成一种风格。

急就章

汉魏时仓促刻成的官印。参见【凿印】。

琢印

琢印俗称“磋印”。玉石、水晶、玛瑙等类质地坚硬的印石，因质地坚硬光滑，刻刀不能入，须凭借磋刀的旋转，并用水把金刚砂冲在磋刀上，才能琢制，故称。

磋印

琢印的俗称。参见【琢印】。

篆印

刻印方法。将印文写在印面上。印文多为篆书，书写又为反字,因此要妥善处理章法布局及笔势。(图5-44)

图5-44 “乾隆之宝”玉印

开面

刻印方法。在下刀刻印前，先用淡墨将印面涂黑，在琢刻时便能清晰地看出走刀的痕迹。此法无需篆印，直接用刀，以刀代笔，具有强烈的书法韵味。

刻印六法

对镌刻印章的六种要求，包括气韵生动、刀法古劲、布置停匀、篆法大雅、笔与刀合、不流俗套。是篆刻艺术的精髓。

刻印刀法

镌刻印章用刀的技法。是篆刻艺术表现的重要手段。刻印者根据印章材质、印文内容以及表现的艺术效果等要求，刀法多种多样，陈目耕《篆刻针度》有所谓“用刀十三法”：正入正刀、单入正刀、双入正刀、冲刀、涩刀、迟刀、留刀、复刀、轻刀、埋刀、切刀、舞刀、平刀等。另外，还有飞刀、挫刀、反刀等等。但有些过于玄虚，并不实用，应因时制宜。

正入正刀

刻印刀法之一。《篆刻针度》：“以中锋入石也，竖刀略直。”具有雄强、奇杰的效果。

单入正刀

刻印刀法之一。《篆刻针度》：“以一面侧入石也，把刀略卧。”具有平和、雅致的效果。

双入正刀

刻印刀法之一。《篆刻针度》：“双面侧入石也。”用侧刀从字划的两边刻出一笔。

冲刀

刻印刀法之一。《篆刻针度》：“字画平衍，精工具备，而其文不见浑雄，是渐积有功，而神奇未至耳，则以中锋捉而冲之。”为一种修饰刀法。

涩刀

刻印刀法之一。《篆刻针度》：“欲行不行，如生涩之状，书家谓意在笔先，此则犹之刀行意后也。”是为忌用刀轻滑、潦草之意。

迟刀

刻印刀法之一。《篆刻针度》：“凡写字宜速，用刀宜迟。迟非慢也，徘徊审顾，自不得率意。”

留刀

刻印刀法之一。《篆刻针度》：“捉刀入石，先相章法，不可将一字一画刻完，到相应处照顾不及，则成败笔矣。须散散落刀，体会章法，虚实缓急，行止顿挫，先留后地，故谓之留。”

复刀

刻印刀法之一。《篆刻针度》：“一刀不到，而再复之也。”即补单入之失，亦为修饰刀法。

轻刀

刻印刀法之一。《篆刻针度》：“轻者，非浅率之谓也。刀行有轻举之势，不痴重耳。”

埋刀

刻印刀法之一。又称伏刀。《篆刻针度》："埋刀者，以刀言之，则入石而沉着；以笔意言之，则藏锋而不露，合而名刀，故曰埋也。"

伏刀

刻印刀法之一。即埋刀。

切刀

刻印刀法之一。《篆刻针度》："切刀者如切物之状，直下而不转旋也。急就切玉，皆用此刀，如遇轻滑败笔，则以切刀法救之。"

舞刀

刻印刀法之一。《篆刻针度》："舞刀者，行而不知，埋刀者藏而不露。"

平刀

刻印刀法之一。《篆刻针度》："平刀者，刻成朱文而觉呆板，则以平刀平起其脚，而复刀救之。"

挫刀

刻印刀法之一。将放而止，即所谓无垂不缩，无往不收之意。

飞刀

刻印刀法之一。指运刀迅疾如飞。

补刀

刻印刀法之一。一刀刻去，再回刻一刀，与单入相对。

反刀

刻印刀法之一。指一刀去，一刀来。一般用于印质坚者。

印床

①镌刻图章，用以固定印材的工具，称印床。

②藏印章的工具。唐朱庆余《诗集·夏日题·武功姚主簿》："僧来茶灶动，吏去印床闲。"

印规

钤印定位的工具。一般用厚约 0.5 厘米坚硬的小木片，锯成曲尺形，磨光髹漆而成。印规有两种用途：印规可用来定位，印章紧贴曲尺形内侧二边钤下，可使钤出之印，正确而不斜欹；或是复印用之，即第一次钤印时不够清晰厚重，可以重复钤二遍、三遍，使之印文更加厚重，色泽鲜艳。

印章石

又名印石。即适于刻制印章的玉石。石质以叶蜡石为主，石质细腻滋润、柔而易攻、适于刀刻。一般以浙江青田、昌化和福建福州寿山产者为最佳。品种繁多，但最著名的莫过于所谓“三大印石”的青田石、寿山石、昌化石，青田石色青质莹，较为名贵；寿山石有红、黄、黑、白、绛五色，以“田黄”为上品，质高价昂；昌化新坑之石，初见红如鸡血，久则变黑。印章之石必须选择。

冻石

简称“冻”。用于雕刻工艺品和印章的材料，为晶莹润泽之石料。明文彭《印章集说·石印》：“石有数种，灯光冻石为最。”著名的冻石有寿山冻、鱼脑冻、青田冻、昌化冻等。

寿山石

雕刻工艺品用材。产于福建省闽侯县北寿山五花坑。以叶蜡石为主要成分组成的一种石料。彩色丰富，质透明如冻的，名“寿山冻”。卜纹条羊脂的，名“白芙蓉”。略呈透明，纯净如带，呈桔黄、熟栗黄、枇杷黄及金黄色者，名“田黄”，尤其珍贵，为制印章的上品。

田黄石

雕刻工艺品用材。寿山石品之一。有“一两田黄一两金”之说。田坑石中以黄色最常见。凡黄色的田石均称“田黄”。田黄石表皮多具微透明黄色层，肌里则玲珑透澈，有黄金黄、桔皮黄、枇杷黄、桂花黄、熟栗黄、杏花黄、肥皂黄、糖果黄、桐油黄等数种。其中以“黄金黄”“桔皮黄”最罕见，“枇杷黄”“桂花黄”次之。田黄中，以“田黄冻”最名贵，体质透明，价值连城。另有一种外裹白色层，内纯黄色，民间称“银裹金”，亦很贵重。（图 5-45）

图 5-45 田黄石制石印

白田石

雕刻工艺品用材。寿山石品之一。田坑石中色白者，名“白田”，多产自上、中坂。色非纯白，多略呈淡黄或蛋青色，似羊脂玉，萝卜纹明显，有红筋，格纹如血缕。以质灵、纹细、格少者为最佳。《观石录》称这种石：“洁则梁园之雪，雁荡之云；温则飞燕之肤，玉环之体，入手使人心荡。”

其中外裹黄色层内为白色的田石，民间称“金裹银”。

红田石

雕刻工艺品用材。寿山石品之一。红色田石名“细田”，分“正红”和“煨红”两种。正红，色如桔皮，鲜艳通明，又称“桔皮细田”，极为罕见。煨红，是因烧草积肥等人为原因，使土层受热，而埋藏田中的田黄石受高温影响，表皮二氧化铁引起化学变化，形成红色层，肌里则依然保持原有黄色。往往逊其温嫩，所以不为人们所珍重。

水晶石

雕刻工艺品用材。寿山石品之一。水坑石中，凡石质透明莹澈如水晶，称为“水晶冻”，又名“晶玉”。常见有白、黄、红三种颜色。白色者往往于纯洁中有粒点粟起，俗称“虱卵”。高兆《观石录》称：“白玉肤里，微有粟起。”肌里有棉花状细纹，名“白水晶”。黄色者，明如杏黄，间有红筋，名“黄水晶”。红色者，艳如红烛，名“红水晶”。

芙蓉石

雕刻用材。寿山石品之一。产于加良山的顶峰，由纯洁的叶蜡石组成，矿体呈脉状。石质柔而细，光滑而洁润，微透明，肌里隐约有白色块。芙蓉石以白色为典型，名“白芙蓉”，质极细嫩，最佳。其他尚有黄、红、青等色，名“黄芙蓉”“红芙蓉”“芙蓉青”，白地晕红色点者，名“花红冻”。产芙蓉石的将军洞在清乾隆已著名于世，有“似玉而非玉”之誉。（图 5–46）

图 5–46 芙蓉石

鱼脑冻

雕刻工艺品用材。寿山石品之一。白水晶中，状如煮熟的鱼脑，半透明中含棉花纹，状如凝脂者，是水坑冻石中最名贵品种。毛奇龄《后观石录》赞其：“玉质温润，莹洁无颣，如搏栈割肪，膏方内凝，而腻已外达。”

黄冻

雕刻工艺品用材。寿山石品之一。为“黄水晶”中，色如枇杷果，纯净如凝脂者。

鳝草冻

雕刻工艺品用材。寿山石品之一。一名“仙草冻”。因色灰中带有微黄，隐细色点，如鳝鱼背脊，故名。另一种，色灰白，呈半透明体，肌里隐粗纹，状如草叶，亦称“鳝草冻”。

牛角冻

雕刻工艺品用材。寿山石品之一。色黑带赭，质通明富有光泽，浓者如牛角，淡者似犀角，有时肌里有萝卜纹。郭柏苍《闽产录异》：“色如牛角，而通明过之。”

天蓝冻

雕刻工艺品用材。寿山石品之一。一名“蔚蓝天”，又叫“青天散彩”。色蔚蓝，愈淡愈佳，质明净，如雨后晴空。肌里有色点及棉花纹，若朵朵云霞。

桃花冻

雕刻工艺品用材。寿山石品之一。一名“桃花水”。在白色透明的石质中，含鲜红色细点，或密或疏，状如桃花瓣，故名。

玛瑙冻

雕刻工艺品用材。寿山石品之一。分红、黄两色，半透明如玛瑙，光彩烂漫。纯红者，称“玛瑙红”；纯黄者，名“玛瑙黄”。亦有两色相间或杂灰色块的。

青田石

雕刻工艺品用材。产于浙江省青田县东南的山口、图书山、方山、岩垄、白、封门山等地，尤以方山最为著名。以叶蜡石为主要组成的一种石料。一般夹杂在坚石之中，因而大块极少见。色彩丰富，有黄、白、青、绿、黑等，青色居多。其纹理细腻温润，易于刻写。质莹萃而略呈透明如冻的，名“青田冻”。冻有多种，最珍贵的有“白果冻”及“蓝花冻”。为印章的上品。（图 5-47）

图 5-47 “泥壕木雕”青田石印

青田冻

雕刻工艺品用材。青田石的一种。参见【青田石】。

蓝花冻

雕刻工艺品用材。青田石的一种。内绽放着色泽透蓝的蓝花瓣，故名。参见【青田石】。

白果冻

雕刻工艺品用材。青田石的一种。半透明，浅绿略带微黄色，纯净如炒熟的白果，故名。参见【青田石】。

昌化石

雕刻工艺品用材。叶蜡石的一种。因产于浙江昌化（今临安县西武隆）而得名。有红、黄、褐色，以灰白色居多，是常用的制印材料。质略透明，如熟藕粉者，名“昌化冻”；有鲜红斑块像鸡血所凝结者，称“鸡血石”，一般含有杂质；有大量红斑而纯净者极其贵重，为制印章的上品。

昌化冻

雕刻工艺品用材。昌化石的一种。质略透明，有细粉雾点团，如熟藕粉者。

鸡血石

雕刻工艺品用材。昌化石的一种。因色泽红如鸡血，故名。成份以高岭石为主，有少量的叶腊石和地开石，因石中含有辰砂（一种含汞和硫的矿物）而呈血色。因稀少而珍贵，是上佳的印材。（图 5-48）

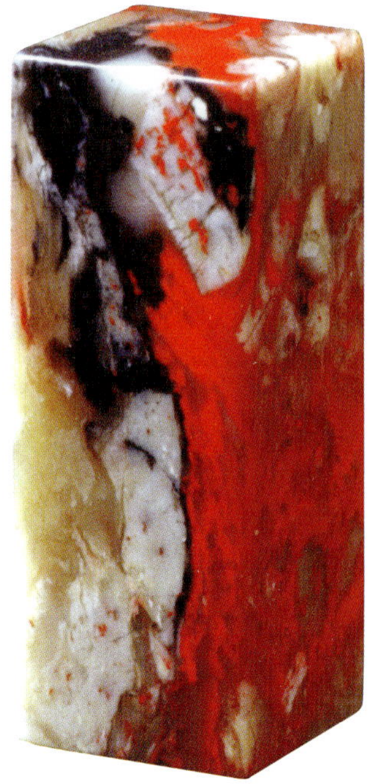

图 5-48 鸡血石

灯明石

灯明石又称灯光石。雕刻、印章用石。为青田石中的极品。色微黄，纯净细腻，温润柔和，色泽鲜明，半透明。此石明初已用于刻印。屠隆《文具雅编·印章》：“青田石中有莹洁如玉，照之灿若灯辉，谓之灯光石。今顿踊贵，价重于玉，盖取其质雅易刻。”

灯光石

灯光石即灯明石。参见【灯明石】。

大理石

雕刻工艺品和建筑用材。因产于云南大理县点苍山，故名，古代称“点苍石”。为一种坚固的岩石，可用于雕琢，又可用作建筑材料。主要有彩花石、云灰石、纯白石和水墨石四种，石质基本相同，色彩各具特点。

云灰石

雕刻工艺品和建筑用材。大理石品种之一。因灰白底板呈现黑灰色水纹状花纹，又称“水花石”。具有耐压和抗腐性，古代多用作础石。又有清澈凉爽、醒酒之效，古人用其制造桌面、座墩或铺设地板，称为“醒酒石”。

水花石

水花石即云灰石。参见【云灰石】。

醒酒石

醒酒石即云灰石。参见【云灰石】。

彩花石

雕刻工艺品和建筑用材。大理石品种之一。白色底板上呈现各种形状的彩色花纹。夹生在云灰石矿床之中，储量较少，开采不易，是一种较难得的石材。一般按色泽命名，青翠碧绿的叫“绿花”，红似晚霞的叫“秋花”，黄绿色的叫“金镶玉”，紫色的叫“葡萄花”。以绿花石为最佳，也最稀有。多用作屏风、桌面、石木家具等。

纯白石

雕刻工艺品和建筑用材。大理石品种之一。洁白晶莹，又名“苍山白玉”。经加工磨制，光可鉴人。

苍山白玉

苍山白玉又名纯白石。雕刻工艺品和建筑用材。大理石品种之一。产于云南大理县。参见【纯白石】。

水墨石

雕刻工艺品和建筑用材。大理石品种之一。白底呈淡墨色花纹，如中国水墨画，是大理石中稀有产品。古代多用于制作围屏、竖屏。

叶蜡石

矿物名。单斜晶系，通常成致密块状、片状或放射状集合体。白色，微带浅黄或浅绿色，半透明，有玻璃光泽，具珍珠状晕彩，硬度 1 ~ 2，比重 2.66 ~ 2.90，具油脂感，薄片能弯曲但无弹性。主要产于火山岩中的交代矿床。为雕刻和印章用材。著名者有产于福建寿山的寿山石、浙江青田的青田石和浙江昌化的昌化石等。

图 5-49 北周独孤信多面体煤精印

煤精

煤精又称炭精、煤玉、黑碳石、黑宝石、雕

漆煤等等。是褐煤的一个变种。为不透明，光泽强的黑色有机宝石。是由碳和有机质组成的，其集合体呈致密的块状，有时可见树木的枝杈和细枝痕迹。硬度不高，可燃烧，呈煤烟状火焰，并放出难闻的气味。可作雕刻原料。（图 5-49）

炭精

炭精即煤精，参见【煤精】。

图 5-50 吴熙载刻“溪上陈氏谈昔庐主珍藏金石书画之记”石印

煤玉

煤玉即煤精，参见【煤精】。

黑碳石

黑碳石即煤精，参见【煤精】。

黑宝石

黑宝石即煤精，参见【煤精】。

雕漆煤

雕漆煤即煤精，参见【煤精】。

吴门派

吴门派又称“三桥派”，篆刻流派。文彭所创。因文彭为苏州人，号三桥，故称。为篆刻史上的开山之宗，是文人篆刻的最早代表。代表人物有归昌世、李流芳、陈万言、徐仲和、顾昕等。

皖派

皖派又称“徽派”，明清篆刻流派。明代何震创始，清初代表人物程邃，清中期邓石如发展壮大，清晚期以吴熙载为代表。虽各时期风格不尽相同，但有共同特点，即宗法汉印，运刀以何震开创的冲刀法为主，沉稳端庄，雄浑劲健，富力感，重气势。是明清篆刻史上影响最大、流传最广的印学派别。（图 5-50）

泗水派

明代篆刻流派，苏宣所创。以汉印为基础，有所创新，刀法上讲究冲切结合。代表作家有程远、何通、姚叔仪等。与文彭的“吴门派”、何震的“皖派”并称明代印坛三大流派。

娄东派

娄东派又称“扬州派”，明清篆刻流派，汪关所创。印风婉约娟秀、工丽静雅，刀法婉转、圆润。代表作家有沈世和、林皋等。

西泠八家

清代篆刻流派。乾隆年间，丁敬和继起的黄易、蒋仁、奚冈、陈豫钟、陈鸿寿、赵之琛、钱松八位篆刻家，皆师法秦汉刻印，集取众长，各具风格，他们都寓居钱塘，又创建西泠印社，因而被称为“西泠八家”，后篆刻艺术上宗此风格者均称之为“浙派”。（图 5-51）

浙派

清代篆刻流派。丁敬所创。代表人物均为浙江杭州人，故称。见【西泠八家】。

黟山派

清代篆刻流派。安徽人黄士陵所创。见【黄士陵】。

文彭

（1498—1573），字寿承，号三桥。明长洲（今江苏苏州）人。书画家、篆刻家。文徵明长子。书法、绘画皆擅，承家法。精篆刻，创“吴门派”。提倡以六书为准则，讲究刀法，首创在石章侧面刊刻“边款”，开文人篆刻的先河。

何震

（1530—1604），字主臣，一字长卿、雪渔，明新安（今江西婺源）人。篆刻家。初从文彭学习篆刻，后得力于秦汉印传统，在刀法上亦有创新，创“冲刀法”，被称为集大成者，与文彭并称“文何”。创“皖派”，又称“徽派”“黄山派”。著有印学论著《续学古篇》。（图 5-52）

苏宣

（1553—约 1623），字尔宣，一字啸民，号泗水，明安徽歙县人。为人仗义豪侠，喜读书，好击剑。曾在文彭家设馆，受到文彭指教。深研汉印，锐意创新，作品有大开大合之风，风格壮伟，用刀冲切相兼，影响所及上海、苏州、嘉兴一带。被称为“泗水派”，与文、何有“鼎足而三”之誉。

图 5-51 陈鸿寿刻“循吏之孙”石印

图 5-52 何震刻“一丘一壑自谓过之”石印

朱简

（约 1570—？），字修能，号畸臣，改名闻，明安徽休宁人。学识渊博，能诗善文，特别是精于考证，是明代篆刻家、印学理论家。治印在用字设篆方面精研古代篆体，又参法赵宧光的草篆体，注重点画间、字与字间笔势牵连呼应。首创短刀碎切法，使印文线条似离似合，韵味浑厚，对以后丁敬的“浙派”有很大影响，被清人誉为“明第一作手”。著有《印品》《印书》《印图》《印章要论》《印经》及最早的篆刻字典《集汉摹印字》等。

汪关

（约 1575—？），原名东阳，字杲叔，又字尹子，因得一方汉印“汪关”，遂改此名。祖籍安徽歙县，久居江苏娄东（今苏州太仓）。明代篆刻“扬州派”创始人。治印首创以汉殳篆体入印，秀丽典雅。将冲刀法改造为朴茂工稳、光洁流丽，刀法婉转，笔笔圆润，创工丽婉约印风。

程邃

（1605—1691），字穆倩、朽民，号垢区、青溪、垢道人，自称江东布衣。清安徽歙县人。画家、篆刻家。康熙十八年（1679）举博学鸿词，不就试。篆刻学法秦汉，凝重有力，在继承何震的基础上有所发展，在冲刀中辅以披刀，作品端凝醇厚而具笔意。与巴慰祖、胡唐、汪肇龙合称“歙中四家”。（图 5-53）

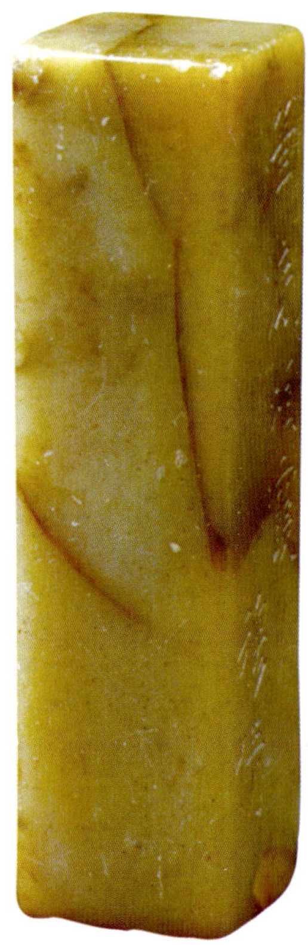

图 5-53 程邃刻“笔底烟霞”石印

巴慰祖

（1744—1793）字予藉、子安，号晋堂，一作隽堂，又号莲舫。清安徽歙县人，长居扬州。擅书法，工隶书。篆刻得秦汉之法，格调秀劲，富于变化。与程邃、胡唐、汪肇龙为“歙中四家”。著有《四香堂摹印》《百寿图印谱》等。

胡唐

（1759—1826），初名长庚，字子西，号西甫，别署城东居士。清安徽歙县人。巴慰祖外甥。篆刻家。治印受巴慰祖影响，风格婉约、娟秀。

林皋

（1685—？），字宦田，一字宦颠。原籍福建莆田人，后客居常熟。清代篆刻家。作品风格简繁相参，疏密得当，刀法挺劲流利，与汪关一致，属“扬州派”。

沈世和

字石民。清江苏常熟人，久居苏州。清代篆刻家。治印法文彭，但有自己风格，刀法恬静、沉着，与汪关形似，属“扬州派”。

丁敬

（1695—1765）字敬身，号龙泓山人、砚林、钝丁，别号玩茶叟、砚林外史等。清钱塘（今杭州浙江）人。篆刻家。“浙派”篆刻的创始人，“西泠八家”领袖。性耿直，被举荐博学鸿词科不就，终生寒士。精篆隶，治刻印，风格苍劲质朴，融入金石意趣，去除矫揉娇媚，独具法度。其所确立的“切刀法”，成为后世篆刻艺术的主要运刀方法之一，也构成了“浙派”篆刻艺术的主要艺术特征。著有《武林金石录》《砚林印谱》等。（图 5-54）

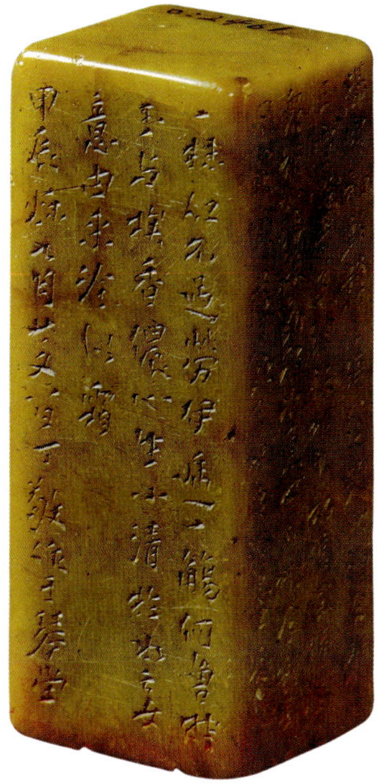

图 5-54 丁敬刻“豆华村里草虫啼”石印

蒋仁

（1743—1795），初名泰，字阶平，后改名仁，字山堂，别署吉罗士，女床山民。清浙江杭州人。擅书法、篆刻。“西泠八家”之一。篆刻法丁敬，运刀滞涩，印风崇尚朴拙，作品洗练简古。

黄易

（1744—约 1802）字大易、大业，号小松、秋庵、秋影庵主。清浙江杭州人。书画家、篆刻家。官山东济宁府同知。隶书娴熟，笔法圆润平实。精篆刻，为“西泠八家”之一。篆刻师丁敬，治印工稳生动，稳中求变，有灵动清劲之气。

奚冈

（1746—1803）初名钢，字纯章，号铁生、蒙泉外史、鹤渚生、散木居士等。清浙江杭州人。工书善画，篆刻为“西泠八家”之一。篆刻师丁敬，能拙中求放，方中求圆，印风自然率真。

陈豫钟

（1762—1806）字俊仪，号秋堂。清浙江杭州人。“西泠八家”之一。精书画古砚收藏，善兰竹。喜好金石文字，精墨拓。书法得李阳冰法，遒劲挺拔。篆刻师丁敬，主张“平正中求险绝”，治印于朴拙中求圆浑凝重，自有一种秀丽工致的风格。（图 5-55）

图 5-55 陈豫钟刻“因言以宣”石印

陈鸿寿

（1768—1822）字子恭，号曼生、恭寿、老曼、曼龚、夹谷亭长、种榆道人、胥溪渔隐等。清浙江杭州人。篆刻家、书画家、制陶家。“西泠八家”之一。治印奏刀豪放恣肆，有雷霆万钧之力，作品浑厚、雄健，有苍茫气概。

赵之琛

(1781—1860) 字次闲，号献父、献甫、宝月山人。清浙江杭州人。篆刻家。“西泠八家”之一。终生潜心书法篆刻，未入仕途。工四体书，能自成一格，楷书风格秀劲。篆刻学陈鸿寿、陈豫钟等，集“浙派”之大成。著有《补罗迦室集》《补罗迦室印谱》等。（图 5-56）

图 5-56　赵之琛刻“图书集福”石印

钱松

（1818—1860）初名松如，字叔盖，号耐青、铁庐、西郊外史、秦大夫、未道士、云和山人等。善山水、花卉，精行书、隶书。“西泠八家”之一。治印师丁敬，又受吴熙载影响。用刀切中带削，轻浅取势，顿挫起伏，线条古厚生拙。与其他“浙派”另辟蹊路。（图 5-57）

图 5-57 钱松刻“严荄藏真”石印

邓石如

（1743—1805）原名琰，字石如，后避仁宗颙琰讳，遂以字行，更字顽伯，号完白山人、古浣子、游笈道人、龙山樵长等。清安徽怀宁人。书法家、篆刻家。终生布衣，未仕。斋堂为铁砚山房。篆、隶、楷、行四体书皆善，誉为清朝第一。篆刻成就极高，是“皖派”盛期的代表人物，开“皖派”新风。治印以书法入印，“书从印入，印从书出”，作品爽利洒脱，苍劲浑朴，对清代中期以后印坛影响极大。

吴熙载

（1799—1870）初名廷飏，字熙载，五十岁后以字行，号让之，尝自称让翁，又号晚学居士。清仪征（今江苏扬州）人。书画家、篆刻家。为包世臣弟子。工篆书，笔画圆匀，姿态秀美。

篆刻师邓石如，以书法入印，印文穿插开合，顾盼呼应，形成清丽妍美、婀娜多姿的作品风格。为“皖派”最后的代表人物。著有《晋铜鼓斋印存》《师慎轩印谱》等。

翁大年

生卒年不详，主要活动于清代道光至同治年间。字叔均，号陶斋。江苏吴江人。一生致力于金石、玺印研究。篆刻师法明代汪关，作品工丽娟秀，静穆渊雅，章法工稳。

赵之谦

（1829—1884）清会稽（今浙江绍兴）人。字益甫，号撝叔、铁三、冷君、无闷等。书画家、篆刻家。为清代晚期诗书画印的集大成者。书法成就极大，将隶、篆、北碑诸体互融，自成风貌。篆刻集皖浙两派之长，广泛吸收铜器、砖瓦、碑石文字入印，并首创阳文魏书边款，开创了清晚期篆刻艺术的新面貌，对近现代篆刻影响极大。（图 5-58）

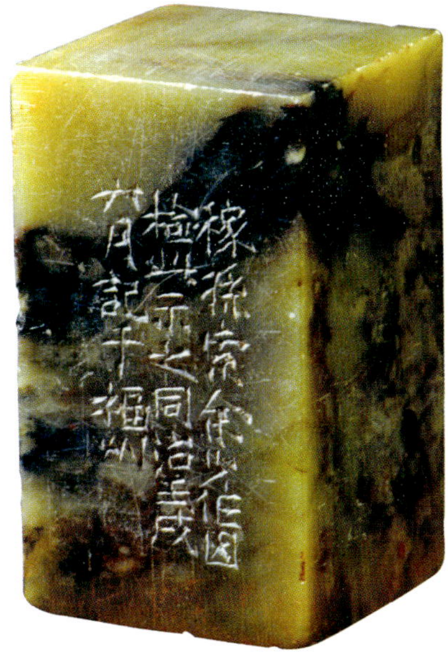

图 5-58 赵之谦刻“赵之谦印”石印

徐三庚

（1826—1890），字辛谷，号井罍、袖海洗郭，别署荐未道士、金罍道人、金罍野逸等。清浙江上虞人。善书法，精篆、隶书。篆刻初师陈鸿寿、赵之琛等人，后受邓石如影响，印文中融入天发神谶碑及汉篆，结体夸张，形成篆刻新面貌。

吴昌硕

（1844—1927）初名俊，后改名俊卿，字昌硕，又署仓石、苍石，号缶庐、苦铁、大聋等。浙江安吉人。书画家、篆刻家。同治四年（1865）秀才，任江苏安东知县，仅一月即辞官，后寓居上海。曾任西泠印社社长。他将诗、画、书融于印，汲取浙派、皖派邓石如、吴熙载之长，又取法赵之谦法，印文圆劲、用刀沉雄、布局跌宕，并善用敲击等方法造成印面残破以体现苍古的效果，自成一派，开创了篆刻艺术的新境界。著有《缶庐印存》。（图 5-59）

图 5-59 吴昌硕刻“裴景福收入壮陶阁秘籍”石印印文

黄士陵

（1849—1908），字牧甫、穆甫，号倦叟，别号黟山人。清安徽黟县人。早年在江西谋生，后在广州以书画、刻印为业。

篆刻取法汉印，参以商、周铜器文字的体势笔意，平正方直，简练光洁，章法自然，运刀挺拔，在皖、浙两派外，自成一家，人称“黟山派”。有《黟山人黄牧甫印集》等。（图 5-60）

图 5-60 黄士陵刻“泗州杨三”石印

丨齐白石丨

（1863—1957），名璜，字谓清，号濒生、白石山人等。湖南湘潭人，久居北京，以书画、治印为生。治印初学赵之谦，后融合三公山、天发神谶碑意趣，开创了大刀阔斧、迅猛酣畅的独特风格，印文善于章法布局，打破常规、出人意料，单刀直冲，纵横驰骋，痛快淋漓，具有鲜明的个性风格，对当代篆刻艺术影响极大。

中国文物收藏与鉴赏书系

中国文物收藏百科全书

主编 段国强

山东美术出版社

工艺杂项卷（下）

图书在版编目（CIP）数据

中国文物收藏百科全书．工艺杂项卷　：全2册　/　段国强主编．—— 济南　：山东美术出版社，2015.9

（中国文物收藏与鉴赏书系）

ISBN　978-7-5330-5624-7

Ⅰ．①中…　Ⅱ．①段…　Ⅲ．①文物－收藏－中国②艺术品－收藏－中国　Ⅳ．①G894

中国版本图书馆CIP数据核字（2015）第115173号

策　　划：王　恺
责任编辑：陈　蔚
装帧设计：王海涛

主管单位：山东出版传媒股份有限公司
出版发行：山东美术出版社
济南市胜利大街39号（邮编：250001）
http：//www.sdmspub.com
E-mail：sdmscbs@163.com
电话：（0531）82098268　传真：（0531）82066185
山东美术出版社发行部
济南市胜利大街39号（邮编：250001）
电话：（0531）86193019　86193028
制版印刷：山东新华印务有限责任公司
开　　本：787mm×1092mm　16开　**总印张**：28.25
版　　次：2015年9月第1版　2015年9月第1次印刷
总 定 价：276.00元（全2册）

玻璃器

B O L I Q I

玻璃

由矿物经冶炼成液体后，再经成型工艺而形成的独立物质。最早称为“璆琳”，后音转为“流离”、“琉璃”，东汉称为“璧琉璃”，南北朝时写作“玻黎”、“玻璃”，宋代称“药玉”，元代改称“罐玉”，明代又变成“烧料”，一直到清代才有了正式与低温釉陶——琉璃分道扬镳的学名“玻璃”。

玻璃成分配方主要包括三方面：基本原料、助熔剂和着色剂。基本原料是二氧化硅（SiO2），约占 40% 以上。助熔剂多种多样，区分不同类别的玻璃就是以此划分，包括氧化钠（NaO）、氧化钾（K2O）、氧化铅（PLO）、氧化钡（BaO）、氧化钙（CaO）等。着色剂是利用金属或非金属元素的不同显色性，根据所需成品颜色而选用的各种元素，如铜、铁屑、赭石、锰等。此外，玻璃配方还包括脱色剂、澄清剂、乳浊剂等，它们共同决定了成品玻璃的表面颜色、光洁度和透明性等性质。

根据配方的不同，中国古代玻璃可以划分为：铅钡玻璃、高铅玻璃（铅玻璃）、钠玻璃（碱玻璃）、钾玻璃、钠钙玻璃等几类。中国玻璃器早在商周时期就伴随着青铜冶炼技术而产生，经过漫长的仿玉时期，从魏晋南北朝开始，逐渐进入了发展的成熟期，明清时期得到很大的发展，已达到很高的水平，生产了大量精美的玻璃工艺品。

颇黎

即玻璃。《太平御览》引《玄中记》：“大秦国有五色颇黎，红色最为珍贵。”为梵文汉语音译的节略，原意指水晶或其他宝石类的天然矿物。在汉译佛经中，又译作颇梨、颇胝、颇胝迦、塞颇胝迦及婆破致迦等。唐段成式《酉阳杂俎》作玻瓈。明李时珍《本草纲目》：“玻璃，本作颇黎。颇黎，国名也。其莹如冰，其坚如玉，故名水玉。与水精同名。”又谓“药烧者有气眼而轻。”因而又用以指水精的人工仿制品——玻璃，与琉璃同名。

硝子

即玻璃。明代时即称玻璃为硝子。明《格古要论》：“硝子，假水晶用药烧成者，色暗青有气眼，或有黄青色者，亦有白者，但不洁白明莹。”据李时珍《本草纲目》记载：“水精，药烧成者，有气眼，谓之硝子，一名海水精。”

玻璃器

又称“料器”、“料货”。低熔点的玻璃工艺品。中国古代玻璃器含铅量较高，原料性能洁净、莹润、光滑，色泽美丽，适于制作各种欣赏品。中国古代玻璃是在青铜冶炼中偶然产生的，而且在很长一段时间内一直是玉器的代用品，处于低微的从属地位，汉代以后玻璃开始出现独立萌芽。魏晋南北朝以后中国玻璃工艺逐渐进入了发展的成熟期，成为一门独立的工艺，唐宋以后获得更大发展，至清代达到高峰，品种增多，色彩十分丰富。其装饰方法有套料、搅料、刻纹、

金星料等。著名的产地有北京、山东博山以及广东、云南等。（图 6-1）

图 6-1 鸟形玻璃器

西周玻璃器

目前发现中国最早的玻璃器是西周时期的，而且已经达到了一定的数量规模，仅陕西省宝鸡茹家庄 G3 伯墓就出土了千余件玻璃管、珠，其他如陕西扶风、岐山、津西、张家坡，河南洛阳中州路、庞家沟、陕县上村岭、三门峡虢国墓地，山东曲阜等地，均有不同数量的玻璃管、珠出土。

通过对家庄 G3 伯墓出土的玻璃器的初步检验，可知是由冶炼青铜的矿渣混合粘土低温熔炼而成，是含有铅、钡的早期玻璃器。它不同于西方的钠钙玻璃，也与春秋战国时期兴起的低温透明玻璃有所不同。

整体而言，西周玻璃器生产还处于非常原始、落后的状态下，器型种类除单纯的玻璃珠串之外，大部分都是玻璃管珠与玛瑙、绿松石、蚌、石、玉等共同组串成项链等装饰品。规整度较差，质地疏松，而且很少有主动加以纹饰的。但这种新工艺品种的出现对丰富中国传统文化的内容有重要意义。

东周至两汉玻璃器

随着玻璃器生产的发展，玻璃生产逐渐从冶炼金属业中分化出来，进入战国以后形成了较为独立的专门手工业，技术得以提高，种类也开始增多了。

这一时期玻璃器的一大特征是仿玉，种类有玻璃珠、玻璃剑饰、玻璃器皿及玻璃装饰品。玻璃珠除圆球形、扁圆形之外，出现了六边鼓形、八棱形等多种形状，并且以蜻蜓眼玻璃珠为其典型代表。玻璃剑饰约出现于战国中期，并流行于战国晚期到西汉初年。例如战国玻璃鞘带扣，是附于剑鞘靠上端的饰物。白色玻璃制成，上视为扁平长条形，两端微微向下内卷，侧视在内面下靠近一端附有一长方形穿孔。玻璃装饰品主要有璧、璜、耳珰、带钩、衣片等等。玻璃容器出现于汉代，是较为独立的玻璃品种。它的出现是中国玻璃发展史上的一大突破，此后玻璃陈设品和生活用具逐渐占据了玻璃器型的主流，引发了玻璃制造业的大发展。汉代的玻璃容器品种较少，只有碗、盘、耳杯、杯等，而且数量很少。

这一时期的玻璃器不仅器型上仿玉，纹饰也同样仿玉。例如谷纹、蒲纹、柿蒂纹、云纹、蟠螭纹、兽面纹等都是这一时期玉器上广泛使用的纹饰，而玻璃器也在相应的仿玉器上移植使用。如柿蒂纹用于剑首，取其“木中根固，柿为最”的坚固之意，谷纹、蒲纹则结合用于玻璃璧和璜上，螭虎纹用于剑饰等。

这一时期玻璃的成分没有大的改变，基本上还是铅钡系统的低温玻璃，含铅量和含钡量偏高，“色甚光鲜，而质则轻脆”。产品以自产为主，少量为外国或西域等地的舶来品。铅、钡含量比例不断变化，基本上是氧化钡含量随着时间的推移而逐渐减少，到汉代以后就消失不见。因此，含有氧化钡是西周到汉代中国玻璃器最突出的特征。除主流的铅钡玻璃外，钠钙玻璃、钾玻璃、钾硅玻璃等同时存在，尤其是东汉时期钾玻璃在广西、云南等地的崛起，导致了岭南地区钾玻璃在宋代以后的流行。至于战国时期部分地区出土的钠钙玻璃，由于没有足够的证据，因此不能肯定是自产还是外来。但是鉴于中国玻璃配方长期的不稳定性，因此，不排除少数钠钙玻璃为中国工匠自产，大部分则或是舶来品，或是中国工匠利用外来技术制造，或是外来工匠在中国制造。

外来的玻璃器，造型、装饰、成分等与中国自产的玻璃器有明显不同。典型的如 1987 年河南洛阳东汉墓出土的玻璃瓶，吹制成型，在深褐、橘黄、绀青、暗紫之不规则的地色中缠绕乳白色线纹，又由于表面有风化层，浮现出闪烁的金黄色光泽，斑驳绚烂，非常美观，是一件典型的罗马搅花玻璃器。又如广西贵县出土的东汉时期的碧琉璃杯，色呈淡绿色，表面经风化变乌，腰部有三道凸起弦纹装饰。经分析属钠钙玻璃，与罗马玻璃成分相符，被认为是东汉时期由罗马传入我国的。（图 6-2）

图 6-2 新莽黄玻璃琮

魏晋至明代玻璃器

魏晋南北朝开始，西方玻璃器大量输入中国。相继在辽宁、北京、江苏、河北、宁夏等地发现了与中国传统造型、装饰艺术迥然有异的一批玻璃器。这些器物分属罗马玻璃、萨珊玻璃等系统，不仅成分为钠钙玻璃、钠铅玻璃，而且造型别具特点。随着外来玻璃器大量输入中国，影响了这一时期玻璃器的传统造型。如瓶、壶的口多为卷唇，形制小巧，体外表面多有堆塑图案。纹饰也受到外来影响，如陕西法门寺地宫出土的四瓣花蓝琉璃盘，盘面纹饰具有典型的伊斯兰风格。

值得一提的是，虽受外来影响，但中国传统文化仍深深植根于这一时期的玻璃器中，因此出现了许多具有浓厚传统特色的玻璃器。例如陕西法门寺地宫出土的描金波叶纹蓝玻璃盘，盘面纹饰犹如一朵大团花，具有浓烈的大唐风格。又如江苏苏州元末张士诚母曹氏墓出土的玻璃圭，形制完全仿造夏商周三代时期的重要玉礼器——圭，还有扬州梅花岭明代史可法衣冠冢中出土的一套玻璃带板，也是中国传统的器物。

在舶来品的影响下，这一时期玻璃器的成分发生重大改变。国外传入的玻璃器大多是钠钙玻璃，但中国并没有采纳这种配方，也没有延续前代的铅钡玻璃系统，而是在传统的基础上产生了新的玻璃配方，即不含钡的铅玻璃和碱玻璃。这种改变也不是一蹴而就的，大约经过了三国、西晋、东晋的过渡，到了魏晋南北朝中晚期的时候才逐渐完成的，并延续到后来的隋唐和宋代。

随着外来玻璃器输入中国，一些先进的玻璃制造技术包括吹制法也随之传入，带动了中国玻璃制造业的革命性变化。吹制法产生以后，取代范铸法成为玻璃器制作的主要成型工艺。大约在北魏的时期吹制法已应用于中国自产玻璃，但早期的吹制法作品多瓶形不规矩、气泡较多、厚度不均匀，例如 1964 年出土于河北省定县华塔塔基的一件玻璃瓶，是中国早期吹制玻璃器的代表作品，造型属于中国传统风格，器壁较薄，仅 0.1 厘米，但瓶形朴拙，不规整，成型工艺尚显幼稚。唐宋以后吹制法比较成熟，至清代达至顶峰。

随着玻璃配方的改进和吹制工艺的成熟，这一时期玻璃器的实用性大大增强。生活用品类器物早在西汉时期就已出现，如广州一座西汉木椁墓中出土的三个玻璃碗。其后类似用具开始增多，唐宋时期尤多，许多诗歌中皆有赞咏。具体品类包括碗、杯、瓶、盘、钵、酒盅、罐等。陈设品类器主要包括鼎、瓶、葫芦、花盆、雕像、尊、觚等，出现时间晚于生活用具类，大约在南北朝时期，在唐宋以后获得飞速发展，出现了许多前所未有的创新形制，例如 1966 年秋在河南密县北宋塔基出土了五十余件玻璃器，其中有壶形鼎、瓶、椭圆形卵形器、宝莲形器等，制作相当精致。

这一时期玻璃器的造型在先进成型工艺的支持下更加丰富，有动物形、植物形、几何形等。动物造型的如辽宁北票冯素弗墓出土的鸭形玻璃器，植物造型的如甘肃漳县元汪世显家族墓出土的莲花玻璃托盏，几何造型的如浙江省衢州市南宋史绳祖墓出土的方胜饰件。此外还有两种器型结合成一种的新器型，最具代表性的是 1966 年秋河南密县北宋塔基出土的玻璃壶形鼎，将壶与鼎相集合，足为鼎足，而鼎体和口则为球腹壶的造型，极具新意。（图 6-3）

图 6-3 北魏网纹玻璃杯

清代玻璃器

清代玻璃器制造呈现繁荣局面。质量显著提高，生产规模扩大，专业化程度提高，形成了以北京、山东博山和广东广州为中心的三足鼎立的生产格局。北京的玻璃生产可以分为两个阶段，乾隆之前主要是清宫玻璃厂，始建于康熙三十五年，归属清宫内务府养心殿造办处管辖，专为宫廷皇族生产精美的玻璃器。嘉庆以后，清宫玻璃生产跌入低谷，玻璃生产转变为以民营作坊为主。博山玻璃的历史最早可以上溯到元代中晚期，产品比较注重颜色美、质地纯，而对造型和纹饰的要求并不很高。广州玻璃中的仿西洋玻璃大受推捧。

清代玻璃制造工艺超越前代。玻璃配方成分出现多样性，既有较传统的钾铅玻璃、钠铅玻璃，又有具有西方特点的钠钙玻璃，而且占有的比例不相上下。一般来说，山东、北京的民间玻璃产品多趋向于传统配方，而清宫玻璃厂的产品则多出现西方玻璃配方成分较重的作品，这与西方传教士直接参与清宫玻璃厂的日常生产有很大的关系。

清代玻璃的成型工艺发展到了技术上的颠峰。原有的模铸法继续沿用，但是有了非常大的改进，一般都是采用失蜡模铸，就是先采用石蜡制出器形，然后利用蜡模翻制出石膏模或陶模等材质的模具，再进行玻璃溶液的灌注，这样就可以得到造型细腻而复杂的玻璃器，避免了早期模铸玻璃器形制简单、做工粗糙的缺点。吹制法达到炉火纯青的地步，吹出的玻璃器形状规整，厚薄均匀，气泡极少，而且造型多姿多彩。除了模铸法和吹制法之外，针对不同的器物造型，清代还存在另外一些成型工艺。例如滴凝法是用来制作围棋子，戛悠法用来制作珠子，缠泻法用来制作小珠、条珠，而拧丝法则用来制作仿条、筷子等产品。装饰工艺多而精湛，常见的有刻花、磨花、描金、描彩、错彩、搅胎、套料、贴花、堆彩、抛光、内画等。

康熙朝玻璃器以套料和单色玻璃的生产最为突出。套料作品主要是白受彩，套饰层数较少，基本上都是套单彩。单色玻璃有白、红、蓝、黑、绿等多种主色调，另外还有丰富的中间色调，例如白色就有砗磲白、珍珠白、凝脂白、霁雪白、藕粉白等不同程度的色调。玻璃器造型有大的突破，兼采玉、瓷器的精华，创造出全新的玻璃形制，如水丞、笔筒、鱼缸等。

雍正朝玻璃器生产基本上延续康熙朝的技术，没有大的创新，但在单色玻璃上又较前朝有了很大的进步，颜色更加丰富，纯度更高。单就颜色来看，雍正时期有葡萄色、红色、金珀色、涅黄、涅白、黄、翡翠绿、玛瑙红、琥珀密蜡黄、雄黄、亮蓝、蓝、霁蓝、亮紫等。造型上也较前朝更为丰富，据档案记载，计有杯、圆球钟、鸡鼓水注、轩辕镜、水丞、鱼缸、如意、笔洗、玻璃珠、把碗、水盂、渣斗、瓶、盒等，而且每种造型都有许多变化。例如笔洗有素玻璃笔洗、套红三足笔洗、马蹄腿笔洗等。

乾隆朝玻璃器生产进入高度发达的极盛期。生产数量急剧增加，技法多样而精湛，套料多采用彩套彩，兼套也明显增多，多的可达一器有十余种颜色。另外，夹金、夹彩、搅胎、描金、刻花等技法均已得到熟练而广泛地应用。器物的造型多姿多彩，从纯粹的装饰品到实用器，从陈设品到礼制用器，都得以全面发展。而且具体的形制也融汇了多种工艺品造型的精粹，例如珠、管、簪子、鼻烟壶、碗、杯、瓶、香炉、擅自等，无不齐备。主流风格为华丽繁缛，也存在一些比较素雅大方、清朗质朴的作品。

图 6-4 清代白地套蓝玻璃朝天冠耳炉

清晚期的嘉庆朝到宣统朝，玻璃艺术逐渐衰败。嘉庆时期虽然生产规模锐减，但作品还保持了较高的水准，基本上维持着乾隆晚期的水平，无论是质地、颜色，还是造型、纹饰，都与乾隆晚期的器物没有太大的区别。道光、咸丰时期玻璃器质地粗糙，颜色或暗或乱，器型全无规矩，大多数没有纹饰，但注重刻款。同治、光绪时期的作品较道光、咸丰时有了很大的进步，但是色调的搭配过于繁杂，画面显得较俗，此外在做工上砂眼较多，技术上还有缺欠，与清代早、中期相比有很大差距。（图 6-4）

北京玻璃

即北京地区的玻璃生产。北京玻璃可以分为乾隆前期和嘉庆以后两期。前期生产主要是指官办的清宫玻璃厂的生产，清宫玻璃厂在二百余年的历史中，为宫廷皇族生产了大批精美的玻璃器，它的工匠来自于民间玻璃作坊，主要是山东和广州，还有一部分是西方传教士。嘉庆以后，清王朝统治逐步走向没落，清宫玻璃生产与其他工艺品一样跌入低谷，于是，玻璃生产转变为以民营作坊为主，作品以内画玻璃艺术而闻名。较具影响的有著名的“袁家皮”、“辛家皮”和“勒家皮”，均表现出高超的配色技术。北京玻璃业不生产原料，它的原料来自于山东博山，制作特点上更专心于玻璃器的后期制作。

博山玻璃

即山东省博山县（今淄博市博山区）的玻璃生产。博山是清代最重要的民间玻璃制作中心，生产玻璃的历史最早可上溯到元代中晚期，明代时就已经在此地设立宫廷玻璃作坊，隶属于内官监，明末以后衰落，直到清康熙年间重新恢复生产，但已从官办性质一变而为民营。当时博山的玻璃生产主要集中于西冶街一带，最盛时，当地百分之七十的家庭劳动力从事玻璃制造。从康熙年间恢复生产至清末光绪年间，博山玻璃生产规模逐年增大，产品行销全国。鸦片战争以后，由于外商来华经营实业的逐渐增多，带来了一些国外的玻璃产品和技术，使得博山的玻璃产品有了一些变化。除继续保留传统的实心器和空心器以外，又增加了新的品种，如引进德国技术生产的平板玻璃。无论是传统玻璃器，还是引进外来技术生产的非主流玻璃器，博山的产品都比较注重颜色美、质地纯，而对造型和纹饰的要求并不很高。

广州玻璃

即广州地区的玻璃生产。广州作为玻璃制造中心，主要是生产“土玻璃”或“广铸”，另外就是仿制外国玻璃。“广铸”玻璃承继了中国早期玻璃质薄而脆、不耐热的特性，在当时并不受人欢迎。相反，仿西洋玻璃大受推捧。原因在于它的原料就是用从欧洲运来的玻璃碎片经融化而得。而且，作为清代对外交往的前哨，它能够便利地得到西方玻璃制造技术，从而大大提高了广州的玻璃制造水平，发展成为有别于北京和博山的、具有鲜明地方特色的玻璃制造中心。

铅钡玻璃

玻璃品种。助熔剂采用氧化铅和氧化钡的玻璃。含铅、钡较高的玻璃晶莹水润，但机械强度不高。这是中国最早的玻璃品种。料珠、玻璃璧的主要成份多为此类玻璃。流行于西周至汉代，随着时代的演进，氧化钡的含量逐渐降低，直至消失。（图 6-5）

高铅玻璃

玻璃品种。助熔剂成分主要是氧化铅，并且不含氧化钡的玻璃，有时候氧化铅含量可以高达60%。这种玻璃有较大的透明度，光洁晶莹，密度较大。流行于魏晋南北朝到唐宋时期。

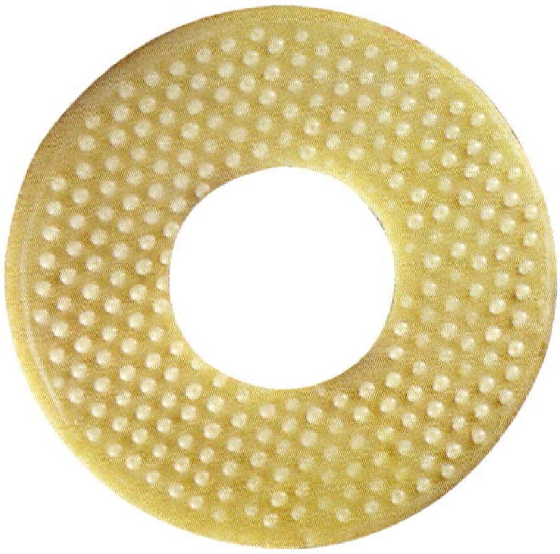

图6-5 铅钡玻璃

铅玻璃

即高铅玻璃，参见【高铅玻璃】。

钠玻璃

又称碱玻璃。玻璃品种。助熔剂成分主要是氧化钠而不含钙的玻璃。流行于魏晋南北朝到唐代。

碱玻璃

即钠玻璃，参见【钠玻璃】。

钾玻璃

玻璃品种。助熔剂成分以钾为主的玻璃。钾玻璃是中国自产的一种玻璃，它最早出现于汉代，在宋代较多，至清代时仍有，而且多在南方地区，如云南、广西等地生产，有人称之为"南海玻璃"。

钠钙玻璃

玻璃品种。助熔剂成分为氧化钠和氧化钙的玻璃。一般认为中国不生产，都是西方舶来品。中国发现的钠钙玻璃应有一部分是自造的。但这部分作品是偶然性、未知性、盲目性的产物。因此，钠钙玻璃的生产时间并不固定，早至春秋战国晚至清代，都有零星发现。相对来说，唐宋以后对外交往开始增多，钠钙玻璃出现较多。如北京西晋华芳墓出土的玻璃碗。（图6-6）

无色玻璃

玻璃品种。着色杂质较少，透光率较高的无色钠钙硅酸盐玻璃或钾钙硅酸盐玻璃。组成中引入适量的锌、钡、硼、钾等成分及脱色剂，提高了玻璃的光泽和抗水性。通常用以制造茶具、餐具及高级瓶罐等制品。

晶质玻璃

艺术玻璃的一种。大部分含氧化钙、氧化钾的量较多。具有无色透明，光泽好，易成型，硬度低的特点，便于机械加工，可雕成各种艺术制品。

图 6-6 北京西晋华芳墓出土的钠钙玻璃碗

图 6-7 透明玻璃水丞

铅晶质玻璃

又称水晶玻璃。具有很高的透明度和较大的折射率，光洁晶莹，如天然的水晶。密度较大，其制品相互碰撞时有清脆的金属声。硬度较低，易于研磨、雕刻加工，也易于抛光。是晶质玻璃的主要品种。化学成分属于钾铅硅酸盐玻璃类型。用于制造高级磨刻器皿及艺术品。（图 6-7）

水晶玻璃

即铅晶质玻璃。参见【铅晶质玻璃】。

波希米亚玻璃

晶质玻璃的一种。17 ~ 18 世纪时，在捷克波希米亚地区首先制造成功而得名。其特点是用钾代替钠钙玻璃中部分或全部钠而制成的无色钾钙硅酸盐玻璃。折射率较钠钙硅酸盐玻璃高，光泽良好。大部分用于制造餐具及雕刻的艺术品。

玉色玻璃

一种表面光泽较好的半透明的乳浊玻璃，外观犹如天然玉石而得名。多为氧化铝较高的铝硅酸盐玻璃，以硫酸盐、氯化物和氟化物等为乳浊剂。用于制造日用器皿、灯具、化妆品瓶、艺术玻璃制品及料器等。

金星玻璃

一种含有结晶颗粒而显出金属色泽的闪光玻璃。制造原理是利用某些金属如铜或某些金属氧化物如氧化铬等物质在玻璃中的溶解度较小这个特性，高温时呈溶解状态，降温时容易过饱和而在一定的温度下从玻璃中析出并迅速成长，获得金属色泽和分布均匀的结晶。铜金星呈金黄色闪光体，又称沙金石。铬金星呈银白色闪光体。一般用于镶套制品、艺术装饰品和墙面嵌

板等。代表器物有著名的金星玻璃三阳开泰山子。（图 6-8）

乳浊玻璃

又称“乳白玻璃”。半透明或不透明的乳白色玻璃。在玻璃配料中加入一定量的乳浊剂，如磷酸钙、冰晶石等，使在制造过程中发生大量悬浮的微细质点而呈乳浊态。能使通过的光线变得柔和。大都用于照明设备、建筑材料和装饰材料。

图 6-8 金星玻璃三阳开泰山子

乳白玻璃

又称“乳浊玻璃”。参见【乳浊玻璃】。

颜色玻璃

在原料中加入着色剂熔制而成的玻璃。对可见光具有一定的选择性吸收，吸收光谱不同，呈现不同的颜色。根据着色机理，分为离子着色、金属胶体着色和本征着色（半导体着色）三大类。常用于艺术装饰、有色信号和各种滤光器。

玻璃器皿

玻璃材质的各种盛容类日常用具的总称。如玻璃碗、玻璃瓶等。从春秋战国到两汉时期，是中国玻璃器的仿玉时代，是玻璃生产的萌芽期，并未出现玻璃器皿。汉代首次出现了玻璃器皿，这是玻璃发展史上的一大突破，特别是南北朝时期吹制法传入中国，促进了玻璃器皿制造业的发展。自此以后玻璃陈设品和生活用具逐渐占据了主流，引发了玻璃制造业的发展。

玻璃珠管

玻璃器早期的主要形式。分玻璃珠和玻璃管。玻璃珠又称料珠。早期器形有圆球形、扁圆形，战国又出现了六边鼓形、八棱形等多种形状，其中以蜻蜓眼玻璃珠为其典型代表。玻璃管珠体现了早期玻璃的仿玉性质。常与玛瑙、绿松石、蚌、石、玉等共同组串成项链等装饰品。（图 6-9）

蜻蜓眼

战国时期出现玻璃珠的典型代表，装饰类似蜻蜓眼而得名。它一般是在珠体表面饰以数个白色、深蓝色等颜色组成的类同心套环，套环中心略高于四周，呈凸起状态，有的还在各个套环之间用小连珠串似虚线般交叉分隔开来。蜻蜓眼玻璃珠在西汉中期以后被单色玻璃珠取代而

消失了。（图 6-10）

玻璃剑饰

早期玻璃仿玉器形之一。玻璃剑饰约出现于战国中期，并流行于战国晚期到西汉初年。仿自于玉剑饰的形制。分为剑首、剑格、剑璏、剑珌，分饰于剑和剑鞘的相应部位。具有装饰和穿绳实用的双重功能。代表器物如战国时期的玻璃鞘带扣。

玻璃耳珰

早期玻璃器的形制之一。是一种喇叭状或束腰鼓形的耳部装饰品（相当于耳坠），出现于西汉，结束于东汉。在中国分布区域较广，河北、辽宁、内蒙古、陕西、甘肃、河南、湖北、湖南、四川、贵州等省区均有分布。代表器物如河南省洛阳市烧沟汉墓出土的玻璃耳珰。（图 6-11）

早期玻璃碗、瓶

玻璃器皿形制之一。初见于魏晋南北朝时期。多为吹制法制成。早期的玻璃碗造型比较简单，器形不甚规整，且气泡较多。但是从中可以看出中国传统玻璃制造的发展脉络。（图 6-12）

玻璃耳杯

早期玻璃器皿形制之一。分为酒杯和食杯两类。酒杯又称“羽觞”。呈椭圆形、平底，新月形耳；食杯形制、材料等与酒杯相同，仅用途有所差异。最早出现并流行于西汉。1968 年河北省满城县西汉中山靖王墓出土有玻璃耳杯。

图 6-9 玻璃珠管

图 6-10 蜻蜓眼

图 6-11 玻璃耳珰

图 6-12 北周时期玻璃碗

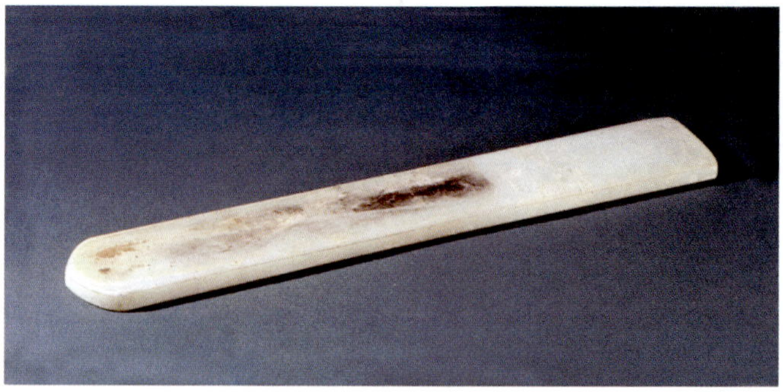

图 6-13 曹氏玻璃圭

玻璃圭

玻璃仿玉器形之一。为礼仪用器。体扁平，上端作三角形，下端平直。虽然战国的玻璃仿玉器物较多却没有发现圭，元代时却在仿古玻璃器中出现了这种形制。元末张士诚之母曹氏墓中出土过此类玻璃圭。（图 6-13）

玻璃水丞

玻璃器皿。水丞又称“水滴”、“龟滴”、“砚蟾”、“蟾滴”。为滴水于砚的器具。有嘴的叫“水注”，无嘴的叫“水丞”。其式方、圆不一。代表器物如现藏故宫博物院的蓝地套绿玻璃螭纹水丞。

玻璃渣斗

玻璃器皿。因用来专门盛放兽骨鱼刺等渣滓而得名。撇口，鼓腹，圈足外撇。瓷制品晋代开始制作，玻璃制品多见于清代。代表器物如现藏于故宫博物院的黄玻璃菊瓣式渣斗。（图 6-14）

博山琉璃花球

山东博山著名的料器工艺品。用清澈明亮的水晶琉璃做基础料，用包、拉、搓、扎等手法，嵌入用琉璃制作的各色花或鸟虫鱼等，再用水晶玻璃把他们包在里面，做成圆、方等其他造型的花球。制作时要在一千多度的高温下于几分钟内完成十余道工序。此工艺发挥了水晶琉璃晶莹清亮的优点，外套水晶玻璃又克服了易碎的缺点。

宝素珠

又称赛珍珠。江苏苏州所产的一种玻璃工艺品。从“料珠”发展而来，在玻璃珠外表涂一层鱼鳞胶质而制成的具有珍珠般光泽的人造珍珠。制造工艺大体分 3 个步骤：（1）熔料：把石英砂加辅料在高温下熔炼，冷却后凝结成料块。（2）烧珠：把料块粘在铁棒上放在火焰上燃烧熔化，使熔液滴在一根细铁钎上，捻动细铁钎，熔液便成为中有洞孔的圆形玻璃珠。（3）上光：

图 6-14 黄玻璃菊瓣式渣斗

图 6-15 玻璃剑璏

将鱼鳞经过漂淘，制成鳞粉，溶入胶液之中。然后将胶液涂在玻璃珠表层，制成宝素珠。形状圆形为主，也有橄榄形、扁圆形；大小不一，小如米粒，大如樱桃；色彩以银白为主，也有蜜黄、奶黄、湖色、大红、玫瑰、粉红、翠绿等。主要串做头饰和颈饰。

江陵楚墓玻璃珠

又名蜻蜓眼。战国时期玻璃饰品。1986 年湖北江陵九店楚墓出土。多枚，有圆形、六边鼓形、八棱形等多种形状。这种玻璃珠也称料珠，原称琉璃，是早期的玻璃。用于装饰，在玉组佩中往往编缀料珠增加美观。目前发现的料珠大多出自楚国，而且数量不多，颇为珍贵。

玻璃剑璏

战国时期玻璃剑饰。长 10.1 厘米。1955 年湖南省长沙市战国楚墓出土。剑璏为绿色玻璃，呈长条形，两端微微向下内卷，内面下靠近一端附有一长方形穿孔；璏面饰谷纹，靠一端饰兽面纹。用于配带剑，同时起到装饰作用。为出土不多的玻璃剑饰品。现藏湖南省博物馆。（图 6-15）

满城汉墓玻璃耳杯

西汉时期玻璃器皿。长 13.5 厘米，宽 10.4 厘米，高 3.4 厘米。1968 年河北省满城县西汉中山靖王墓出土。玻璃盘呈翠绿色，半透明。盘作圆形，侈口平折沿，浅腹起棱，假圈足。模铸而成。历年来出土的玻璃器皿有限，被认为是中国自产的玻璃器皿更是少数，此器保存完好，为出土玻璃耳杯中难得的佳品，弥足珍贵。现藏河北省博物馆。

弦纹圜底玻璃杯

东汉时期玻璃器皿。口径 9.2 厘米。1990 年广西合浦县风门岭东汉墓出土。圆形，圜底，腹部饰弦纹一周。通体淡蓝色，犹如翠玉，鲜丽醒目。器身气泡较多，但器型规整，色泽匀净，具半透明感，显示出玻璃烧造技术已经达到较高水平，是汉代玻璃制品中的代表作。现藏广西

壮族自治区博物馆。（图 6-16）

图 6-16 弦纹圜底玻璃杯

喇叭状玻璃耳珰

东汉时期装饰品。高 2.1 厘米，径 1.8 厘米。河南省洛阳市烧沟汉墓出土。耳珰为深蓝色，半透明。器型如喇叭状，上端径小，下端径大，腰部较细，中间有穿孔。虽埋于土中约两千年，依然光洁晶莹。为出土玻璃耳珰中保存完好者。现藏河南省洛阳市文物工作队。

图 6-17 罗马玻璃瓶

罗马玻璃瓶

东汉时期舶来玻璃器皿。高 13.6 厘米，腹径 7.2 厘米。1987 年洛阳东汉墓出土。在深褐、橘黄、绀青、暗紫之不规则的地色中缠绕乳白色线纹，又由于表面有风化层，浮现出闪烁的金黄色光泽，斑驳绚烂，非常美观。这是一件典型的罗马搅花玻璃器，吹制成型。为早期舶来玻璃器的典型代表。现藏洛阳市文物工作队。（图 6-17）

玻璃钵

北魏玻璃生活用品。口径 13.4 厘米，高 7.9 厘米，壁厚 0.2 ~ 0.5 厘米。1964 年河北定县华塔塔基出土。天青色，透明。玻璃体内有密集的小气泡，器物表面有银白色的风化层。采用无模吹制法制成。此法在中国北魏以前未见有采用，至北魏时期，吸收了罗马萨珊玻璃吹制方法等生产技术，从而使中国玻璃工艺得到进一步提高。为研究中国玻璃生产的历史提供了重要的实物证明。现藏河南省文物研究所。

鸭形玻璃器

十六国时期玻璃陈设品。长 20.5 厘米，腹径 5.2 厘米。1965 年辽宁省北票西官营子冯素弗墓出土。体似鸭形，流如鸭嘴状，长颈鼓腹，拖一细长尾。背上以玻璃条黏出一对雏鸭式的三角形翅膀，腹下两侧各黏一段波状的折线纹，象征双足，腹底贴一平整的饼

图 6-18 鸭形玻璃器

图 6-19 描金波叶纹蓝琉璃盘

状圆玻璃。造型生动别致，在早期玻璃器中十分罕见。现藏辽宁省博物馆。（图 6-18）

玻璃茶托、茶盏

唐代茶具。高 5.2 厘米，口径 12.7 厘米，足径 3.8 厘米。1987 年陕西扶风法门寺地宫出土。玻璃淡黄绿色，有光亮透明感，有气泡。茶盏侈口，腹壁斜收，圈足低矮。茶托口径稍大于茶盏，足圆盘状，中部下陷，正好与茶盏圈足相配，使茶盏稳定于茶托之上。茶托下部有高圈足，以便托盏饮茶。这套琉璃茶托、茶盏具有中国风格，为唐人所制。现藏法门寺博物馆。

描金波叶纹蓝琉璃盘

唐代玻璃生活用品。高 2.2 厘米，直径 15.5 厘米。陕西扶风法门寺地宫出土。盘沿外折，腹壁斜收，盘底心凸起。通体呈蓝色，具有透明感。盘面刻满纹饰，由内而外分为数层，纹饰采用刻花描金技法，为刻花描金技法的代表器物。此物产于波斯，是唐代中西文化交流的实物资料。现藏法门寺博物馆。（图 6-19）

鸟形玻璃器

北宋玻璃陈设品。通高 6 厘米。1966 年河南密县北宋塔基出土。器物呈深绿色，半透明；作鸟形。鸟颈细长，圆眼钩喙，身为圆球状，体内中空，体外中部有一小圆环，器物表面有黄白色锈蚀。其造形奇特在中国出土物中前所未见，是写实动物类器物制作的开始。密县北宋塔塔基中出土玻璃器达百余件，是研究宋代玻璃制造技术的宝贵资料。现藏河南省密县文化馆。

玻璃壶形鼎

北宋器皿。高 8.8 厘米，口径 3.1 厘米。1966 年河南密县北宋塔基出土。胎体较薄。绿色玻璃，器表有一层棕黄色锈蚀。小口圆唇，颈部很短，圆球状腹。器腹下部有等距离三实心足，足向下弯曲。采用吹制法制成，先作短颈球状腹，再用玻璃料棍作成三足，加热后粘於器腹下部。

图 6-20 玻璃壶形鼎

图 6-21 乳钉纹玻璃盘

此器将壶与鼎相集合，极具新意，为宋代玻璃器佳作。现藏密县文化馆。（图 6-20）

长颈玻璃瓶

辽代器皿。高 31.2 厘米，口径 8.5 厘米，腹径 20 厘米，底径 10 厘米。1986 年内蒙古奈曼旗青龙山辽陈国公主与驸马合葬墓出土。玻璃淡黄色，透明，含有较多气泡，器表有风化层。圆唇，侈口，细高颈，鼓腹，平底内凹。口沿上压印五个椭圆形装饰，颈部有两道凸弦纹。器壁薄厚不匀。现藏内蒙古文物考古研究所。

乳钉纹玻璃盘

辽代器皿。高 6.8 厘米，口径 25.5 厘米，底径 10 厘米。1986 年内蒙古奈曼旗青龙山辽陈国公主与驸马合葬墓出土。无色，透明，器表有风化层，属钠钙玻璃。圆唇，敞口，弧腹，圈足。腹壁饰有一周四棱锥形乳钉纹，为手工砂轮打磨，大小不一，棱缘锋利。腹壁有凹形圆坑，每三个为一组。现藏内蒙古文物考古研究所。（图 6-21）

曹氏玻璃圭

元代玻璃礼器。长 42.6 厘米，宽 6.5 厘米。元末张士诚母曹氏墓出土。玻璃圭为涅白色，仿玉制品。呈长条形，顶端作尖状，下端平齐，光素无纹。元代仿古玻璃器中出现了这种形制甚为少见。现藏苏州市博物馆。

莲花玻璃托盏

元代玻璃日常用品。盏口径 8.6 厘米，高 4.8 厘米，托口径 12.5 厘米，高 1 厘米。甘肃省漳县元汪世显家族墓出土。盏为普蓝色玻璃，半透明，体内有气泡。口及腹呈七瓣莲花形，假圈足，底心略凹。托亦为普蓝色，但比盏的颜色稍浅，体内含气泡较多。平折沿，作八瓣莲花状，腹壁略向外撇。这套莲花形的托盏器型较大，制作精美，色彩艳丽，是元代玻璃器皿中的稀世珍宝，代表了元代玻璃制造业的水平。现藏甘肃省博物馆。（图 6-22）

图 6-22 莲花玻璃托盏

丨黄玻璃菊瓣式渣斗丨

清雍正时期玻璃陈设品。高 9.9 厘米，口径 9.7 厘米。此器口大而外侈成喇叭状，腹部隆起如橘状，底部带足。从口部到底部以凹凸手法饰十六瓣菊花式，通体橘黄色。这件玻璃渣斗颜色艳丽而润泽，色度均匀，造型美观、小巧，虽有一些气泡和糟坑，但仍不失为清早期玻璃器中的佳作。现藏故宫博物院。

丨白地套红玻璃云龙纹瓶丨

清乾隆玻璃陈设品。高 29.5 厘米，口径 9.5 厘米。体呈圆形，喇叭状口；细颈、阔腹、矮足、平底。瓶腹部为云龙戏珠图案。以白色玻璃作胎，以紫红色玻璃为纹饰。其制作方法是将红玻璃加热至半流质粘在器胎，然后加工细部花纹。器型规整，器体较大，纹饰工艺精细，是白受彩玻璃制品的上乘之作，反映了乾隆时期套红玻璃工艺的成熟。现藏故宫博物院。（图 6-23）

图 6-23 白地套红玻璃云龙纹瓶

丨搅胎玻璃瓶丨

清乾隆时期玻璃陈设品。高 20.8 厘米，口径 11 厘米。该器外壁为白、蓝、红三色相间的螺旋式条带纹，口足为绿色，瓶底有“乾隆年制”款；用搅胎方法制成，纹饰新颖，匀整度极高，而平行的带状螺旋纹使本来规整的玻璃瓶具有了盘旋向上的动感，具有强烈的艺术魅力。现藏故宫博物院。（图 6-24）

丨金星玻璃三阳开泰山子丨

清乾隆时期时期玻璃陈设品。高 12.5 厘米，长22厘米。为清内务府造办处玻璃厂烧造，全器为图案化的山峰，山脚一边卧一抬头羊，另一边是形体较小的幼羊，顶部平坦状的山顶上蜷卧一只幼羊，正回首与山下大羊对望。该山子造型优美，尤其是三只山羊的神态刻画得精细而传神，充满情趣。寓意“三阳开泰”，作为一年伊始的吉祥祝语。此器为金星玻璃的代表器物，器内为金黄色闪光体，给人以金碧辉煌、富丽豪华之感。现藏故宫博物院。

图6-24 搅胎玻璃瓶

套料荷花纹缸

清乾隆时期玻璃陈设品。高12.4厘米，口径16.7厘米。用低熔点玻璃制成。用黄白料制出缸体，再以红玻璃套饰纹样。图案为通景荷塘，荷花盛开，并有蝴蝶、蜜蜂嬉戏飞于花间。近底处饰山石一周，沿至底部以代足。底有楷书“乾隆年制”款。用料细润，色彩极佳，黄色润如鸡油，红色灿如宝石。纹饰图案疏朗自然，活泼生动，是清代料器的上乘之作。现藏故宫博物院。（图6-25）

图6-25 套料荷花纹缸

磨花玻璃杯

清乾隆时期玻璃陈设品。高3.4厘米，口径6厘米。呈茶褐色，透明。外壁磨有山石花卉图案。器型较小，口部微敛，底略内收。杯底镌刻“乾隆年制”款，清内务府造办处玻璃厂烧造。磨花玻璃是以铊制玉器的方法，在玻璃表面碾琢出各种纹饰或图案。乾隆时期的磨花玻璃受欧洲磨花玻璃的影响很大，其技艺已经相当成熟。现藏故宫博物院。

蓝玻璃刻花蜡台

清乾隆时期玻璃生活用品。高28.5厘米，盘径6厘米。蜡台以蓝色玻璃制作，分上下两层，上层蜡台扦用以插烛。器表以线刻缠枝莲纹和卷云纹，并填金。中腰处刻“乾隆年制”款。此器为清宫造办处玻璃厂造，制作精细，具有乾隆时期工艺品共同的华丽、繁复的特点。现藏故宫博物院。（图6-26）

红地套蓝玻璃花蝶纹瓶

清乾隆时期玻璃陈设品。高 24.7 厘米，口径 7.2 厘米 ~ 7.7 厘米。器胎玻璃为豇豆红色，胎外套饰浅绿色花纹。颈部饰八瓣俯蕉叶纹，腹部纹饰为牡丹、荷花、山茶、梅花等四季花卉，花枝叶丛中并有蝴蝶、蜜蜂等，近足处饰花蕾纹一周。底部镌刻“乾隆年制”款。彩受彩艺术是乾隆时期玻璃器皿的主流，也是中国在玻璃工艺中的创造。该器料色鲜艳，纹饰精美，生动活泼，可谓套料玻璃器中的精品。现藏故宫博物院。

图 6–26 蓝玻璃刻花蜡台

蓝地套绿玻璃螭纹水丞

清乾隆时期文房用具。高 3.9 厘米，口径 3.3 厘米。圆唇，敛口，鼓腹，矮圈足。以深蓝色为胎，外以浅绿色玻璃为纹饰，饰有首尾相交的一对螭纹，口及足亦饰绿色，底部有“乾隆年制”款。器形小巧，朴实简练，是玻璃水丞中的佳作。现藏故宫博物院。（图 6–27）

玻璃器成型

即玻璃器的成型方法，较常见的方法有：模铸法、吹制法、压制、压吹制、套色玻璃器皿及窑玻璃、离心法成型等等。这些成型方法的共同特点是玻璃液随温度下降而逐渐增大其粘度，直到变成脆性玻璃为止。不同的成型方法，必须有不同的玻璃成分。一般情况下，应选择能在最有利的条件下成型的玻璃成分。

图 6–27 蓝地套绿玻璃螭纹水丞

模铸法

玻璃器成型方法之一。它先将需要的器形制成陶模，或其他材质的模具，然后将玻璃熔液灌注其中，经过冷却、去模等程序，即可得到成形的玻璃器具。这种方法是中国古代玻璃器中最早的成型工艺，并一直延续下来。此法一般用于制造实心器物，技术掌握不好易产生气泡。

失蜡铸造法

模铸法的一种。用蜂蜡做成铸件的模型，再用别的耐火材料填充泥芯和敷成外范。加热烘烤后，蜡模全部熔化流失，使整个铸件模型变成空壳。再往内浇灌溶液，便铸成器物。此种方法源于青铜器铸造技术的失蜡铸造法，可以制得造型细腻而复杂的玻璃器，但是使用并不普遍，只有少数复杂的器形才使用，一般均是采用普通模铸法。

吹制法

玻璃器生产中最常用的一种成型方法。可分为人工吹制和机器吹制两种。人工吹制，俗称为吹大泡，是利用空气的流动性和压力性，借助特制的工具将玻璃熔液吹成空泡而成型的一种专门工艺。它需要吹筒、剪刀两种必备工具，吹筒有玻璃和铁制两种，用来蘸取玻璃熔液并向熔液吹气的工具；而剪刀则是辅助工具，利用引、裁、拗、突、抑等多种复杂动作辅助器物成形，用以吹制各种特制的玻璃空心器皿。在中国玻璃发展史上，吹制法成型改变了玻璃制品作为玉器代替品的从属地位，引发了玻璃制造业的革命性变化。（图 6-28）

图 6-28 采用吹制法制成的玻璃钵

滴凝法

玻璃器成型方法之一。是利用玻璃杆或铁杆蘸取玻璃熔液，然后任其下滴，待滴落下来的熔液冷凝即可成形，这种方法仅用于制造围棋棋子和类似棋子的作品。

缠泻法

玻璃器成型方法之一。将玻璃熔液缠到一根预制的芯棒上，左手拈旋芯棒，右手执料条在火中熔化后向杖子上缠去，抽出芯棒即可得到条珠，一根芯棒上可缠出多个珠子。是制作条珠、小珠等珠子类器物的一种方法。

戛悠法

玻璃器成型方法之一。由于珠体较大，使用缠泻法难以规整，因此，就用一种类似双股叉的特制工具夹住珠子两端，然后在一个特别的槽内来回滚动，使珠子的规格完全一致，而且形状也规整起来。是制作形体较大的念珠或佛珠、顶珠等器物的方法。

拧丝法

玻璃器成型方法之一。在一块熔化的水晶料中包入几小块其他颜色的玻璃料，再经入炉熔化，拉成很长的条棒状，这样水晶料中的其他色料就被拉成互相平行的，匀称的细丝，再将制成的夹料细棒加温软化，拧成螺旋状，其中的细丝也被折成均匀的螺旋状。是制作筷子等器物的方法。

压制

玻璃器成型方法之一。将玻璃料滴落在固定的模具中挤压成型，模具的加工方法不同，造型和纹样也各有特点。如用电蚀刻加工法加工模具，可使玻璃表面呈现皮革或纺织品等肌理，在厚度允许的器皿表面，可制成起伏或凹凸变化较大的几何纹饰，或者制成不同高度的浮雕。具有成品形状精确、操作简便、生产效率高的优点，成品器物一般比吹制制品厚，抗冲击强度也较大，不易破碎。

压—吹制

玻璃器成型方法之一。制品的雏形先经过压制，再由机器来吹制成型。有多种方法：一种方法为将玻璃液料落入与口模紧密相连的初模中，用冲头压挤玻璃液进入口模中，制成口部和雏形，然后移入成形模中，经重热、伸长，最后吹成制品。另一种方法为将玻璃料滴压成料饼，再经旋转吹制成薄壁制品。此法特点是制品壁厚均匀，表面光洁，更接近人工吹制品，但生产效率不及薄壁制品压、吹法。用于生产灯泡、水杯和高杯脚等产品。

离心法成型

玻璃器成型方法之一。将玻璃液放在快速旋转的模具底部，在离心力的作用下，玻璃液沿模具表面向四周流动，从而获得与模具相同的造型和纹饰。此方法可用于制造容量较大的玻璃器皿，具有亮度高、节省模具、成本低、价格低廉的优点。

浮法成型

制造平面玻璃的一种成型工艺。玻璃液从池窑流入盛有熔融金属（如锡液）的槽中，浮在金属表面，由于重力作用自由摊平，经表面抛光和拉引成板。此方法易于工业化，产品质量好，产量高。

窑玻璃成型

玻璃器成型方法之一。常采用一种玻璃内层套色工艺。在颜色玻璃的小泡上蘸取无色玻璃，吹制成型的制品上部着色较深，向下逐渐减弱，形成颜色的渐变效果。也有在套白磁小泡上绕上颜色玻璃料丝，或撒上彩色玻璃料花点。经烘烊、吹气、拉长后，蘸取无色玻璃吹制成型，制品多有颜色多变、丰富和鲜明的特点。

玻璃装饰工艺

是对玻璃器物进行装饰、美化的一种工艺，包括刻花、磨花、描金、描彩、错彩、搅胎、套料、贴花、堆彩、抛光、喷砂、内画等众多不同的方法。

套料

玻璃装饰工艺之一，创于清代。制作方法是用一种颜色的玻璃先制作出器形，然后用其他颜色的玻璃料经过加热贴于器上，有的是直接贴出花样，有的则是先贴上颜色料，然后再用刻花的方式雕镂出图案。套料可分为白受彩、彩受彩、彩受白，又可分为套二彩、套三彩、套五彩等多个品种，另外，依据颜色和工艺又有兼套、素套、刻花套料等众多的品类。清代的套料作品非常多，以早、中期为佳，晚期多色彩杂乱无章，工艺水平也较低。

清代赵之谦《勇庐闲诘》记载："时（康乾之时）天下大定，万物殷富，工执艺事，咸求修尚，于是列素点绚，以成文章，更创新制，谓之曰套。套者，白受彩也，先为之质曰地，则玻璃砗磲珍珠，其后尚明玻璃，微白，色若凝脂，或若霏雪，曰藕粉。套之色有红有蓝，更有兼套曰二彩、三彩、四彩、五彩或重叠套，雕镂精绝。康熙中所制浑朴简古，光照艳烂若异宝。乾隆以后，巧匠刻画，远过詹成，矩凿所至，细入毫发，扪之有棱。"文中详细记载了套玻璃工艺的制作时间、康熙、乾隆时期套玻璃的不同风格以及套玻璃的不同种类。

清代康熙年间是套料玻璃的始创期，主要是白受彩，即用涅白玻璃作地来套饰其他颜色，而且套饰层数较少，基本上都是套单彩，而彩受彩和多彩套在此时还不多见。

清中期尤其是乾隆年间，套料玻璃达到辉煌，多采用彩套彩，如红套蓝、红套黄、绿套红、宝蓝套绿等，兼套也明显增多，如黄地套青、红，白地套紫、黄、红等，多的可达一器有十余种颜色。例如白地套蓝玻璃缠枝莲纹碗，器体为涅白色玻璃制成，口沿套饰蓝玻璃弦纹一周，腹部套饰蓝玻璃开光缠枝莲纹，腹下近足处套饰蓝玻璃云头纹。（图 6-29）

图 6-29 白地套蓝玻璃缠枝莲纹碗

白受彩

套料方法之一。用白颜色的玻璃先制作出器形，然后用彩色玻璃料经过加热贴于器上制成器物。

彩受彩

套料方法之一。用彩色（非白色）玻璃先制作出器形，然后用彩色（一般与玻璃通胎的颜色不一致）玻璃料经过加热贴于器上制成器物。代表器物如红地套蓝玻璃花蝶纹瓶，器体为豇

豆红色玻璃制成，外套以浅绿色玻璃为纹饰。（图 6-30）

图 6-30 红地套蓝玻璃花蝶纹瓶

搅胎

清代著名的玻璃装饰技法。分为单色深浅搅料和多色搅料等多个品种。它是用两种以上的颜色料绞拧在一起，形成有层次的螺旋纹。这种装饰除了规则的平行搅纹之外，也有不规则的粗细不等的随意性搅纹。乾隆年间烧造的一件搅胎玻璃瓶是著名的代表性作品。（图 6-31）

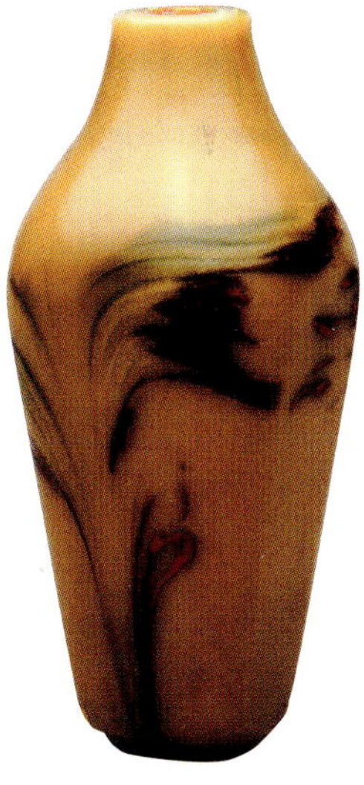

图 6-31 搅胎鼻烟壶

撒金星

清代著名的玻璃装饰技法。参见【金星玻璃】。

内画

清代著名的玻璃装饰技法。所谓内画，就是在器物的内壁上绘画施彩，利用材质的透明性，使所绘纹图反衬出来。说它是画，其实也是一种雕刻方法，是将画意用工具磨刻在内壁上。内画技术可能源自于清晚期流行的反笔肖像画，就是在平面玻璃的背面依反视原理描绘人物肖像，然后利用玻璃的在正面观看。但是内画技术比反笔绘画要难许多，因为它需要在器物的内壁作画，器口一般极小，而且内画多为微雕。清代的内画玻璃涌现了一大批各有专长的艺术大师，较为著名的有周乐元、马少宣、叶仲三等。（图 6-32）

图 6-32 内画玻璃鼻烟壶

玻璃描彩

玻璃装饰工艺手法之一。在无色玻璃或颜色玻璃上再加彩绘的一种方法。

玻璃点彩

玻璃装饰工艺手法之一。用一种玻璃作地，捺压其他色彩玻璃斑点，常见于乾隆时期作品。此种技法源自同名陶瓷装饰工艺手法。

玻璃夹彩

玻璃装饰工艺手法之一。在涅白地胎上经点彩后再套透明玻璃。此种技法源自同名陶瓷装饰工艺手法。

单色玻璃

单色玻璃就是用单一的一种颜色制成的玻璃制品。单色玻璃虽无华丽的装饰，但却以其纯正的色调，细润的质感，端庄的造型取胜，深得人们的喜爱。此种玻璃在清代早期开始出现，清中期特别是乾隆年间达到鼎盛。它的色彩丰富，有涅白、砗磲白、仿玉白、宝蓝、天蓝、孔雀蓝、透明蓝、宝石红、豇豆红、透明红、雄黄、鸡油黄、豆绿、淡粉、黑色、琥珀色、茶色、仿翠色等。（图 6-33）

图 6-33 粉红玻璃三足炉

玻璃压花

玻璃装饰工艺手法之一。在透明玻璃或涅白玻璃胎上贴上颜色料，然后用模子捺印花纹。出现于清晚期。

玻璃彩饰

利用玻璃色釉对玻璃器皿进行艺术装饰的工艺。有描绘、喷花、印花、贴花等不同技法。所有玻璃彩饰，均在最后经彩烧，彩釉才能牢固地熔附于玻璃表面，经久耐用，并使色釉平滑，色彩鲜艳光亮。彩饰工艺较其他装饰工艺简单，适于批量生产。

图 6-34 玻璃胎珐琅彩兰菊图鼻烟壶

玻璃描绘

玻璃装饰方法之一。与瓷器描绘相同，先根据玻璃制品的造型特点设计出画稿，用复写纸或黑墨按画稿在制品上勾出图案的大体轮廓。将磨细的玻璃色釉与粘剂调成稠液状，然后用特殊的画笔蘸取色釉，按图样稿在制品上描绘着彩。（图 6-34）

玻璃蚀刻

玻璃装饰方法之一。即用化学方法蚀刻玻璃的工艺。一般是利用氢氟酸对硅酸盐玻璃的腐蚀作用，使玻璃获得毛面。先在玻璃表面涂耐氢氟酸腐蚀的石蜡、松节油和柏油等做为保护层，再在上面刻绘图案，露出需刻蚀的部分，然后用腐蚀液进行腐蚀，蚀刻完毕后去除保护层。蚀刻的程度可根据腐蚀液的浓度和时间长短来控制，可分为：（1）浅蚀刻，又称毛面腐蚀；（2）深蚀刻，又称化学浮雕；（3）深纹蚀刻，俗称摇花。此方法常用于制造磨砂玻璃，以及玻璃仪器的刻字和标记等。

玻璃抛光

玻璃装饰方法之一。经过刻磨刻加工后的玻璃制品的表面，都有粗糙发毛的现象。除少数制品需要毛表面以外，大部分都需要抛光，使加工过的部位恢复晶亮而富有光泽的表面。玻璃制品抛光的方法有：机械抛光、光学抛光、酸抛光、火焰抛光等。

玻璃摇花

玻璃蚀刻装饰方法之一。即在玻璃制品表面用蚀刻的方法施上细条的深纹圆圈和波形图案。其工艺过程为：将整个制品先涂上一层由蜂蜡、树脂、石蜡以及其他物质所组成的耐酸层，然后用锋利的针尖在这层涂料上刻出所需的图案，经检查整修后，将制品浸入酸液中，蚀出图案。最后在热水中除去蜡质即可。

玻璃印花

玻璃彩饰之一。将玻璃色釉加入调合剂制成糊状物，印刷到制品表面，再经彩烧即成。此种玻璃装饰所印花纹清晰，色釉层厚薄均匀，纹样规格化，适于批量生产。

玻璃贴花

玻璃彩饰之一。先将挥发油或胶质贴在纤维纸上，再在纸上以玻璃彩釉印刷成反方向的图案，制成贴花纸。使用时，先在玻璃器表面涂上粘合剂，将贴花纸带色釉的一面贴紧。稍干后，用水浸透，揭去纤维纸，花纹贴附在器物表面，经彩烧即成。

玻璃移花

玻璃装饰工艺之一。与贴花基本相同，不同的是贴花纸的花纹是正向印的，故正贴于玻璃制品的表面。抽去中间的纤维纸，花纹即贴于玻璃制品的表面，经彩烧即成。由于载花纹的油、胶质或透明玻璃纸位于玻璃器和色釉之间，彩烧时不像贴花那样可能在色釉表面残存碳粒，因而色泽较贴花较鲜艳。

玻璃喷花

玻璃装饰方法之一。预先根据画稿制好喷花模版，将玻璃色釉调合成悬浮状物。进行喷色时，先把图版紧贴于制品表面，然后用喷枪喷上颜色釉。多种颜色的图案是由表现不同图案不同部分的许多金属模版套制而成，并按次序用流水作业来进行，此方法的特点是可以表现较丰富的色彩，效率高于描绘但色釉损耗较大。

玻璃描、印金

玻璃装饰方法之一。将金水（金的有机化合物溶液）用手工描绘于玻璃制器上的，俗称描金。

也可用印花工艺来装饰，称为印金。再经烘烧即在制品涂附表面呈显出金黄色金属光泽，显得十分华贵。（图 6-35）

图 6-35 蓝玻璃描金垂钓图鼻烟壶

玻璃扩散着色

玻璃装饰方法之一。将各种金属的盐类涂在玻璃表面。在加热过程中，这些金属盐类中分离出的金属离子借助扩散作用扩散到玻璃的表层上，使玻璃器的表层获得着色。这种工艺的优点是着色后玻璃器仍然透明，玻璃原来的表面不发生变化，而且色基存于玻璃的表面层中永不脱落。

玻璃堆彩

玻璃装饰方法之一。此种工艺有两种：一种是将特制的玻璃釉泥蘸于玻璃胎上，用手工塑成立体花纹，进行初烧，然后再进行一二次彩绘，并施上各种色釉和描金，烘烧而成。一种方法是先在高温下烧成花瓣花蕊等，并用普通低温釉将立体花型粘附于胎体上，再用彩釉和金水描绘出各种叶和茎等，烘烧而成。此种方法，图案有较强的立体感，装饰性强。玻璃堆彩据说最早起源于中国，源于陶瓷的粉彩堆花，然后流传到法国、捷克等欧州各国。

玻璃堆塑

又称玻璃堆彩。参见【玻璃堆彩】。

玻璃彩虹装饰

玻璃装饰方法之一。用某些金属化合物的蒸汽或溶液喷涂到刚成型的玻璃制品表面，由于制品尚处于红热状态，表面活性大，吸附力强，使金属表面化合物立即分解并与玻璃表面作用，形成一层具有与玻璃折射率不同的金属氧化物薄膜，使玻璃器表面获得彩虹状的珠光色泽。因所用的彩虹剂、制品的温度、涂膜的厚度不同，所得的虹彩效果也不一致。常用的彩虹剂为氯化铁、氯化锡、氯化钴、氯化锑等。此种装饰工艺有使器物表面呈现珠光色泽的效果，也能使器物的强度增加，但是彩虹剂高温热分解时能放出有害气体，应加以注意。

玻璃冰砂装饰

玻璃装饰方法之一。将玻璃色釉筛选成一定的细颗粒，撒在按图案纹样印有粘结剂的玻璃制品的表面上，然后加热烘烧，使色釉与玻璃制品的表面相粘结，即成为各种颜色砂粒状的晶莹闪光的玻璃制品。

玻璃色釉

玻璃制品彩绘、印花等所用的颜色釉料。由熔剂和色剂两部分组成。熔剂一般为含氧化铅较高的易熔玻璃。色剂为各钟无机矿物颜料。二者共熔后再粉碎，也可分别制成后再研磨混匀。色釉的热膨胀系数需与被装饰的玻璃相近。有透明玻璃釉、半透明乳浊色釉、耐酸耐碱色釉、低膨胀色釉、高温色釉及结晶色釉等。

玻璃浓缩色料

含有高浓度着色剂的易熔玻璃地粉状或粒状物料。由配合料加入一定数量的着色剂制成熔块，然后粉碎而成。用于供料机料道着色。在料道处加入，经搅拌，能够迅速地与流动的无色玻璃混合均匀。适应于一窑同进生产多色的器皿。

玻璃喷砂

玻璃装饰技法之一。向玻 璃制品表面喷射石英砂、金刚砂，以形成花纹图案、文字的加工方法。先将玻璃的表面覆盖一层纸、塑料膜或橡胶片作为保护膜，将所要的文字图案部分挖空，然后用压缩空气通过喷嘴将磨料喷射到玻璃制品上。根据所要花纹深度决定喷射数次。有将喷砂表面用氢氟酸与硫酸的混合液浸洗处理的，也有用喷砂方法制作毛玻璃的。

磨刻

又称“车刻”“磨花”“刻花”。玻璃工艺传统加工方法。用砂轮在玻璃器皿的表面刻磨图案花纹。主要工具是小砂轮，在加水湿润下，进行磨刻。分细刻和草刻两种。（图 6-36）

车刻

又称“磨刻”。参见【磨刻】。

磨花

又称“磨刻”。参见【磨刻】。

刻花

又称“磨刻”。参见【磨刻】。

图 6-36 清乾隆磨花玻璃杯

精刻

玻璃磨刻装饰技法之一。一般是用不同深浅的三角线条组成各种各样的图案纹饰，如星形、放射形、多边形等。经粗刻、细刻和抛光等工序，图案纹精细，表面光泽晶莹。对精刻的深度和角度及图案设计要求较高，一般都由具有艺术修养和丰富实践经验的人员担任，并由熟练的技工进行认真而仔细地琢磨。

草刻

玻璃磨刻装饰技法之一。用砂轮在玻璃制品表面随意磨刻出各种花草图案，无需抛光。此种磨刻作工随意，生产效率高，一般用于生产日常用品。

玻璃厂

清朝养心殿造办处玻璃厂的简称，成立于康熙三十五年(1696)，在康熙、雍正、乾隆三代皇帝的提倡和扶持下得到了巨大的发展，嘉庆之后仍然维持生产，直到宣统三年(1911)方告结束。玻璃厂的工匠和原料多来自山东博山。注重后期的精工制作。为皇家烧造大量精美的玻璃器。（图6-37）

图 6-37　清光绪时期玻璃厂烧造的蓝透明玻璃瓶

孙庭铨

（1613—1674）明末清初人。字枚先、伯度、次道，号灌长氏。家族世代经营玻璃。崇祯十三年（1640）进士。入清后曾任太常寺少卿、兵部尚书、户部尚书、吏部尚书等职。康熙二年（1663）拜内秘书院大学士。著有《颜山杂记》，为唯一的一本全面记叙古玻璃生产情况的资料性论著。

琉璃志

记录玻璃生产的资料性著作。至清初康熙年间，出身玻璃世家的孙庭铨在著述地方志性质的《颜山杂记》时，总结了博山玻璃的生产工艺、作品种类，汇入此书之中，成为唯一的一本全面记叙古玻璃生产情况的资料性论著，后人将此书中涉及玻璃的部分辑录出来，称为《琉璃志》。全志计 17 段，包括烧造美术琉璃的原料、呈色、火候、配色、产品、作工、工具、吹制及历史考证等内容。所记述的美术琉璃技艺多来自有实践经验的匠师，所用术语也直接取自工匠的行业术语。其中有些术语和技艺一直沿用至今。

冯素弗墓玻璃器

1965 年，在辽宁北票发现冯素弗墓。冯素弗为北燕天王冯跋之弟，是鲜卑化的汉人。墓中出土的文物有陶器、铜器、漆器、玉器、玻璃器、铁器等 470 余件。其中玻璃器 5 件，有杯、碗、鸭形水注等，以透明深浅绿色为特征，是中国出土的年代较早，而数量又最多的一批。

定县华塔塔基玻璃器

1964 年 12 月，发现一石制舍利函，出土了大批北魏时代的遗物，包括金银器、铜器、玻璃器、珠玉、五铢钱和波斯银币，其中玻璃器皿有 7 件。虽然这些器物的造型比较简单，但是从中仍然可以看到中国传统玻璃制造技术的发展脉络。（图 6–38）

图 6–38 定县华塔塔基出土的玻璃瓶

法门寺地宫玻璃器

1987 年 4 月，因重建法门寺内倒塌的明代十三层八角砖塔，清理地基时发现地宫。先后清理出明代塔基、唐塔基槽，发掘了地宫踏步漫道，隧道及三个室的遗物。遗物主要是为供养舍利而奉献的物品，其中金银器 121 件，瓷器 16 件 (13 件为秘色瓷)，玻璃器 20 件、石刻文物 11 件，另外还有铜、铁器，大批唐代丝绸和“开元通宝”、“乾元通宝”等货币。其中玻璃器，多为当时西亚、东罗马等国家所进贡。（图 6–39）

图 6–39 法门寺地宫出土的玻璃茶托、茶盏

密县北宋塔基玻璃器

1966 年秋，在河南省密县老城法海寺旧址北宋塔基地宫中出土了一批珍贵文物，包括三彩舍利塔、三彩舍利匣等。其中玻璃器有五十余件，造型有壶形鼎、瓶、椭圆形卵形器、宝莲形器等，制作相当精致。

陈国公主与驸马合葬墓玻璃器

1986 年在内蒙古奈曼旗青龙山发现辽陈国公主与驸马合葬墓。陈国公主为辽景宗耶律贤的孙女，死后葬于开泰七年 (1018 年)。随葬品十分丰富，共 3227 件，44 组、副，包括公主、驸马随身的葬具、佩饰，随葬的器皿、马具等，是目前为止辽代遗物最大规模的一次发现。其中玻璃器 7 件，均为生活用具，器形有瓶、杯、盘 3 种。这些玻璃器造型美观，工艺精致，多吹制成型，器表多装饰有刻花、堆花、乳钉纹等。经多方面研究并经科学检测，专家认为这些器物来自中亚地区。（图 6–40）

图 6–40 陈国公主与驸马合葬墓出土的长颈玻璃瓶

鼻烟壶

BIYANHU

鼻烟壶

即盛鼻烟之瓶。所谓鼻烟即鼻吸之烟，传为明万历年间意大利人利玛窦传入中国。粉末状，用研磨极细的优质烟草末掺入麝香等名贵药材，在密封蜡丸中陈化多年后制成，吸时不用火，入鼻即嚏，据说能明目祛疾。清初闻鼻烟风行一时，多为王公贵族，所以鼻烟壶的制作十分讲究。鼻烟壶的种类十分丰富，按质地大致可分为玻璃鼻烟壶、金属珐琅胎类鼻烟壶、玉石类鼻烟壶、瓷器类鼻烟壶、漆器类鼻烟壶、竹木类鼻烟壶、牙角类鼻烟壶、匏器类鼻烟壶等。（图 7-1）

图 7-1 画珐琅嵌匏东方朔偷桃图鼻烟壶

玻璃鼻烟壶

以玻璃为主材料制成的鼻烟壶。可分为单色玻璃鼻烟壶、彩色搅胎玻璃鼻烟壶、金星玻璃鼻烟壶、套色玻璃鼻烟壶和玻璃胎珐琅彩鼻烟壶等多种，清代玻璃制造业得到了很大发展，康熙三十五年（1696）在宫廷内建起"玻璃厂"，由山东淄博征调烧制玻璃的匠师，在内廷生产皇家所需的玻璃制品，并烧造出一些新的色彩。康熙后期还聘请西方烧造玻璃的技师在内廷进行指导，到雍正、乾隆时期，玻璃的烧造技术和制作工艺达到了历史的最高峰，不仅颜色增多，还出现了搅胎、金星料、套料以及以玻璃为胎表面用珐琅彩作画的玻璃珐琅彩等多种新品种。

图 7-2 清中期孔雀蓝色玻璃鼻烟壶

单色玻璃鼻烟壶

玻璃鼻烟壶的一种。用单一一种颜色的玻璃制成。一般无华丽的装饰，但却以色调、质感和造型端庄取胜。康熙年间已经成功烧制出白、黄、红、紫等多种单色鼻烟壶，但这些作品仅见于记载，无实物遗存。清中期，单色玻璃鼻烟壶的烧制除了"宝石红""宝石蓝""宝石绿""砗磲白"等纯正颜色之外，还出现了"豇豆红""透明红""雄黄""鸡油黄""豆绿""胭脂红""藕荷紫""苹果绿"等色彩典雅的中间过渡色，使鼻烟壶的色彩更加丰富绚丽。代表器物有紫红色玻璃胆瓶形鼻烟壶、粉色玻璃灯笼形鼻烟壶、黄玻璃垂胆形鼻烟壶及鼻烟碟等。（图 7-2）

彩色搅料玻璃鼻烟壶

玻璃鼻烟壶的一种。用搅胎的方法制成的玻璃鼻烟壶。烧制方法为在作为主体的单色玻璃上粘附数条不同色彩的玻璃料，在吹制时使玻璃料旋转扭动，这样吹制出来的器物上就会出现不同色彩的螺旋状纹样，十分美丽。此方法制成的鼻烟壶如透明玻璃搅色鼻烟壶。还有一类作品，是把不同色泽的玻璃料混在一起加工，制成鼻烟壶后，各个局部就会呈现不同的色彩，且各部分之间不会留下衔接的痕迹。这类鼻烟壶如雄黄玻璃搅色鼻烟壶。此种方法还经常和金星玻璃相结合，使得鼻烟壶更加绚丽多彩。代表作有粉玻璃搅色鼻烟壶。

金星玻璃鼻烟壶

玻璃鼻烟壶的一种。用金星玻璃制成的鼻烟壶。原理详见【金星玻璃】。制造鼻烟壶时，在玻璃液中加入铜粉，需要严格控制好烧制的时间，制作器物时，还需要如琢玉般用砣具碾琢。金星玻璃本来制作就十分复杂，耗工费时，制作鼻烟壶这种小型精致器物更是难上加难。有金星满布者，如金星玻璃二甲传胪图鼻烟壶。有洒金星者，如黑玻璃搅色洒金星鼻烟壶。（图 7-3）

图 7-3 玻璃搅色洒金星葫芦形鼻烟壶

套色玻璃鼻烟壶

玻璃鼻烟壶的一种。用套料的工艺手法制成的鼻烟壶。可将提前刻制好的不同颜色的玻璃粘制在一起。也可在作为主体的白色玻璃或浅淡色玻璃制坯上粘附一层或数层其他颜色的料，然后根据需要碾琢出色，类似漆器工艺中的雕漆。可分为横色和竖色两种：横色指在同一层面是同一颜色的图案。纵色则于同一层面上出现了五颜六色的图案。此类鼻烟壶是玻璃鼻烟壶中数量较多的一类，多为清中期的作品，尤其是乾隆时期。代表作品有蓝套玻璃袱系纹鼻烟壶、白套蓝玻璃岁寒三友图鼻烟壶、黑套红玻璃茶花纹鼻烟壶、白套七色玻璃博古纹鼻烟壶、珍珠地套多色玻璃鱼藻纹鼻烟壶等。（图 7-4）

图 7-4 红套黄玻璃螭纹鼻烟壶

玻璃胎珐琅彩鼻烟壶

玻璃鼻烟壶的一种。是珐琅工艺和玻璃工艺相结合制成的鼻烟壶。制作过程为在玻璃胎上用珐琅料填敷和描绘花纹图案，再入窑烧制而成。图案题材常见有花卉、花鸟、山水、人物、动物以及各种吉祥纹样，还有刻画西洋景物和基督神像等内容。烧制技术要求非常高，温度低了成色不好，温度高了容易变形。故传世作品多较名贵。此类鼻烟壶最早见于雍正年间，乾隆时期达到顶峰，存世作品最丰；乾隆以后逐渐衰退，唯有“古月轩”款者，胎体轻薄，画意可佳，为清晚期的精品。代表作品有玻璃胎珐琅彩宝贵图鼻烟壶、玻璃胎珐琅彩花鸟纹图鼻烟壶等。

金属胎珐琅类鼻烟壶

用珐琅工艺制成的鼻烟壶。主要分为金属胎掐丝珐琅鼻烟壶和金属胎画珐琅鼻烟壶两大类。掐丝珐琅胎体厚重，起线需占有一定的空间，不易制作体型较小的鼻烟壶，故存世作品数量十分稀少；与之相比画珐琅更占有优势，所以遗存数量较多。金属胎画珐琅鼻烟壶的生产始于康熙时期，雍正时期进一步发展，乾隆时期达到最高潮，之后走入低谷。（图 7–5）

图 7–5 清乾隆画珐琅锦鸡月季图鼻烟壶

康熙时期金属胎画珐琅鼻烟壶

康熙时期是金属胎画珐琅的产生时期。这一时期制作的金属胎画珐琅底部多有“康熙御制”年款，这种现象在当时制作的其他同类作品中并不多见，由此可见金属胎画珐琅是在康熙皇帝的钟爱下发展起来的。这一时期的此类鼻烟壶造型简洁秀美，较为单一。釉料较薄，色彩柔和淡雅，描绘细致生动。由于康熙皇帝不喜欢西洋风格，所以这一时期的画珐琅保持了中国传统绘画的特点。代表作品有画珐琅梅花图鼻烟壶、画珐琅嵌匏东方朔偷桃图鼻烟壶。

图 7–6 清雍正画珐琅黑地白梅图鼻烟壶

雍正时期金属胎画珐琅鼻烟壶

雍正时期是金属胎画珐琅进一步发展的时期。鼻烟壶的制作更趋于小巧，且变化多样。器型丰富多样，除扁壶形以外还出现了荷苞式、花瓣式、葫芦式、双连式等样式，纹饰题材仍以花卉纹为主，常见的有梅花、菊花、牡丹、玉兰、茶花、荷花等四季花卉和“玉兔秋香”、“锦袱”等图案。色彩也进一步增多，记载说成功烧制出 18 种新釉色，尤以黑色最为突出，更丰富了画珐琅工艺的表现力。代表作品有画珐琅黑地白梅图鼻烟壶、画珐琅黄地宝相花纹鼻烟壶、画珐琅黑地牡丹花图鼻烟壶、画珐琅勾莲纹荷包形鼻烟壶等。（图 7–6）

乾隆时期金属胎画珐琅鼻烟壶

乾隆时期是金属胎画珐琅发展的高潮时期。鼻烟壶的造型式样不断翻新，橄榄式、凤尾式、蔬果式、花蕊式等不一而足，极尽制作技巧之能。釉色纯净多变，图纹丰富艳丽，并更多地出

图 7-7 清乾隆画珐琅西洋少女图鼻烟壶

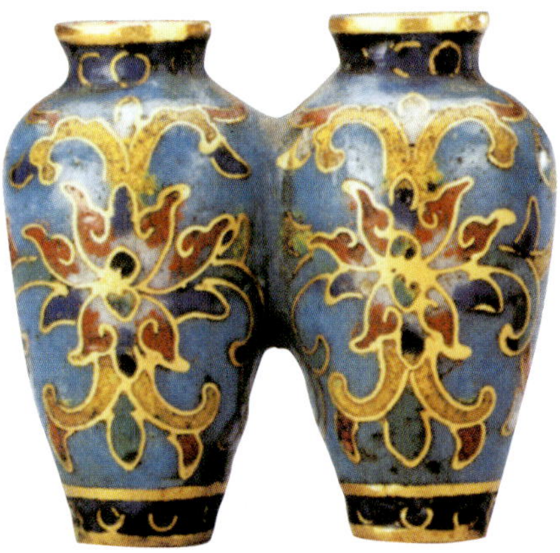

图 7-8 清乾隆掐丝珐琅勾莲纹双连形鼻烟壶

图 7-9 清乾隆白玉双螭抱瓶鼻烟壶

现了西洋风景和人物，许多作品都是宫廷内外名家的手笔，并开始结合欧洲巴洛克艺术风格。代表作品有金胎画珐琅玉兰花形鼻烟壶、画珐琅花鸟图鼻烟壶、画珐琅西洋少女图鼻烟壶、画珐琅胭脂红西洋风景画鼻烟壶等。（图 7-7）

嘉庆及以后金属胎画珐琅鼻烟壶

乾隆以后是画珐琅工艺的衰退期。随着社会经济的衰退，画珐琅的生产水平也逐渐低落，嘉庆十八年（1813）造办处停止了金属胎画珐琅鼻烟壶的生产。嘉庆年间生产的作品，式样为乾隆时期的遗风，但釉色却显得灰暗，颜色也不清晰，工艺水平已无法与乾隆时期相比。之后更是一落千丈，难有精品存世。嘉庆时期的画珐琅海屋添筹图葫芦形鼻烟壶、画珐琅番人进宝图鼻烟壶为这一时期工艺较精者。

金属胎掐丝珐琅鼻烟壶

掐丝珐琅器胎重釉厚，掐丝又占有一定的空间，不适宜做一些小型作品，故存世作品很少。清宫遗存中仅见“乾隆年制”款掐丝珐琅勾莲纹连瓶形鼻烟壶和清晚期掐丝珐琅宝相花纹鼻烟壶。前者珐琅釉色纯正厚重，没有砂眼，掐丝稍显粗壮，反映出乾隆时期珐琅工艺的基本特征。后者釉色不甚纯正，然掐丝匀称，表面光洁细腻，反映出清晚期掐丝珐琅工艺的特点。（图 7-8）

玉石类鼻烟壶

玉石制成的鼻烟壶的统称。玉石在中国有着深厚的文化内涵，佩带者既能代表自己的身份，又能代表君子的高尚德行，因此，清初用玉石琢成的鼻烟壶便成了各类鼻烟壶中的佼佼者。常见的材质有玉、玛瑙、水晶、翡翠、碧玺、绿松石、青金石、珊瑚、孔雀石、蜜蜡等。鼻烟壶虽样式多，但均要求小口、深膛、扩腹。因此玉石类鼻烟壶的碾琢有一定难度。首先要工艺秀美，其次应小巧玲珑，另外还需质地精良，这是对玉石类鼻烟壶的基本要求。（图 7-9）

玉鼻烟壶

玉质地温润、缜密，光泽柔和，且有着深厚的文化内涵，是制作鼻烟壶的绝佳材料，再加上制作相对困难，使玉鼻烟壶更加珍贵。从材质上分，鼻烟壶有白玉、青玉、碧玉、黄玉等不同种类。根据制作工艺的不同，又可分为碾琢玉鼻烟壶、雕刻玉鼻烟壶和巧作玉鼻烟壶。玉鼻烟壶的装饰内容丰富，题材多样，有文人诗句、写意山水画等，与玉的品质极为吻合。也有蟠螭、龙、鱼藻、人物、花鸟等吉祥纹饰。选料上乘、制作精良、造型丰富是对玉鼻烟壶的基本要求。代表器物有白玉夔龙纹鼻烟壶、白玉玉兰花形鼻烟壶、青玉双连葫芦形鼻烟壶、黄玉三系鼻烟壶等。

翡翠鼻烟壶

翡翠是一种天然矿石，亦称翠玉，主要产于缅甸，红色称翡，绿色称翠。质地佳者具有光泽亮丽、透明度高的特点。因其性质坚硬，故翡翠鼻烟壶多不雕琢纹饰，以光素为主，所以翡翠鼻烟壶主要以其质地的优劣来判定等级的高低。清中期尤为盛行。代表作品如清中期的三件翠玉光素鼻烟壶。

玛瑙鼻烟壶

玛瑙是一种在天然岩石的空洞或裂缝中沉淀而成的石髓，其品种繁多，常见的有浆水玛瑙、花斑玛瑙、锦红玛瑙、红白玛瑙、缠丝玛瑙等。玛瑙常有黄色或褐色的外皮，有的还有不同色泽的斑点和条纹。所以其色泽各不相同，天然纹饰千差万别，是表现力最为丰富的材料，所以鼻烟壶的器型和纹饰常因材而定，被巧作成各式各样的题材。选料精美、碾琢细致、因材而作是精品玛瑙鼻烟壶的基本要求。代表作品有玛瑙巧作松鹊图鼻烟壶、玛瑙玉枣形鼻烟壶、玛瑙天然梅花纹鼻烟壶、玛瑙天然子孙纹葫芦形鼻烟壶等。（图 7-10）

图 7-10 清中期玛瑙天然涡纹鼻烟壶

水晶鼻烟壶

水晶是无色透明的结晶石英。根据色泽不同可分为无色透明水晶、茶晶、紫晶、炭晶等，有的内含类似鬃发的杂质俗称“发晶”。水晶鼻烟壶的制作，一类根据不同的色泽，不同的种类，如无色透明水晶清澈明亮，茶晶如长期油烟熏蒸，紫晶高贵鲜亮，墨晶乌黑锃亮，制成不同特色的作品；另一类根据其透明的特性制成水晶内画鼻烟壶。代表作品有水晶光素鼻烟壶、发晶兽面衔环鼻烟壶、烟晶葫芦形鼻烟壶、紫晶瓜形鼻烟壶、炭晶茄形鼻烟壶、水晶内画肖像鼻烟壶等。

图 7-11 珊瑚雕松蝠纹鼻烟壶

图 7-12 青金石光素鼻烟壶

图 7-13 清康熙青花寒江独钓图鼻烟壶

琥珀、珊瑚鼻烟壶

琥珀是树脂在高温高压的条件下经长时间的矿化而形成的化石，有金珀、琥珀之分。金珀亦称蜜蜡，其质地纯净，所制鼻烟壶倍受青睐。代表作品有琥珀光素鼻烟壶、蜜蜡光素鼻烟壶等。珊瑚为海洋生物珊瑚的骨骼堆积而成，形状如树，多作壶盖和镶嵌之用，琢成壶体者极为少见。（图 7-11）

青金石、绿松石和孔雀石鼻烟壶

青金石质地粗糙，不透明，以色深蓝如靛、上有金星者为上品。多用来制作手饰和朝珠，制成鼻烟壶不多见。作品有青金石光素鼻烟壶、青金石吉庆有余纹鼻烟壶。绿松石产地广泛，质地较粗糙，不透明，以色绿略显黑色者为佳，多有黑色铁线斑纹。作品有松石雕花填金扁圆鼻烟壶、松石填金牡丹纹鼻烟壶。孔雀石因含有大量铜元素而呈黑绿色，多夹杂嫩绿色斑。作品如孔雀石天然纹鼻烟壶。（图 7-12）

瓷器类鼻烟壶

瓷器类鼻烟壶在整个鼻烟壶中占有很重要的地位，起始早、数量多、流传范围广，它制作精巧，品种齐备，优秀作品很多，具有很高的艺术鉴赏价值。清代的瓷器制造技术有了巨大的发展，达到了历史的高峰。在瓷器业中心景德镇形成了“器成天下走，工匠来四方”的繁荣局面。在这种繁荣形势下，清代烧制鼻烟壶的技术有了多方面的创新和发展，可以烧制青花、釉里红、青花加紫、五彩、粉彩、斗彩和珐琅彩等多种种类。

康熙时期瓷器鼻烟壶

康熙时期尚处于鼻烟壶制作的初期，用瓷器制作鼻烟壶也处于初级阶段，这一时期的瓷器鼻烟壶主要有青花、釉里红、紫彩。青花瓷器鼻烟壶烧造技术明显，图纹色彩典雅清新，犹如绘画中的晕染效果。如青花寒江独钓图鼻烟壶，刻画远山近水，雾气迷蒙，垂钓者独坐于岸边，展现出一派孤寂宁静的江南深秋景象，是这一时期青花瓷器常见的装饰题材之一。其他如青花釉里红驴行图鼻烟壶、青花加紫寒江独钓图鼻烟壶也是这一时期的典型作品。（图 7-13）

雍正时期瓷器鼻烟壶

雍正时期的瓷器鼻烟壶有了巨大的发展。从文献等有关资料可知，青花、釉里红、五彩、粉彩、珐琅彩等作品已开始出现，但现存的作品数量不多，且多为青花类鼻烟壶，不能全面地反映出雍正时期鼻烟壶的制作水平。此时期的代表作品有青花缠枝牡丹纹鼻烟壶。（图 7–14）

图 7–14 清雍正青花缠枝牡丹纹鼻烟壶

乾隆时期瓷器鼻烟壶

乾隆时期是中国制瓷技术发展的顶峰。相应地瓷器鼻烟壶的制作也达到了很高的水平。这一时期的鼻烟壶制作精益求精，追求多样化，尤其粉彩和瓷胎珐琅彩鼻烟壶皆胎薄体轻，厚薄均匀，底釉洁白，上压粉彩，色调柔和亮丽，五彩缤纷。特别是宫廷鼻烟壶图纹都是由宫廷内著名的画家按皇帝的意图进行创作，并经皇帝审定，再往景德镇御窑厂烧制，工艺要求十分严格，产生了一大批经典作品。如青花描金开光粉彩人物花卉折角鼻烟壶、金地粉彩勾莲纹花瓣形鼻烟壶、松石釉兽面衔环耳罐形鼻烟壶、绿釉青果形鼻烟壶、炉钧釉双连葫芦形鼻烟壶。（图 7–15）

图 7–15 清乾隆粉彩开光玉兰牡丹图鼻烟壶

嘉庆时期瓷器鼻烟壶

嘉庆时期是瓷器鼻烟壶的衰落时期。嘉庆初年，瓷器鼻烟壶的烧制继承了乾隆时期的传统，仍以粉彩鼻烟壶为主，其作品也与乾隆时期的无大差异。粉彩开光麻姑献寿图鼻烟壶是这一时期较为优秀的作品。粉彩镂雕九狮戏球图鼻烟壶则反映了清代中期镂雕技术的新发展。到嘉庆后期，技术日益衰落，已无法同乾隆年间相比。

道光及清晚期瓷器鼻烟壶

道光及清晚期的瓷器鼻烟壶作品烧制水平更为低下。宫内瓷器鼻烟壶已不再经皇帝审定而改由御窑厂直接烧制。所以这一时期的作品胚胎较厚，釉色较少，色彩也不甚纯正，失去了工致细腻、庄重严谨的宫廷特征，然器形较以前更为灵活多样，粉彩鼠吞玉黍形鼻烟壶、粉彩清装人物形鼻烟壶，都是前所未见的器形。这一时期的代表作品还有青花缠枝莲纹鼻烟壶、绿彩龙戏珠纹鼻烟壶、粉彩明河在天诗意图鼻烟壶等。（图 7–16）

图 7–16 清道光绿彩龙戏珠纹鼻烟壶

竹木类鼻烟壶

自然界中的竹木生长非常普遍，但要做成鼻烟壶则须两个条件，其一是材质要美，二制作工艺水平高。最常见的竹木类鼻烟壶是竹黄类鼻烟壶。制作过程为以竹为材料，劈去竹青、竹肌，仅留下如厚纸般的一层竹黄片，经过水煮、晾干、压平等工序，然后贴到制好的木制壶胎上，再在上面雕刻花纹。如文竹夔纹六方鼻烟壶，色泽油黄，温润细腻，质如象牙。此外还有椰木制鼻烟壶，如椰木长茄形鼻烟壶，极为仿生；核桃制鼻烟壶如核桃雕西洋长老图鼻烟壶以及黄杨木制鼻烟壶等。（图 7-17）

图 7-17 清中期文竹五福捧寿图鼻烟壶

牙角类鼻烟壶

牙角是名贵的雕刻材料，在制作鼻烟壶时往往极尽雕刻技巧之能，又加上牙角本身质地细腻，美轮美奂，所以牙角鼻烟壶十分珍贵。象牙质厚色美、光洁如玉，如象牙鱼鹰形鼻烟壶设计精巧别致，为诸多象牙鼻烟壶所仅见。虬角即海象牙角，可以染成红、绿等颜色，多制成鼻烟壶的盖等部件，制成整器者如虬角筒形鼻烟壶，造型简洁，别具特色。犀角十分珍贵，制作鼻烟壶仅见于文献，存世作品稀少。

图 7-18 清中期匏制狮纹鼻烟壶

匏器类鼻烟壶

匏器又称“葫芦器”。是在葫芦生长的初期，雕成木模套于葫芦上，令其缘模生长。长成后去模出范，即成与模具相同的匏器。匏制葫芦不仅要器型饱满，生长均称，而且要求细节清晰，再加上鼻烟壶器型较小，所以失败率高，精品难求。制作精美者如康熙年间的画珐琅嵌匏东方朔偷桃图鼻烟壶，清中期的匏制狮纹鼻烟壶、匏制瓜棱葫芦形鼻烟壶等。（图 7-18）

漆器类鼻烟壶

即用漆器的制作方法制成的鼻烟壶。漆器品种丰富，式样繁多。然而鼻烟壶本身体积小巧，器形相对单一，特别是雕漆工艺应用于鼻烟壶，并不能尽显其优势。因此漆器工艺用于鼻烟壶有些不适宜。现存作品数量不多，质量也不属上乘，主要采用雕漆、描金手法制成。题材多以高士图和吉祥纹样为主。代表作品有雕漆作品剔红羲之爱鹅图鼻烟壶、剔红五蝠捧寿纹鼻烟壶，描金作品赭地描金漆云蝠纹葫芦形鼻烟壶和卢葵生的作品紫漆浅刻梅花图鼻烟壶等。

内画鼻烟壶

内画鼻烟壶是以透明的玻璃或水晶为胎体制成鼻烟壶，再用特制的笔探入其口内，在腹部反向描绘图案。题材多为花鸟虫鱼、飞禽走兽、山石树木、江河湖海、神话故事、戏剧人物和人物肖像等。这种独特的艺术门类是在鼻烟壶制作工艺走向衰落时异军突起的。首先在北京地区兴起，然后逐渐发展成熟，涌现出一大批以内画鼻烟壶为业的艺术大师。著名的作品有周乐元的玻璃内画风雨归舟图鼻烟壶和玻璃内画归渔图鼻烟壶、马少宣的水晶内画肖像鼻烟壶以及乐三的玻璃内画四题双连鼻烟壶。

图 7–19　周乐元玻璃内画归渔图鼻烟壶

周乐元

生卒年不详。清末内画鼻烟壶大师。早年曾是制造纱灯和宫灯的画师，有较高的文化艺术修养。从事鼻烟壶制作之后，开创了内画鼻烟壶的一代新风。题材涉及广泛，山水、人物、花鸟、草虫无不精美。以水墨山水花鸟见长，所绘作品一丘一壑、一草一木，皆生机盎然。最能代表其内画水平的是仿新罗山人的花鸟作品，如玻璃内画归渔图鼻烟壶。（图 7–19）

图 7–20　马少宣制水晶内画肖像鼻烟壶

马少宣

（1876—1937）清末民初内画鼻烟壶大师。一生勤奋，遗存内画鼻烟壶数量颇丰。作品题材多样，尤长于肖像画和戏剧人物。他所画内画鼻烟壶，皆一面绘，一面书，绘多人像，书学欧体。人物刻画精细传神，能够抓住人物活动的瞬间，表现其内心的情感世界。如水晶内画肖像鼻烟壶。（图 7–20）

图 7–21　叶仲三玻璃内画鱼藻图鼻烟壶

叶仲三

（1869—1945）北京人。晚清著名的内画鼻烟壶大师。内画以雅俗共赏著称于世。其所绘题材，山水、虫鱼、人物无所不包，尤以描绘中国古典名著、历史故事中的人物见长，常以《三国志》《红楼梦》《聊斋》《封神榜》中的人物为作品内容。善长用浓重的色彩描绘纹饰，以大红大绿为主，形成强烈的对比效果，具有浓郁的民族气息。代表作品有玻璃内画鱼藻图鼻烟壶。（图 7–21）

石器

SHIQI

石器

用石头制作的工具。是人类最初的生产工具。在考古学上，把主要使用石器的时期称为石器时代，时间从二三百万年前开始，可分为旧石器时代、中石器时代和新石器时代。每个时代制造和使用的石器不同，制作方法主要为打制和磨制两类，种类和器形有砾石石器、石片石器、细石器及磨制石器等。

旧石器时代石器

旧石器时代是人类最早的历史阶段，时间从二三百万年起到一万年前结束。制作石器的方法主要是打制，有锤击、砸击和碰砧，到晚期还出现了间接打击法生产细石叶，压制法修理工具和武器。石器类型有刮削器、尖状器、雕刻器、石锥、手斧、石球、箭头等。出土石器的主要遗址有周口店、丁村、观音洞等。（图8–1）

图 8–1 旧石器时代石镞

北京人石器

旧石器时代石器。北京人发现于北京市周口店龙骨山，距今 70 万至 20 万年。石料是洞外河滩的脉石英、砂岩、石英岩、燧石等。主要采用直接打击法、碰砧法和砸击法，其中以砸击法生产的石核、石片最具特色。石器以石片石器为主，有砍斫器、刮削器、雕刻器、石锤、石砧等。

丁村文化石器

旧石器时代石器。发现于山西襄汾丁村，距今 21 万至 8 万年。石器制作工艺主要为碰砧法，有些石片有清晰的修理台面的痕迹，是一种先进的工艺技法。以石片石器为主，有砍斫器、尖状器、刮削器、手斧、石球等。其中三棱大尖状器最富特色。

许家窑文化石器

旧石器时代石器。发现于山西阳高许家窑村，距今 10 万年。石器制作工艺与北京人石器相似，但有一些进步。石器类型有各种刮削器、尖状器、雕刻器、石钻、砍斫器、石球等，特别是石球最具特色，有大到直径 10 厘米以上者，可作投掷武器；小者 5 厘米，应是用作狩猎工具的飞石索弹丸。（图 8–2）

图 8–2 许家窑文化石器

观音洞文化石器

旧石器时代石器。发现于贵州黔西沙井观音洞，其地质时代为中更新世。石器制作主要用锤击法，刃缘陡直而不平整，少数有修整痕迹。石器类型主要为刮削器、砍斫器和尖状器，还有少量的石锥、凹缺刮器、雕刻器等。

中石器时代石器

中石器时代是旧石器时代与新石器时代间的过度阶段，从距今一万年前开始。生产工具为打制石器，特别是用间接打制法制作的细石器最为流行，仅有个别的磨制石器。出土石器的主要遗址有陕西大荔沙苑、河南许昌灵井等。

新石器时代石器

新石器时代是石器时代发展的最高阶段。中国新石器时代约从 8000 年前开始，延续至 4000 年前。石器制作方法为磨制石器，种类有砍伐工具，如斧、锛、凿等；农耕用具，如铲、刀、镰等；兵器，如镞、矛、钺、戈等；装饰及礼仪用器，如珠、管、环、璜、玦、璧、琮等。出土石器的主要遗址有磁山文化、良渚文化、大汶口文化、红山文化等。（图 8-3）

老官台文化石器

新石器时代早期石器。年代距今 8000 ~ 7000 年。首先发现于陕西华县老官台，主要分布在陕西、甘肃省境内的渭河流域。生产工具以磨制为主，但仍然有不少打制石器和细石器。有石刀、石铲、石斧、石网坠等。（图 8-4）

磁山文化石器

新石器时代早期石器。发现于河北武安磁山，距今约 7000 年。石器为磨制，主要为农业生产工具，有石斧、石刀、石镰、石铲和石磨盘等。

图 8-3 新石器时代崧泽文化石斧

图 8-4 老官台文化石网坠

图 8-5 大汶口文化有段石锛

良渚文化石器

新石器时代石器。发现于浙江余杭良渚遗址，距今约 5000 年至 4000 年。石器磨制精致，形制新颖，有三角犁形器、斜柄刀、耘田器、半月形刀、阶形有段锛等，为其他文化所未见。

大汶口文化石器

新石器时代石器。发现于山东泰安大汶口遗址而得名。距今约 6000 ~ 4500 年。石器制作工艺发达，磨制精细，多使用穿孔技术，造型规整。器类主要为农具，有穿孔斧、刀、铲、锛、凿、镐、杵、磨棒及匕首、矛等。（图 8-5）

红山文化石器

新石器时代石器。发现于内蒙古赤峰红山后遗址而得名，距今约 5500 年。石器的加工方式有打制、细石器和磨制。打制石器有砍砸器和磨盘、磨棒等形态；细石器有三角形石镞，两面都经精细加工；磨制石器最具特色的有形体较大的掘土工具耜，有烟叶形和草履形两种。典型器物有桂叶形双孔石刀，通体磨光，刃、背呈对称弧形。

打制石器

石器种类。旧石器时代广泛使用，是制作石器的原始方法。主要分两个步骤，先是用石锤（或角、木锤）打击石材，形成具有锋刃的石片，然后再进行修整加工成为石器。打制分为直接打击，使用石砧的砸击，及使用角、木棒的间接打击。

细石器

石器种类。是间接打制或压制技术制造的形状细小的石器。有细石核、细石叶及加工品，通常镶嵌在骨、木质杆上，用作刀、矛、箭等复合工具的尖或刃部使用。出现于旧石器时代晚期，盛行于中石器时代。

磨制石器

石器种类。经过磨制成形的石器。中石器时代开始出现，但限于局部磨光，到新石器时代被广泛采用，成为时代的基本特征。其方法是，先将石材打制成粗坯，然后在砥石上加砂蘸水研磨，制出光滑规整的石器。一般多具有切割、钻孔等进步技术。磨制石器种类多样，有农耕、渔猎工具，仪仗兵器及装饰工艺品等。（图 8-6）

图 8-6 仰韶文化磨制石凿

锤击法

打制石器方法。选择好一块石料放在地上，然后以另一块石头作为石锤去锤击石料。在锤击时要先在石料上选择一个打击的台面，然后再选择靠近台面边缘的一个点用力锤击，从石料边缘上剥落下石片。用这种方法打制的石片，石片面较小，石片劈裂面上的半锥体、锥疤、裂纹等痕迹比较清晰。

砸击法

打制石器方法。把选择好的石料放在另一块作为石砧的大石块上，一手扶住石料，另一手拿石锤砸击石料。用这种方法砸下来的石片体积小而长，往往留有碎片剥落的痕迹，或出现稍微内凹或边凹的现象。

摔击法

打制石器方法。把选择好的石料放在地上，拿另一块石头摔击地上的石料，借此打下所需的石片。用这种方法打下的石片，其石片角较大，打击点不很明显。

碰砧法

打制石器方法。选择好一块较小的石料向另一块作为石砧的较大的自然砺石上碰击，碰下来的石片经过第二步加工即可作为工具使用。用这种方法碰击下来的石片，往往宽度大于长度，台面与石片劈裂面的石片角较大。有的石片劈裂面上的打击点粗大而散漫，半锥体及疤痕往往不大明显。

间接打片法

打制石器的方法。在选择好的石料上放置木棒或骨料，然后用石头作为石锤用力锤击木棒或骨料，使重力传递到石料上，使其剥落下石片。用这种方法打下的石片一般长而窄，两侧近平行。

石片工具

用在石料上打下来的石片作为工具使用，称“石片工具”。

石核工具

把打过石片后剩下的石核作工具使用，称“石核工具”。

砍砸器

旧石器时代生产工具的一种。用以砍斫和敲砸。用砾石和石核打制而成，形状有圆形、方形和不规则多边形等。器形粗重，边沿打成厚刃，可砍可砸。是旧石器时代主要工具之一。

刮削器

旧石器时代生产工具的一种。用以刮削和切割。多以石片制成，有长条形、方形和圆形等。刃部有直刃、凹刃、凸刃和圆刃等不同形状，为旧石器时代主要生产工具之一。

尖状器

旧石器时代生产工具的一种。用以挖掘和穿现刺的工具。一端尖状，一端厚钝。以石片制成扁平形，用砾石、石核制成三角棱形。后者在旧石器时代早期即已经出现，为旧石器时代主要生产工具之一。

石核

石器加工材料。石块打下石片之后所剩下的部分。石核往往被进一步加工成为粗重的工具，如尖状器、砍砸器等，称为石核石器。（图 8–7）

图 8–7 曲远河口遗址出土的石核

石砧

石器加工工具。生产砸石击石片的所用的砧石。多为质地致密不易解理的砾石、石核制成。由厚重的石片一面简单平整加工而成。石器表面多有因长时间打击而留下的散漫的坑疤。

石球

狩猎工具。分大小两类，大型的石器主要用作敲砸和投掷工具。小型的用

图 8-8 旧石器时代石球

图 8-9 藁城台西石斧

于飞石索。飞石索是把石球与绳索或皮带组合在一起制成的复合工具，用于远距离抛掷以击绊兽腿。是当时狩猎的最有力的投掷武器之一。是许家窑文化典型器物。（图 8-8）

飞石索

狩猎工具。石球的复合工具。参见【石球】。

石斧

武器、生产工具。旧石器时代已出现。用途十分广泛，用于砍劈和垦植，也用作武器。多为扁平的长方梯形。由石片打磨而成。刃部位于下端，多弧形。銎部有孔或槽作装柄之用。大尖状器有人也称为原始手斧。是石器时代主要工具之一。新石器时代后期出现了象征权威的玉斧。新石器时代青莲岗文化的穿孔石斧、龙山文化的带槽石斧、良渚文化的木柄石斧都是具有代表性的石斧。（图 8-9）

石镞

武器、狩猎工具。旧石器朝代已出现。有桂叶形、等边三角形等形制。后端装上木棍做为箭，和弓箭一起使用。较大的箭镞做成标枪，用于投掷。是原始人远距离狩猎和袭击的主要工具之一。出土器物有 1963 年山西朔县峙峪遗址出土的石镞、1963 年黑龙江齐齐哈尔昂昂溪遗址出土的长身石镞和 1963 年出土于内蒙古多伦采集到的玛瑙石镞。

石镰

生产工具。出现于新石器时代。多呈曲尺状，前尖后宽，背部弧形。有的刃部带有锯齿。以龙山文化石镰和裴李岗的石镰最为著名，两者在形制上略有差异，前者拱背长条形，柄部多平齐，多穿孔，装柄后，柄与使用面的角度为 90°，后者柄部微向上翘，装柄后角度大于 90°。龙山石镰显然比裴李岗石镰进步。裴李岗石镰有 1977 年河南密县出土的石镰。

石磨盘

生产工具。用于谷物的加工。最原始的石磨盘较为简陋，新石器时代的石磨盘最早见于磁山和裴李岗文化。大都经过琢制加工而成。平面为柳叶形或椭圆形，面积较大。有些磨盘底下部有三足或四足，以防止磨盘滑动和堆存加工粮食。石磨盘是较为落后的谷物加工工具，出土器物大多见于新石器时代早期和原始农业不很发达的北方的新疆、宁夏、内蒙古以及东北地区。如北辛文化的石磨盘与磨棒。

石耘

生产工具。出现于新石器时代。用于翻土除草用的工具。多由竖硬的片岩制成，三角形，钝角弧形刃，中间有一圆孔，可安装木柄，后来发展成锄。说明当时已注重作物生长中的田间管理，是原始农业进步的重要进步。（图 8–10）

图 8–10 石耘使用示意图

石犁

生产工具。用于耕地翻土。多为片状岩制成，三角形，中心常穿有一至数孔，背面平直，正面略为隆起，两腰磨出锋刃。使用时安于木犁床上。为连续动作的犁耕用具，是耕作方法和效能的一大进步，代表了良渚文化的农业发展水平。如 1979 年上海松江出土的三孔石犁。

石铲

生产工具。用于翻地掘土。多为长方梯形，刃位于下方，上部凿有小孔或缺口以安装木柄。在仰韶文化后期得以发展。龙山文化时期制作更为精细，铲面变得扁薄宽大，普遍出现肩和穿孔，显示了前所未有的新面貌。是较早出现的有柄类工具之一，是人类对原始杠杆原理的较早运用。（图 8–11）

图 8–11 郑州商城出土的石铲

石单刃刮削器

旧石器时代生产工具。长 4.2 厘米，宽 3.2 厘米，厚 1.6 厘米。1973 年云南元谋出土。石英岩。略呈长方形。一侧边缘由背面向破裂面细击出微凹的刃缘，刃缘匀称，小石片疤浅平，刃角约 58° 。为旧石器时代前期元谋人使用的刮削工具。现藏中国科学院古脊椎动物与古人类研究所。

石大尖状器

旧石器时代生产工具。长 17.5 厘米，宽 9.1 厘米，厚 6.1

厘米。1965年陕西蓝田平梁出土。石英岩砾石。三棱锥形，器身较长，前端尖，后端厚钝，断面略呈三角形。是旧石器时代前期蓝田人使用的挖掘工具。有人称它为原始手斧。山西匼河、河南三门峡、山西丁村等地发现有形制相似的三棱大尖状器，说明它们之间的文化关系较为密切。现藏中国科学院古脊椎动物与古人类研究所。

石锐尖宽身尖状器

旧石器时代生产工具。长3.92厘米，宽2.53厘米，厚1.2厘米。1981年河北阳原东谷坨出土。石英岩石片。尖呈三棱状，宽身，背部有纵脊。由石片两边向背面加工而成，修整细致，边缘齐整，修理疤痕排列均匀，尖刃角约50°。是中国旧石器时代前期制作较为精致的石器，代表了石器制作技术的较高水平。现藏中国科学院古脊椎动物与古人类研究所。（图8-12）

石凹凸刃刮削器

旧石器时代生产工具。长5.1厘米，宽3.6厘米，厚2.6厘米。1981年河北阳原东谷坨出土。石英岩。不规则。在石片的两侧由破裂面向背面加工，形成一侧凹，一侧凸的两刃刮削器。是旧石器时代前期使用的割切或刮削工具。现藏中国科学院古脊椎动物与古人类研究所。

石薄尖状器

旧石器时代生产工具。长8厘米，宽4.7厘米，厚2.3厘米。1972年贵州黔西观音洞出土。硅质岩。近椭圆形，台面较厚，背有纵脊，前端很薄，尖端两侧加角大于90°。用一外形比较规则的三角形石片进行加工，左侧边在尖端附近交互加工，往下分段向破裂面、背面加工，刃角72°左右。前半部刃缘凹凸不平，后半部刃缘较为平齐。右侧边在尖端向破裂面打击，往下亦分段向背面或破裂面加工，刃角为75～80°。加工方向变化大，两侧刃缘不整齐，刃角大，尖端的刃角较大，显示了旧石器时代前期观音洞石器加工的特点。现藏中国科学院古脊椎动物与古人类研究所。（图8-13）

图8-12 石锐尖宽身尖状器

图8-13 石薄尖状器

石单边砍砸器

旧石器时代生产工具。长 7.4 厘米，宽 6 厘米，厚 3 厘米。1972 年贵州黔西观音洞出土。硅质岩石核。呈杏仁状，轮廓较规整。为一侧和底边向两面加工而成，加工方向常转变，刃缘不平齐，为一件小型的两面砍砸器。用于砍伐树木或肢解动物。现藏中国科学院古脊椎动物与古人类研究所。

石多边砍砸器

旧石器时代生产工具。长 15.1 厘米，宽 10.5 厘米，厚 6.7 厘米。1971 年湖北大冶石龙头遗址出土。石英岩石块。器呈椭圆形，一面微凸，另一面中间隆起，有一弯曲的棱脊。加工时主要向隆起的一面打击，刃角较小，约 75°。右侧边系交互打击而成，较为钝厚，刃角约 85°。是旧石器时代前期一件大型的多边刃的砍砸器，是大冶石龙头遗址的主要石器类型，用来砍伐树木和肢解大动物。现藏中国科学院古脊椎动物与古人类研究所。

石多面刃砍砸器

旧石器时代生产工具。长 9.3 厘米，宽 7.4 厘米，厚 4.5 厘米。1960 年山西芮城匼河遗址出土。深灰色石英岩砾石。轮廓呈半圆形，在扁砾石的一端用交互方法打击成刃缘，刃角 60 ~ 70°。现藏中国科学院古脊椎动物与古人类研究所。

周口店石砧

旧石器时代生产工具。长 14.6 厘米，宽 11.5 厘米，厚 5.2 厘米。1930 年以前北京房山周口店北京猿人遗址出土。砂岩砾石。利用部分残断的砂岩砾石制成。其平坦的砾石面上有许多坑疤，深度在 3 毫米左右。石砧是北京猿人生产砸击石片时的垫石，其上的痕迹是砸击时留下的。是制作石器的重要工具，为研究石器的制作提供了重要资料。现藏中国科学院古脊椎动物与古人类研究所。（图 8-14）

图 8-14 周口店石砧

周口店石锤

旧石器时代生产工具。长 13.5 厘米，宽 7.1 厘米，厚 4.8 厘米。1936 年北京房山周口店北京猿人遗址出土。砂岩砾石。长形砾石，横断面略呈棱形，两端都有破损。上端有三个不同的打击方向，在破损面上留有纵横交错的石片疤，三个使用面中有一个是主使用面。下端两面破损，底面中部形成弯曲的脊，表明在使用时经常翻转加工石器。石锤是北京猿人生产石片与加工石器用的工具，其他遗址不多见。现藏中国科学院古脊椎动物与古人类研究所。

长尖石锥

旧石器时代生产工具。长 4.55 厘米，宽 1.7 厘米，厚 0.76 厘米。1930 年以前北京房山周口店北京猿人遗址出土。燧石。用一长三角形燧石残片打制而成。在石片的上部，向背面打琢，使其具有两侧对称的、双溜肩形和长而壮的尖刃，类似镞铤，粗壮的尖部横断面呈三角形，在尖顶部斜向打了一下，使尖刃部变得锐了一些。左侧背面的边缘没有修理痕迹，但有清楚的使用痕迹。是北京猿人加工最精致的石器之一。现藏中国科学院古脊椎动物与古人类研究所。

石端刃砍砸器

旧石器时代生产工具。长 19.3 厘米，宽 12.8 厘米，厚 6 厘米。1958 年北京房山周口店北京猿人遗址出土。砂岩。在大而扁平的砾石一端有许多小石片疤层叠，应是用碰砧法进行加工，其后缘有中折的陡坎，刃缘上打击点散漫，呈宽口型，半锥体阴痕不明显。在刃口的左侧有明显的变钝现象，为砍砸物体的结果。是北京猿人砍伐用的石器。现藏中国科学院古脊椎动物与古人类研究所。

石厚三棱尖状器

旧石器时代生产工具。长 18.5 厘米，宽 8 厘米，厚 6.7 厘米。1954 年山西襄汾丁村遗址出土。角页岩。前端呈三棱形，后端厚重。为用三棱厚石片制作，从破裂面向背面加工，把上端修成尖状，尖端锐利对称。另一端保持钝厚状，便于手握。从两侧边加工的凹深疤痕看出，是用石锤打击而成，修整较精致。是丁村文化中具有代表性的挖掘工具。现藏中国科学院古脊椎动物与古人类研究所。（图 8-15）

图 8-15 石厚三棱尖状器

石小型尖状器

旧石器时代生产工具。长 8.1 厘米，厚 1.1 厘米，宽 3.6 厘米。1954 年山西襄汾丁村遗址出土。角页岩。前端为稍偏的角，刃缘相当平整。是在薄长石片的两侧边上由破裂面向背面加工而成。是丁村人使用的一种小型剖割工具。制作较精细，显示出技术已有所进步。现藏中国科学院古脊椎动物与古人类研究所。

石球状器

旧石器时代生产工具。径 8 厘米。1954 年山西襄汾丁村遗址出土。安山岩砾石。呈球形，又名石球。球体打击点清楚，石片疤密集，两石片疤的夹角很大，制作相对困难。此器可用作石锤敲砸他物，也可作为狩猎用的投掷武器。是丁村文化中具有代表性的器物。现藏中国科学院古脊椎动物与古人类研究所。

石屋脊形雕刻器

旧石器时代生产工具。长3厘米，宽2.4厘米，厚0.9厘米。1974年山西阳高许家窑遗址出土。石英石片。器身小，三角形，似屋脊。用石英三角形石片在其一端左右两侧各打掉两个小石片修整而成。形成的刃口窄而平，刃面宽0.5厘米，刃角约65°。可能是加工骨、角器时使用的工具。现藏中国科学院古脊椎动物与古人类研究所。

石短身圆头刮削器

旧石器时代生产工具。长2.1厘米，宽2厘米，厚1厘米。1974年山西阳高许家窑遗址出土。燧石石片。器身小，似拇指指盖，又称拇指盖状刮削器。用一较厚的燧石石片在其远端和两侧边由破裂面向背面加工，形成圆头状的刃口。右侧边近垂直加工刃角80°，比较钝。端部与左侧边比较锐，刃角约60°。是拇指盖状刮削器的母型。现藏中国科学院古脊椎动物与古人类研究所。

石圆头刮削—尖状器

旧石器时代生产工具。长4.5厘米，宽2.5厘米，厚1.7厘米。1974年山西阳高许家窑遗址出土。硅质岩。一端为圆头形刮削器，刃角约58°，另一端加工成细长的喙形尖状器，尖刃角约55°。用较厚的硅质石片加工，从裂面向背面加工而成。两端的用途不同，刮削器与尖状器相结合的石器在许家窑文化中首次发现。现藏中国科学院古脊椎动物与古人类研究所。（图8–16）

图8–16 石圆头刮削—尖状器

许家窑石球

旧石器时代生产工具。径10厘米，重1.273千克。1976年山西阳高许家窑遗址出土。火山岩。用石核加工，体滚圆。上面留有不少斑点，是彼此对磕或在石砧上磕碰出现的痕迹。作狩猎工具。它产生于旧石器时代前期，盛行于中后期。许家窑遗址出土数量大，器型分大中小三种。中小型的用于飞石索，大型的用作狩猎工具或敲砸工具。大量使用石球构成了许家窑文化的显著特点。现藏中国科学院古脊椎动物与古人类研究所。

石龟背刮削器

旧石器时代生产工具。长 3.5 厘米，宽 2.7 厘米，厚 1.8 厘米。1974 年山西阳高许家窑遗址出土。玛瑙石。龟背形，故名龟背状削刮器。首先用厚的石片沿其周围边缘从破裂面向背面加工成龟背状。第二步加工比较陡直，刃角约 82°，加工的疤痕细小而浅平。是许家窑人使用的石器中的精品。现藏中国科学院古脊椎动物与古人类研究所。

石心形尖状器

旧石器时代生产工具。长 4.9 厘米，宽 4.4 厘米，厚 1.3 厘米。1964 年西藏定日发现。石英砂岩。刃缘为缺口状，修理过的的边缘较匀称，左右边刃于前端相交形成三角形尖刃，角度约为 75°。为三角形石英砂岩石片由破裂面向背后打击而成。定日发现的石器为中国旧石器的分布填补了一空白点，同时表明旧石器时代中后期西藏地区已有人类活动的遗迹。现藏中国科学院古脊椎动物与古人类研究所。

石单凹刃刮削器

旧石器时代生产工具。长 5 厘米，厚 0.8 厘米，宽 2.1 厘米。1963 年山西朔县峙峪遗址出土。石英岩。单边锯齿状凹形刃，刃角约为 40°。用薄石片边缘由破裂面向背面加工而成，缓缓内凹，又外展成缓凹刃。刃缘匀称，加工精细。现藏中国科学院古脊椎动物与古人类研究所。（图 8–17）

图 8–17　石单凹刃刮削器

斧形小石刀

旧石器时代生产工具。长 2.8 厘米，宽 1.5 厘米，厚 0.4 厘米。1963 年山西朔县峙峪遗址出土。半透明的水晶石。器呈斧形，一侧为弧形刃口，相对的一边呈凸起的柄状。为薄石片作毛坯沿着一侧边缘从劈裂面向背面修整而成。器作石刀之用。加工精细，器形周正，小巧美观。现藏中国科学院古脊椎动物与古人类研究所。

峙峪石镞

旧石器时代生产工具。长 2.7 厘米，宽 1.5 厘米，厚 0.4 厘米。1963 年山西朔县峙峪遗址出土。燧石。呈镞铤状，双刃，峰部锋利，呈椭圆形。用很薄的长石片作毛坯，一侧边保持原来锋利的边缘，另一侧边经过精细的加工，近尖端部分稍经修理，以使尖端更为周正。与尖端相对的后端，两侧均修理，使之变窄，用于捆绑木棍。石镞是狩猎用的一种重要武器。现藏中国科学院古脊椎动物与古人类研究所。（图 8–18）

图 8–18 峙峪石镞

图 8–19 石穿孔耳坠

石双边刮削器

旧石器时代生产工具。长 2.5 厘米，厚 0.5 厘米，宽 1.5 厘米。1963 年山西朔县峙峪遗址出土。石英岩。略成长方形，双刃，刃缘均匀且较直。把薄而长的石片两端截去，由劈裂面向背面沿两侧进行修理，小石片疤浅平，刃缘匀称而较直。是一件小而精致的刮削器。现藏中国科学院古脊椎动物与古人类研究所。

石穿孔耳坠

旧石器时代装饰品。长 3.96 厘米，宽 2.83 厘米，厚 1.18 厘米。1933 年北京房山周口店山顶洞遗址出土。火成岩小砾石。呈椭圆形，两面扁平，一面经人工磨过，中部由两面对钻成孔，孔径一面为 0.84 厘米，另一面为 0.88 厘米。山顶洞同时出土穿孔石珠、穿孔海蚌壳、穿孔兽牙、钻孔鱼骨、刻道骨管等装饰品，数量较多，类型较为丰富，说明山顶洞人已具有一定的审美观念，生活水平也较以前有所提高。现藏地质博物馆。（图 8–19）

石底端圆钝尖状器

旧石器时代生产工具。长 4.9 厘米，宽 2.38 厘米，厚 1.2 厘米。1972 年河北阳原虎头梁遗址出土。燧石。尖端锐利，两侧边缘整齐，刃缘匀称。底端加工成弧形，便于直接握持使用。是用较厚的石片先粗加工，后进行精细的修整而成。现藏中国科学院古脊椎动物与古人类研究所。

石长身圆头刮削器

旧石器时代生产工具。长 3.19 厘米，宽 1.86 厘米，厚 0.9 厘米。1973 年河北阳原虎头梁遗址出土。燧石。近似长方形，刃缘匀称，石片疤浅平，呈弧形，刃角约 72°，两侧边缘经过修理，刃角约 50°。底端的两侧边因加工而变窄。用较厚的长方形石片作毛坯在上端由劈裂面向背面加工而成。制作精致，使用方便。现藏中国科学院古脊椎动物与古人类研究所。（图 8–20）

石雕刻器—刮削器

旧石器时代生产工具。长 3.8 厘米，宽 3 厘米，厚 1.3 厘米。1984 年山西大同小站遗址出

图 8-20 石长身圆头刮削器

图 8-21 裴李岗石镰

土。石英岩。一端为雕刻器，刃部呈屋脊形，另一端为刮削器。在石片右侧边和远端的夹角上，各打下一小石片，形成雕刻器的刃部，刃角约 73° ，刃面宽 0.4 ~ 0.2 厘米。在左侧向背后加工成凸形的刃缘，加工疤痕匀称，刃角为 73° 。在右侧向背面加工成凹形刃缘，刃角为 63° 。在远端向破裂面加工成直刃刃缘，刃角 60° 。背面除加工痕迹外，砾石面约占三分之二。是雕刻器与刮削器的结合体。现藏中国科学院古脊椎动物与古人类研究所。

石两面加工刮削器

旧石器时代生产工具。长 3.37 厘米，厚 1.6 厘米，宽 2.53 厘米。1972 年四川汉源富林遗址出土。燧石。近椭圆形，刃缘呈锯齿状，小石片疤痕深凹，刃角约 70° 。用石核加工而成，是一种作为切割或刮削用的工具。现藏中国科学院古脊椎动物与古人类研究所。

裴李岗石镰

新石器时代裴李岗文化生产工具。长 19.8 厘米。1977 年河南密县出土。紫褐色。体扁平，前端尖，背部呈弧形，刃部平直，作细锯齿状，后端较粗，可装柄。磨制光滑，使用方便。现藏河南博物院。（图 8-21）

有段石锛

新石器时代大汶口文化生产工具。长 14 厘米，宽 4.3 厘米，厚 3.4 厘米。1959 年山东泰安大汶口遗址墓葬出土。矽质灰岩。正面呈长方形，背上部有段，以供装柄，为平顶，单面齐刃。通体磨光，制作规整。现藏山东省博物馆。

大汶口石镐

新石器时代大汶口文化生产工具。长 16.6 厘米，宽 6.8 厘米。1976 年江苏邳县出土。呈灰黑色。石质坚硬。器形如鹤嘴锄，一端作尖刃，另一端为窄刃，中部穿一椭圆形孔。孔两侧又琢出对称的椭圆形浅窝。通体磨光，两端刃部均有长期使用留下的磨损痕迹。现藏南京博物院。

图 8-22 石磨盘与磨棒

石匕首

新石器时代大汶口文化武器。长 21.9 厘米。1966 年江苏邳县出土。透闪岩。器体扁薄，后部为扁环状握手，锋部起脊，刃部锋利。通体琢磨光滑，是一件制作精致的武器。现藏南京博物院。

石磨盘与磨棒

新石器时代磁山文化生产工具。磨盘高 8.8 厘米，长 57.2 厘米，宽 20.9 厘米，磨棒长 14 厘米，径 5 厘米。1977 年河北武安磁山遗址出土。砂岩。盘面呈长椭圆形，前端较尖，后端平缓，下底有四个扁棱形矮足。磨棒呈圆柱状，两端较细。为整块石块打磨而成，是加工粮食工具。现藏河北省文物研究所。（图 8-22）

穿孔石斧

新石器时代青莲岗文化生产工具。长 13.8 厘米，宽 8.2 厘米，厚 1.5 厘米。1951 年江苏淮安青莲岗遗址出土。页岩。器作扁平长方梯形，弧刃，刃部锋利，上部钻一圆孔，孔为对穿。通体磨制光滑，呈现淡青色和灰白色的相间的条纹。现藏南京博物院。

带槽石斧

新石器时代龙山文化生产工具。长 30 厘米，刃宽 12.6 厘米。湖南益阳出土。顶端微呈弧形，两侧平直，圆弧形刃。顶部两面各有凹槽，宽 2 厘米，作装柄之用。现藏湖南省博物馆。

七孔石刀

新石器时代北阴阳营文化武器。长 22.6 厘米，宽 6.25 厘米，厚 1.2 厘米。1956 年江苏南京北阴阳营遗址出土。花岗岩，蓝灰色。扁平长方形，沿背部钻有圆孔七个，作一字形等距排列，以便安柄，用于切割。器形规整，较为少见。现藏南京博物院。

三孔石犁

新石器时代良渚文化生产工具。长 24 厘米，宽 24.5 厘米。1979 年上海松江出土。沉积板岩。三角形，前端尖锐，两边侧刃，后缘中间有一凹槽，面上凿三孔，可将犁固定在木座上。是农田翻土的重要工具。现藏上海博物馆。

石耘田器

新石器时代良渚文化生产工具。高 6.4 厘米，宽 17.3 厘米。1956 年浙江吴兴出土。石质坚硬，青灰色。器身扁平，钝角弧形刃，中间一圆孔，可安装木柄。是南方种植水稻耘田除草用的工具，具有明显的地方特征。现藏中国国家博物馆。（图 8–23）

图 8–23 石耘田器

木柄石斧

新石器时代良渚文化生产工具。斧头长 18 厘米，木柄长 77 厘米。1974 年江苏吴县出土。斧上窄下宽，下凸弧形刃。柄为一段稍加修整的树枝，粗的一端凿有榫眼，用来嵌入磨制成的石斧背部。榫眼的形状、大小，均与斧背部完全切合，可见加工制作的精心。此件带柄石斧的发现，为探索原始人类工具制作的技术和使用方法，提供了重要的资料。现藏南京博物院。

成套石锛

新石器时代生产工具。大者高 10.5 厘米，刃宽 1 厘米，厚 1.8 厘米，小者高 4.9 厘米，刃宽 1.6 厘米，厚 1 厘米。1977 年浙江海盐出土。共十件。石质细腻坚硬。长方形，长短宽窄不一，弧背起段，单面磨刃。成套石锛尚属罕见，对研究当时木器加工技术有重要价值。现藏海盐县博物馆。

双肩石铲

新石器时代生产工具。高 30.5 厘米，宽 12.3 厘米，厚 1.4 厘米。1973 年广西扶绥出土。页岩。器身平直，斜肩，束腰，刃口成弧形，正面磨光如镜，背面粗糙。常与石戈、石犁、石斧、石杵等共存，为农业翻土工具。造型特殊，制作别致。现藏广西壮族自治区博物馆。（图 8–24）

长身石镞

新石器时代昂昂溪文化狩猎工具。长 6.1 厘米，宽 0.8 厘米，厚 0.25 厘米。1963 年黑龙江齐齐哈尔昂昂溪遗址采集。窄长梭形，尖端锋利，后端凹底，两侧刃部压削成六十余道小锯齿状痕。

用作狩猎用的石箭头。制作精巧，为压制石器的代表作。现藏黑龙江省博物馆。

桂叶形石器

新石器时代。长 25 厘米，宽 5.8 厘米，厚 0.9 厘米。1965 年黑龙江饶河出土。燧石。呈桂叶形，体扁薄，两端尖状。器形规整，周边刃缘精细琢压，较为锋利。可作矛或刮削器。现藏黑龙江省博物馆。（图 8–25）

骨柄石刀

新石器时代生产工具。通长 18.2 厘米，刃部凹槽长 13 厘米。1977 年内蒙古翁牛特旗出土。骨柄，燧石刀刃。器身略呈弧形，圆脊，柄端扁平，有一穿孔。刃部有长槽，内镶嵌石片四枚，中部三枚作长条形，尖部一枚锋呈弧形，与刀身弧度一致。石片刃部薄而锋利。制作精致，便于使用。凹槽中发现黑色粘质物，经红外线光谱观察，粘质物含有蛋白脂。现藏赤峰市文物工作站。

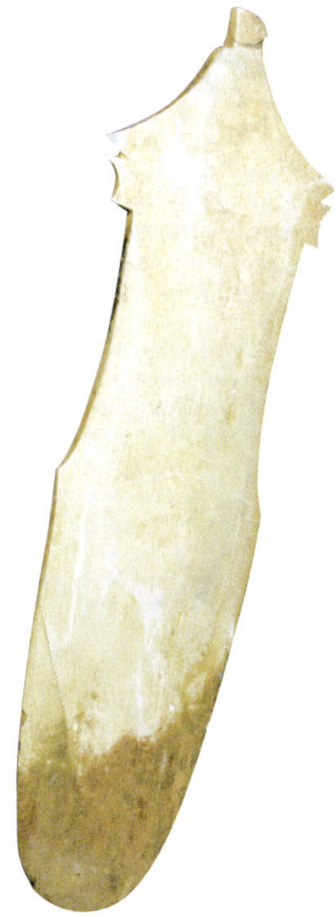

图 8–24 双肩石铲

多伦石镞

新石器时代狩猎工具。长 2.9 厘米，宽 1.5 厘米。1963 年内蒙古多伦采集。半透明玛瑙琢制。器身扁平，呈等边三角形，尖端锐利，两侧微凸，底部微凹。为狩猎箭头。制作精细。现藏内蒙古自治区博物馆。

阿斯塔那石球

新石器时代狩猎工具。直径 8.6 厘米，重 1 千克。1959 年新疆吐鲁番阿斯塔那出土。黄色戈壁砾石。器体通圆，精心磨制成球状。有使用滚磨的痕迹，是远古时代重要的狩猎工具。天山南北新石器时代遗址有相当数量的石球出土。用法是将两球分装至两个网袋，中以绳索相连，抛掷以击绊兽腿。现藏新疆维吾尔自治区博物馆。

惠阳石戈

商代武器。长 23 厘米，宽 5.5 厘米，厚 0.6 厘米。1958 年广东惠阳出土。平内，长援，援、内分界处穿一孔，援部平直向前折成三角形，锐锋。这件器物较为简陋，是一件较为原始的石戈，内处一孔为系祕所用。在广东地区尚属少见。现藏广东省博物馆。

图 8–25 桂叶形石器

越王石矛

春秋时期礼器。长 21.8 厘米，宽 4.5 厘米。1958 年浙江绍兴出土。褐色石。柳叶形，中间内弧，刃部锋利。骰中空，用以纳柲，骹尾呈内向弧形，中央有一椭圆形穿孔，便于插柲后加栓，起牢固作用。通体光滑，富有玉质感。正、背脊的两侧，分别阴刻鸟篆文。铭文周围布满蟠虺纹。制作精致，为举行礼仪时仪仗用的礼器。现藏浙江省博物馆。（图 8-26）

图 8-26 越王石矛

铸斧石范

春秋时期模具。长 20.8 厘米，宽 12 ~ 10.5 厘米，厚 4.5 厘米。1980 年云南剑川墓葬出土。青石磨制。盒范，外侧呈椭圆形，两端平齐，其一端刻合缝线一道。内壁刻有斧形。与墓地所出铜斧的形制和花纹相同，表明铜器由本地铸造。对探讨滇西北地区青铜文化，尤其青铜铸造业有重要价值。现藏云南省博物馆。

雕塑

DIAOSU

雕塑

造型艺术之一。是雕刻和塑造的总称。以可塑的（如粘土、油泥等）或可雕的（如金属、木、石等）材料，制作出各种具有实在体积的形象。一般采用浮雕、圆雕等方法。

原始社会雕塑

中国在旧石器时代晚期已出现雕塑艺术品，如一些石器、骨雕等。新石器时代，陶塑、泥塑成为当时最流行的雕塑艺术品，此外，还有玉雕、牙骨雕、木雕等。陶塑在新石器时代早期即已出现，河南密县、浙江余姚河姆渡、北京平谷上宅等地出土的陶人、动物等，已初具规模。新石器时代中晚期，各地陶塑作品大量出现，在仰韶文化、马家窑文化、大汶口文化、红山文化，均有大量的人、动物形及各式器皿的陶塑作品，或写实，或夸张，造型生动。

河北武安磁山文化遗址出土的石刻人面雕饰，是迄今中国发现最早的一件。此后，辽宁、四川、甘肃、陕西、河北等地均有石刻人像出土。红山文化和良渚文化玉雕，更是以数量多、纹饰繁复、雕刻精美而著称，代表了原始社会雕塑艺术的最高水平。（图 9–1）

图 9–1 石刻人面雕饰

夏商周雕塑

夏商周时期，除了陶塑、玉石雕刻进一步发展以外，青铜器高度发展，其成就最为突出。陶塑以捏塑方法塑出主要轮廓，再以线刻雕出细部，形象朴拙，特征鲜明。夏代陶塑代表作有河南偃师二里头出土的陶塑动物。商代早期以郑州二里岗的陶塑人像、动物像为代表；晚期有殷墟出土的男女奴隶陶像。山东临淄、山西长治春秋战国墓出土的陶俑，是反映社会变革、陶俑葬代替人殉的新品种。

青铜器艺术是夏商周三代取得的最为辉煌的艺术门类，其以完备的器类、精美的造型、神奇怪诞的纹饰、高超的铸造技术以及蕴涵的深刻文化内涵，成为这个时期雕塑艺术的典范。中国青铜器在原始社会末期即已出现，至商代后期空前鼎盛，纹饰丰富多彩、繁缛富丽，不但有主纹，还有衬托花纹，甚至在主纹上再填以花纹，形成三层花；纹饰种类极为丰富，既有写实的动物纹，如鸟纹、蚕纹、蝉纹、象纹、鱼纹、龟纹，也有夸张的动物纹，如兽面纹、夔纹、龙纹、蟠螭纹，还有各种几何形图案，如云雷纹、圈带纹、弦纹、涡纹、乳钉纹等。

图 9–2 商代石人

在造型上既有几何体为主的，也有巧妙利用动物体成型的，如鸟、象、犀、牛、虎等。在技法上，有平雕、浮雕、圆雕。

玉石雕刻也极为发达，商代以殷墟妇好墓为代表，有著华服的人物，有各种动物形玉石器，如鸮、虎、熊、象、牛、鸟、蝉、蛙、龟，均形象准确、生动。周代玉石雕刻向抽象方面发展，更为简练、写意。（图 9-2）

秦汉雕塑

秦汉的大一统政治，使得雕塑艺术成为统治者宣扬功业的有力工具，最为突出的是陶塑、大型石雕以及青铜造像。

秦汉陶塑艺术的代表作是陕西临潼秦始皇陵从葬坑发现的陶塑兵马俑。目前已发现兵马俑坑 4 个，出土陶俑和陶马八千余件。陶俑包括将军俑、车兵俑、骑兵俑、步兵俑、跪射俑、跽坐俑等。兵马俑都是模拟真人的身高而塑，加上足下托板，一般高达 1.8 米以上，是按身体不同部位分别制作，然后再接套、粘合而成，人体大致轮廓完成后再贴塑细部，特别是面部造型，最后进行彩绘，使用的色彩有朱红、枣红、粉红、粉绿、粉紫、粉蓝、中黄、桔黄、白、黑、赭等色。兵马俑造型重复，面部仅有细微差别，但成千上百地排列成队，显示出整齐划一、威武肃穆的氛围，具有很强的威慑气势，让人领略到当年秦军百万雄狮的威武之势和宏伟的气魄，堪称世界雕塑艺术奇观。（图 9-3）

汉代继承秦制，仍以随葬陶俑为主。近年来各地发现不少陶俑群，如陕西咸阳杨家湾、阳

图 9-3 秦始皇陵从葬坑出土的铜车马

陵、长陵俑群和江苏徐州汉兵马俑墓群等。其中西汉杨家湾陶兵马俑群颇具代表性，出土骑兵俑580多件，步兵俑1800多件，舞乐杂役俑100多件。体形约为真人、马的1/4。均为模制，彩绘，服饰鲜华。造型逼真，衣甲、武器和发式都描绘的十分细致，而且群体的气势十足，代表了西汉陶塑的水平。东汉陶塑题材广泛，反映社会生活的广度和深度更为增强，艺术性更为突出。如河南、山东、四川、广东等地出土的农夫俑、厨饮俑、乐舞杂技俑，特别是四川成都墓葬出土的彩绘陶击鼓说唱俑，身涂白粉，绘朱彩，头着帻，袒上身，赤足穿裤，坐于圆垫之上，左臂下挟扁鼓，右手操桴作欲击状，右足随势上扬，表情生动活泼，形象十分传神，雕塑线条简练，技法娴熟，有很高的艺术水平。

秦汉石雕成就突出，大型的人体石雕发源于秦，并用作建筑和陵园的装饰。后来这种人体和兽形的巨型石雕，发展成王公贵族陵墓建筑的定制，如陕西茂陵霍去病墓的石雕。汉代石雕艺术应用范围十分广阔，有纪念雕像、园林装饰雕塑、丧葬明器、画像石、墓室雕刻等。其中画像石，一般用在墓室中和墓前石造享堂中作装饰。主要分布在山东、河南、四川、陕北等地区，江苏、陕西、山西、安徽、河北、湖北等省也有发现。其中最著名的有山东孝堂山画像石、嘉祥武氏石祠、安丘画像石墓、沂南画像石墓、河南南阳画像石及密县打虎亭1号汉墓画像石。

秦汉时期的青铜雕塑亦有突出的艺术性，如秦始皇陵从葬坑出土的两件铜车马，制造精湛，装饰豪华；甘肃武威东汉墓出土的铜奔马，三足腾空，一足踏飞燕，造型精绝，动感十足，是中国雕塑史上的精品。

魏晋南北朝雕塑

魏晋南北朝继承汉代开始的大型石刻，而以陵墓石刻最为发达。由于社会动荡，现实的苦难为宣扬出世义理的佛教提供了传播发展的土壤，各地大兴建寺造像之风。

石刻主要有陵墓雕刻、佛教造像两大内容。陵墓石刻目前所见有：山西大同方山北魏永固陵地宫中残存的石刻门楣、门主、门墩，是北魏墓室石雕中的精品；河南洛阳出土的北魏画像石棺，累计总数将近十具，有的已流出国外，有的仅存拓本，有的尚存于国内，棺上刻有守护神、武士、神兽等图案，具有很高的艺术价值；江苏南京及其附近的江宁、丹阳、句容一带发现的南朝宋、齐、梁、陈四代帝王陵墓地面石刻29处，这些陵墓雕刻列置在神道两侧，按石兽、石碑、神道石柱作前后顺序的排列，体制巨大，造型优美，雕琢精致，气势恢宏，昂扬豪迈，体现出帝王的权威，是当时南方石刻艺术的代表作。

在印度早期的佛教艺术中，没有佛的图像，因为当时认为佛是超凡脱俗的，无法以具体的形象来表达，当时崇拜佛是礼拜象征佛的纪念物，如法轮、宝座、菩提树。直到公元2世纪的孔雀王朝阿育王时期，开始立塔建寺造像。佛教初传中国时，佛像多与中国本土神祇共祀。魏晋南北朝时期，随着佛教在中国的蓬勃发展，兴建了大量的佛寺，开凿了大批的石窟，遗留下了丰富的佛教造像。

当时的佛寺大多已毁，但在其遗址中出土了大量的石造像。如四川万佛寺出土的造像中，有南朝宋、梁和北周、隋、唐等历代纪年作品。河北曲阳修德寺遗址出土北魏至唐代石像2200

图 9-4 北齐石刻弥勒佛坐像

余件，充分地显示了此期间造像序列及其变化以及地区性佛教信仰上的特点。山东青州龙兴寺遗址出土 400 余尊北魏至北宋时期的窖藏佛教造像，雕刻技艺精湛，贴金彩绘保存完好，被誉为“改写东方艺术史的重大发现”。（图 9-4）

甘肃永靖炳灵寺、山西大同云冈石窟、河南洛阳龙门石窟、河南巩县石窟、山西太原天龙山石窟、河北邯郸响堂山石窟等，较多采用石刻雕塑，而新疆古龟兹区、古焉耆区、古高昌区诸石窟和河西走廊上诸石窟，因为石质疏松，不易保存，多采用泥塑形式。在石窟造像的影响下，小型可移动的石造像也趋于流行。它们的风格特征与同时代的造像相近。

陶瓷雕塑在南北两地呈现不同的发展态势，北方中原地区仍然流行彩绘陶塑，以各种陶俑最为常见，有兵士、牛马车、文吏等。南方由于青瓷的兴起，瓷塑亦成为新兴的品类，如各种动物形器皿、骑马武士俑、车马、屋舍等。

隋唐五代雕塑

隋唐五代是雕塑艺术的鼎盛时期，石刻造像、陶瓷雕塑等均获得大繁荣。

隋代佛法复兴，开窟造像风靡一时。山东青州驼山、云门山和济南玉函山以及山西天龙山、陕西药王山等石窟的隋代造像是具有代表性的隋代作品。唐代佛教依然兴盛，河南洛阳龙门石窟继续开凿，四川广元、乐山等地开凿了大量的石窟。石窟中既有体量庞大的佛、菩萨造像，也有精细的经变等雕刻。

石雕造像碑和单体石刻造像，主要为佛教造像，也有一批道教造像。原供奉于寺院、道观，后或流落民间，或因寺观湮灭而埋于地下，如河北曲阳修德寺、四川成都万佛寺、山西沁县南涅水等处佛寺遗址中所出土的石造像。

图 9-5 唐泰陵石翼马

陵墓石刻也是这一时期石刻的重要内容。陵墓地表修造城阙碑表，刻石造像，穷极奢华。如唐高祖李渊献陵前列置石犀、石虎，唐太宗李世民昭陵原地面殿阙门楼华彩纷呈，北阙神道两侧列置六骏浮雕和诸蕃君长石像，现今仅残留有石像座和六骏浮雕。唐高宗李治乾陵石雕保存较为完好，现存石雕自南第二道阙楼向北，成双对称排列华表一对、翼马一对、驼鸟一对、鞍马五队、文武侍臣十对、蕃王像六十一躯。这些帝陵雕刻选材精纯，体积庞大壮伟，造型浑厚洗练，气势雄浑，充分反映出唐代帝国强盛的时代风貌。（图 9-5）

唐末五代陵表地宫规模远逊于唐代帝陵，现已发掘的前蜀王王建永陵陵表原依唐制建有楼阙神道，近年出土石雕文臣立像一尊，为陵表神道旧物，地宫雕饰别致，中室灵坛周围石刻神将、伎乐和安坐后室御床上的王建像，代表了五代墓室雕刻艺术的成就。

陶瓷雕塑，特别是陶塑成就非凡，突出代表就是唐三彩。

唐三彩不仅以千变万化的瑰丽画面，更以精美生动的造型，与崇尚华丽的唐代文化相呼应，不仅盛行于大唐，还传至日本、朝鲜、伊拉克、伊朗等地，流行全世界。三彩釉中含有毒的铅，不能用于日用饮食器皿，而用于陶俑、模型明器和非饮食用的生活器具。造型主要分两大类，一是人、动物俑，如文吏、武士、仕女、胡人、乐舞、狩猎、天王、马、骆驼、牛、羊、驴、猪、狗、鸡、鸭、狮、镇墓兽等；另一类是壶、瓶、盘、碗、罐、砚、盂、炉、枕等生活用具，亭台楼阁、房屋庭院、假山水池、仓库、厕所、车、柜等模型。唐三彩人俑、动物俑等雕塑器的整体造型和细部枝节都讲究精雕细刻，准确而真实。胎体采取贴花、刻花、印花的方法，加强装饰性。

宋辽金元雕塑

宋元时期石刻造像之风已趋式微，但在一些地区仍存在，虽然规模、范围难与隋唐相比，但艺术性不可小觑。

宋代诸帝，除徽宗排佛之外，其余皇帝对佛教均采取优待政策，寺庙像设、窟龛造像继五代以后又掀起高潮。如重庆大足北山、宝顶山、南山、石篆山、石门山等摩崖造像，以佛教造像为主，儒、道教造像并陈，始凿于晚唐，历经五代、北宋、南宋，是中国晚期石窟造像艺术的典范，规模宏大，艺术精湛，内容丰富；四川安岳卧佛院、玄妙观、千佛寨、圆觉洞、华严洞、毗卢洞、茗山寺、孔雀洞、木门寺等石窟造像，佛、道造像混合，始于南北朝，盛于唐、五代和宋。宋代造像雕工精细，璎珞盖身，装饰华丽。陕西北部黄陵至延安一线也发现有一批宋代石窟，如黄陵千佛寺石窟、富县石泓寺石窟、子长县北钟山石窟、延安万佛洞等。（图 9-6）

图 9-6 重庆大足宝顶山大佛湾石窟造像

从现存的两宋佛教遗迹看，石窟寺庙的营建数量及规模不及唐代，但在佛教题材、样式风格、雕塑技巧等方面更有新的创意，世俗信仰、民间趣味的痕迹日趋显著，并逐渐成为两宋佛教造像的独特风貌。

宋代帝陵大体承袭唐陵制度，略加增改，规模稍减，但布局紧凑，制度划一。陵表雕塑列置于神道两侧，自南而北有望柱、象、祥瑞禽兽、鞍马、虎、羊、各国使臣、文武百官、狮子等，形象逼真，雕造精湛，在唐陵雕饰基础上又有创新，构成宋陵的独特面貌。南宋政权偏安临安，诸帝陵冢建设较简，以期恢复中原后重建，故无墓表雕饰。

明清雕塑

明清时期雕塑艺术走向世俗化，石刻造像渐趋停止，寺庙塑像、陵墓雕刻形式华丽、繁缛，但缺乏生动感人的内在精神。陶瓷雕塑逐渐走入宫廷，成为皇家御用品，手法上日趋繁复、精工。文人参与竹木牙角雕刻，呈现繁盛景象。

大型石刻造像类雕塑日渐衰微，只在皇家陵墓中出现。明代皇陵除明太祖孝陵在南京，其余均在北京昌平称十三陵，以陵前神道的石刻最为突出，有以整块巨石雕刻成的望柱、狮子、獬豸、骆驼、象、马、文武将臣等，气势雄伟，雕刻精致，是明代石刻的代表作。清代皇陵有沈阳的清祖陵、遵化清东陵和易县清西陵，雕刻形式袭明代，但形象呆板，惟东陵的乾隆裕陵，规模宏大，无论是功德碑、华表，还是墓室，雕刻精美，反映了清代最盛时的石刻艺术。

此外，明清时期最为突出的是工艺雕刻的繁盛。如瓷塑达到了很高的艺术水平，明代德化窑所产的各种人物雕像白瓷最富盛名，题材以佛、道教人物居多，如观音、达摩、罗汉、关公、文昌帝、八仙、土地公、西王母等。明代晚期德化窑涌现出一批专事瓷塑的能工巧匠，如何朝宗、张寿山、林朝景、陈伟等，其中以何朝宗作品的艺术成就最高。其作品造型生动，比例准确，骨骼肌肤匀称协调，五官细腻生动，衣纹洗练流畅。（图 9-7）

竹木牙角雕刻也在明清时期繁荣发展，特别是一些文人墨客的亲身参与，使之更具有了艺术性。流派纷呈，名家辈出，如竹刻有金陵派、嘉定派，代表作家有濮澄、嘉定三松、吴之璠等，还有擅犀角雕的尤通、鲍天成，擅牙雕的李爵禄、黄振效等。工艺技法更是推陈出新，从传统的圆雕、浮雕、透雕、阴刻，到留青、竹黄以及果核微雕、象牙球等绝技。

图 9-7 明代德化窑观音立像

石雕

亦称“石刻”。是造型艺术中的一个重要门类，属于雕塑艺术的一种，是运用雕刻的技法在石质材料上创造出具有实在体积的各类艺术品。常用的雕刻技法有圆雕、浮雕、透雕、平雕、线刻等。石刻艺术种类繁多，从外形上分主要有平面石刻和立体石刻两种。平面雕刻又分为刻石、碑刻、题铭、画像石等，立体又可分为造像石、石象生、石雕等。按题材和功能又可分为陵墓石刻、宗教石刻和其他石刻。石刻艺术在中国有悠久的历史，在各个时期突显不同的特色，秦代的碑碣刻石，汉代的画像石，魏晋南北朝时期的造像石。在唐朝达到了高潮，各种石刻艺术得到前所未有的发展。

画像石

石刻装饰画。盛行于汉、魏、六朝及唐代。刻在古代门楣、石窟、祠堂、墓室、棺椁等外壁，表现历史人物、神仙故事、社会生产和生活等内容的石刻。根据技法的不同可分阳刻和阴刻两大类。很多作品在结构、造型和线条的运用上，达到朴质雄劲或生动遒美的境界。著名有汉代武氏祠画像石、孝堂山汉画像石、沂南墓画像石、密县汉画像石等。

图 9-8 画像石

汉画像石

始见于西汉晚期，盛行于整个东汉时代。主要分布在河南南部、湖北北部，山东、苏北、皖北、陕北、晋西、四川和云南北部。用于墓葬和祭祀场所的装饰。基本制作方法是：先由画师在打制好的石板平面上绘出线勾的图画底稿，然后由石工按画稿加以雕镂刻画，最后再由画工加彩绘。许多地区出土的汉画像石其细部还保留有画工打底稿时留下的墨线勾痕，一些画像石还有红、白、黄、绿等颜色施彩的色调。表现题材和内容广泛，主要有表现死者生前生活场面的车骑出行、燕居宴饮、乐舞百戏、楼阁宅院等，表现财富和经济活动的纺织、炼铁、酿酒等，表现鬼神崇拜的东王公、西王母、伏羲、女娲、四神等，表现儒家思想典范的荆轲刺秦王、孝子烈女故事等。汉画像石存世数量大、表现社会内容丰富、雕刻技法多变，是中国古代艺术的瑰宝。（图 9-8）

山东画像石

山东是画像石的主要产地，主要特点是分布面广，种类齐全，内容丰富，延续时间长，从画像石的兴起到衰落，历时约 400 年。在分布范围方面，全省一半以上的县市都有画像石出土，其中山东南部的济宁、枣庄、临沂是画像石最丰富的地区，其次如泰安、潍坊、济南、日照、青岛、菏泽、兖州和烟台、淄博、聊城等地区也有不少发现。画像石有碑、阙、祠堂、墓室等不同建筑物上的构件，但其性质大都和墓葬有关。画像内容多为经史故事和习经，也多西王母等神仙灵异内容，反映出汉时山东崇儒求仙之风。多使用质坚而细的青石，雕镌时以凝练而精细的手法进行多层次镌刻。雕刻技法多样，高浮雕、中浮雕、浅浮雕、透雕都能应用得恰到好处。以数量多、内容丰富、可信年代者延续有序、石面精美复杂、构图绵密细微为世所重。（图 9-9）

图 9-9 山东微山县出土的西汉送葬礼仪画像石

图 9-10 南阳画像石——仙人骑虎

丨南阳画像石丨

南阳汉代画像石于 20 世纪 20 年代被中国的文物考古学专家发现，此后南阳地区先后发掘了四十多座汉画像石墓，后来经过多次的文物普查，还发现了大量散存的汉代画像石。发现汉画像石最集中的在河南省南阳市的卧龙区和唐河、方城、邓州县内，时代最早在西汉昭宣时期，最晚在东汉晚期。画像内容多天象、神异和男女侍者等内容，反映出汉时南阳的世风。多使用质坚而脆的石灰石，雕镌时使用洗练、粗犷的手法，主题突出，形象鲜明。画像造型上，人物除武士外，一般都较典雅、沉稳、恭谨；动物和灵异因夸张变形的表现手法而显得生动活泼、多姿多态，颇有呼之欲出之势。（图 9-10）

丨四川画像石丨

四川为我国汉画像石四大产区之一。该区域汉画像石的流行时间，较之河南、山东等地相对较晚，多为东汉中晚期，但发展迅速。在流行题材和雕刻艺术风格及载体形式等方面具有鲜明的地域特色。多生产、交换题材，具体有市井、东门市、采盐、酿酒、采桑、借贷、交租、收获、采莲、捕鱼、放筏、播种、贩酒等，反映汉时四川蓬勃发展的经济。另有长歌舞乐、宴饮家居、夫妻亲昵等反映汉代俗文化的题材。多使用性软而粗的砂石，雕镌时注重体量，浮雕往往很高，风格粗放生动，尤其是以彭山江口墓富于雕塑性的高浮雕，乐山麻浩墓画面宏大的中浮雕等崖墓石雕和一些石阙、石棺浮雕最有代表性。

丨陕北画像石丨

陕北的绥德、米脂、神木一带，已经出土汉画像石近千块，成为全国四大汉画像石分布区域之一。年代经考证属东汉和帝永元元年（89）至顺帝永和五年（140）之间。石料采用陕北当地出产的细砂板岩，这种石料又有青砂石和红砂石之分，易开采，硬度小，便于雕刻。画像多反映边地生活的军事、牧耕、商业等内容，也有反映神仙祥瑞思想的内容。使用硬而分层的片页岩（水成岩），不宜作多层镌刻，图像呈剪影式，再辅之以色彩来丰富细节。在形象处理上，不追求繁琐的细节；在处理各种曲线、细线和一些小形象时，多采用类似今天剪纸中“连”的手法，使一个形象与一个形象互相连接，既保证石面构架的完整，又使画面显得生动丰富。基本上仅采用平面浅浮雕的手法，极重装饰美。一般来说，反映农耕牧业等生产内容的画面，往往都刻得粗犷简练；反映狩猎、出行等官宦内容的，往往都刻得生动活跃；反映西王母、东王公、羽人、

图 9-11 陕北绥德画像石

神人、神兽等神仙祥瑞的，往往都刻得细腻繁复，尤其是穿插其间的云气纹、卷草纹等装饰纹饰，极富曲线美。辅之以阴线刻、线绘、彩绘等艺术手段后，完整的汉画像石墓，往往表现出一种富丽华贵之气。（图 9-11）

徐州画像石

江苏徐州一带盛产石灰岩、青石，为营造汉画像石墓提供了充足的石料来源，因此成为我国汉画像石墓集中的地区之一。自清代就有零星的画像石出土，1949 年后，在铜山县的茅村、洪楼、苗山、白集、利国、柳新、汉王，睢宁县的张圩、邳州市的燕子埠、新沂市的瓦窑、沛县的栖山等乡镇，发掘了 50 余座画像石墓，收集画像石 1300 多块。多建筑画面。场面宏大，组合复杂，人物众多，亭台楼阁、连甍广厦均被表现得参差错落、气势非凡。加上坐谈、行走、宴饮中的人物，穿插、活动于其中的动物和神异之物，既使画面生动有致，热闹非凡，也真实地反映了汉代徐州地区的富庶和权贵们生活的奢侈。多采用质坚而脆的石灰石。有一些面积较大的石面，雕镌着丰富庞杂的画面，在平面构成上，人物、动物、灵异、建筑、图案等的安排密疏、繁简均十分合理且有层次。雕刻技法有阴线刻、浅浮雕两种。从雕刻技法、艺术风格和题材内容上看，不同于河南南阳、陕北、晋西、四川一带的汉画像石，而和山东南部一些地区的汉画像石极为相似。

沂南汉墓画像石

1954 年，山东省沂南县北寨村发现一座东汉墓。全墓共有画像石 42 块，画像 73 幅，分布在墓门和前中后 3 室的横额、壁面、过梁、柱、藻井、隔墙等处，总面积 442 平方米。所绘题材广泛，涉及社会经济、政治状况、阶级差别、民族关系、哲学宗教、神话传说、历史故事以及典章制度、衣冠文物、风俗人情等许多方面。墓门横额上以攻战图为主，配以神话人物和神兽等画像；前室横额上以祭祀图为主，配以神话人物、仙禽神兽、武器以及图案画等；中室横额上以出行图、丰收宴享图和乐舞百戏图为主，配有马厩图、历史故事图以及神话人物、仙禽神兽和图案画；后世隔墙上有仆人涤器图、侍女捧奁图、衣履图、送馔备马图等。沂南墓画像石在构图上将众多的人物、器物、建筑紧密结合在一起，有动有静，构成丰满而生动的画面，

是东汉末年画像石极盛时期成熟的佳作。（图 9-12）

图 9-12 沂南汉墓画像石

丨打虎亭汉墓画像石丨

1959 年，在河南省密县打虎亭村西发现两座汉墓。墓室建筑形式和结构基本相同都是用巨大的石块和大青砖砌券而成，规模宏伟。墓壁保存有内容丰富、色彩绚丽的石刻画像和壁画。1 号墓画像石以减地平面线刻的画像石为主。在各个墓室的石门上刻有铺首衔环和瑞禽神兽，墓顶刻莲花和菱形图案组成的藻井，外侧刻云气纹和瑞禽神兽。甬道和前室壁上为迎宾图。东南北三个耳室刻有庖厨、车马、家居、宴饮等图像。2 号墓以彩绘壁画为主。甬道和前室绘迎宾图。东南两耳室绘庖厨图和饲养图。中室墓顶绘芙蕖、卷草和方格图案组成的藻井。南壁绘车骑出行图，北壁绘宴饮百戏图。（图 9-13）

图 9-13 打虎亭汉墓画像石

丨济宁汉墓画像石丨

1988 年 9 月，山东济宁市师范专科学校建筑工地发掘出 5 座画像石墓，共出土画像石 18 块。石面较粗糙，画像为阴线凹雕或阴线刻。画像的轮廓线以外以阳刻凿痕线条作地，周围一般用阴刻菱形图案加阳刻直线作框。风格质朴古拙，线条刚劲。根据墓内出土的古钱币及其他文物推断，这批画像石的年代约在武帝、昭帝至新莽时期。

丨兖州汉墓画像石丨

1982 年，山东兖州农机校建筑工地发现一座汉代

图 9-14 兖州汉墓中的橦戏谒见升鼎画像

单棺双室石结构墓，墓长 252 厘米，宽 197 厘米，高 101 厘米。双室壁面皆刻有画像。左室左壁有 2 幅禽兽图，1 幅乐舞图。左室右壁有双阙图、车马人物图、建筑场面及侍者图。右室左壁有飞禽、人物博兽图，菱形与穿壁纹图案，秦王升鼎图。右室右壁有孙武等人物、宴乐图以及人物、禽兽图。双室前后封石上皆刻松树与穿壁纹。画面皆为双廓线，线之间刻菱形花纹。人物画面减地，再以线条刻出面部及衣物细部。画面均饰凿点纹。（图 9–14）

微山汉墓画像石

山东微山县微山湖在明代以前为陆地，微山岛位于微山湖南部，四面环水，在西汉时属留县境内的高地，因此多被选为墓地。岛上中部、南部的汉墓十分密集。2003 ~ 2005 年，微山岛因修路、用土等发现大量墓葬，后经清理出 44 座汉墓，其中 8 座为画像石椁墓，年代为西汉早期至东汉早期。这些墓葬主要位于微山岛中部的上庄、杨村及岛西部的万庄、沟南村。共发现 38 块画像石，图像皆为阴线刻。较为复杂的人物、景物则用凿子加工为平面，周边用竖线錾道，刻法比较粗糙，图像不清。早期的画像较为简易，是在石椁头端挡板上刻柏树、足端挡板上刻圆璧，侧板素面。之后，石椁侧板上也刻圆璧及后出现的三角、菱形几何纹。晚期的椁室画像较为复杂，侧板图像分三格，每座墓东西侧板共六幅图像，画面内容以庖厨、出行、宴饮、厅堂、狩猎为常见，个别有乐舞百戏、建鼓乐舞等。头、足挡板为一格或四小格，刻有辅首衔环、重檐双阙等。（图 9–15）

图 9–15 微山汉墓出土的狩猎乐舞百戏画像石

唐河汉墓画像石

1971 年秋，河南省唐河县南关外针织厂在扩建工程中发现一座画像石墓。为典型“回”字型汉墓，年代在西汉晚期，可惜早年被盗，随葬遗物保存甚少，墓主情况无考。出土汉画像 74 幅，内容丰富，有历史、神话故事、天象、击剑等画面，雕法采用物象外留有粗犷凿痕的浅浮雕，布局简洁疏朗，物象鲜明，具有古朴豪放、深沉雄大的风格特点。（图 9–16）

英庄汉墓画像石

河南南阳宛城区新店乡英庄村是画像石较集中的一个地点，陆续发现过 8 座画像石墓。其中 1983 年 4 月发掘的一座共使用石料 25 块，有画像 53 幅。画像内容有庖厨、奴婢、侍从、武士、

图 9-16 唐河汉墓中的车骑出行画像

鼓舞、百戏、渔猎、斗鸡、牛、车、武库、历史故事、神话故事、升仙、天文星象等。时代不早于王莽时期，不晚于东汉初年。

图 9-17 蒲山汉墓中的教子画像

蒲山汉墓画像石

1985 年，在河南南阳蒲山镇周屹档村发现一座汉墓，为砖石结构，由墓道、墓门、前室及东、西两主室四部分组成，共有石料 27 块，主要用于墓门、主室门、主室隔梁及前室墓顶等部位，其余部位用砖垒砌，除墓顶部分为楔形砖外，墓壁及其他地方均为长方形条砖。其中墓顶有 4 块画像石，分别为嫦娥奔月、升仙及白虎星座、苍龙星座和羽人升仙图。（图 9-17）

方城汉墓画像石

1982 年，河南方城县城关发现一座古墓，墓室为砖石结构，石结构仅限于墓门和西主室前门，共用石 20 块，其余部分为砖砌。共有画像石刻 13 幅，包括升天、双鹤、驱魔逐疫、斗兽、门吏、武士、朱雀、应龙、白虎等内容，其中 4 幅门吏画像可能是象征侍卫，或有表示墓主人品秩之意。雕刻技法有斜纹衬地阴线刻、斜纹衬地剔地浅浮雕，浅浮雕分毛面和打磨两种，画像细部均用阴线勾勒。阴线刻比较原始，浅浮雕比较先进，对石面作进一步的加工则质感更强。（图 9-18）

图 9-18 方城汉墓出土的朱雀神人画像石

图 9-19 麒麟岗汉墓中的斗兽画像

麒麟岗汉墓画像石

1989 年，在河南南阳卧龙区麒麟岗发现一座汉墓，墓室由一前室、三主室构成，前室、中主室、北主室墓顶除画像石板外，上面还有小砖券顶。南主室没有画像石板墓顶，仅有小砖券顶。北主室与中主室之间利用柱石和横梁形成格洞相通，中主室与南主室隔墙东端有一扇石门相通，南主室西部有小砖铺砌的平台。综合墓室构造和画像配置等情况分析，北主室与中主室应为男、女主人墓室，南主室则为放置陪葬品的侧室。共出土 110 块画像石，150 余幅画像，是南阳出土画像最多的汉画像石墓。作为南阳汉画像石发展鼎盛期的代表，在题材内容和墓葬形制、艺术形式等方面向后人展示了成熟期汉画像石所达到的艺术成就。（图 9-19）

长安镇画像石

1973 年，在浙江嘉兴长安镇海宁中学校园内发现一座砖石混合结构的画像石墓。从墓葬形制、画像石刻风格以及出土器物、陶俑、五铢钱的特征判断，该墓的年代在东汉晚期至三国时期。前室及耳室，甬道的石砌部位布满画像，内容有车马出行、庖厨、宴饮、乐舞百戏、历史故事等，雕刻技法为减地和阴线相结合。这是浙江发现较为罕见的画像石墓。

李相公庄曹魏墓画像石

1973 年，在河南南阳宛城区李相公庄发现一座曹魏墓，平面呈长方形，四壁和墓底均用小砖砌筑，墓壁为四横一竖压缝砌法，墓底平铺，砖的规格不一。墓顶用五块石条平盖，其中有画像的三块，并有一块已折断落入墓室。墓室内积满淤土，葬具和骨架已腐朽无存。根据墓葬形式及出土遗物，可知此墓为曹魏时期，但却在墓中出土 3 块画像石，均盖于墓顶，应为后人利用前人的墓葬建筑材料。其中一块许阿瞿墓志铭画像石被誉为南阳汉画馆的镇馆之宝。（图 9-20）

茅村汉墓画像石

1952 年在江苏徐州铜山县茅村乡凤凰山东麓发现一座汉墓，曾多次被盗掘。墓室全部用青

图 9-20 许阿瞿墓志画像石

石砌筑，地面亦用条石铺成，墓室的前、中两室以刻有画像的青石垒砌。共镶有 18 块画像石，前室门额上是车马出行图，导车、轺车、辎车、棚车依次排列，其他还有重檐楼阁、祥禽瑞兽、博棋宴饮等画像，反映了墓主人生前钟鸣鼎食的生活景象。雕刻技法为浅浮雕。前室北壁右上角刻有“熹平四年四月十三日酉”等字样，证明该墓建造于东汉灵帝熹平四年 (175)。

丨白集汉墓画像石丨

1965 年，在江苏徐州贾汪区青山泉镇白集村发掘一座汉墓。该墓葬由祠堂和墓室两部分组成，发掘时祠堂仅部分保存。所用材料均为本地盛产的青石。墓葬早年曾遭盗扰，随葬物品被盗掘，但墓葬结构大体完整。画像石刻内容丰富，题材涉及社会生活、神话传说、仙境祥瑞、历史故事等诸多方面。如反映现实生活的车马出行、拜谒飨宴、博局对奕、舞乐百戏等；反映神话传说的玉兔捣药、东王公、西王母、伏羲、女娲等；反映祥瑞题材的珍禽异兽、瑞木嘉禾等。是徐州乃至全国东汉画像石墓的典型代表，具有较高的文物价值。

丨武氏祠汉画像石丨

东汉晚期画像石。发现于山东省嘉祥县武宅山村北的武氏墓群。墓群中现存双石阙、1 对石狮、2 通武氏碑和 4 组零散的祠堂画像石。武氏祠包括武梁祠、前石室、左石室 3 座祠堂，内画像石最早见于北宋赵明诚的《金石录》，后多有记录。武梁祠现存 6 石，即“武梁祠画像”3 石、“祥瑞图”2 石、“武家林”断石柱 1 石。祠内墙壁和屋顶上都刻满图像。三壁上部罗列历史故事和祥瑞画像，其旁皆有隶书榜题。前石室现存 16 石，祠内刻满画像。东西壁山尖部位，对应刻有西王母、东王公等神话故事。其下三壁刻有孔子见老子与空门弟子，表现祠主经历和生活的车骑出行、宴乐、庖厨以及仙灵神话。前石室车骑画像有大量榜题。左石室现存17石，画像内容与布局与前石室类似，该室画像均无榜题。武氏祠画像石雕刻技法主要采用压地隐起，既保持了平齐的壁面，又使画像跃然而出。物像外石面留有整齐细密的竖线凿纹。构图分层分格组合，层次井然，是珍贵的历史和艺术资料。（图9-21）

图9-21 武氏祠周公辅成王画像石

孝堂山汉画像石

东汉画像石。发现于山东省长清县孝里铺南孝堂山顶的郭氏墓石祠。该祠是中国现存最早的石筑石刻房屋建筑。祠内石壁和石梁上遍布精美的线刻图画。主要内容是与祠主经历和生活有关的车骑出行、庖厨、宴饮、狩猎、百戏、战争以及历史和神话故事等图像。横贯三壁上部的“大王车行图”是汉画像中最为宏伟、车马人物最多的一幅；北壁楼阁下部的车骑出行图，主车旁边有“二千石”榜题，表明祠主生前地位显赫。东西壁还刻有伏羲、女娲、西王母、风伯、雷公等神话内容，以及周公辅成王、孔子见老子、胡汉战争等历史故事。隔梁石两面刻有升鼎、桥上坠车故事，底面刻有日月星辰。在石祠画像的主要人物旁有“大王车”“令”“相”“成王”“胡王”“孔子”“二千石”7条榜题。石祠画像的雕刻技法，是在磨光石面上以线刻为主，少部分图像兼用凹面刻，线条刚劲、洗练，形象简朴生动。构图虽无明显界格，却上下层次分明，是汉画像石中的精品，具有较高的历史和艺术价值。

石窟

又称石窟寺。在山崖陡壁上开凿的洞窟形的佛教建筑。原是印度的一种佛教建筑，大都是僧侣们开凿的。石窟实际上是僧房，内有佛像或佛教故事的壁画、彩塑和石刻等，是教徒们集会、诵经、修行的地方。中国石窟最早开凿于北朝，盛于唐朝，沿袭宋元，明代衰落。石窟由皇家、官府、贵族和平民各阶层的佛教信徒开凿，属于供养佛的一种形式。最初是仿照印度的石窟开凿的，窟内多雕刻或绘制多佛、菩萨、罗汉、天王、力士等形象，具有较高的史料和艺术价值。中国石窟多分布在黄河流域和西北地区，著名的三大石窟为敦煌石窟、云冈石窟和龙门石窟。

敦煌石窟

位于甘肃省敦煌市、安西县、肃北蒙古自治县和玉门市境内。包括敦煌莫高窟、西千佛洞，安西榆林窟、东千佛洞，水峡口下洞子石窟，肃北五个庙石窟、一个庙石窟，玉门昌马石窟。其中以敦煌莫高窟为主，故总称敦煌石窟。敦煌石窟是建筑、塑像、壁画三者结合的立体艺术。（图 9–22）

图 9–22 敦煌莫高窟南大像窟

莫高窟

位于甘肃省敦煌市中心东南 25 公里的鸣沙山东麓的断崖上。始凿于前秦建元二年（366），历经北凉、北魏、西魏、北周、隋、唐、五代、宋、西夏、元等朝代相继凿建，到唐时已有 1000 余窟龛，经历代坍塌毁损，现存洞窟 492 个。保存着历代彩塑三千多尊，壁画 4.5 万余平方米，唐宋木构窟檐 5 座。洞窟外原有殿宇，有木构走廊与栈道相连。彩塑有单身像和群像。佛像居中心，两侧胁侍弟子、菩萨、天王、力士，少则 3 身，多则 11 身，多以夸张色彩表现人物性格，神态各异。壁画有佛像和佛经故事、佛教史迹、神话等题材。1900 年发现藏经洞，出土了大批古代写本和其他文物。1961 年国务院公布为全国重点文物保护单位，1986 年入选《世界文化遗产名录》。（图 9–23）

图 9–23 敦煌莫高窟 259 窟释迦禅定像

莫高窟彩塑

莫高窟现存有十个朝代的彩塑三千余尊，其中圆塑两千多身，浮塑一千余身，现保存基本完好的原作一千四百余身。所制彩塑有木骨泥塑和石胎泥塑两种。题材有释迦、弥勒、阿弥陀、释迦多宝并坐、菩萨、弟子、天王、力士、高僧、供养人等。制作佛像遵循佛教规定的“相好”标准，但融入汉族审美习惯，以歌伎、胡商、将军、汉僧等形象为蓝本，运用想象和夸张，塑造宗教神祇。通过形体、手姿、色彩以及组合形式的的变化避免塑像呆板、僵直和形式化的弊病。彩塑色彩都与同时期壁画色彩相同，早期塑像着色比较简单，自隋代起，塑像色彩渐趋富丽。（图 9–24）

图 9–24 莫高窟 248 窟释迦苦修像

云冈石窟

位于山西省大同市西郊 16 公里的武周山南麓。始建于北魏文成帝和平元年（460）（一说兴安二年，453）。主要石窟约完成于太和十八年（494）。现存主要洞窟53个，小龛1100余个，造像5.1万余尊，其中最高者17米，最小者仅几厘米。早期开凿的昙曜5窟（即第16、17、18、19、20窟）规模宏伟，风格古朴，平面为椭圆型，无后室，以造像为主，佛像高大，其中第19窟主像高达16.8米，第20窟露天造像，主像高13.7米，均为云冈石窟的代表作。稍后开凿的各窟风格精细优美、飘逸洒脱、雕饰富丽，平面多为长方形，有后室，中央雕凿大佛像，四壁、拱门、窟顶雕饰有众多小佛像、飞天及佛经故事等。在北魏雕凿的基础上后世曾多次修缮，增建佛寺，尤以辽金两代为最盛。云冈石窟的雕刻技艺继承并发展了秦汉的雕刻艺术传统，吸收了外来的艺术风格，以其特有的艺术价值和历史价值成为中国古代石窟艺术瑰宝。1961年国务院公布为全国重点文物保护单位。2001年12月被联合国教科文组织世界遗产委员会列入《世界遗产名录》。（图9-25）

图9-25 云冈石窟外景

龙门石窟

位于河南省洛阳市南郊13公里的伊河两岸东、西山上。西山又名龙门山，故名。古称伊阙，故又称伊阙石窟。开凿于北魏太和十八年（494），历经东魏、西魏、北齐、隋、唐、北宋至清末，以北魏和唐代为盛。现存窟龛约2100余个，佛塔40余座，题记碑碣3860种，造像10万余尊。造像多为佛、弟子、菩萨、天王、力士，也有世俗供养人和佛传、本生故事。著名的奉先寺摩崖像龛凿有11尊雕像，主佛卢舍那佛高达17米；万佛洞南北两壁满雕石像达1.5万尊，均属唐代造像杰作。碑刻题记数量居全国石窟之首，其中魏碑代表了当时书法艺术风格和水平，著名者如龙门二十品，唐褚遂良书《伊阙佛龛之碑》和开元十年（722）补刻的《大卢舍那像龛记碑》，分别为初唐、盛唐楷书代表作。1961年国务院公布为全国重点文物保护单位。（图9-26）

奉先寺造像

位于河南省洛阳市南郊13公里的西山南端。唐高宗初年开凿，上元二年（675）竣工。佛龛南北宽36厘米，东西长41米，为龙门石窟中规模最大的露天大龛。有卢舍那佛、弟子、菩萨、天王、力士等9尊雕像。主佛卢舍那高17米，面容丰腴饱满，修眉长目，嘴角微翘，流露出对

图 9-26 龙门奉先寺全景

人间的关注和智慧的光芒。两旁的弟子，迦叶严谨持重，阿难温顺虔诚，菩萨端庄矜持，天王蹙眉怒目，力士威武刚健。群像形神兼备、刀法纯熟，是唐代雕塑艺术的杰作。

麦积山石窟

位于甘肃省天水市东南 45 公里麦积山峭壁上。始凿于十六国后秦时期，北魏、西魏、北周、隋、唐、五代、宋、元、明、清各代千余年间均有凿建或修葺。现存洞窟 194 个，东崖 54 个，西崖 140 个；泥塑 3519 尊，石雕造像 19 尊，各种碑刻千佛 3600 余尊，壁画 1000 余平方米。麦积山石窟创建年代较早，遗存北魏、北周时期的窟龛较多，对研究石窟艺术逐渐中国化的演变过程，具有重要的意义。1961 年国务院公布为全国重点文物保护单位。（图 9-27）

图 9-27 麦积山石窟造像碑

炳灵寺石窟

位于甘肃省永靖县城西南 35 公里的小积石山中。开创于十六国时期的西秦，北魏、北周、隋、唐、宋、西夏、元、明各代都有凿建。窟群包括上寺、下寺和上、下二寺之间的洞沟三部分，现存窟龛195个，其中以下寺的窟龛数量为最多。遗存的彩塑和石雕造像776躯，壁画900余平方米、摩崖刻石4方、石碑1通、墨书或刻石纪年铭文6处。1961年国务院公布为全国重点文物保护单位。（图9–28）

图9–28 炳灵寺石窟造像

响堂山石窟

位于河北省邯郸市峰峰矿区鼓山南端和中段西麓，分别称南响堂、北响堂、小响堂3处。始凿于北齐文宣帝高洋时，以后隋、唐乃至宋、明都有增凿，但主要窟像均为北齐时雕造。现存石窟17座，摩崖造像450余龛，大小造像4300余尊。窟龛早有损坏，许多造像头部损失，有的流落于国外。南响堂第2窟窟廊檐额上雕五铺作双抄偷心造斗拱，是石窟建筑中仅有的一例，为研究北朝建筑难得实物资料。响堂山遗存大量的摩崖刻经，是北齐时期最重要的刻经地之一，其中《唐邕写经碑》保存良好，记载刻经经过，具有重要的史料价值。响堂山石窟与北齐皇室关系密切，是北朝晚期造像最集中也最具代表性的石窟。1961年国务院公布为全国重点文物保护单位。

克孜尔石窟

又称克孜尔千佛洞、赫色尔石窟。位于新疆维吾尔自治区拜城县克孜尔镇东南10公里处，木扎特河河谷北岸的悬崖上。开凿年代约在南北朝至晚唐时，一说始于东汉。共有236窟，窟中塑像大部被毁。石窟建筑、壁画和塑像的艺术风格带有明显的民族特点。技法早期受巴米扬石窟艺术的影响，晚期吸收了敦煌艺术的成分。题材内容属小乘佛教艺术，崇拜释迦牟尼和弥勒；晚期受大乘佛教艺术的影响，出现了千佛、一佛二菩萨等题材。克孜尔石窟为天山南麓规模最大的佛教石窟群，既是佛教艺术的宝贵遗产，又是研究新疆历史文化的重要资料。1961年中国国务院公布为全国重点文物保护单位。

天梯山石窟

位于甘肃省武威市南约50公里的中路乡天梯山南麓。始建于北凉和北魏，唐代续建，西夏、明清重修。现存洞窟18个，北凉、北魏10窟，唐4窟，其余4窟皆残破。造像以13号大佛窟为代表，佛像高28米，旁边有胁侍菩萨、弟子和天王共七身大型群像。天梯山石窟是佛教从印度沿丝绸之路向中原传播过程中的凉州石窟的典型代表，也是十六国北方地区的佛教中心之一，融会了西域和中原佛教艺术的特征，对研究中国佛教石窟建筑和艺术的渊源及发展有重要

意义。2001年国务院公布为全国重点文物保护单位。(图9-29)

图 9-29 天梯山石窟

小南海石窟

位于河南省安阳县西南25公里的善应村龟盖山南麓。开凿于北齐天宝年间。现存石窟3座，规模、题材和风格相近。平面都呈方形，有拱形窟门，窟顶为覆斗形，窟内正壁和两侧壁都有浮雕三尊像。中间窟有门槛，门楣上雕二龙戏珠和两只金翅鸟，门两侧各雕一尊护法神王立像，门额上方和门西侧岩石上刻有“方法师镂石板经记”。西窟窟门两侧各雕一守门人，守门人头顶上各雕一尊倒立的裸体虎头强梁，在中国同类石窟中十分罕见。窟门外左侧崖壁上用减地法刻有成排供养人，共40尊。东窟外壁面刻有大面积浅龛造像和浮雕图案。小南海石窟保存了大量的石刻佛经和全国仅有的供养人石造像，雕刻内容丰富，刻工精湛。2001年国务院公布为全国重点文物保护单位。

天龙山石窟

位于山西省太原市西南约40公里天龙山。始建于东魏，历北齐、隋、唐、五代，20世纪20年代遭到破坏，许多精品流失海外。现共有25个洞窟，其中东峰12窟、西峰13窟。窟室组合有双窟并列、前后室两进、单室。主室平面多为方形。窟内以三壁三龛式最多，占一半以上。造像以圆雕为主。北朝造像组合以三壁三佛、单铺一佛二菩萨为主；东魏造像具有典型的秀骨清像风格；北齐造像注重身体结构，立体感强，融合了印度造像和中国传统造像两种风格，开启隋唐造像的先河，是中国佛教造像史上一个重要的转折点；隋唐造像新增四壁四佛、单铺一佛二弟子、一佛二弟子二菩萨等题材，造像妍丽、丰腴、优雅、自然。天龙山石窟虽曾遭破坏，现存的洞窟造像仍能反映石雕艺术从北朝向隋唐的演进过程，有很高的历史和艺术价值。2001年国务院公布为全国重点文物保护单位。（图9-30）

巩县石窟

位于河南省巩义市（原巩县）城西北2.5公里的洛河北岸的邙山岩面上。创建于北魏晚期，历经北魏、东魏、西魏、北齐至唐宋。现存大窟5个，摩崖大像3尊，佛龛约1000个，摩崖造像龛238个，总计造像7700余尊，造像题记及其他铭刻186则。总体风格与龙门石窟相近，但规模小，整体造像艺术水平也不如龙门石窟，但其中也不乏精品。题材除佛、菩萨、弟子、天王、

图 9-30 天龙山石窟内的释迦牟尼说法造像

图 9-31 巩县石窟浮雕皇后礼佛图

力士，还有礼佛图、神王、怪兽、伎乐等。巩县石窟具有布局严整、内容丰富、雕饰精备、设计统一等特点，而且其主要洞窟是继龙门石窟之后开凿的，上承云冈石窟和龙门石窟的雕造遗风，简雅洗练，为北魏晚期风格的典型，还蕴育着北齐、隋代雕刻艺术的萌芽，在中国古代雕刻史上占有重要地位。1982 年国务院公布为全国重点文物保护单位。（图 9-31）

白佛山石窟

位于山东省泰安市东平县县城西侧的白佛山。初雕于隋开皇七年（587），唐、五代、宋初有增刻。现存四窟一龛，造像 138 尊，多为佛教内容。其中 1 号窟内的十六王子像是目前中国境内已知唯一一处以十六王子为专一题材并有可靠记铭的造像窟。与造像共存的有隋代以来的造像记铭 110 条，重修碑刻 14 方，提供了佛教造像进入鲁西及向周边地区蔓延的大量文字资料。白佛山石窟造像是民间造像最高艺术水平的代表作，有较高的历史、艺术及宗教研究价值。2001 年国务院公布为全国重点文物保护单位。

万佛堂石窟

位于辽宁省义县城西北 4 公里的万佛堂大凌河北崖峭壁上。开凿于北魏太和二十三年(499)。分东西两区，西区 9 窟，东区 7 窟，营造于 6 世纪。西区分上下两层，下层为 6 个大窟，上层有 3 个小窟。下层窟与窟之间还雕有许多小佛龛。第一窟为平顶方形中心柱窟，东西北三壁开龛，中心柱四面开龛，上下两层，龛内的佛、侍者、供养人像以及化生童子等，刀法遒劲，形象生动。第五窟除坐佛、莲花、飞天外，东南角残留的《元景造像碑》中的浮雕小屋是研究北朝建筑的珍贵资料。第六窟为万佛堂最大洞窟，后壁正中的大弥勒像高 3.2 米，交脚倚坐，水波状发髻，长眼，高鼻，薄唇，有犍陀罗雕刻造型的影响。东区石窟风化较重，窟内有景明三年（502）韩贞造像题记，现存 269 字，与太和元景碑同为研究辽宁历史、地理、民族关系及古代书法的珍贵资料。1988 年国务院公布为全国重点文物保护单位。

北石窟寺

位于甘肃省庆阳县西峰镇西南 25 公里覆钟山西麓。建于北魏永平二年 (509)，沿续至宋代，1959 年重新发现。今存窟龛 295 个，造像 2126 身。窟龛大都建在一个崖面，造像有立像、菩萨、菩萨乘象、倚坐菩萨、三头四臂阿修罗、交脚菩萨、萨埵太子本生、佛传故事、坐佛、飞天、莲花、化生、佛塔等，内容丰富，部分造像躯体高大，如 165 窟中的石雕七佛立像高达 8 米。北石窟寺为甘肃陇东地区历史悠久、内容丰富和规模最大的石窟寺，也是中国北方的重要石窟之一。1988 年国务院公布为全国重点文物保护单位。

南石窟寺

位于甘肃省泾川县城东 7.5 公里处的泾河北岸。建于北魏永平三年 (510)，今存窟龛 5 个，仅 1 号窟保存完整。完整的石窟平面长方形，覆斗式顶，窟门顶上凿方形明窗，形制结构与北石窟寺相同，但规模略小。窟内造像为七佛，布局为北壁三佛，东西二壁各二佛，佛两侧各雕一胁侍菩萨。窟门内两侧各雕一交脚菩萨，门外两侧雕二力士。窟顶浮雕佛传故事。佛及菩萨像面带微笑，形态秀美。南石窟雕刻手法概括简练，纯熟自然，毫无生硬或造作之感，具有很高的艺术水平。1988 年国务院公布为全国重点文物保护单位。

须弥山石窟

位于宁夏回族自治区固原县城西北 55 公里须弥山东麓。始凿于北魏，盛于北周、隋、唐，明之后逐渐荒废，1956 年甘肃省博物馆在文物调查中重新发现。今存洞窟 140 余个，保存较好的窟有 20 余个。其中，北魏造像稍清秀，衣纹密集。窟龛中 24 窟和 33 窟具有代表性；北周的洞窟数量多、规模大、造像精，重要者有 45、46、48、51、67 等窟；唐代的洞窟数量最多，重要者有十余座，如 105 窟造像雕刻技法娴熟，5 窟为一个 20 米高善跏坐弥勒大像龛，气度恢宏。窟室内保留有各代刻记 10 则、题铭 20 则、藏文刻记 13 则、明代石碑 3 通等，为考证须弥山石窟的沿革历史和唐与吐蕃、宋与西夏的关系提供了重要的资料。1982 年国务院公布为全国重点文物保护单位。（图 9–32 ）

图 9–32 须弥山石窟造像

鸿庆寺石窟

位于河南省义马市东南 14 公里的常村镇石佛村。开凿于北魏中晚期。现存洞窟 5 个，佛龛 46 个，大小造像 120 多尊，佛传故事浮雕 4 幅。石窟类型有中心柱式、三壁三龛式和禅窟等多种，窟顶有平棋顶和盝顶三种。造像题材以一佛二弟子二菩萨为主，其他还有坐佛、西方三圣、释迦多宝、一佛二菩萨等。窟内浮雕面积较大，为它处不见。浮雕题材以降魔变、白马吻别、出城娱乐等佛传故事为主，其他还有宝珠、飞天等。鸿庆寺石窟以其布局严整、雕刻出色、规模宏大的浮雕画面，代表了北魏中晚期中原地区中小型石窟艺术的成就，是北魏中晚期佛教造像的重要遗存之一。2001 年国务院公布为全国重点文物保护单位。

灵泉寺石窟

位于河南省安阳市宝山。原名宝山寺，始凿于东魏武定四年（546），止于宋代。现存有东魏至宋代的石窟造像、摩崖石塔 200 余处，并有北齐双塔和唐代双石塔。包括大留圣窟、大住圣窟、灵泉寺摩崖等。其中大住圣窟开凿于隋开皇九年（589），窟门雕迦毗罗和那罗延神王。（图 9-33）

图 9-33 灵泉寺大住圣窟那罗延神王

驼山石窟

位于山东省青州东南约 4 公里的王家庄西南驼山崖壁上。开凿于北周末年至唐长安三年（703）。现存 6 座石窟、摩崖造像群 1 处，葬窟 1 座，造像 638 尊。其中第 3 窟开凿年代最早，主体造像为本尊及二胁侍，并有千佛像。造像雕刻刀法为平刀直切式，具有极浓的北朝风格。第 2、5 窟开凿时间稍晚，主体造像为本尊、二胁侍、二力士，窟壁有千佛像，造像雕刻刀法圆润，彩绘颜色仍存，具有隋代造像的特点。第 1、4 窟均为唐代作品，由本尊、二弟子、四菩萨、二胁侍、二力士组成，其中菩萨面相丰润，身材曲线欹斜，汲取了唐代造型艺术之美。1988 年公布为中国全国重点文物保护单位。（图 9-34）

石钟山石窟

又称剑川石窟。位于云南省白族自治州剑川县西南 25 公里的石钟山上。开凿于南昭、大理及元明时期。现存石钟寺区 8 窟、狮子关区 3 窟、沙登村 5 窟，总计 16 窟，造像 139 尊。

表现南昭王及其文臣武将的雕刻，少数民族特点很鲜明。有盛德四年（1179）、至正元年（1341）等题记。石钟山石窟是现存南诏、大理时期规模最大的石雕艺术群，在造像题材和雕刻艺术上有很高的研究价值。1961年国务院公布为全国重点文物保护单位。（图9-35）

图 9-34 驼山石窟

慈善寺石窟

位于陕西省麟游县城东6公里处的漆水河西南岸。开凿于隋仁寿年间，唐高宗永徽四年（654），大规模续建。现存石窟分布于高28米的崖壁上，西崖有三大窟，南崖窟龛较多。两处共有12个洞窟，6座佛龛，47尊造像。西崖第1、2窟平面呈马蹄形，窟内佛像体量较大。第1窟主佛由隋皇宫所刻，高5.5米，极为珍贵。南崖上有9个摩崖造像龛，内凿佛像，体量较小。此外，还保留有唐代至明代的题记、刻经5处。慈善寺石窟佛像丰满圆润，刀法洗炼，代表了隋唐时期佛造像的最高艺术水平，是隋唐时期佛教造像的典范。它的建筑和雕刻样式曾是当时建造石窟的范本，因而保存下来的洞窟建筑也十分珍贵。2001年国务院公布为全国重点文物保护单位。

图 9-35 石钟寺第1号窟

大佛寺石窟

位于陕西省彬县城西10公里的水帘洞乡大佛寺村附近的清凉山上。始于北朝，历经隋、唐、宋、元、明、清各代。现存大小窟、龛361个，其中洞窟107个，佛龛254个，造像1498躯。主窟大佛洞前有砖木结构的五层楼阁屹立，佛洞南北长18米，东西宽34.5米，高31米，共有

70 龛，1001 躯造像。大佛寺石窟有石刻经文 2 通，分别为《温室洗浴众僧经》和《般若波罗蜜多心经》。碑石 8 通。题记 178 则，其中唐 24、北宋 68、金 2、元 18、明 65、清 1 则。1988 年国务院公布为全国重点文物保护单位。（图 9-36）

图 9-36 大佛寺石窟观音菩萨像

钟山石窟

位于陕西省子长县安定镇东 1 公里处钟山南麓。开凿于北宋。石窟前有一石牌坊，通高 8 米，建于乾隆五十三年（1788），其后为山门，门楣上方刻“石宫寺”3 字。石窟前有木结构回廊。共有 6 个洞窟，4 号窟为主窟，窟中央石坛上雕 3 尊佛像，窟四壁及柱壁上，满刻千佛、弟子、菩萨等。5、6 号窟尚有部分造像，其余各窟造像大都风化湮没。钟山石窟造像朴质写实，有个性，富于生活气息，是一处较典型的北宋佛教造像。1988 年国务院公布为全国重点文物保护单位。（图 9-37）

图 9-37 钟山石窟造像

通天岩石窟

位于江西省赣州城西 10 公里。开凿于宋至明代。共有石龛 279 座，石刻造像 348 尊，以罗汉像为主，许多造像旁刻有施主题记。刀法简洁，作风朴实，在中国雕刻史上有一定地位。通天岩题刻居江西名山之冠，现存题刻 97 品，其中宋代 33 品，明代 36 品。这些题刻铁画银钩，神韵天成，有的保存了珍贵的地方文史资料。1988 年国务院公布为全国重点文物保护单位。

龙山石窟

位于山西省太原市西南 20 公里的龙山山顶。开凿于元代初年。共 8 窟，分别为虚皇龛、三清龛、卧如龛、玄真龛、三大法师龛、七真龛及两座辩道龛。各龛造像数量不等，共五十余尊，大多保存完好。造像组合多承袭佛教造像形式，无明显特征。整个龙山造像雕刻朴实，形象敦厚，但缺少变化，较呆板。龙山石窟是中国稀有的道教石窟，是研究道教史的重要资料。1996 年国务院公布为全国重点文物保护单位。

图 9-38 千佛寺石窟药师佛

图 9-39 北齐石造像

千佛寺石窟

位于陕西省黄陵县。又称万佛寺、石空寺、千佛洞等。是宋代佛教寺院石空寺所属石窟。从石窟的题刻分析，该窟建于宋绍圣三年（1096）前后，明、清两代曾进行过维修。窟正中有基坛，坛前两侧有方形石柱直顶洞顶，坛上造佛像 3 尊，并有菩萨和弟子像。洞内四壁及石柱周身布满佛、菩萨、罗汉等浮雕。后壁雕佛说法故事，左臂雕佛本行故事，右壁雕药师佛，前壁上部雕千手千眼观音，两侧雕佛像、护法和宝塔等。（图 9-38）

石造像

用石材雕刻的宗教石像。源于印度，东汉随佛教传入并在中国发展起来，北朝流行，唐宋极盛，明清渐衰。按照雕刻技法的不同，一般可分为个体石造像和造像碑两种。个体石造像整个石像均为宗教形象，多采用圆雕技法刻成。造像碑是凿于碑形石或柱形石的各种造像，常刻于龛内，多采用浮雕的技法刻成。（图 9-39）

摩崖石刻

中国古代的一种石刻艺术。指在山崖石壁上雕刻书法、造像。盛行于北朝时期，直至隋唐以及宋元以后连绵不断。山东、陕西、湖南、湖北、四川、云南和福建等省的名山中大多都有摩崖石刻。如山东泰山摩崖石刻、福建鼓山摩崖石刻等。因许多摩崖石刻为政治或文化名人所题，书法精美，故具有珍贵的艺术价值。

天柱山摩崖石刻

位于山东省平度市大泽山镇的北隋村之北 1.5 公里处。现存东汉刻石 1 处，北魏刻石 4 处，东魏刻石 1 处，北齐刻石 2 处。南面有《郑文公上碑》，高 3.2 米，宽 1.5 米，阴文 20 行，共计 881 个字，碑文历一千四百余年，至今仍清晰可辨。字体突出体现了中国书法由隶书到楷书的转变，受到古今书法家的推重。天柱山东北，有郑道昭所书之《石室铭》刻石，计 115 字，天柱山西麓劈石门处有《天柱山铭》和《天柱山残刻》，均系隶书。《天柱山铭》之东有东魏石窟，另有新发现的《东汉中平三年刻石》，为汉隶精品。1988 年国务院公布为全国重点文物保护单位。

西峡颂摩崖石刻

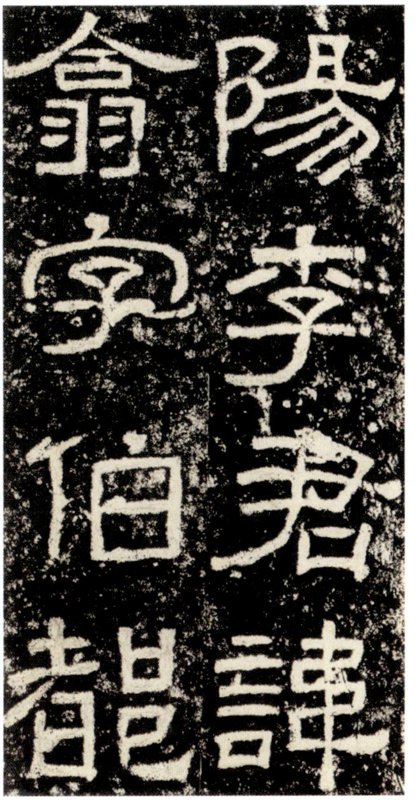

图 9-40 西峡颂摩崖石刻拓本

位于甘肃省成县 13 公里处的天井山麓。镌刻于东汉建宁四年（171）。摩崖石刻成碑。高 2.2 米，宽 3.4 米。碑额为“惠安西表”四字，首题“汉武都太守汉阳阿阳李翕西峡颂”。正文为表文形式，隶书阴刻 20 行，385 字，每字 9 ~ 10 厘米见方。主要记述了李翕生平、屡任政绩，以及他率民修通西狭古道的事迹。正文之前阴刻黄龙、白鹿、甘露、嘉禾、木连理和承露人图像。正文后有阴刻小字题名“从史位下辨仇靖字汉德并书文”等共 12 行，计 142 字。碑刻周围有宋元符、乾道、淳熙年间及清光绪、民国年间一些文人官宦访古题刻 30 多处及现代国画大师李可染题“东汉摩崖刻石”及“西峡颂”。 西峡颂是我国仅存的“汉隶三颂”之一，且保存完好，碑文和书法均有很高的考石研究和临摹鉴赏价值。2001 年国务院公布为全国重点文物保护单位。（图 9-40）

桂林石刻

分布于广西壮族自治区桂林市区近城的普陀山、月牙山、龙隐岩龙隐洞（桂林碑林）、虞山、象鼻山、文庙等 30 余处名山洞府。始于东晋，兴于唐，盛于宋明清。现存唐至清代石刻近两千件，其中唐代石刻 28 件、造像 149 龛 484 尊，五代石刻 1 件、宋代石刻 484 件、造像 26 龛 101 尊、元代石刻 30 件、明代石刻 352 件、清代石刻 478 件，年代无考的石刻 117 件。文体有题名题记、诗词曲赋、赞颂歌铭、论说评议、序跋书札等。书体篆、隶、行、草俱全。造像均为佛教内容。著名的石刻有唐《张浚刘崇龟杜鹃花唱和诗》、宋《元佑党籍》、清刻《五代贯休画十六尊者像》等。桂林石刻是中国摩崖石刻最多的地方，集中反映了桂林乃至广西地区政治、军事、经济、文化的发展历程，可以补史证史。2001 年国务院公布为全国重点文物保护单位。

“太平真君四年”石刻祝文

位于呼伦贝尔盟鄂伦春旗阿里河镇西北 10 公里大兴安岭北段顶端嘎仙洞内西壁。刻于北魏。1980 年发现。是北魏太武帝祭祖的祝文。共计汉字 19 行 201 字，书体为隶书，凿刻于花岗岩上，字迹大多可辨清。叙述了拓跋鲜卑南迁后的文治武功，以及崇信佛教、定都等事。

泰山经石峪石刻

图 9-41 泰山经石峪石刻

位于山东省泰安市泰山中路斗母宫东北 400 米的山峪中。北齐时镌刻。经文刻于面积 2064 平方米的缓坡石坪上，自南而北竖行刻《金刚般若波罗密经》44 行，共 2799 字，为经文的上卷。字径 50 厘米，以隶为主，兼有楷、行和篆各种书体。书法纵逸遒劲，在书法史上有极其重要的价值。周围还有宋、明、清、民国及现代观经、题诗石刻 20 多处。经石峪是中国现存年代较早、规模最大的佛经摩崖刻石，并以其高超的书法艺术和雕刻技艺成为宝贵的民族文化遗产。2001 年国务院公布为全国重点文物保护单位。（图 9-41）

云峰山摩崖石刻

位于山东省莱州市东南 7.5 公里。题刻多在天然突兀岩石的侧面，大小不一。现存北魏刻石 16 处，北齐刻石 1 处。山阴半腰有《郑文公下碑》，向上有《论经书诗》《观海童诗》《咏飞仙室诗》等，山顶有《云峰之山题字》《九仙之名题字》《赤松子》《王子晋》《安期子》等，东西两侧峰有《山门》《左阙》《重登云峰山记》《当门石坐题字》《右阙题字》。此外，还有宋元明清刻石 18 处，多为文人墨客的游记题咏及留名。云峰山石刻不仅数量多，而且形制多样，书法风格以自然美见长，或端庄雄浑，或纵横高迈，上承篆隶遗风，下开隋唐书风，在中国书法史上占有重要地位。1988 年国务院公布为全国重点文物保护单位。

铁山、岗山摩崖石刻

位于山东省邹县城西北 1 公里处。铁山在南，岗山在北，相距 0.5 公里。凿于北朝时期，清乾隆末年被金石家黄易发现。铁山摩崖石刻刻于一巨大的花岗岩石坪上，长 61 米、宽 17 米。可分大集经文、刻经颂及题名三部分。大集经文在刻面右部，共 17 行，现存 922 字，书体以隶书为主，间用篆势，杂以行草。用笔方圆兼施，以圆为主。刻经颂在刻面左部，篆书“石颂”二大字，下刻颂文 12 行，计 600 余字，记载刻经的时间、经过与参与者。石刻题名在刻面下部，原 3 处，现存 1 处，共 6 行，字较小。岗山摩崖石刻分布在东西长约 300 米的山峪中。现存刻石 26 石，刻字 32 处，总计 400 余字。山峪东侧陡崖上巨石“鸡嘴石”三面刻字，为岗山摩崖刻字最集中的一处。巨石北面浮雕造像一尊，另有题名 50 余字。巨石东南两面刻《佛说观无量寿经》177 字，字较小。峪内还有《入楞伽经》经文，东西分布在 20 块岩石上，共 185 字。岗山刻石书体奇异变化，大字多以方笔结体，以楷体为主，间有隶意，行笔多露锋，小字则圆润端秀。铁山、岗山摩崖石刻与云峰山石刻、龙门造像题记并称为北朝书法艺术的杰出代表，为书法家所喜爱，尤其是铁山摩崖，气势磅礴，被康有为誉为“榜书之宗”。1988 年国务院公布为全国重点文物保护单位。

药王山石刻

位于陕西省耀县城东 2.5 公里药王山上。山因唐代名医孙思邈隐居于此而得名。北朝时始凿佛教造像，隋唐两代曾建有宝云寺，并广开造像。唐代以后，为孙思邈建祠，存留下一批与孙思邈有关的碑石。石刻集中在显化台（又称北洞、太玄洞）、升仙台（又称南庵）2 处，包括历史名碑、造像碑石和摩崖窟龛石刻造像 3 部分。历史名碑共 150 通，绝大部分是与孙思邈有关的历代诏告、题记与诗画等。特别重要的是明刻《千金宝要》和《海上仙方》。造像碑石包括清末以来在耀县出土的北魏至唐代各类造像 100 余通，著名的有北魏始光元年（424）《魏文朗造像碑》、太和二十年（496）《姚伯多兄弟等造像碑》、正光五年（524）《仇臣生造像碑》等。这些造像碑有四面、三面、二面、一面不等。龛内浮雕佛、菩萨，龛边浅雕天王、供养人。碑上多有刻字。铭文有重要的史料价值。造像碑的雕刻技法、题刻内容、文字书体以及造像中刻绘的人物、服饰、马饰鞍辔、车舆形制、屋宇建筑等，都是研究佛教发展、北方少数民族历史及音乐、舞蹈、美术等方面的资料。摩崖窟龛石刻造像分布于药王山东西长 20 多米的崖面上。制作时代自北周至明清。现存 7 个洞窟、23 个佛龛，共 43 尊造像。造像技法包括高浮雕、浮雕和圆雕。1961 年国务院公布为全国重点文物保护单位。（图 9–42）

图 9–42　药王山弥勒菩萨坐像

白鹤梁题刻

位于四川省涪陵市城北长江中的天然石梁上。始刻于唐代，直至清代。石梁东西长约 1600 米，南北宽 10 ~ 15 米。被水冲刷侵蚀为三段，梁上现存题刻 163 段，3 万多字。雕刻石鱼 14 尾。题刻排列无序，多依地势，参差不齐，主要分布于中段东端约 70 米长的梁脊上。题刻文字大者每幅约 2 米见方，小者长宽不盈尺，具楷、隶、行、草、篆诸体，不少刻工精湛、书艺。最大的石鱼长 2.8 米，宽 0.95 米，高浮雕，余为线刻，长 0.3 ~ 1 米不等。题刻记载了自唐广德二年（764）以来历代石鱼出水状况等水文资料及涪陵地区农业丰欠情形，具有重要的历史和科学价值。1988 年国务院公布为全国重点文物保护单位。

浯溪摩崖石刻

位于湖南省祁阳县城西南约 2 公里湘江西岸与浯溪汇合处。始刻于唐代中期，沿续至清代。江边崖壁上保存有唐宋以来 300 多位名人，如元结、皇甫湜、黄庭坚、秦观、李清照、米芾、范成大、沈周、董其昌、顾炎武、王夫之、何绍基等的书、画、诗、词题刻 486 方，其中唐代元结留有《浯溪铭》《峿台铭》《大唐中兴颂》等，宋代米芾有《浯溪诗》，黄庭坚有《书摩岩碑后》，清代何绍基有《题摩岩中兴碑有序》。摩崖石刻篆、楷、隶、行、草各种书体皆备，是研究中国书法艺术的珍品，具有重要的历史、文学艺术价值。1988 年国务院公布为全国重点文物保护单位。

袁滋题记摩崖石刻

位于云南省盐津县城西南 20 公里豆沙关崖壁上，秦汉称“五尺道”，唐代称“石门关”。唐贞元十年（794）袁滋奉使南诏，途经石门，为纪其行，作摩崖题记。石刻长 44 厘米，宽 36 厘米，8 行共 122 字。左行，楷书。末行“袁滋题”3 字为篆书。全文简要地记载了唐德宗贞元十年开石门路，置驿，朝廷命持节册南诏使、御史中丞袁滋等赴云南册封蒙异牟寻为南诏王的史实。内容可与新、旧《唐书》《蛮书》《通鉴》等史书相印证，是反映云南边疆地区与中原关系和民族友好的重要历史文物。1988 年国务院公布为全国重点文物保护单位。

怡亭铭摩崖石刻

位于湖北省鄂州市小北门外长江边。唐永泰年间（765）裴鸥在此建亭，李阳冰将其命名为怡亭，并用小篆书写序言，由裴虬撰写铭文，李莒用隶体书写铭、款，一并刻于巨石上。今怡亭已毁，仅存刻石。刻铭巨石通高 4.5 厘米，宽 3.7 厘米，形如蹲猴。文字刻于高 0.88 米、宽 1.7 米的平面上，分序、铭、款三部分，从右自左直书。序 6 行 22 字，铭 5 行 40 字，款 3 行 20 字。著录于欧阳修《集古录》《大明一统志》《筠清馆金石记》等。是中国古代石刻中的精华。1988 年国务院公布为全国重点文物保护单位。

泰山唐摩崖石刻

位于山东省泰安市泰山玉皇顶南 80 米处。刻于唐开元十四年（726）。摩崖高 12.3 米，宽 5.3 米。碑文 24 行，每行 51 字，现存 1008 字。除“御撰御书”四字和末行年、月、日为正书外，其他均为隶书。唐摩崖书法遒劲婉润，端严浑厚。碑文为唐玄宗李隆基东封泰山时所撰书，记述了封禅告祭的始末。周围还有宋摩崖、清摩崖及明清刻石 75 处。唐摩崖石刻利用自然崖壁刻石，洋洋大观，是中国帝王摩崖刻石中的杰作。在帝王封禅史、书法艺术、雕刻技艺等方面都具有极高的历史、艺术和文化价值。2001 年国务院公布为全国重点文物保护单位。（图 9–43）

九日山摩崖石刻

位于福建省南安县丰州镇晋江北岸的九日山上。始刻于宋代，沿续至清代。现存宋乾德三年（963）至清乾隆三十二年（1767）历代摩崖石刻75方，以宋刻为主，共59方，此外元刻6方、明刻9方、清刻1方，留名人数达250人。著名的有宋代蔡襄、苏翁才、苏绅等。内容包括景迹题名15方、登临题诗11方、游览留名29方、修建纪事7方、祈风石刻13方。其中宋代祈风石刻反映了当时来往于泉州港的海船依靠有规律交替的季风，从事海外贸易与交通的史实，尤为珍贵。1988年国务院公布为全国重点文物保护单位。

图 9-43 泰山唐摩崖石刻

鼓山摩崖石刻

位于福建省福州市晋安区鼓山，主要分布在鼓山绝顶白峰、灵源洞、云洞、达摩十八景、舍利窟等处。始刻于宋庆历六年（1046），经元、明、清、民国至新中国。现存摩崖石刻562段，有李纲、朱熹、蔡襄、郭沫若等人的题名或笔迹。书体楷、篆、隶、行、草兼备，体裁诗词、对联、题偈、题名、榜书等。鼓山摩崖石刻是珍贵的书法艺术宝库，并为研究历史人物及福建省、福州市历史提供了实物资料。2001年国务院公布为全国重点文物保护单位。（图 9-44）

图 9-44 鼓山摩崖石刻

仙都摩崖题记

位于浙江省缙云县仙都风景管理区的初阳山、鼎湖峰、仙水洞、铁城、小赤壁五景点。从唐代延续到近代。现存摩崖石刻和题记120余处。最早的摩崖石刻为唐代乾元年间篆书名家李阳冰的“倪翁洞”三字篆书和建中元年（780）的一条游记。宋代摩崖题记55处，明清题记32处，民国题记15处，当代题记10处。题记内容多与道教有关，也有游人题词，体裁包括诗赋和散文。书体有篆、隶、行、楷、草诸体。题记作者较出名的有唐代的李阳冰、宋代的沈括、明代的李健、清代的袁枚等。仙都摩崖题记书法品类众多，风格各异，而且很多精品都是出自名家之手，在中国书法史上并不多见。记载道教活动的题记是重要的文史资料。2001年国务院公布为全国重点文物保护单位。

七星岩摩崖石刻

位于广东省肇庆市城北七星岩风景区内。有唐朝至现代的摩崖石刻 531 处。石刻群中，年代最久远的是唐代著名文学家、书法家李邕的《端州石室记》。七星岩摩崖石刻，就文字种类看，有汉字、满文、西班牙文；就字体看，有篆、隶、楷、行、草。该石刻群以诗词歌赋为主，计有 192 则 217 首。岩洞深处还发现有崖刻画——单线观音画像。七星岩摩崖石刻不仅分布地点集中、书法艺术精湛、雕工精细、保存完整，而且记述了肇庆的地理环境、山河变迁、历史大事、宗教信仰、庙宇建筑、岩石水土以及朝代更迭，是一座历史文献、文学宝库。2001 年国务院公布为全国重点文物保护单位。

刻石

石刻的一种。刻碑兴起于汉代，汉代以前的石刻作品常刻于摩崖之上，称为“刻石”。秦始皇刻石纪功，大开刻石之风，曾留下泰山刻石、琅琊刻石、峄山刻石、芝罘刻石、碣石门刻石、东观刻石、会稽刻石等著名刻石。

碑碣

古人把长方形的石刻叫“碑”。把圆首形的或形在主圆之间，上小下大的石刻，叫“碣”。《后汉书·窦宪传》：“封神丘兮建隆嵑。”李贤注：“方者谓之碑，员（圆）者谓之碣。”嵑亦石碣也。《隶释·江原长进德碣》称其碣上窄下宽，顶方平。秦始皇刻石纪功，大开树碑立碣之风。东汉以来，碑碣渐多，有碑颂、碑记、墓碑，用以纪事颂德，碑的形制也有了一定的格式。后世碑碣名称往往混用。（图 9-45）

图 9-45 三体文景教徒墓碑

墓碑

立在坟墓前或后的碑，上刻死者姓名、事迹、立碑人等内容的文字。《礼·檀弓》“公室视丰碑”之碑即此。秦以前为木制，本作悬棺入土之用。汉以后改用石制，在碑上多刻文字，以垂久远。东汉立碑之风盛行，文体也自成一格，有文有铭，又或有序。铭又称辞、颂。有的刻有纹饰。（图 9-46）

墓碣

墓碑的别称。碣，本作“楬”，因古代本是木制，悬棺入土之用。形状与墓碑有区别。长方形的刻石叫“碑”。圆首形的或形在方圆之间，上小下大的刻石，叫“碣”。一般通称为

“墓碑”。

墓表

墓碑的别称。竖在墓前或墓道内，表彰死者，故称墓表。又因有的树于墓前神道上，称神道表或神道碑。（图 9-47）

碑额

碑头题字。王芑孙《碑版文广例》卷六：“碑首或刻螭、虎、龙、雀以为饰，就刳其中为圭首，或无他饰，直为圭首，方锐圆椭，不一其制。圭首有字谓之额，其额书，篆字谓之‘篆额’，隶字谓之‘题额’。”

篆额

碑额的一种。位于碑的上端，用篆书题上碑文的名称，故名。《旧唐书李华传》：“李华尝为鲁山令元德秀墓碑，颜真卿书，李阳冰篆额。后人争模写之，号为‘四绝碑’。”

台座

即安置雕塑像及纪念碑用的底座。佛教信徒为了神化佛像，设计了各种台座。主要有“莲花座”，象征纯洁、崇高，“九重座”象征九重霄，“须弥座”象征须弥山。此外还有“宣字座”“岩座”“禽兽座”“荷叶座”“龟趺座”等。（图 9-48）

龟趺

刻作龟形的碑座。唐刘禹锡《刘梦得集·唐故监察御史赠尚书右仆射王公碑》：“乃俾学古者书本系所自，且铭于龟趺螭首云。”元袁桷《清容居士集·善之佥事兄南归述怀百韵》诗：“龟趺负穹石，浮语极褒侈。”一般都雕成昂首的巨龟形状。这种巨龟，名叫“赑屃”，传说它的力气特大，能负重，所以古人用它的形象来作成碑座。

图 9-46 曲阜孔林中的墓碑

图 9-47 北齐兰陵王墓表

图 9-48 北朝莲花座

碑林

将众多矗立的石碑集中在某一园落里，供人们观瞻欣赏、研习借鉴的场所。著名的如西安碑林、曲阜孔庙碑林、泰山岱庙碑林。

焦山碑林

位于江苏省镇江市东北长江中的焦山。包括碑刻和摩崖石刻两部分。碑刻在焦山东麓，宋庆历八年(1048) 曾收集梁、唐书法家的石刻，筑宝墨亭收藏，经元、明、清多次兴废。现存碑刻近 500 通，其中史料和书法艺术方面的碑刻各 200 余通，各类书体具备，均出自名家手笔。书法艺术类以《瘗鹤铭》最为著称，代表了南朝楷书的风格，是探讨南朝书法的一件著名作品。摩崖刻石在镇江焦山西麓沿江一线，崖壁满刻南朝以后历代游人的诗文、题字、留名，有 200 处。1988 年国务院公布为全国重点文物保护单位。

西安碑林

位于陕西省西安市三学街。建于宋元祐二年（1087），原为保存唐开成年间镌刻的《十三经》而设，历代均有增添。现存汉魏以来的各种碑石二千三百余件，荟萃了自汉代至清各代名家手笔，唐代有欧阳询、颜真卿、柳公权、怀素、智永、李隆基等，宋、元、明、清有米芾、蔡京、赵佶、苏轼、赵孟頫、董其昌等，是一座大型石质书库。著名的有“大秦景教流行中国碑”“昭陵六骏”“大达法师玄秘塔碑” “多宝塔碑”等。西安碑林为中国保存碑石最多的地方。1961 年国务院公布为全国重点文物保护单位。（图 9-49）

图 9-49 西安碑林

重阳宫祖庵碑林

位于陕西省西安市西南约 40 公里处的户县祖庵镇北。现存石刻文物 80 余件，其中碑石

55 通，绝大多数为元碑。大多数为螭首龟趺或方趺。许多碑文由赵孟頫、韩冲、姚燧、王重阳、尹志平等名家高道所书。此外还有少量金代及明清碑石。碑石中以 31 通巨型元碑最为著名，记载道教全真派的历史、教义和修炼要旨等，以《十方重阳万寿宫记碑》《全真教祖碑》《皇元孙真人道行碑》及《皇帝玺书碑》等为代表。另有 7 通元代圣旨碑，其中 5 通是蒙汉文合刻碑，对研究元代文献中蒙汉对译及演变有重要价值，也是研究古代蒙古语言的第一手资料。祖庵碑林对于多方位研究元代历史和道教发展史具有重要价值。2001 年国务院公布为全国重点文物保护单位。

图 9-50 河北赵县陀罗尼经幢

经幢

中国佛教一种最重要的刻石。通常用多块石刻堆建而成。凿石为圆柱或棱柱，一般为八角形，高三四尺，上覆以盖，大于柱经，刻有垂幔、飘带等图案。下附台座。幢各面及底、头部，各刻佛或佛龛，在周幢雕像下，遍刻经咒，以《密经》及《尊胜陀罗尼》为最多。其制式由印度的幢形变化而来，自唐代永淳以后盛行各地。（图 9-50）

天护陀罗尼经幢

位于河北省石家庄市井陉矿区天户村原东禅院遗址内。见于唐开元十五年（727）以后所建。青石质，残高 4.7 米，直径约 64 厘米。幢身下施覆莲座、须弥座及方形石础。幢身呈八边形，施宝盖二重，上承须弥山，再上为重层仰莲托八面石柱，石柱各面的尖拱龛内各雕有菩萨立像 1 尊。幢身南面刻“为国敬造佛顶尊胜陀罗尼幢”，经文后题有年款。幢顶残缺。天护陀罗尼经幢是中国现存最早的经幢实物，对于研究经幢的发展历史以及佛教艺术，具有重要意义。1996 年国务院公布为全国重点文物保护单位。

龙兴观道德经幢

位于河北省易县。凿刻建造于唐开元二十六年（738）。现高 4.29 米。幢身正面刻“太上玄元皇帝道德经，大唐开元神武皇帝注”，落款为“易州刺史兼阳军使赏紫金鱼袋上柱园田仁碗奉”。据推测，此幢上的文字为唐代书法家苏灵芝所书。该幢是目前中国现存唯一较完整的唐代道德经幢，对于研究唐代道教文化以及书法发展史等方面，具有重要意义。1996 年国务院公布为全国重点文物保护单位。

松江唐经幢

位于上海市松江县松江镇中山小学内。唐大中十三年（859）建于华亭县衙前十字街口。高 9.3 米，八角形，下部为三层八角须弥座。第一层须弥座底部石侧刻海口纹，束腰浮雕盘龙；第二层束腰浮雕蹲狮；第三层束腰浮雕坐菩萨。在三座须弥座之上，设勾栏一周以承托幢身。第一层幢身八面，直径 76 厘米，下段刻捐助钱财物品人姓氏，上段刻《佛顶尊胜陀罗尼经》。其上为宝盖，饰狮首衔环，承托雕有联珠纹的第二层幢身，再上置卷云纹托座承第三层幢身，浮雕四天王。其上为八角攒尖式檐，檐上是雕有盘龙的第四层援助形幢身，浮雕郡主礼佛图。其上仍为八角攒尖式檐，最上式八角形平石，顶部已残。松江唐经幢是现存唐代经幢中较高大且完整的一座，具有唐代中期石刻艺术风格。1988 年国务院公布为全国重点文物保护单位。

地藏寺经幢

又称大理国古幢。位于云南省昆明市盘龙区拓东路原古幢公园内。雕刻于大理国晚期，1919 年发现，1923 年移置于今址。通高 6.7 米，以细质砂石分段雕刻，七级八面，立鼓形幢基，雕 8 条蟠龙，每 2 条为 1 组，其上为八角须弥座，刻汉文《佛说般若波罗蜜多心经》《大日尊发愿》《发四宏誓愿》及大理国布燮（大理国高级官员）袁豆光《敬造佛顶尊胜宝幢记》一篇。其上第一层幢身遍刻梵文经咒，四面刻天王像；第二层幢身四角刻四力士像；四面刻四佛及胁侍；第三层幢身刻八大菩萨；第四层幢身八面皆刻佛像。第 1 ~ 4 层幢身皆以八角形宝盖相间，上饰仰莲、璎珞、连珠纹等。第五层幢身呈球状，雕金翅鸟；第六层四面设四殿宇，内刻佛像；第七层圆柱形，刻佛像；最上以莲花收顶。整幢共雕各种佛、菩萨和金刚像 288 尊。地藏寺经幢雕饰精美、完整，是现存大理国时期佛教石刻中的珍品。1982 年国务院公布为全国重点文物保护单位。

梵天寺经幢

位于浙江省杭州市凤凰山东麓梵天寺遗址前。宋乾德三年（965）吴越王钱弘俶所建。共两座。由太湖石构筑。幢高 15.76 米。八边形，由基座、幢身、华盖、腰檐、山花蕉叶、宝珠、仰莲、方柱、覆莲等构件层层迭建。幢顶为日月宝珠，雕刻精致，纹饰各异。基座为须弥座，共三层，底层浮雕“九山八海”；束腰浮雕蟠龙，生动威武；上层短柱四周凿成小龛，龛内雕佛像。幢身刻佛经，左幢刻《大佛顶陀罗尼经》，右幢刻《大随求即得大自在陀罗尼经》，两幢身均刻有建幢记，文字相同。经文为正书，建幢记行书。幢身之上为华盖，上端饰如意云纹，下部雕迦陵频伽，腰檐仿照木构檐子雕造，用斗拱挑出，承托檐子，檐子雕出瓦、椽、脊、滴水瓦当等。经幢每层短柱上刻设佛龛，龛内雕造佛和菩萨像，有一尊、三尊或七尊，形象端庄，比例匀称，各像之间配置得当。梵天寺经幢是吴越建筑艺术与雕塑艺术结合的瑰宝。2001 年国务院公布为全国重点文物保护单位。

｜石经｜

中国古代刻于石碑、摩崖上的儒家典籍和佛、道经典。始于汉代，目前所见最早的有东汉熹平四年（175）刻的《熹平石经》。南北朝时佛教发达，出现许多佛经刻石，如泰山、河北响堂山等，最著名者是唐代刻于北京房山云居寺的石经。

｜造像碑｜

中国古代以雕刻佛像为主的碑刻。在其上开龛造像，多为佛教造像，极少数与道教有关。并常铭刻造像缘由和造像者姓名、籍贯、官职等，有时也有线刻的供养人像。造像碑大体有三种形式：一种是通碑四面雕为排列整齐的小型佛像，千篇一律，少有变化，这种形式，称为“千佛碑”或“万佛碑”。另一种则是在碑的前后两面各雕出二或三层的佛龛，龛中雕出一佛二菩萨或一佛二弟子二菩萨，龛楣雕有飞天伎乐及天幕等。第三种形式是全碑仅雕为一龛，龛中雕一佛二菩萨，菩萨脚边雕有护法狮子。这一类造像，多在龛下层雕出供养人和供物，左中还多有文字题记等。盛行于北朝时期，多发现于河南、陕西、山西、甘肃等省。现存的实物，以北魏时期的最早，而以东魏—北齐和西魏—北周时期的数量最多，说明其最盛期在北朝晚期，至隋代日趋衰落，唐代仅偶有发现。其造像题材和造型风格等方面的特征，一般近于同时期的石窟寺艺术。但因雕刻于碑石上面，故多系高浮雕作品，且形体较小，雕琢的更加精细，是研究当时宗教艺术及宗教史的重要实物资料。（图 9-51）

图 9-51 北朝造像碑

｜石像生｜

古代陵墓前的石雕，用以显示墓主人的身份和陵墓的威严。史载秦朝秦始皇陵墓前设立纪念性巨石群雕。迄今所知最早的石象生为西汉武帝茂陵中的名将霍去病墓石雕群。西汉石像生尚未形成礼制，东汉盛行，并形成礼制，魏晋至唐宋沿袭，直至清代末年。历代陵墓石雕像的种类和数量均有严格的礼制，不得逾越。石人、石兽均按照礼制

图 9-52 明孝陵神道石象生

排列在陵墓前的神道上。石人一般分为勋臣、文臣、武臣三种，唐代还有外国使臣像，都是圆雕立像；石兽分为狮、獬豸、骆驼、象、麒麟、马等六种，石人与石兽均是对峙，体积很大，雕刻庄重精细，造型生动有力，表现出恭肃的神态。王芑孙《碑版文广例》：“墓前石人，不知制所从始……今汉制传于世者，有门亭长，有府门之卒，有亭长，唐人亦谓之翁仲。”（图 9-52）

青田石雕

石雕以青田石为原料，原石产于浙江省青田县而得名。相传创始于南宋庆元年间。以镂雕见长，兼有圆雕、浮雕等。特点是依形布局，依色取巧，因材施艺。尤其对天然俏色、透明白色的利用，更具风采。作品构图丰满，富有浓厚的装饰趣味。在技艺上，精雕细刻，不留刀痕，以光洁为能事。在品种上，以花卉、山水风景见长，规格多样。富有特色的代表作品如最小的玩物“猴子”，小如米粒，俗称“猴米”；产品小的不足一厘米，大的一米多，总计约有三百多个品种。最初是刻制图章，以后品种逐渐增多，有笔架、砚台等日用品以及山水、佛像等欣赏品。

菊花石雕

湖南浏阳所产的石雕工艺品。创始于清乾隆年间。菊花石又名石菊花，是湖南浏阳县芙蓉河中特产。花纹奇趣天成。因石中有形如秋菊的白色晶莹花纹而得名。菊花石雕善于利用石材天然的形、纹和色，运用浮雕、圆雕、透雕和多层次镂空雕等手法，雕刻出各种生动、巧绝和美丽的形态。主要工序分开粗、打平、找花、清空、通眼、修饰、磨光、上色和配座。品种有砚台、笔洗、笔筒、茶具、酒具、桌面、图章、果碟、烟缸、花瓶以及各种梅、兰、竹、菊、螃蟹和金鱼等陈设品。

寿山石雕

因其所用石材产于福建福州市郊寿山而得名。寿山石石质脂润，净洁如玉，颜色有朱、紫、青、黄、黑、白等，也有一块石上五彩皆有的。最著名的是“田黄石”，有“一两田黄一两金”之说。寿山石雕分圆雕、浮雕、镂雕、薄意和印纽五大类。有花果、人物、动物、山水等陈设品，也有印章、文具、烟具、花瓶等实用品，品种有近千种。寿山石雕的艺术特色是因势造型，因色装饰，风格朴实。寿山石雕历史悠久，早在南朝时，就以石兽用作明器。明代时，寿山石印章盛行，古兽纽头雕刻已具有很高水平。清康熙、雍正、乾隆年间，雕刻名手辈出。（图 9-53）

图 9-53 清康熙寿山田黄石印

煤精雕刻

民间雕刻工艺品。因用煤精作雕刻用材而得名。煤精质地细密，黝黑发光，坚韧度强，没有纹路，比一般煤炭轻，所以自古以来，煤精就被用来制作项链、护身符、佛珠等。现在常用它制作烟嘴、宝石戒指、耳坠和小人像、小兽以及小型饰物等。

圆雕

也称“立雕”。雕刻技法之一。是指不附着在任何背景上、可以从各个角度欣赏的立体的雕塑。一般采用厚质的材料进行雕刻。一般以动物、花卉人物、仿古器皿为题材，其造型、施雕技术难度都很大。中国圆雕艺术出现于新石器时代，东北兴隆洼文化出土的石雕女神像为代表作品。商代圆雕作品较为多见，均为小件陈设品，尤以河南安阳殷墟出土的王室陈设品白石雕石人、石兽、石鸮、石蝉、石牛最具代表性，表现商代圆雕技法娴熟。汉代初现巨石圆雕作品，最早作品为西汉武帝茂陵陪葬墓霍去病墓冢上的各种巨石圆雕动物群，长 2 米左右。因雕刻巨石技术尚处于初级，作品依石材造型，手法质朴。“马踏匈奴”石雕像为群雕的核心，赞颂了霍去病率军英勇抗击匈奴的功绩，为汉代圆雕的经典作品。（图 9-54）

图 9-54 圆雕李冰石像

浮雕

雕刻技法之一。是在一个面上雕出凸起的形象，按凸起的厚度又可分为高浮雕、浅浮雕和薄意。

透雕

又称镂空雕。雕刻技法之一。是介于圆雕和浮雕之间的一种雕塑。在浮雕的基础上，镂空其背景。有单面浮雕和双面浮雕，有边框的又称为镂空花板。图案以虚衬实，虚实相间。多用此法制作香熏、香筒、香盒等器，可体现出轻巧雅致、玲珑剔透之感。（图 9-55）

图 9-55 透雕弥勒菩萨石像

镂空雕

雕刻技法之一。即透雕。参见【透雕】。

阳雕

也称凸雕，为薄地阳刻，图文凸起，其余部分剜剔出。

高浮雕

雕刻技法之一。比浅浮雕立体感更强烈的一种雕刻技法。充分利用材料的厚度，纹饰图案层次深远，有的可达七、八层，有些地方还结合圆雕、透雕。

浅浮雕

雕刻技法之一。是介于阳纹雕刻与高浮雕之间的一种雕刻技法。花纹图案可分出层次，具有远近与深度的立体感。

薄意

雕刻技法之一。俗称薄地阳文，是寿山石印章的一种独特的表现技法。即极浅薄的浮雕，因雕刻层薄而富有画意，故名。薄意雕刻“以薄取胜，以简见长”，刀法应灵活多变，洗练概括，落刀准确，作品犹如一幅微微浮起的国画。

泥塑

亦称“彩塑”。雕塑艺术之一。采用粘土、麦秸、稻草、棉花、纸筋、河沙等为主要材料。在塑造完成，阴干、打磨后，再上粉底，然后施彩绘。石窟、寺庙中的神佛像大多都是泥塑。（图 9–56）

图 9–56 莫高窟 206 窟力士像

彩塑

亦称“泥塑”。参见【泥塑】。

石胎泥塑

雕塑艺术之一。一般用于塑石窟中的大像。如莫高窟、榆林窟的南北大像、大涅槃像等都属此类。做法是：在开凿石窟时就按事先设计的尺度在岩体内预留大像的石胎，然后在石胎表面用草泥塑造成型。因为大像的形体巨大，在衣纹等突出部位，为避免用泥过多而显得沉重，就先用芦苇捆扎成衣纹的形式，固定在相应部分，以减轻重量，然后在表面敷泥成型。对手指的塑造相当精细，无论是竖直还是平伸的，都要用适当粗细的木料固定在岩体内，以增加手指的刚性，木料外再捆扎芦苇，以减轻手指的重量。待大像的素胎泥胚完全干燥后，再上色敷彩。

丨木骨泥塑丨

雕塑艺术之一。首先在塑像身内竖立木骨架，骨架大致与塑像等高。主骨架基本是十字形或大字形，以确定头和肩膀的位置，然后在横木两端联接手臂骨架，或上举或下垂，按像的姿态随宜制作。其次在塑像的躯干及四肢的木骨架周围捆扎芦苇，使其大体成型。之后在绑扎好芦苇的躯干上敷草泥两三遍，分几次塑成粗胚，待稍干燥后，再用麻刀泥进行第一遍塑造，最后用搀有棉花的细泥精心塑造成型，最后着色上彩。（图 9-57）

图 9-57 木骨泥塑残件

丨悬塑丨

雕塑艺术之一。常用于石窟、庙宇内制作千佛、千菩萨及有复杂背景的故事性彩塑，作为主像的陪衬。做法是：以架定位制作上厚下薄的泥塑，然后悬插在固定于墙上的预制木架之中。上身略为向外倾斜，重叠时下层的上身挡住上层的脚部。上下多层重叠，有华丽的效果。（图 9-58）

图 9-58 平遥双林寺悬塑菩萨

图 9-59 影塑飞天

丨影塑丨

雕塑艺术之一。常用于石窟、庙宇内作为主像的陪衬，内容的补充或形式上的装饰，主要有千佛、飞天等。分有骨架及无骨架两种。一般以胶泥、细沙和纤维合成泥塑，待泥塑完全干透后，磨光上粉彩，附属在崖壁或墙壁上。通常上厚下薄，甚至上部接近圆雕的厚度，但整体经过压

缩的艺术处理。成群影塑的敷色，要求符合均衡、对比、变化的要求，与周围背景统一和谐。（图9-59）

圆塑

雕塑艺术之一。指不附着在任何背景上，可以四面欣赏的，完全立体的塑像。主要用于表现佛、菩萨、天王等。古代石窟和寺庙中的彩塑大多采用此法塑造。

浮塑

彩塑艺术之一。在平面上塑出凸起的形象。如塑像的衣服、飘带，佛像的头光、身光、靠背及人字坡的背、檐等。莫高窟的浮塑主要用于表现洞窟中附属于龛、窟顶和佛坛等的装饰部分，大都仿木构建筑的部件，又均施以色彩或彩绘纹样。

双林寺泥塑

双林寺位于山西省平遥县城西南7公里的桥头村北侧，建于北魏早期，明代多次重修。殿宇10座，各殿满布彩塑。例如，大雄宝殿有三世佛、二弟子、二金刚和胁侍菩萨，佛母殿有5尊女像及侍者，千佛殿和菩萨殿塑二十六臂观音、供养人和诸菩萨众，等等。大者丈余，小者尺许，共计2052尊，完好者1566尊。各像衣饰，大都随身体的倾向而摆动，别具风格。其中以金刚、罗汉、观音菩萨、供养人等塑工最精，为明代彩塑艺术的佳作。（图9-60）

图9-60 双林寺泥塑五百菩萨案

晋祠泥塑

晋祠位于山西省太原市西南25公里悬瓮山下，始建于北魏。圣母殿建于北宋天圣年间，后代有修葺。殿面阔7间，进深6间，重檐歇山顶。殿内有宋代彩塑43尊，主像为圣母，端坐木制神龛内，其余42尊侍从分列龛外两侧，其中宦官像5尊，女官像

图9-61 晋祠圣母殿内泥塑圣母坐像

4 尊，侍女像 33 尊。除龛内二小像为后补外，其余皆为宋代原塑。塑像姿态自然，神情各异，反映了宫廷生活；塑工高超，是中国宋代塑像中的精品。（图 9-61）

佛光寺泥塑

佛光寺位于山西省五台县城东北 32 公里佛光山腰，创建于北魏孝文帝时。东大殿建于唐大中十一年（857）。面宽 7 间，进深 4 间，单檐四阿顶。殿内佛坛宽及 5 间，满布彩塑 35 尊，比例适度躯体自如，面形丰满，线条流畅，都是唐代作品。各间皆有主像一躯，分别为释迦佛、弥勒佛、弥陀佛及文殊、普贤二菩萨。主像两侧及前面各有胁侍菩萨和供养菩萨，并有侍者牵引狮、象。殿内两侧墙壁及后檐墙下的 290 余尊罗汉像为明代补塑。

善化寺泥塑

善化寺位于山西省大同市城区南部，始建于唐代开元年间。大雄宝殿始建于辽代。面宽 7 间，进深 5 间，庑殿顶。殿内正中佛坛上有泥塑金身如来 5 尊，端坐于莲台之上，姿容凝重，衣纹流畅自然；弟子、菩萨恭谦微谨；两侧二十四诸天神情各异，无一雷同。硕大的莲座镶有莲瓣、串珠、三角柿蒂及狮首等装饰，手法雄健，与其上之五如来佛像同为辽代遗物。诸天中东侧六臂日宫天子和鬼子母神风姿绰约，眉目传神，塑工尤精，为金塑之上品。（图 9-62）

图 9-62 善化寺大雄宝殿内的五方佛塑像

南禅寺泥塑

南禅寺位于山西省五台县城西南 22 公里李家庄西侧。大殿重建于唐建中三年（782），面宽进深各 3 间，单檐歇山式屋顶。殿内佛坛宽 8.4 米，高 0.7 米，坛上布满唐代彩塑。形体、手法、衣饰与敦煌唐代塑像如出一辙。主像释迦结跏趺坐于束腰须弥座上，手式作禅宗拈花印。两侧及前面有弟子、菩萨、天王、仰望童子以及獠蛮、佛霖等共计 17 尊。各像面形丰润，神态自若，服饰简洁，衣纹流畅。塑像大多有莲花座，唯獠蛮、佛霖和仰望童子赤足踩地。各像塑造精巧，手法纯熟，是中国唐代塑像中的佳作。

镇国寺泥塑

镇国寺位于山西省平遥县城北 15 公里郝洞村，始建于五代北汉天会七年（963）。山门内塑天王 4 躯，亦称天王殿。万佛殿殿内佛坛上塑有佛、弟子、菩萨、金刚、供养等像 11 尊，为五代遗物。面形丰润，身躯微曲，具五代特征。（图 9-63）

图 9-63 镇国寺泥塑金刚像

华严寺泥塑

华严寺位于山西省大同市西部，始建于辽代。明中叶以后分上下两寺，各开山门，自成格局。上寺以金建大雄宝殿为主，分为两院，有山门、过殿、观音阁、地藏阁及两厢廊庑。下寺以辽建薄伽教藏殿为中心，保存有辽代塑像、石经幢、楼阁式藏经柜及天宫楼阁。其中薄伽教藏殿内佛坛上布列辽代塑像 31 尊。主佛有南正尊释伽牟尼、北正尊毗卢遮那和中正尊卢舍那。周围分布罗汉、菩萨、天王和金刚等塑像。其中，中正尊卢舍那右侧盘腿坐于莲花台上的菩萨像面目俊秀，神情谦和沉稳，右手举起，呈说法印状，左手平伸在腿上，体态丰满圆润，线条流畅，背后佛光镂刻得精巧美观，充分显示了辽代佛雕艺术的风格。这批泥塑塑造手法简洁精炼，又不失细腻，如出一手，代表了辽代雕塑的最高水平，有着重要的历史意义和艺术价值。

图 9-64 古青莲寺正殿释迦牟尼像

青莲寺泥塑

青莲寺位于山西省晋城市硖石山中，分古青莲寺和新青莲寺两部分。古青莲寺始建于北齐天保三年（553），当时高僧慧远在此结室为庵，草创寺院，初名“硖石寺”，唐懿宗咸通八年（867）赐名青莲寺。现存正殿和南殿，为元代重建，殿内中心佛坛上有唐塑一佛二弟子二童子二菩萨。南殿现存宋代彩塑 12 尊，为一佛二弟子二菩萨及观音、罗汉、韦陀、胁侍、供养人等。新青莲寺创建于隋唐时期，宋太宗兴国三年（978）赐名福严禅院。现存天王殿、藏经楼、释迦殿、罗汉楼、地藏楼及经堂、僧舍。释迦殿内塑释迦牟尼佛及文殊、普贤二弟子，罗汉楼和地藏楼为释迦殿的配殿，内塑广法天尊、十六罗汉和地藏菩萨、十殿阎罗。（图 9-64）

崇庆寺泥塑

崇庆寺位于山西省长子县。建于北宋大中祥符九年（1016）。主要建筑有千佛殿、天王殿、大士殿、关帝殿、地藏殿、给孤长者殿等。其中三大士殿的殿内设方坛，坛上塑观世音、文殊和普贤三菩萨，两侧塑十八罗汉。中间骑麒麟者为观音菩萨，右侧骑象者为普贤菩萨，左侧骑狮者为文殊菩萨。据佛坛题记，可知塑像为北宋元丰二年（1079）所塑。（图 9-65）

图 9-65 崇庆寺三大士殿观音菩萨像

法兴寺泥塑

法兴寺位于山西省长子县。初名慈林寺，始建于北魏神瑞元年（414），唐宋多有扩建、重修。中轴线上有舍利塔、圆觉殿和后殿。其中圆觉殿建于北宋元丰三年(1080)，殿内佛坛上现存塑像十九身，其中以十二圆觉菩萨最佳，造型生动，神态各异，为全国稀有的宋代珍品。

惠济寺泥塑

惠济寺位于山西省原平县。创建于唐，重建于宋，金元明清屡有修葺。现有山门、观音殿、钟楼、伽兰殿、东西廊庑、大佛殿等建筑，殿内塑像俱存。其中大佛殿历史最古，建筑结构及其塑像艺术尚保存宋代风格。佛坛上泥塑佛、菩萨、胁侍、童子、金刚等比例适度，线条和谐，面形圆润，衣饰流畅，塑工相当精巧，为宋金时期佳作。（图 9-66）

图 9-66 惠济寺大佛殿内的天王像

崇福寺泥塑

崇福寺位于山西省朔州市。始建于唐麟德二年（665），由鄂国公尉迟敬德奉敕建造。金代增扩至现有规模，明清屡有修葺。现存山门及观音、弥陀、地藏、文殊诸佛殿，并有藏经阁、钟鼓楼等。布局严谨，主次分明。主殿弥陀殿建于金熙宗皇统三年（1143），殿内佛坛上有西方三圣坐像三尊，主像两侧，有胁侍菩萨 4 躯，金刚 2 尊。这些塑像皆为金代原作，塑法古朴、精美。（图 9-67）

玉皇庙泥塑

玉皇庙位于山西省晋城市。始建于北宋熙宁九年

图 9-67 崇福寺弥陀殿内的阿弥陀佛像

（1076），经历代重修。现存主要建有玉皇殿（后大殿）、诸神殿（中殿）等。庙内有众多塑像，以及石幢、碑刻等。其中玉皇庙西厅有二十八宿和十二元辰像，其中二十三身保存完好。

福胜寺泥塑

福胜寺位于山西省运城市新绛县。始建于唐贞观年间，金天眷年间重建，金大定三年赐名“福胜寺”，后历代均有补葺。现存主要建筑有山门、天王殿、钟鼓楼、牌楼、弥陀殿、藏经阁及左右厢房。其中弥陀殿、后大殿下部窟洞为元代遗构，余皆为明清所建。弥陀殿内奉有阿弥陀佛、观音、大势至塑像，背面悬塑南海观音、善财童子、明王及供养人等，皆为建殿时原作，雕塑精美，艺术极高，堪称古代雕塑之杰作。明代于两侧补塑四大天五与十八罗汉。（图 9-68）

图 9-68 福胜寺弥陀殿内的阿弥陀佛像

水陆庵泥塑

水陆庵位于陕西省蓝田县。原为唐代悟真寺的水陆殿，明代秦蕃王朱怀埢重修，成为官家佛寺。现存彩塑 3700 余尊，全部集中在正殿中。正殿中央置佛坛，佛坛背后有中隔壁，南山墙和北山墙向西三分之二处设有南隔壁和北隔壁，南北中三个隔壁将大殿分为前后两个部分，即前殿、后殿。前殿造像以佛为主，后殿造像以菩萨为主。南北两壁采取连环塑的形式，悬塑佛传故事和五百罗汉渡海故事，是国内目前保存最大的壁塑群。

图 9-69 灵岩寺千佛殿鹫鹭舍利弗尊者

灵岩寺泥塑

灵岩寺位于山东省济南市长清区。相传高僧朗公曾来此立舍说法，“猛兽归伏，乱石点头”，故称灵岩寺。北魏太武帝太平真君七年(446)遭灭法之劫，寺院全部被毁。北魏孝明帝正光年间，法定和尚来此重建了寺院。现存主体建筑有千佛殿、大雄宝殿、御书阁、钟鼓楼、辟支塔等，还有唐宋以来的碑碣。其中，千佛殿为灵岩寺主殿，由唐代高僧慧崇创建，宋代扩修，现存殿宇为明代建筑。殿堂正中有佛像三尊，大殿四壁有众多高 30 厘米左右的小佛，东西及后壁陈列四十尊罗汉像，形貌各异，生动逼真，无一雷同，被誉为“海内第一名塑”。（图 9-69）

图 9-70 保圣寺大雄宝殿内的罗汉像

保圣寺泥塑

保圣寺位于江苏省苏州市吴中区角直镇。原名保圣教寺，始建于梁天监二年（503），其后历代毁建多次。大雄宝殿内供奉有释加牟尼佛像，旁列罗汉十八尊，相传是唐代塑圣杨惠之的作品。民国时期，大雄宝殿部分坍塌，砸坏半数罗汉，后修复 9 尊，保存至今。（图 9-70）

白象塔泥塑

白象塔位于浙江省温州市瓯海区南白象乡的塘河边，建于北宋年间。1965 年，因塔身倾斜严重，面临倒塌而拆除。拆除时，从塔中发现大量的经卷、绘画、雕塑品、石刻等北宋文物。其中有北宋彩塑像造像 42 尊，题材包括菩萨、天王、力士、伎乐和供养像。制作完全彩用中国传统泥塑技法，先搭木架，再用淘洗捶打过的粘土塑出躯干轮廓，再在表面敷一层细泥，最后由装彩匠上彩描绘。所采用的细白泥是当地制造瓷器的原料土，这种油泥塑的工艺也就是当今著名的“瓯塑”。

宏佛塔泥塑

宏佛塔位于宁夏贺兰县。始建于西夏晚期，是一座砖筑的三层八角形楼阁式与覆钵式兼构的复合体建筑。1990 年在修缮时，在塔最上层的天宫内发现大批西夏文物，计有彩绘绢质画 14 幅，彩绘泥塑佛教造像数十尊及大量残块、碎块，彩绘木雕菩萨像及女伎像，西夏文木雕版2000余块，另有小木塔、木简、西夏文残绢、瓷钵、瓷珠、建筑构建等物。其中彩绘泥塑佛教造像有佛头像、佛面像、罗汉像、力士头像、像身、像耳、像臂、像手、像足等，造型都很细腻、圆润、生动、传神，而且完整地保留了西夏时期原始风貌，弥足珍贵。（图 9-71）

图 9-71 宏佛塔出土的罗汉头像

阿斯塔那古墓泥塑

图 9-72 阿斯塔那古墓出土的泥塑骑马女俑

20 世纪 20 年代起，在吐鲁番阿斯塔那古墓群中，先后发掘出相当数量的彩绘墓葬俑，主要有彩绘泥塑俑、木雕、泥木合制以及木与绢合制作品。其中彩绘泥塑俑是先在泥胎表面施一层白土粉，然后用矿物颜料将五官、衣饰等描绘出来，为了达到逼真的效果，有时还借助绢料、鬃毛等。色彩的运用表现出色彩恬淡、对比协调的特点。一方面受宗教和西域绘画颜色影响，偏爱朱红和青绿的搭配，不依照当时女子穿着的实际色彩要求，在用色上较多地体现出洞窟壁画的元素；另一方面长于运用中性色彩，很少使用重彩色，所以尽管颜色种类很多，如粉绿、赭石、土黄、白、灰、黑等，依然和谐素净。由于吐鲁番特殊的气候条件，炎热而干燥，泥俑不易受潮，很快变得异常坚硬，同时也保持了鲜艳如初的色彩。（图 9-72）

亚沟石刻

图 9-73 亚沟石刻

位于黑龙江省阿城市亚沟东 5 公里的石人山崖壁上。刻于金代早期。石人山系花岗岩体，崖壁高 10 余米，面向西南，画像为一男一女并坐状。男像居左，通高 185 厘米，宽 105 厘米，头部高 55 厘米，宽 22 厘米，面部丰腴，表情庄重，作武士装束，头戴尖顶盔帽，肩着披风，内穿圆领窄袖短袍，袍角左撩，掖于腰间，双腿左曲右伸，足蹬长靴。右臂曲于腹前，手握短剑。线条清晰流畅，外廓有改刻痕迹。右侧女像，面相温和，神态从容，身着直领左衽长袖衣，双手合于胸前，盘膝端坐。线条已有残损。亚沟石刻雕刻手法稚朴，对研究金代早期历史和石刻艺术具有重要价值。1988 年国务院公布为全国重点文物保护单位。（图 9-73）

草庵石刻

位于福建省晋江市罗山镇华表山南麓。庵始建于南宋绍兴年间，祀摩尼佛。初为草构，故名，元至元五年(1339)改为仿木石构，单檐歇山顶，面阔三间。

庵内崖壁上开凿有高 1.9 米的圆形佛龛，龛内依岩壁浮雕摩尼佛，高 1.5 米、宽 0.8 米，发散披肩，面相圆润，颚下两络长髯垂落胸前；身着宽袖佛裳，结带为扣，衣着简朴；双手相叠，掌心向上，结跏趺坐于莲座之上，法相庄严；且巧妙地利用天然岩石不同的自然色调，使造像的脸呈草绿，手为粉红，身则呈灰白色，周边细凿毫光四射的纹饰，浑然天成，颇具神秘感。草庵石刻是世界上现存最好的摩尼教遗址，是研究已消失的摩尼教及中外文化交流的重要实物资料。1996 年国务院公布为全国重点文物保护单位。

千唐志斋石刻

位于河南省新安县铁门镇。建于 20 世纪 20 年代初，为辛亥革命元老张钫（字伯英）所营造园林的一部分。20 世纪 30 年代初，张钫在洛阳北邙一带广泛收罗历代墓志铭及书画石刻，运至家乡园中，辟地建斋，妥为保存。迄今存有西晋至民国年间历代墓志铭、碑碣等 1419 件。其中，唐人墓志铭 1191 方，占中国出土唐墓总数的三分之一以上，记载了唐人形形色色的社会活动，为研究唐代的文治武功提供了难得的实物资料，是证史、纠史、补史的重要佐证。此外还收藏有历代书画大家董其昌、郑板桥、米芾、刘墉、王铎以及近人康有为、章太炎、于右任、李根源等人的书画石刻。1996 年国务院公布为全国重点文物保护单位。

高句丽人像石刻

发现于吉林省集安市区北部，洞沟古墓群禹山墓区西北第 3319 号墓墓左 9 米处。长 1.04 米，宽 0.54 米。刻于沉积岩。为人面半身正面单线阴刻人像。其头戴菱形帻冠，右耳饰环，胸前及两乳间为为圆心凿出环绕的 20 个圆窝，中有十字形圆窝分为四等分圆形图案。形象简单神秘，难以解释。

茂陵霍去病墓石刻

位于今兴平县南位乡茂陵村。茂陵是汉武帝刘彻的陵墓，霍去病墓是其陪葬墓。霍去病墓前大型石刻有马踏匈奴、卧马、跃马、石人、伏虎、卧象、卧牛、人抱熊、怪兽吞羊、野猪、鱼等 15 件。尤以马踏匈奴最为有名。这批石刻构思超凡，题材多样，富于大自然的山野情调，意象博大深沉。特别在表现各种动物的造型上，惟妙惟肖，生动传神，皆蕴含着饱满的生机，质朴而有灵趣，力雄风雷，气势浑厚磅礴，有着强烈的艺术感染力，是中国古代雕刻艺术写实象生与写意并重的优秀范例。（图 9–74）

图 9–74 马踏匈奴石雕

樊敏阙及石刻

位于四川省芦山县沫东乡黎明村，建于东汉建安十年（205）。阙于北宋前即已倒塌，1957 年修复后高 4.99 米，宽 2.25 米，为扶壁式双阙，顶作庑殿式，斗拱处刻双手托拱力士像。主阙檐下现存浮雕“哀牢夷九隆氏龙生十子图”，是反映民族神话题材的珍品。子阙斗拱层正中镌刻有“西王母”坐像。阙前原有石刻神兽 2 具，均有双翅。北宋崇宁元年（1102）发现樊敏碑，高 2.93 米，中部宽 1.2 米，厚 0.28 米。圆顶，圭首刻二蟠龙，碑额篆书 12 字，碑文隶书，21 行 558 字。基本保存完好，书法、刻工精湛。

麻浩崖墓石刻

位于四川省乐山市郊明同村麻浩河北岸的红砂石山崖中，始于东汉前期，止于南北朝时期。分 4 ~ 9 层排列，共有 330 余座。石刻多见于双室墓和多室墓的墓门及前室。技法为高浮雕、弧面浅浮雕和阴刻。内容有仿木构建筑、画像和文字题记。例如，1 号墓墓门和前室刻出仿木构建筑的斗拱、柱枋、瓦当、板瓦、椽头、连檐等。墓门刻瑞兽、乐伎、秘戏、舞伎等画像；前室刻荆轲刺秦王、方士、门卒、朱雀、挽辇、六博、垂钓、挽马等画像。中后室甬道口外门枋上，刻高浮雕坐佛 1 尊，通高 37 厘米，是中国最早的佛教造像之一。

南京南朝陵墓石刻

位于江苏省南京市城东、北郊区及江宁、句容县境内，是南朝皇帝和诸侯王陵墓。陵墓神道两侧的石兽、石柱、石碑等巨型石刻现存共有 18 处 50 件。帝陵石刻 3 处，天禄、麒麟共存 6 件，相对而立；王侯墓前石兽，通称“辟邪”，为有翼狮形异兽，共存 18 件；石柱共存 17 件；石碑共存 6 件，另有龟趺 3 件。南朝陵墓石刻体势宏大，造型雄健，纹饰华美，书法秀劲，与丹阳南朝陵墓石刻集中代表了南朝雕刻艺术的突出成就。（图 9–75）

图 9–75 梁萧景墓神道石柱

丹阳南朝陵墓石刻

位于江苏省丹阳市境内萧梁河沿岸，为南朝皇帝和诸侯王陵墓。现遗存南朝陵墓前石刻共有 11 处，包括神道石柱和石天禄、石麒麟、石辟邪等。石刻中以陵口二石兽最为宏伟。诸陵中保存石刻最多者为梁文帝萧顺的建陵，现存石兽、石柱础、石柱、石龟趺各 1 对。丹阳南朝陵墓石刻造型优美生动，刻工精细逼真，具有鲜明的时代特色，集中代表了南朝雕刻艺术的突出成就。

丹阳陵口石刻

位于江苏省丹阳市东陵口镇。陵口石刻是南朝齐梁陵墓区入口的标志。陵口南朝石刻为麒麟、天禄一对。东为天禄，双角，四足损缺，身长 4 米，残高 3.6 米，体围 3.9 米；西为麒麟，独角，四足损残，身长 3.95 米，残高 2.9 米，体围 3.6 米。石兽精雕细刻，纹饰华丽，两翼造型巧丽，翼上鳞纹如珠玑，粒粒凸出翼面，是南朝齐梁陵墓石刻中最秀美、体形最大的一对石刻。（图 9-76）

图 9-76 丹阳陵口石刻

梁萧景墓前石柱

位于江苏省南京市尧化门十月乡太平村。座高 0.98 米，身高 4.2 米，盖上辟邪高 0.81 米。石柱柱额上刻有反书隶体“梁故侍中司抚将军开府仪同三司吴平忠侯萧公神道”22 字。该石柱是南朝陵墓石柱中最为完整、刻工精细、融中西石雕艺术于一体的代表作品。

虞弘墓石刻

位于山西省太原市晋源区王郭村村南，为隋代鱼国人虞弘夫妇合葬墓。1999 年发现。出土有汉白玉石椁、虞弘夫妇墓志、石俑、石灯、陶俑残片、人骨、瓷碗残片、铜钱等。其中，石俑经整理修复有 16 个，可分为汉白玉石伎乐俑、砂石侍奉俑和汉白玉石文吏俑三类。汉白玉石伎乐男俑 7 件，其中 1 件仅存俑头，其他的分别呈拱手、抱箜篌、抱琵琶、持铜钹、持笙、持笛状；伎乐女俑 3 件，分别抱琵琶、箜篌、持排箫。砂石侍奉俑共 4 件，男女各 2，其中 1 件女俑持物残失，其他分别持壶、持瓶、持巾。汉白玉石文吏俑 2 件，其中 1 件无头，1 件无足。石俑均通体施褐彩，其上再加衣纹彩绘。除砂石俑为俑身与方形俑座相连外，所有汉白玉石俑脚下均雕除圆锥状榫头，以便插入汉白玉石覆莲俑座中。出土汉白玉石覆莲俑座 6 件，下为方形基座，方形座上雕一圆形小座，其上再雕八瓣覆莲，莲中心雕圆形卯眼。

图 9-77 昭陵石刻十四国酋长之一

昭陵石刻

昭陵位于陕西省礼泉县东北 22.5 公里的九嵕山上，始建于贞观十年（636），为唐太宗李世民的陵墓。昭陵玄武门内列置永徽年间雕刻的 14 尊兄弟民族首领和邻邦郡长石像，大部分早年被毁，今仅存 7 尊题名像座。玄武门内东西两庑原置有著名的昭陵六骏，是唐代石刻的杰作。昭陵碑碣现存 40 多通，墓志 20 余合。这批碑刻以楷书居多，也有隶书、篆书和行草，著名的有欧阳询所书温彦博碑，褚遂良所书房玄龄碑，王知敬所书李靖碑等。（图 9-77）

恭陵石刻

恭陵位于河南省偃师市缑氏镇滹沱村南。是唐高宗李治之子李弘的陵墓。陵园现存石刻 19 件。东、西、北三神门外各置 1 对坐狮，南神门外为 1 对立狮。神道两侧石象生分别为望柱 1 对、天马 1 对、石翁仲 3 对。东列第二三翁仲之间耸立着唐高宗李治撰书的“孝敬皇帝睿德之纪”碑一通。恭陵石刻雕造细腻，造型生动，堪称唐代石刻艺术的瑰宝。

乾陵石刻

乾陵位于陕西省乾县城北 6 公里的梁山上，修建于公元 684 年，为唐高宗李治和武则天的合葬陵。陵园石刻现存 114 件，内城 4 门前各有 1 对石狮，北门有 1 对石马（原有 3 对），其余均集中排列在陵前神道两侧，由南而北，依次有：八棱柱华表 1 对，翼马兽 1 对，鸵鸟 1 对，石马 5 对；两边还有牵马石人各 3 尊，石人 10 对，石碑 2 座，少数民族和外国使臣 60 尊（原 61 尊）。乾陵石刻在数量和题材上都是过去帝王陵墓所少见的，整个组合气魄雄伟。雕刻用线雕、半浮雕和浮雕相结合的传统手法，吸收西亚、希腊的艺术风格加以创作而成。陵前石刻的数目、种类和安放位置是从乾陵开始才有了固定制度的，一直延袭到清代，历代大同小异。（图 9-78）

图 9-78 乾陵六十一宾王像

乾陵六十一宾王像

也称六十一番臣像。位于陕西省乾县城北 6 公里梁山上的乾陵神道两侧。为参加唐高宗葬礼的我国西南少数民族首领和外国使者的石刻像。原有六十一个，现存六十个，东边三十一个，西边二十九个。头均佚，拱手肃立。背后刻有国名和官职、姓名，由于年久风化，文字已模糊不清。

顺陵石刻

顺陵位于陕西省咸阳市东北 18 公里的陈家村南，为唐武则天母杨氏墓冢。陵园内现存石刻 34 件，多数列置在墓前，有华表、独脚兽、石狮、石人、石羊。陵后有石狮、石马。东西两侧有石狮。石刻均由整块青石雕刻而成，形象逼真，姿态生动。石座的四周有线雕花纹，其中以陵前的独角兽和走狮尤为精湛。（图 9–79）

图 9–79 顺陵石狮子

桥陵石刻

桥陵位于陕西省蒲城县西北 15 公里的金炽山，为唐睿宗李旦的陵墓。陵园内现存石刻 53 件。其中以南门神道两侧最多，由南向北计有石华表、石獬豸、石鸵鸟、石马、石人、石狮等 40 件，每对排列间距相等。北门次之，有石狮、石马、石人等 9 件。东西门各有石狮 1 对。石刻多用整块青石雕刻而成。雕法分为圆雕和半浮雕两种。圆雕石刻形象生动，雕刻细腻，非常写实。石獬豸身高 2.95 米，长 2.9 米，胸宽 1.1 米，体壮硕，独角，瞋目，牛鼻，张口露齿，獠牙四枚，双翼，尾下垂。石狮蹲坐，转首相向，有雄雌之分。墓道内石条刻字以天地玄黄分类编号。另外在陵园附近发现有镇石和石函。

藏王墓石刻

藏王墓位于西藏山南地区琼结县境内，系公元 7 ~ 9 世纪各代吐蕃赞普的陵墓群。在藏王墓前有吐蕃时期的石碑二方。一方碑正面上宽 78 厘米，下宽 83 厘米，碑身露出地面部分为 2.3 米，碑座被流沙掩埋。上覆宝珠翘角盖顶，顶的下面浮雕流云，四角为飞天。两侧均雕云龙纹。刀法精简，线条流畅。正面刻古藏文，碑文内容主要记述了赤德松赞一生的业绩。另一块石碑形制与赤德松赞墓碑相似，唯碑顶略为不同。顶为重珠，盖下有承柱，亦雕流云，但无飞天，两侧为云龙纹。碑身露出地面为 3.56 米。碑的南面刻古藏文，碑文已多风化剥落。

王建墓石刻

王建墓位于四川省成都市西北角三洞桥，是五代时前蜀皇帝王建的陵墓，史称“永陵”。墓室由 14 道石券构成，分前、中、后三室。中室棺床东、西、南三面石壁上刻有乐舞伎 24 人，分别演奏琵琶、筝、鼓、笙、钹、箜篌等乐器。人物造型优美，神态逼真，是目前全国发掘出唯一完整的唐朝宫庭乐队形象，对研究唐及五代时期宫庭乐队的建制、音乐史、乐器史等都有很高价值。后室的御床正面有双龙戏珠浮雕，左右是狮兽浮雕。床上安放有一尊石刻王建坐像。造像头戴幞头，身着帝王服，腰系玉带，神态安详。

王处直墓石刻

王处直墓位于河北省曲阳县西燕川村西约2公里处，是五代义武军节度使王处直的陵墓。1995年清理。墓室除后室顶部外，皆绘有壁画，还发现浮雕六件、奉侍图浮雕一件、散乐图浮雕一件。十二生肖及人物浮雕原有十二件，发掘前已被盗六件。浮雕石刻无论人物还是生肖都雕刻得形神兼备。表现墓主人生前活动情景的“散乐”“奉侍”二图的人物群像浮雕，在中国考古发现中弥足珍贵。（图9–80）

图9–80 王处直雕奉侍图

宋陵石刻

宋陵位于河南省巩县嵩山北麓与洛河间的丘陵和平地上，为北宋皇陵。陵区内现存石刻很多，总数在千件以上。帝陵神道两旁石刻一般有23对，由南向北为望柱1对、驯象人1对、瑞禽1对、甪端1对、仗马1对、控马官4对、虎2对、羊2对、客使3对、武将2对、文臣2对、门狮1对、武士1对。上宫四周其他神门外亦有门狮1对，门内有宫人1对。一些下宫的门外亦有门狮1对。后陵的石刻数量较少。宋陵石刻摆脱了传统的神秘色彩，着重反映当时的世俗生活风貌，具有形神兼备的高超艺术造诣。（图9–81）

图9–81 宋陵石刻

东钱湖陵墓石刻

东钱湖陵墓位于浙江省鄞县东钱湖北岸郭家峙至天童公路沿线，建成于北宋政和八年（1118）前后至明万历十二年（1584）前后。主要是指南宋史氏望族和明代太子余有丁墓葬神道的地面石刻群体。石刻群全部是圆雕，南宋时期的近140件，元明时期的40多件。种类有文臣、武将、跪羊、蹲虎、站马、石笋等，成对而立。东钱湖石刻数量多，体型大，雕刻精美，许多石像形象生动逼真。中国现存南宋时期的神道石像资料较少，东钱湖石刻可弥补这个空缺，具有一定的代表意义。2001 年国务院公布为全国重点文物保护单位。

岳飞墓石刻

岳飞墓位于浙江省杭州市西湖栖霞岭下岳王庙西侧。葬于绍兴三十二年(1162)。墓前建有墓阙。阙前有照壁，上嵌明人洪珠书“尽忠报国”刻石。墓前两侧列有明代的石羊 1 对，石虎 1 对，石马 1 对，石俑 3 对，望柱 1 对和明代铁铸的秦桧、王氏、万俟、张俊 4 个跪像。墓道两侧各建一碑廊，陈列历代碑刻 120 多块和 1979 年墓道南侧出土的南宋时期石翁仲 1 尊。翁仲高 2.13 米，线条简朴。北廊碑石为岳飞诗词、奏札等手迹，南廊碑石为历代名人凭吊题咏。

安丙家族墓地石刻

安丙家族墓地位于四川省华蓥市双河镇昭勋村的皛然山麓，是南宋四川宣抚使、少师安丙及其家族墓地。1996 年发现。发掘的 5 座墓均为石室墓，有大量精美的雕刻。以一号墓为例：墓顶痊拱下以四道横梁象征性地将墓室分为三进；横梁上雕饰花卉、人物图案，两侧壁的雕刻分三部分，上部为仿木结构斗拱，中部为力士、青龙、白虎、乐伎及花卉，下部为花卉、童子等图案；后壁开龛，龛上方为仿木结构的屋面、屋檐及斗拱，龛内及龛侧均为乐伎，龛台下为花卉图案。安丙家族墓地精湛的石刻技艺和精美的图案、生动的造型具有极高的学术和艺术价值。（图 9–82）

图 9–82 安丙家族墓地浮雕花卉

完颜希尹家族墓地石刻

完颜希尹家族墓地位于吉林省舒兰市东南小城镇东北的东村，是金代左丞相完颜希尹及其家族墓地。可分为 5 个墓区，每个墓区均有神道石刻。墓室结构有石棺墓、石函墓、石室墓和砖室石椁墓等几种。墓前有成组的石雕，基本由成对的石望柱、石虎、石羊和石人组成，并有墓碑。墓地中的各种雕刻，显示了金代雕刻艺术的高度发展水平。

明孝陵石刻

明孝陵位于江苏南京东郊的钟山南麓独龙阜，永乐三年(1405) 全部完工。明孝陵神道中段为石像路，相向排列 12 对石兽，分别是狮子、獬豸、骆驼、象、麒麟和马 6 种，每种两对，姿态是一对伏，一对立。之后是一对高大的华表，上雕云龙，气势不凡。折向北面的神道上分别列着 4 对身着盔甲或蟒袍的文臣武将。石人石兽的体型都很巨大，大多保存完好，是明代石刻的艺术珍品。

明十三陵石刻

明十三陵位于北京市西北昌平区东北部天寿山下，葬有明代十三位皇帝。正门大红门前有石牌坊和下马碑。牌坊为五间六柱，庑殿顶，东西通宽 33.6 米，高 10.5 米，为中国最大石坊。神道南端建有碑楼，碑楼北神道两侧立石望柱和巨大的石象生 18 对，相向而置。计狮子、獬豸、骆驼、象、麒麟、马各 4，皆 2 蹲 2 立。石人 12 个，武将、文臣、勋臣各 4 个。再北为三门六柱式的棂星门。象生造型生动，雕工精细，具有很高的文物和艺术价值。（图 9-83）

图 9-83 明十三陵武士石像

苏禄王墓石刻

位于山东省德州市城北 1 公里处的北营村，为古苏禄国东王陵墓。明永乐十五年（1417）7 月，苏禄国东王巴都葛·巴哈剌访问明朝归国前病逝于德州，明成祖以天子礼厚葬其于德州。陵园南道，两侧对称排列翁仲、石狮、石虎、石豹、石羊和华表等石刻，雕凿精致，形象生动。王墓东南侧的永乐帝御碑亭内，有明成祖亲撰“御制苏禄王东王碑”的碑文，额雕蟠龙，龟趺承驮。

清东陵石刻

清东陵位于河北省遵化市马兰峪西，始建于康熙二年（1663），共有陵寝和园寝 15 处，以孝陵为中心。陵区正门大红门门前有石牌坊，门北为神道，直通孝陵。神道两侧排列石象生 18 对，由文臣、武将、马、麒麟、象、骆驼、狻猊、狮子等组成。再北是龙凤门，过神路桥为神道碑亭，内立用汉、满、蒙 3 种文字镌刻的皇帝的庙号和谥号的石碑。神道后段分出景陵、裕陵和定陵的神道，皆有石象生。（图 9-84）

青州龙兴寺窖藏造像

1996 年发现于山东省青州市衡王府西街西部隆兴寺遗址。窖藏坑四壁垂直，内有长 6.3 米的南北向斜坡，底部平齐，未经夯实。清理出佛教造像四百余尊，有石灰石、汉白玉、花岗岩、陶、铁、彩绘泥塑和木质造像。前三种石造像保存较好，绝大部分彩绘颜色保存较好，造像上的贴金也大部分保留。题材部分为佛教故事，还有卢舍那法界人中像。特点是通体不刻或简刻衣纹而涂金施彩，菩萨像佩饰精细繁缛，面容肢体丰润光泽，表情含蓄内敛。部分造像有纪年，从北魏“永安二年（529）”到北宋“天圣四年（1026）”。这批造像为研究山东地区北朝佛教造像提供了一批珍贵的标本，是研究佛教美术史极为重要的实物资料。（图 9-85）

图 9-84 清东陵武官俑

图 9-85 青州龙兴寺窖藏出土的贴金彩绘石雕菩萨立像

图 9-86 曲阳修德寺出土的交脚弥勒石造像

曲阳修德寺石造像

1953 ~ 1954 年发现于河北省曲阳县西南修德寺塔基及宋代寺址。修复后得残像二千二百余躯，除个别青砂石像和陶像外，绝大多数为曲阳黄山所产得白色大理石所制。不少残像仍保留彩绘痕迹，有朱砂红、赭、金黄、黄、孔雀蓝、佛青、深绿、粉绿、墨、泥金或金箔等。题材有释迦、释迦多宝、无量寿佛、弥陀佛、弥勒、观音、思惟、三尊式及弟子僧等十多种。石像阴镌长短不一的发愿文。部分造像有纪年，自神龟三年（520）至天宝九年（750），历北魏晚期、东魏、北齐、隋、唐，充分反映了佛教造像形式在河北中山地区的演变序列，以及庶民佛教信仰和造像的特色，为研究佛教文化艺术发展变化提供了重要资料。（图 9-86）

南街村寺庙遗址石造像

1997 年发现于邯郸成安县南街村的寺庙遗址，共出土北魏至唐代各类残石造像 200 余件，其中既有保存完好的北魏背屏式释迦造像，也有东魏北齐形式多样的背屏式单尊、双尊、三尊、五尊、七尊佛像或菩萨，还有隋唐时期形态各异的单体造像等，是佛教造像艺术的重大发现。

常乐寺遗址石造像

常乐寺位于河北省邯郸市峰峰矿区北响堂石窟下方山脚处。始建于北齐，座北朝南。除普同塔外，其余建筑均毁，基址保存完整。1961 年和 1979 年发掘清理时，出土唐代残碎红砂石造像 400 余件，虽然破损比较严重，但从残存部分仍可反映出高超的雕刻技艺。（图 9–87）

图 9–87 常乐寺遗址出土的罗汉头像

元上都祭祀遗址石人

位于元上都城西北的羊群庙。雕刻于元代。羊群庙内有 3 尊汉白玉石雕人像。石像头部已失，坐于交股式圈椅上，身穿龙纹及牡丹纹袍服，腰间有短刀、方囊配件。代表元代皇帝的祖先。

图 9–88 皇泽寺摩崖造像

皇泽寺造像

皇泽寺旧名乌奴寺，又名川主庙，因唐代武则天时期改名为皇泽寺。位于四川省广元市嘉陵江西岸乌龙山麓。自南北朝经隋、唐、宋等各代都有开凿。造像窟龛大都凿于寺的左右石壁上，现有龛窟 50 多个，造像 1000 余尊。主要为中心柱窟、大佛窟、五佛亭、则天殿、写心经洞等。中心柱窟中立三层塔檐柱，各层列龛造像。后壁和左右每面镌圆拱龛，龛楣龙身蜿蜒，内雕一佛、二弟子、二菩萨。窟壁三面及中心柱上满布浮雕千佛。大佛窟中为阿弥陀立像，左右为二弟子、二菩萨、二力士和二天王。窟后壁连顶部有高浮雕天龙八部，形象奇伟。全窟造像富丽堂皇，雄伟劲健，为唐代佳作。五佛亭有 5 个佛龛，为一佛、二弟子、二菩萨。佛头为高肉髻，身着通肩式袈裟，衣纹纤细流畅，质感较强。写心经洞的耕作图，具有蜀中浓郁的生活气息。1961 年国务院公布为全国重点文

图 9-89 孔望山摩崖造像

图 9-90 广元千佛崖摩崖造像

物保护单位。（图 9-88）

孔望山造像

位于江苏省连云港市南 3 公里的孔望山西侧。凿于东汉晚期，沿续至隋唐。造像分布在东西长 17 米、高 8 米的崖壁上，依山岩的自然形势雕刻 110 个人像。最大者高 1.54 米，最小者高 0.1 米。其中佛教题材主要有 57 个人像组成的“涅槃”图和“舍身饲虎”图以及立佛、坐佛、弟子、力士、供养人像等。佛像的肉髻、手印、结跏趺坐式等皆清楚明白。还有门亭长、施主、宴饮、乐舞、杂戏等世俗图像。人物的衣、冠及用具皆具汉代的特征。造像东 65 米有一圆雕石象，四肢间没有雕空，是汉代大型圆雕的特点和风格。象身左前侧刻一象奴，与造像中大部分人像的雕刻技法一致。造像南 140 米有一圆雕的石蟾蜍，以岩石的原状稍加雕琢而成。孔望山摩崖造像大部分为凸面线刻，整个物象的轮廓呈现一个凸出的平面，眼、口、鼻、衣纹等细部用阴刻线条表示，有的像轮廓线向外凿去一圈，宽 2 厘米以上。孔望山摩崖造像是中国迄今发现最早的佛教石刻艺术。1988 年国务院公布为全国重点文物保护单位。（图 9-89）

广元千佛崖造像

位于四川省广元市城北嘉陵江东岸。开凿于南北朝，经隋、唐、宋、元，至明清仍有雕造活动。现存龛窟 400 余个，造像 7000 余躯。千佛崖依崖开龛造窟。南北朝造像主要有大佛洞、藏佛洞等。大佛洞在千佛崖南段最下层，正壁刻一立佛、二弟子、二菩萨像，主像头部已毁。左右壁各立一菩萨像，身躯肥硕，颈长，头束双髻，搭披帛交叉于腹前，具有北朝造像风格。藏佛洞位置稍上，刻有南朝梁天成（555）年号。以上两窟造像风格表明此崖与中原北方石窟有一定渊源关系。唐代造像最多，造型精美。具有代表性的有牟尼阁、卧佛洞、千佛洞等。牟尼阁以镂空透雕法雕成佛殿，正壁刻释迦结跏趺坐，佛座上有 8 头浮雕小白象，左右为二弟子、二菩萨、二力士，南北壁为十六弟子，造像安排严谨有序。卧佛洞中置释迦涅槃像，安详而卧，后刻婆罗双树及天龙八部组成的双柱，直连洞顶。后壁为十弟子及石棺，弟子神情悲痛。北壁浮雕表现与悲痛相异的场面。临近的卢毗佛龛、大佛龛，属密教造像。1961 年国务院公布为全国重点文物保护单位。（图 9-90）

大丕山大佛

位于河南省浚县城内大丕山东麓。开凿于北齐，初唐刻成。依山造成，通高 21.33 米。为倚坐的弥勒像，左手扶膝，右手施无畏印。摩崖大佛附近还存有历代石刻碑铭三百余块，具有深厚的文化内涵和较高的历史研究价值。2001 年国务院公布为全国重点文物保护单位。

南龛造像

位于四川省巴中县城南 1 公里化成山。隋至宋代开凿。现存龛窟 133 个，造像 2100 余尊，汇聚了佛教各派的造像，分布在云屏石、山门石、千佛岩、大佛洞、佛爷湾一带长约 350 米的崖壁上，以大佛洞最为集中。南龛造像受北方造像的影响，融合了蜀地的民俗风情。隋代的造像风格为线条粗犷气势磅礴，唐代造像已经世俗化，在手法上趋于写实，注重质感和比例，造像丰满健美、雍容华贵。其中佛像庄严肃穆，菩萨或肢体修长、婷婷玉立，或丰腴腻体、曲眉丰颐，弟子与时间和尚无异。龛窟中刻有多种建筑形象，龛楣雕饰各种花草、灵兽图案，同时用红、蓝、绿、白等天然颜料彩绘造像，烘托富丽华美的气氛。1988 年国务院公布为全国重点文物保护单位。（图 9-91）

图 9-91 南龛摩崖造像

济南千佛崖造像

位于山东省济南市历城区柳埠镇东北约 1.5 公里的白虎山东麓。始凿于唐，宋、元、明各代有零星凿刻。共有窟龛 140 余个，造像 210 余尊，分布在南北长约 64 米的白虎山东侧陡峭崖面上。造像铭记 46 处，有确切纪年的 10 余处。造像者大都是皇室、贵族、官吏和僧侣。铭记或刻于龛门外，或刻于佛旁。大窟平面呈不规则半圆形，窟门圆拱形，内雕 2 米以上大佛，共 7 尊，均作结跏趺坐状，高螺髻，面形俊秀，或一手横放于腹前，一手弯曲，作“施无畏印”；或双手平叠于腹前，作“禅定印”。内着通肩式大衣。各窟内壁均雕小龛。中部刘玄意造像，龛门长方形，门外右雕狮子，左雕力士像。主佛面容较瘦，双腿下垂，倚坐于束腰莲花座上，

图 9-92 释迦牟尼涅槃像

图 9-93 大像山释迦牟尼坐像

左手垂放膝上，右臂曲作“施无畏印”。门外有刘玄意造像题记。佛像绝大部分面形丰满秀丽，衣纹线条流畅。雕刻技法圆刀、平刀兼具，刀法犀利，具有明显的唐代风格。1988 年国务院公布为全国重点文物保护单位。

卧佛院造像

位于四川省安岳县城北 35 公里的八庙乡卧佛沟。开凿于唐代。在卧佛沟东西向长达 0.5 公里的两边崖壁上，凿有大小龛窟 138 个，其中佛教造像 84 龛，计 1593 尊，内以释迦牟尼涅槃造像最为壮观，全长 23 米，肩宽 3.1 米，且雕刻精美洗练，形象展示出超脱的境界。在卧佛的上部，刻有释迦牟尼坐像，两侧为诸弟子及天龙八部等，各现半身。腹部外侧跪一弟子，面向佛，背朝外。脚部刻力士像 1 尊，上身裸露，肌肉丰满，充分表现了盛唐时期石刻造像艺术的独特风格。与卧佛相对的崖壁上有卧佛院藏经洞。佛教经文主要镌刻在 15 个经洞内，造字面积达 131.2 平方米，共 260468 字。字为楷体，方格直行，大小规格 2 ~ 4 厘米不等，均是唐人书写雕刻的佛经和敬爱寺经论序目。藏经洞内所刻佛经，不仅有年代、经论名称，而且字迹工整，笔势清劲纯熟，是研究中国佛教史、书法史和校正佛经版本的重要历史资料。1988 年国务院公布为全国重点文物保护单位。（图 9-92）

千佛寨造像

位于四川省安岳县大云山上。千佛寨唐代名“栖岩寺”，清代康熙年间更名“千佛寺”，因山顶四周天然形成的岩寨的崖壁上雕刻有大小佛像三千余尊而得名。始凿于隋代，延续至唐宋，现尚存造像多为唐宋作品，也有少量的明清作品。现存大小龛窟 105 个，造像 3061 躯，摩崖佛塔或浮图 7 座，唐碑 30 块，题记 26 处。

大像山摩崖造像

位于四川省阆中嘉陵江东岸大像山上，主体为崖峦石刻释迦牟尼大像，大佛旁有南海观音和送子观音两尊石像，右侧有石窟两龛，内有经幢和佛像，为唐、宋摩崖造像 5 尊，陀罗尼经幢一处，另有唐、宋、元、明、清历代石刻 24 处，凿崖五穴墓一处，风化摩崖石刻不可辨认者尚有 10 余处。（图 9–93）

乐山大佛

位于四川省乐山市城东凌云山西壁栖鸾峰之岷江、青衣江、大渡河三江汇流处。开凿于唐开元初年，至贞元十九年（803）完成，历代均有修整。石像前原建有 13 层楼阁，明末毁于兵灾。大佛为弥勒倚坐像，坐东朝西，螺状发纹，面相端庄，身躯比例适度，衣饰流畅，两手覆膝，双足下垂，踏莲花上。通高 71 米，头高 14.7 米，头宽 10 米，肩宽 28 米，手指长 8.3 米，脚背宽 8.5 米。大佛两侧岩壁上有部分石龛造像，保存较好的有 2 龛，其中一龛“西方极乐图”雕刻精细，造型生动。乐山大佛依山临江开凿而成，是世界现存最大的一尊摩崖石像，有“山是一尊佛，佛是一座山”之誉。1982 年国务院公布为全国重点文物保护单位。

北山造像

位于四川省大足县城西北 2 公里的北山，包括佛湾、观音坡、佛耳岩、营盘坡等处。开凿于唐景福元年（892），后经五代至南宋绍兴年间。佛湾为北山造像集中区，长 500 米，岩高 7 米，共 264 个龛窟，造像约 6000 余躯，题记和造像记 55 则。造像分为南北两区，南区多晚唐及五代作品，北区多两宋作品。南区晚唐造像丰满圆润，气质浑厚，衣饰简素，具有轻快流畅的特色。北区是北山造像的精华，雕刻有转轮经藏、释迦牟尼坐像、数珠手观音、水月观音、孔雀明王、地藏变等。佛湾尚有碑碣 6 通，经幢 8 座，其中，唐《韦君靖碑》是研究北山造像的重要资料，宋《古文孝经碑》等对研究中国古代书法等有重要价值。题记中还保留有古代匠师的名字。北山造像是中国晚期石窟造像的重要代表之一。1961 年国务院公布为全国重点文物保护单位。（图 9–94）

图 9–94 北山宝印菩萨造像

毗卢洞造像

位于四川省安岳县赤云乡油坪村。开创于五代后晋天福年间。有龛窟 19 个，其中东汉岩墓 13 个，造像 465 尊，碑刻题记 32 处。其中毗卢洞柳本尊十炼窟内雕刻“十炼修行图”，通过以立雪、炼顶、炼阴、挖眼、舍臂、炼心、炼踝、炼膝、割耳、炼指等十种苦修行来宣扬密宗教义，两侧还有神态威武、执斧仗剑的护法金刚。毗卢洞观音堂水月观音，是全国罕见的北宋石刻珍品。2001 年国务院公布为全国重点文物保护单位。（图 9-95）

图 9-95 毗卢洞水月观音造像

飞来峰造像

位于浙江省杭州市西郊北高峰东南的飞来峰上。开凿于五代，沿续至明代。现存 330 余尊，均有龛，大都一龛一尊，也有一龛二尊、三尊、四尊的，最大的一龛造像有 19 尊。五代吴越造像存 5 尊，造像都坐在高束腰仰莲须弥座上，身后有火焰纹背光，尚存晚唐风格。宋代造像约 200 余尊，大都为罗汉像，且形体较小，代表作有卢舍那佛会、白马驮经故事、布袋弥勒等。元代造像形体较大，现存 89 尊，其中有题记的 19 尊，造像内容丰富，多为密宗佛像，与宋代造像迥然有别，代表作有金刚手菩萨、多闻天王、不空羂索观音等。明代飞来峰造像已经趋向尾声，现存的只有少数菩萨、天王像等，雕凿水平已不如元代。中国北方造像自晚唐起衰弱，飞来峰五代、宋、元造像弥补了这一缺环，尤其是元代造像，在中国石窟造像艺术史上占据重要地位。1982 年国务院公布为全国重点文物保护单位。（图 9-96）

图 9-96 飞来峰密宗造像

老君岩造像

位于福建省泉州市北郊清源山右峰山麓。凿于宋代。原有北斗殿、真君殿等，已毁，现仅存露天老君像 1 尊。坐像式，高 5.1 米，长 7.8 米，宽 7.2 米，由一块天然岩石略施雕琢而成。表现手法独特，老君屈膝席地，双手平方膝上，两眼平视，充分显示出慈祥和蔼、从容安乐的神态。身上衣褶分明，线条刻划柔而有力，头、额、眼、须等细部雕刻精致写实，有较高的技艺水平，是道教造像中的重要遗物。1988 年国务院公布为全国重点文物保护单位。

宝顶山造像

位于四川省大足县城东北 15 公里的宝顶山，包括大佛湾、小佛湾、广大山、龙潭、松林坡等处。凿于南宋淳熙六年至元祐九年（1179 ~ 1249）。大佛湾在圣寿寺西隅马蹄形山湾内，长约 500 米，崖面高 15 ~ 30 米。雕刻分布在东、南、北三面崖壁上，共 31 幅巨型雕像，碑刻七通，题记 17 则，造像崖面约 3600 平方米。题材有护法神、六道轮回、广大宝楼阁、华严三圣、千手观音、释迦涅槃圣迹、释迦降生、地狱变、观无量寿经变、父母恩重经变、大方便佛报恩经变、十大明王、圆觉道场、牡牛道场等。在每幅作品中，多数刻有经文、偈语和颂词等，宛如图文并茂的连环画。大佛湾大都为密教造像，大部分雕刻具有浓厚的现实生活气息和特有的蜀乡情趣，为宋代石窟造像代表作之一。小佛湾在圣寿寺左侧，现存造像 2000 余躯，有父母恩重经、十大明王、地狱变、柳本尊行化及浮雕小像等。广大山造像刻于距圣寿寺里许的广大寺外的悬崖上，为三躯半身像，头有螺髻，戴冠。龙潭摩崖造像距圣寿寺约两公里，下部一座像，头戴笠，束带，反首仰望，另有观音菩萨等像及残题二则。松林坡距圣寿寺约一公里，摩崖龛，刻佛、菩萨等像。1961 年国务院公布为全国重点文物保护单位。（图 9-97）

图 9-97 宝顶山养鸡女造像

图 9-98 居庸关云台石刻六拿具

瑞岩弥勒造像

位于福建省福清市。始凿于元至正元年（1341），至明洪武元年（1368）建成。依花岗岩的自然形态雕凿而成，高 9 米，宽 8.9 米。造像为圆脸、扁鼻、高颧骨，两眼平视，开口大笑，双耳垂肩，双腿盘曲，胸腹袒露，右手置于腹部，左手握有佛珠。此外，在造像的腰部和腿部还雕有 3 尊小罗汉。整座造像形态生动、线条流畅、刻工精细，堪称元代石雕艺术的佳作，具有很高的艺术价值。瑞岩弥勒造像是中国现存最大的弥勒造像，对于研究元代雕刻工艺以及佛教文化，具有重要意义。1996 年国务院公布为全国重点文物保护单位。

宝成寺麻曷葛剌造像

位于浙江省杭州市上城区紫阳山东麓的宝成寺崖壁面。开凿于元代至治二年（1322）。龛形呈横长方形，龛顶略有弧度，高 2.45 米，宽 4.1 米，进深 1.16 米。龛内又开 3 个小龛，中间为本尊麻曷葛剌像（麻曷葛剌是大日如来的梵语音译，意译大黑天），左侧为文殊骑狮像，右侧为普贤骑象像，三像后为火焰背光。龛楣浮雕金翅鸟三只，左右还有飞鸟和奔兽各一。大龛北侧壁有元代至治二年的汉文造像题记。麻曷葛剌造像为密宗造像，造型较大，保存良好，刀法简练粗犷，是研究藏密“梵式”造像发展的重要实物。2001 年国务院公布为全国重点文物保护单位。

居庸关云台石刻

居庸关云台位于北京市昌平城西北 20 公里处。是元代过街塔的基座。以大理石砌筑而成，保存有精美的元代石雕。券洞的券脸石上雕有交叉金刚杵组成的图案，还有象、龙、怪兽和大鹏金翅鸟等艺术形象及卷草纹饰。券洞内雕有四大天王、五曼荼罗、十方佛及千佛等，还有用汉、藏、西夏、梵、八思巴、维吾尔 6 种文字题刻的《陀罗尼经咒》和除梵文外其他 5 种文字的《造塔功德记》。云台的各种雕刻均极为精致，是元代石雕艺术中的杰作。（图 9-98）

鸱鸮纹石磬

商代乐器。长 25.6 厘米，宽 8 厘米，厚 1.6 厘米。1976 年河南安阳殷墟妇好墓出土。黑色石灰岩琢磨。体扁平，略呈长方形，顶端弧形，下端微凹，上部左边有一穿孔，可悬挂. 两面均阴文线刻一鸱鸮纹。鸮作站立状，昂首前视，钩喙大眼，矮冠短翅，长尾内卷，足爪粗壮有力，姿态雄伟，体小精致。现藏中国国家博物馆。（图 9-99）

图 9-99 鸱鸮纹石磬

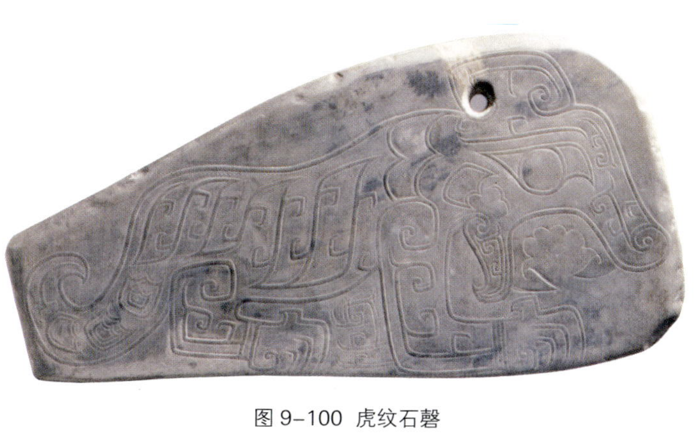

图 9-100 虎纹石磬

虎纹石磬

商代大型石质打击乐器。长84厘米，高42厘米，厚2.5厘米。1950年河南安阳市武官村出土。青灰色石料制成。正面以双勾线条刻出一虎纹，虎作伏卧欲起状，头大尾短，与青铜器上习见的虎纹相似，线条遒劲，均匀地布满整个磬面，反映了当时石刻艺术的水平。此外，磬音质清脆，发金属声，音色优美，悬孔上方有明显的磨痕，说明当时经常使用。现藏中国国家博物馆。（图9-100）

后辛石牛

商代石雕。长25厘米。1976年河南安阳殷墟妇好墓出土。白石雕成。用圆雕刻出轮廓，以阴文线刻勾勒细部。形似水牛，双角甚大，遍体云纹，前肢蜷屈，作伏卧状，下颌刻有“后辛”两字，后辛即后母辛的简称，为妇好死后的庙号。此器是商代石雕牛中最大最精的杰作，而且是罕见的带铭者。据甲骨文记载：妇好其人生前曾带万人与敌人争战，并主持过大型祭祀活动，是个很有影响的女性。现藏中国国家博物馆。

石鼓

春秋刻石。高约90厘米，直径约60厘米。公元7世纪初在陕西凤翔发现。共十石。花岗石质，圆顶平底。以形状似鼓，故名。十件石鼓各刻四言诗一篇，原文七百字以上，现仅存272字。每件各具名称，依次为吾车、汧、殹、田车、銮车、霝、雨、作原、而师、马荐、吾水、吴人。铭文为一组贵族狩猎生活的诗歌，字体在古文与秦篆之间，或称大篆。有人因其文字内容记狩猎事，又称其为猎碣。书法体态浑穆，是研究中国大篆字体以及由大篆演变至小篆之过程的重要资料。石鼓是迄今发现的中国最早的刻石，在书法史、文学史上都占有重要地位。现藏故宫博物院。

六博石棋盘

战国时期娱乐工具。长44.9厘米，宽40.1厘米。1974年河北平山中山墓出土。用多块黄褐色石片拼合而成。盘面浮雕格局及纹饰。格局于四角及四边中间处为矩尺形格线，中心处为方格，内以对角线相交。其他处多为横竖一字形格。四周饰涡纹边框，四角为兽纹，其他处为兽面纹和蟠虺纹。雕工精湛，甚为少见。现藏河北省文物研究所。（图9-101）

图9-101 六博石棋盘

曾侯乙石编磬

战国乐器。通高109厘米，宽215厘米。1978年湖北随县曾侯乙墓出土。全套编钟共32枚，共分

图 9-102 曾侯乙石编磬

为四组，其上多有编号和乐律铭文，等分两层悬挂于铜架上。因长时间浸于水中已不能演奏。依据铭文复原研究，知其音域跨三个八度，十二半音齐备。磬匣、磬槌俱全，实属罕见。现藏湖北省博物馆。（图 9-102）

琅琊石刻

秦代刻石。高 129 厘米，宽 67.5 厘米。原在山东诸城琅琊台。作于始皇二十八年(前 219)。小篆。十一行，约八十三字。《史记·秦始皇本纪》记载刻石事甚详。秦始皇统一中国后，巡行天下，曾于峄山、琅讶、芝罘、碣石门、东观、会稽等地刻石颂功，二世继位后，于始皇刻石之后刻石以彰始皇成功盛德。从现存刻石形制看，原石应是随山而刻的摩崖，并非所立石碑。现藏中国国家博物馆。（图 9-103）

图 9-103 琅琊刻石

泰山石刻残石

秦代刻石。残高 115 厘米，宽 53 厘米。作于秦二世元年(前 209)。小篆。刻石原系秦始皇二十八年(前 219)登泰山，丞相李斯等为歌颂秦始皇统一中国的功绩而刻的石碑。四面环刻，前三面是秦始皇时所刻，第四面是秦二世于元年东行郡县时所刻的诏书和从臣姓名。相传均为李斯书刻石，原在玉女池上，后移置元君祠东庑，清乾隆五年（1740）元君祠被焚，刻石失其所在，后被发现，今存山东泰安岱庙。传世拓本以明安国藏北宋拓本为最佳，存156字；孙星衍、何绍基曾藏的存29字明拓本亦属珍品。此刻石书法端严遒劲，结体略长而笔划匀劲圆润，为标准的小篆书体。现藏山东省泰安市博物馆。（图9-104）

图9-104 泰山刻石残石拓本

鲁孝王刻石

西汉刻石。高40厘米，宽71厘米。作于西汉五凤二年（前56）。金明昌二年（1191）重修曲阜孔庙时被发现，后移至孔庙同文门下。石为方形，隶书三行，结字方整而略长，中宫密实，尚存有很浓重的篆书韵味，故前人也有将其列为篆书者。其所表现出的书法形态与同是西汉时期的竹简、木牍文字有非常相近的特征，实是西汉时期隶书的典型作品。此刻石为最早的西汉刻石之一，明清以来，迭经著录。现藏山东省曲阜市文物管理委员会。（图9-105）

图9-105 鲁孝王刻石拓本

马踏匈奴石雕

西汉石雕。高168厘米，长190厘米。汉武帝茂陵霍去病陪葬墓石刻之一，作于西汉元狩六年（前117）。圆雕。马气势轩昂，庄重有力，腹下刻有一个仰卧手持弓箭的“匈奴”作挣扎状，既是寓意，又是写实。雕刻手法简洁明亮，浑厚朴实，具有高度的概括力和大胆的想象力。是一件富有政治纪念意义的石刻造像。现藏陕西省兴平县茂陵博物馆。

石日晷

西汉石雕计时工具。边长27.5厘米，厚3.5厘米。清光绪二十三年（1897）内蒙古托克托出土。阴刻。晷体正方形，盘面正中央有一径为1厘米、深约1.2厘米的圆孔。以圆孔为中心，刻划同心圆三圈。内圆与外圆间，刻夹角相等的六十九条辐射线，线与外圆的交点上钻以小孔，小孔和最外圆间刻有篆文数字。在两圆弧间尚有后刻不规整的六博局图，掩去了部分数字。背面有墨书“光绪二十三年出土山西托克托城”两行十四字。此晷是与漏壶配合使用的计时仪器，可作漏刻的校准器。使用时晷体平置，中央圆孔插正表，圆周小孔立游仪。测影时，正表通过游仪对准太阳，可测出日出、日落的平经，从而计算出当日白昼长度。为现存西汉唯一可靠而

完整的测时仪器。现藏中国国家博物馆。（图9–106）

图 9–106 石日晷

丧葬礼仪画像石

西汉墓室建筑构石。高 81 厘米，宽 252 厘米。山东微山县微山岛沟南村出土。画面横式，分三栏：左栏为礼拜场面；中栏为出殡图，四轮輀车，前有引者，后有戴首绖、腰绖送葬的亲属；右栏似为墓地，山林中已掘好墓坑，跪拜者、行礼者若干，在等侯丧车的来临，真实记录了汉代民间送葬情形的图像，有很高的资料价值。现藏微山县文化馆。

荆轲故事画像石

图 9–107 荆轲故事画像石

西汉墓室建筑构石。高 45 厘米，宽 93 厘米。1971 年河南唐河针织厂画像石墓出土。画面中刻三人，自右至左为荆轲、秦王和秦舞阳，表现荆轲刺秦王故事。整个石面质地粗放，且有道道裂痕。创作者依据石块的天然状态，把每个人的外部轮廓与身体内部细节表现得惟妙惟肖，或长或短，或深或浅，与石面肌理浑然一体，是汉画像石的杰作。现藏南阳汉画馆。（图 9–107）

石辟邪

图 9–108 石辟邪

东汉石雕。高 114 厘米，长 172 厘米。1963 年河南伊川县东高屯村采集。应为王室陵墓的石象生。采用圆雕技法。兽昂首，环眼，小耳，张口，颏下有须，肩生翼，长尾拖地，四肢挺拔有力，神态威猛。辟邪为专司守卫陵墓之兽。此辟邪形体巨大，体现了东汉巨石圆雕工艺已经趋向成熟，而且生翼动物形象较为奇特。现藏河南博物院。（图 9–108）

天禄辟邪石雕础座

东汉石雕。高 24.5 厘米，长 40 厘米，宽 20 厘米。1954 年四川雅安汉墓出土。采用圆雕、浮雕与线刻技法。天禄、辟邪作相戏状。天禄头长双角，肩生两翼，尾部在前，头回顾于辟邪颌下，尾穿过后脚而上翘于辟邪之肩部。辟邪有翼，利爪，背负一长方形短柱，与底座相连。汉人常刻两兽，取天授禄籍与辟邪恶之意。雕刻技法娴熟，生动传神，别有情趣，具有很高的艺术造诣。现藏四川博物院。

李冰石像

东汉石雕。高 290 厘米，宽 96 厘米。1974 年四川灌县都江堰渠首河床出土。作于东汉建宁元年 (168)。以圆雕为主，辅以阴文线刻。像直立，底部有方榫。头戴冠冕，身着右衽宽袖袍，双手拱于胸前，神态端详。两袖和衣襟上阴刻填朱隶书题记三行。中为“故蜀郡李府君讳冰”；左为“建宁元年闰月戊申朔二十五日都水椽”；右为“尹龙长陈壹造三神石人珎水万世焉”。说明此像是公元 168 年为纪念李冰所造的三石像之一。李冰，为战国时水利家，以建造都江堰而著称于世。此像的发现，为研究都江堰的历史、水文、河道变迁等提供了珍贵的实物资料。现藏灌县文物保管所。

司命神石像

东汉石雕。高 30.1 厘米，底宽 11.8 厘米。此像为当时民间供奉的司命神。圆雕与阴文线刻兼施。头戴便帽（已残），面形上窄下丰，双眉较宽，双目圆睁，大鼻小嘴，身穿交领宽袖长袍，衣袖上卷露臂，下摆垂地。左手抱一婴儿，身着衣裳，足穿鞋；右手抚一琴，琴上刻五弦；腰系一包袱。雕刻简洁，神态生动。此神应为少司命，掌管人的子嗣。现藏山东省博物馆。（图 9–109）

图 9–109 司命神石像

六博石盘

东汉娱乐工具。通高 9.1 厘米，边长 35.2 厘米。1957 年山东滕县征集。造型简朴大方，上为方盘，下有四熊足，熊雕刻精美，构思巧妙，其用力扛顶之态表面得淋漓尽致。盘中心刻一方形凹槽，其外刻阴线方格，方格四边的中心刻有“T”形纹，四角有方形小凹槽，与盘心凹槽相同。盘边中央及四角刻“ ┌”形纹。六博在汉代较流行，两人对坐，运用筹码等博具作娱乐。是研究汉代文化生活与雕刻艺术的精品。现藏山东省博物馆。

水陆攻战画像石

东汉建筑构石。高 92 厘米，宽 200 厘米。山东嘉祥武宅山村武梁祠发现。减地阳文为主，阴文线刻相辅。画面分两层。上层刻人物、车骑图，下层刻水陆攻战图：桥上有主车一辆，车主人执剑与车后执剑者格斗。桥两旁空地上正进行一场混战，桥左边有“主记车”和“主簿车”，

图 9-110 水陆攻战画像石

桥右边有“功曹车”“贼曹车”等，双方步卒、骑者持弩弓、长戟、刀、盾相互厮杀。桥下水中也在激战。一个头戴斜顶高冠的人，右手举剑，左手举盾，迎战两个小船的进攻。场面极为激烈，战争气氛甚浓。车骑、步卒组合，兵器配置，官吏士卒衣冠服饰，与汉书记载完全符合，较为真实地刻画了汉代军事战争的实际状况。现藏山东省博物馆。（图 9-110）

许阿瞿墓志画像石

东汉建筑构石。高 69 厘米，宽 109 厘米。1973 年河南南阳李相公庄曹魏墓出土。全石分为画像和墓志铭两部分。画像为两层，上层为许阿瞿观赏游戏的场面。许阿瞿褒衣博带，端坐于方塌上，右上刻“许阿瞿”三字，身边有一奴仆给他打扇；右边有三个身着三角裤头的儿童在玩鸟，一人推木鸠，后一人执鞭赶鸠。下层为鼓乐伴奏的舞蹈、百戏场面。画面左侧刻隶书许阿瞿墓志，6 行 136 字，刻于“建宁三年”（170），是我国目前发现最早的墓志铭。现藏南阳汉画馆。

曹全碑

东汉碑刻。高 280 厘米，宽 87 厘米。明万历初陕西郃阳故城出土。作于东汉中平二年(185)。郃阳令曹全立，故名。碑文隶书，正面 20 行，行 45 字，共 840 余字；背面为捐钱人名，57 行，行 1 至 12 字不等，计 440 字。内容除记述郃阳令曹全的家世和镇压张角农民起义的“功绩”外，还记载郃阳县民郭家等响应黄巾起义、“疏勒国王和德弑父篡位”“和德面缚归死”等事实，均为史书所未载，可弥补和订正史书之不足。书体秀润典丽，结构匀整，为汉名碑之一。现藏西安碑林。（图 9-111）

张迁碑

东汉碑刻。通高 292 厘米，厚 20 厘米，宽 107 厘米。明初出土。作于东汉中平三年 (186)。圆首，有额，篆书，阴刻，双行，行六字：“汉故谷城长荡阴令张迁表颂”。正文隶书 15 行，行 42 字。碑阴刻人名三列，上二列 19 行，下列 3 行。碑首透雕双凤朝阳。碑体两侧浮雕龙体交蟠，龙凤细部均用阴线雕刻，立体感强。清杨守敬《平碑记》云：“篆书体多长，此额独扁，亦一格也。碑阴尤明晰，而其用笔已开魏晋风气。”历来论书者以此碑为汉碑古朴平直之代表，为汉碑名作之一。现藏山东省泰安市博物馆。

图 9–111 曹全碑拓本

孙夫人碑

西晋碑刻。高 250 厘米，宽 97 厘米，厚 20 厘米。作于西晋泰始六年（270）。圭首，有穿，有额。碑文 20 行。行 37 字，隶书。为任城（山东济宁）羊太守之妻的德淑碑。剥蚀较为严重，但仍可见书风谨严，犹存两汉遗意，是研究晋代书法的重要资料。又因晋碑本来就稀少，而妇人碑更是罕见。故为珍重。原在山东新泰县新甫山下，清乾隆五十八年（1793）江凤彝访得，后移新泰县学内，1965 年冬移入泰安岱庙。现藏山东省泰安市博物馆。

谢鲲墓志

东晋碑刻。高 60 厘米，宽 16.5 厘米，厚 11 厘米。1964 年江苏南京戚家山出土。作于东晋太宁元年 (323)。刻志文 4 行 67 字。隶书，笔势遒劲，结体谨严，是研究魏晋时期书法艺术的重要资料。谢鲲乃东晋大族，《晋书》有传。现藏南京市博物馆。（图 9–112）

图 9–112 谢鲲墓志拓本

大夏石马

十六国石雕。高 200 厘米，长 225 厘米。原在陕西西安汉城查家塞村，作于大夏真兴六年 (424)。圆雕。马昂首而立，前腿并直，后腿微屈，造型质朴古拙，显示雄健而又驯顺的性格。

马腹下中空，两前腿与后腿各自相连。刻有山水云气纹。马前腿下刻有一段铭文，残存“大夏真兴六年岁在甲子夏五月辛酉”“大将军”等字。此石马可能是大夏国皇帝赫连勃勃的墓前遗物。大夏建国时间仅二十五年，遗物极少，此石雕弥足珍贵。与西汉茂陵霍去病墓前的石马相似，风格承上启下，在雕塑史上意义重大。现藏陕西历史博物馆。

高善穆石造像塔

十六国北凉佛教造像。高 44.6 厘米。甘肃酒泉城南石佛弯子出土。黑色玄武岩雕成。塔整体呈尖锥形，由宝盖、相轮、塔颈、塔肩、塔腹及塔基组成。宝盖为扁平的半球形，塔颈周围浮雕八个方形柱，其上雕七重相轮。覆钵下层有八个圆拱龛，七个龛内各雕坐佛一身，一龛雕交脚弥勒。圆形塔座刻一周《增一阿含经》经文和北凉承玄元年（428）高善穆发愿文。最下层为八角形基座，七面刻菩萨，一面刻药师佛，每面右上部并刻“八卦”卦象，用来表示塔的八个方位，是最早出现八卦的实物资料之一。塔顶部刻北斗七星，用来表示塔寺坐北朝南的传统风水观念。此件造像塔形制独特精美，内容丰富，开创了中国特有的八面佛塔的先河。现藏甘肃省博物馆。（图 9-113）

图 9-113 高善穆石造像塔

无量寿佛石造像

南朝石造像。正面高 119 厘米，宽 50 厘米；反面高 99 厘米。1921 年四川茂县出土。作于南朝齐永明元年 (483)。高浮雕。主像是无量寿佛说法像，高肉髻，高鼻秀眉，内衬僧祇支，束长裙，裙带胸前作结，外着通肩大衫，跣足立于圆座上，手作施无畏与愿印，座下有铭文数列，是共同造像的僧尼名。背面是无量寿佛立像。造像一侧有“齐永明元年”“比丘释玄嵩”题记。齐永明造像特征、题材、雕刻技法与北方早期石窟造像有许多共同点，是研究南北造像关系的重要实物。为四川佛教造像中最早的纪年题记之一。现藏四川博物院。

萧融墓志

南朝梁碑刻。高、宽各 60 厘米，厚 9 厘米。1981 年江苏南京栖霞张家库出土。南朝梁天监元年 (502)。正方形，右上角残。志文楷书，20 行，共 513 字。梁著名书法家任昉奉敕撰文。融为梁武帝萧衍第五弟，于南齐永元三年 (501) 被东昏侯萧宝卷诛杀，梁天监元年诏“赠散骑常侍抚军将军桂阳王”。书体结构谨严，运笔圆熟，说明楷书已趋于成熟阶段，是研究隶书向楷书演变的重要实例。现藏南京市博物馆。（图 9-114）

王阿善造老君石像

北魏石造像。高 28 厘米，宽 27.7 厘米，厚 10.7 厘米。浮雕，兼施阴文线刻。正面相连两铺，

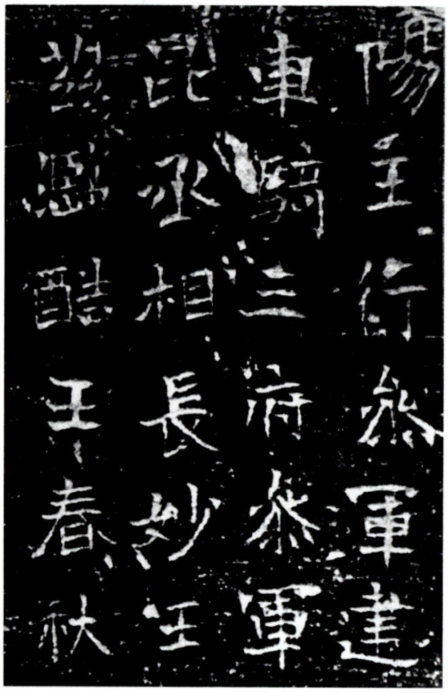

图 9-114 萧融墓志拓本

图 9-115 王阿善造老君石像

造像皆头戴道冠，身穿道服并列而坐，右手皆向上作理须状。两人身后，有女官三人，双手插袖，恭敬而立。两端各有一卧狮，微残。左边道者头部左上角刻“玉皇士”三字。背面刻有供养人像及题记。上为长檐牛车，车前一童子牵牛，后一侍女跟随。右题“道民女官王阿善乘车上”。下层刻骑马者两人，身后各有一人撑伞。左题：“息冯法兴乘马上”，右题：“侄冯业显乘马上”。造像左侧刻“隆绪元年十一月廿五日，女官王阿善造像二驱愿母子苌为善居”。右侧刻“忘（亡）夫冯阿樹，忘（亡）息冯业显”。隆绪是萧宝寅（自称齐帝）的年号，隆绪元年即北魏孝昌三年(527)。这一时期的石造像极少见。现藏中国国家博物馆。（图 9-115）

佛传故事造像碑

北魏石造像。高 156 厘米，宽 76 厘米，厚 9 厘米。位于甘肃天水麦积山石窟第 133 窟。以释迦在忉利天发愿为中心，从燃灯授记到涅槃，共刻制了乘象入胎、降魔、树下诞生、九龙灌顶、鹿野苑初转法轮和王舍城说法等十二段佛传故事。画面布局精巧，人物刻划细腻生动，主题明确突出，故事情节与雕刻形式自然和谐，具有很高的艺术价值。（图 9-116）

交脚弥勒石造像

北魏石造像。残高 43 厘米。1954 年河北曲阳修德寺遗址出土。双手及背光残缺。主尊双手合于胸前。头戴花冠，宝缯自两耳下垂至肩，颈带项圈。上身袒露，下着裙，披帛自背部向前，穿过腋下垂于座上。面相方圆，双目微合，肃穆慈祥。两腿交叉，坐于双狮身上。主尊两侧背光上侍立菩萨两尊。底座呈倒凹字形。正面中间刻熏炉，两边各雕立形供养人六个。底座两侧各雕立形供养人五个。此造像衣纹简练，雕刻技法娴熟。现藏河北省博物馆。

┃释迦牟尼三尊像┃

北魏石造像。高 40.5 厘米，座宽 23.5 厘米。1997 年河北邯郸成安县南街村寺庙遗址出土青石质。主尊释迦佛螺发高髻，头部周饰莲瓣，内着僧祇支，外披右袒袈裟，右手施无畏印，左手抚膝，结跏趺坐。两胁侍菩萨头挽高髻，均有圆形头光。左菩萨一臂前曲，一手提净瓶，右菩萨手举佛尘，赤足而立。莲瓣形背屏，上部两侧各雕飞天一躯，顶部正中及主尊肩部两侧各浅浮雕一尊结跏坐佛；背面浅浮雕结跏坐佛一尊，两侧有“无量受（寿）像”和“相州阳平郡发干县”题记。底座长方形，正面浅浮雕熏炉、二供养人像，有“祖鞠葵供养”“祖母王阿容供养”榜题；左右侧面各雕一狮兽，后侧为“太和六年（482）十月三日佛弟子鞠抚夫妻三人为祖父母造释迦像一躯愿祖父母夫妻眷属等亡见弥勒下生三会说法愿如此福”题记。现藏邯郸市文物保护研究所。（图 9-117）

图 9-116 佛传故事造像碑

图 9-117 释迦牟尼三尊像

┃彩绘背屏式石造像┃

北魏石造像。高 138 厘米，宽 90 厘米。1996 年山东青州龙兴寺遗址出土。佛教造像。高浮雕与彩绘结合。正面高浮雕一佛二菩萨像，均赤足立于莲花座上。主尊高髻，头低呈微笑状，着褒衣博带式袈裟，内穿长裙。二菩萨头梳双髻，上身披较宽的帔帛，双手持物。衣饰、头光、身光及背屏上的火焰纹、飞天均施彩绘，主尊面、颈、胸、手足等裸露处均贴金，两胁侍腕际佩物和所持物也贴金。是北魏造像中的杰作。现藏青州博物馆。（图 9-118）

┃贴金彩绘菩萨立像┃

北魏石造像。高 164 厘米。1996 年山东青州龙兴寺遗址出土。石灰石质。双臂残，面相庄重含蓄，身体修长，头顶和胸部饰物贴金厚重，长裙和璎珞雕刻精美，又巧妙施用有规则的竖线，有很强的装饰效果。现藏青州博物馆。

皇兴五年弥勒佛坐像

北魏石造像。高 86 厘米，宽 55 厘米。1949 年陕西兴平出土。佛高肉髻，波状发，面相丰硕圆实，着通肩袈裟，衣纹细密，有厚重感。双手作转法轮印，交脚而坐，下方有一力士承托其双足。身后附舟形背光，正面刻火焰纹和千佛，背面纵分为七栏，每栏又横隔为若干小区，共十五幅图像，分别浮雕太子诞生、树下思惟、乘象入胎、婆罗门现相、逾城出家等故事。画面安排呈跳跃式，雕刻也采用中国传统的减底平雕方法，形象生动，雕工精细，如同一幅生动的连环画。下方残存大段铭文，为北魏皇兴五年（471）发愿文。此造像是北魏佛像造像艺术主流和中心地区的代表作品。由于受印度犍陀罗雕刻艺术的影响，正面主尊造像还保留着高鼻、大眼、宽额的特点，早期佛教造像的特征十分明显。背面浮雕图像表现的是弥勒下生经的内容，这与石像正面交脚弥勒佛造像是一致的，体现了明确而统一的图像志特征。现藏西安碑林。（图 9–119）

图 9–118 彩绘背屏式石造像

雕龙伎乐石柱座

北魏建筑构件。高 16.5 厘米，长、宽各 32 厘米。1966 年山西大同石家寨司马金龙夫妇墓出土。采用圆雕、浮雕与线刻技法。顶部作莲花形，周围为行龙和海涛纹，四角各有一伎乐童子，作击鼓、吹筚篥、弹琵琶、舞蹈等姿态，淳朴天真。下部为方座，座壁减地阳文，饰忍冬纹、伎乐童子和变体云纹组合的连续图案。造型优美，雕工精致，有玉雕的效果。在刻画人物内心活动和塑造外部形象上具有很高的写实效果。现藏大同市博物馆。（图 9–120）

图 9–119 皇兴五年弥勒佛坐像

释迦牟尼像

北魏石造像。高 13.7 米。位于山西大同云冈石窟第 20 窟。佛发髻高耸，面形丰圆，扬眉凝目，鼻高而直，两耳垂肩，口小唇薄，法相庄严。身披袈裟，袒露右肩，结跏趺坐。身后有表示火焰的纹饰，并嵌刻了无数或坐或跪、或大或小的小化佛和飞天，把这尊大佛衬得雄浑

图 9–120 雕龙伎乐石柱座

图 9-121 释迦牟尼像

大气。据说此造像是依照北魏开国皇帝道武帝的形象雕刻的。（图 9-121）

皇后礼佛图

北魏石造像。位于河南巩县石窟寺第 1 窟。比丘尼焚香引路，头戴莲花冠的皇后带领着众侍从，一个个雍容华贵，仪态万千。侍女们有的提擎衣裙，有的执扇打伞，有的手捧供品和皇后一起缓缓走向佛殿。浮雕上保存有黄、红、黑、蓝等颜色。浮雕人物由于方向、服饰的一致而形成强烈的整体感，而上部空间由于斜向的羽扇、伞盖和飘动着的结带以及人物的参差错落而增加了画面的变化。整个行列表现了贵族上层人物的雍容华贵和虔诚肃穆的宗教感情。

虎头门墩

北魏建筑构件。宽 40.5 厘米。1976 年山西大同方山永固陵出土。灰白色细砂石质。总体呈长方形，前部雕成虎头状，张口露齿，吐舌。中间凿孔嵌门柱，后部嵌入壁内，造型雄厚有力，是北魏石雕的精品，具有较高的艺术价值。现藏中国国家博物馆。（图 9-122）

图 9-122 虎头门墩

丨元桢墓志丨

北魏碑刻。高、宽各 66 厘米。民国年间河南洛阳邙山出土。作于北魏太和二十年 (496)。正方形。楷书，17 行，行 18 字，共 306 字。书法古朴，遒劲有力，在北魏时期墓志中最为著名。此时正值书风由隶书变化为楷书之时，开创了隋、唐楷书的先河。志称元桢“以太和二十年岁在丙子八月壬辰朔二日癸巳春秋五十薨于邺”，可纠正《魏书·高祖纪》桢薨于二十年八月“丁巳”之误。此石四周边缘凹下半寸许，且首行无标题，标题刻于盖上，惜此盖已佚。此为方志盖之始。现藏陕西历史博物馆。

丨宕昌公晖福寺碑丨

北魏碑刻。高 294 厘米，宽 90 厘米。作于北魏太和十二年 (488)。额下有穿，下部作束腰形。碑额篆书“大代宕昌公晖福寺碑”九字。碑文楷书，24 行，行 44 字。此碑笔画拙重，章法、结字都不甚严格。直斜俯仰皆似随意，故呈现一种自然、质朴的美，表现出一种豪放、朴拙的北方民族的气质。宕昌公姓钳耳，为羌族的显姓。碑阴刻有许多少数民族的姓氏，是研究民族史的重要资料。此为中国名碑之一。原存陕西澄城县。现藏西安碑林。

丨刘根造三级浮图记碑丨

北魏碑刻。高 39.5 厘米，厚 16 厘米，宽 144 厘米。清光绪年间河南洛阳韩旗屯出土。作于北魏正光五年 (524)。长方形，青石雕成。由画像和文字部分组成。画像位于中部，减地线刻佛教故事画像。主像弥勒佛，结跏趺坐于束腰须弥座上，背后有莲瓣式背光和五环同心圆项光。上有华盖，垂流苏。佛两侧刻菩萨、弟子、比丘和菩提树等。两侧为文字部分，图像右为“佛弟子刘根四十一人等敬造刊记”19 行，共 316 字。左为敬造者侯刚、乞伏宝、元衍等的职官姓名。画像线条细如毫发，飞动飘逸，刻画精妙。铭记书体类似“龙门二十品”，但隶意大减，已近楷书，是研究魏碑演变的重要资料。现藏河南博物院。（图 9–123）

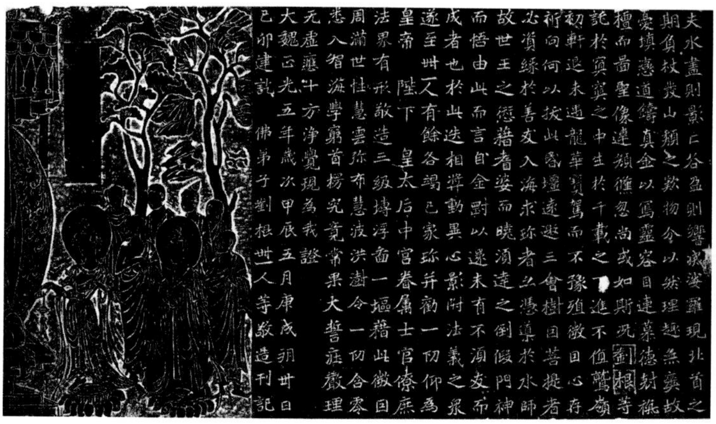

图 9–123 刘根造三级浮图记碑拓本

丨建明二年石雕造像碑丨

北魏碑刻。碑高 48 厘米，宽 20 厘米，厚 5.5 厘米。1981 年彭阳县新集乡出土。造像浮雕于紫红色石碑上，正面分为上下两层，上层雕刻一拱形龛，龛内刻释迦、多宝说法相，两佛相对，右边佛右手举胸前，左手屈胸前；左边佛右手上举，左手上举向前伸；佛榻后有四个听法比丘半身像。下层雕有一长方形龛，内刻大势至菩萨，面相方颐，双目微合，跣足立于圆座上。右手上举，左手持物。菩萨有柳叶形的火焰纹身光，中有圆形头光，内雕以双圆莲瓣纹。菩萨两边刻二供养弟子，身着双领袈裟，赤足，面向菩萨，其上分别有二比丘，皆面朝外。现藏宁夏回族自治区博物馆。

丨张噉鬼三十人造像碑丨

北齐造像碑。高 108 厘米，宽 57 厘米，厚 8 厘米。1957 年河南襄县出土。作于北齐天保十年 (559)。青石雕成，座佚。碑首圆形，刻盘龙四条，有观世音菩萨、维摩经变、释迦说法和力士等。正面碑额雕有四龙交缠，龙首下垂于两侧，形成圆拱形碑额，中央嵌一龛，内雕弥勒及胁侍。碑身正面雕造像两层，拱形中间下方是观音龛，下方右侧是文殊菩萨，左侧是维摩居士，中间是听法的天王和众僧人。左、右两侧外观皆作龛形，文殊与维摩都是高浮雕；中间听法者形象则是浅浮雕，外观不作龛状。再下一层中间是一大龛，中坐者是说法本尊释迦佛，弟子、菩萨侍立左右；中间下层是莲花童子，肩扛莲座和博山炉，背景是左右对称的忍冬纹、比丘及护法狮子。其中释迦说法为主体造像。背额刻太子逾城出家故事图像，中层刻张噉鬼等建造石像题记。下层、正面隔梁及碑身两侧均刻造像人题名。造像用浮雕和浅刻技法雕成，面部丰润，柔和秀丽，健陀罗风格已有明显变化。“太子逾城出家”图，采用平起兼线刻的表现手法，在佛教雕刻艺术品中尚属罕见，对研究北朝石刻和书法艺术有重要价值。现藏河南博物院。（图 9–124）

图 9–124 张噉鬼三十人造像碑

丨建忠寺比丘员度等造弥勒石像丨

北齐石雕。高 77 厘米，长 61.5 厘米，基座高 16 厘米，宽 38.5 厘米。1978 年河北藁城贾同出土。作于北齐河清元年 (562)。汉白玉石双面镂雕。背光有残缺。造像置于长方形基座上，双弥勒并坐于须弥座上，半结跏趺坐式，肉髻低平，面相方颐，眉目清秀。上身内着僧祇支，外披袈裟，裳襞掩座。后有舟形大背光，背光上绘出圆形项光和火焰纹，佛两侧侍立两弟子（一缺头。两胁侍菩萨立于菩提树外侧的莲台上。两侧菩提树身蟠龙缠绕，背光顶有七尊莲生化佛。正中最上有一小宝塔，由两升龙、两童子擎托。围绕七佛有六体飘逸而下的飞天，手提璎珞，与菩提树叶交织成华丽的帷幔。须弥座下有站立的两童子，手托佛足。造像下部为一长方形台座，四周浮雕，正面是两童子跪托一博山炉，上立一金翅鸟，左右盘座两童子，手扶鸟背，博山炉两侧是莲生童子、狮子和护法力士。造像背面的背光上雕双思惟菩萨倚坐像，上有双飞天，两侧有两供养菩萨。台座背面刻有五个佛龛，中龛为一立佛，余皆坐像。两侧各刻两佛龛造像，基座右侧刻发愿文 95 字。整个造像刀法细腻，线条柔和，比例适中，为北齐造像杰作。现藏河北省正定县文物保管所。

释迦石造像

北齐石造像。像高164厘米，宽88厘米，底高45厘米，宽62厘米。白石雕刻。释迦螺发肉髻，目下敛，唇角露微笑，两手残缺，尚可见说法姿式，结跏趺坐在双重莲座上。背光饰火焰，五尊化佛。此像雕刻手法柔和简洁，衣褶施双线，体态优美，与南北朝早期清癯朴质的风格迥然不同，是北齐时期的典型作品。现藏上海博物馆。（图9－125）

图9－125 释迦石造像

贴金彩绘卢舍那石造像

北齐石造像。高121厘米。1996年山东青州龙兴寺遗址出土。佛像身着通身袈裟，在袈裟上用红、蓝、绿、赭石、黄、黑色彩绘出各种图案，图案中表现众多人物，有佛像、僧人、胡商等。这些图案与佛教中的华严思想密切相关，以此形式传播佛教理念。这种形式的佛像仅在青州龙兴寺发现了四尊，其他地区尚未发现。现藏青州博物馆。（图9－126）

贴金彩绘菩萨石造像

东魏石造像。高95厘米。1996年山东青州龙兴寺遗址出土。石灰石质。右手残，左手自然下垂，上身袒露。面相隽美，体态清秀。头顶饰物、胸部瓔珞及手腕钏镯均贴金。衣饰似极薄的丝织品，飘然流动。刀法与北魏时期的硬直刀法不同，变为圆柔刀法，使造像的形象更为柔和生动。现藏青州博物馆。

供养菩萨像

东魏石造像。高31厘米。1994年河北定州城东出土。汉白玉质。圆雕。菩萨头扭向左侧，双眼微眯，嘴角内凹，面露微笑。身躯丰满圆润，双手合十，偏向右侧，赤足立于莲台上。身后有圆形头光。造型独特生动，上承北魏佛造像的神韵，下启唐代造像以三段曲线展现人体美的先河，是我国佛教造像史上的一件罕见艺术珍品。现藏定州市博物馆。（图9－127）

图9－126 贴金彩绘卢舍那石造像

道俗九十人造像碑

东魏石造像。高 190 厘米，宽 80 厘米。1951 年河南新乡梁村出土。正背两面造像。碑正面螭首，碑阳额雕“维摩经变”。碑身中部造一尖拱大龛，释迦身着双领下垂式袈裟，结跏趺坐于覆莲座上。尖拱两侧二龙嘴衔龛尾作匍匐状，龛梁两侧二弟子、二菩萨侍立于带茎莲座上。龛下中部一夜叉双手承托博山炉，两旁二狮相背卧伏。二狮旁二力士宝缯上举，叉腿直立。碑背面上部雕释迦多宝并坐，下部线刻佛传故事、供养人像和九十人造像铭记，有东魏武定元年（543）纪年。此碑布局严谨独到，繁简互映，虚实相生，突出主体，是东魏造像中的代表作。现藏河南博物院。（图 9–128）

李仲璇修孔子庙碑

东魏碑刻。通高 251 厘米，厚 14 厘米，宽 86 厘米。作于东魏兴和三年(541)。碑首雕四龙盘顶，额阴刻篆书“鲁孔子庙之碑”6 字。碑文正书，25 行，满行 53 字，有隶意，多异体字。碑文载柏仁人李仲璇修孔子庙，并立像。碑阴题名三列。无撰人姓名，书者题王长孺，王氏《金石萃编》疑为后人妄刻。宋欧阳修《集古录》评为“笔画不甚佳，然亦不俗”。明赵崡《石墨镌华》称为“碑正书，时作篆笔，间以分隶，形容奇怪”。此碑对研究北朝书法以及浮雕艺术、碑制沿革、孔子塑像的由来等均有重要价值。现藏山东省曲阜市文物管理委员会。

石狮

隋代石雕。高 96 厘米。1965 年河南洛阳中州路出土。圆雕作轮廓，浮雕为装饰。蹲坐式。昂首挺胸，张口露牙，前肢挺直，后肢屈曲。颈饰螺旋纹，前肢上部两侧饰云气纹，尾浮雕于背上。作品既追求写实效果，又保留夸张变形装饰风味，反映了汉魏石雕艺术向唐代石雕艺术过渡的时代特征。现藏洛阳古代艺术馆。

虞弘墓彩绘浮雕石椁

隋代石刻。通高 236 厘米，椁身正面长 247 厘米，

图 9–127 供养菩萨像

图 9–128 道俗九十人造像碑

图 9–129 虞弘墓彩绘浮雕石椁

侧面宽 136 厘米。1999 年山西省太原市晋源区王郭村村南虞弘墓出土。外观呈仿木构三开间、单檐歇山顶殿堂式建筑。由上部椁顶、中部椁壁、下部椁座组成，每一部分又由数块或十几块汉白玉石组成。椁座四周下垫狮头座垫，汉白玉制，每边 2 个，共 8 个，前后、左右相对。石椁共雕绘 54 个相对独立的图案。图案内容丰富，有宴饮、乐舞、狩猎、酿酒、家居、出行等。其中狩猎图多为骑马、骑象、骑骆驼博杀狮子，也有少数徒步博杀狮子。图中人物皆深目、高鼻、黑发，有的还留有浓须和波浪形长卷发，与地中海地区的印度—地中海种族类群相近。图中人物的服饰、器皿、乐器、舞蹈以及花草树木等，与中亚、西亚传统形式接近，尤其是头光、飘带、长帔等。有些画面与祆教有关。石椁质地、造型罕见，内外皆有浮雕和彩绘图画，图像内容丰富，与古代波斯、中亚地区艺术风格相近，是研究古代丝绸之路和东西方文化交流的珍贵资料。现藏山西博物院。（图 9–129）

砂石持壶男侍俑

隋代石刻。通高 68 厘米。1999 年山西省太原市晋源区王郭村村南虞弘墓出土。石俑立于方形石座上。头留浓密的齐耳短发，深目高鼻，身着圆领窄袖袍，衣袖刻出数道凸痕，以显示衣袖的窄紧。腰系蹀躞带，左右胯并佩物 7 件，佩物与腰带间有细带相连。脚着尖头上翘靴，右手持带把壶。左手托圈足于胸前。现藏山西博物院。（图 9–130）

弥勒菩萨坐像

隋代石造像。高 330 厘米。位于现存陕西耀县药王山石窟。菩萨头戴宝珠华冠，花冠残断，宝缯垂肩。面相方圆，细眉长目，颈刻蚕节纹，身披璎珞天衣，右手残断。头光中布列七化佛龛。倚坐菩萨像与七化佛的组合形式，强调弥勒信仰，将弥勒作为主尊，体现了弥勒信仰盛行的原因在于信众希望进入弥勒出世的美好世界。此造像线条流畅，造型生动，是隋代石窟造像佳作。

刘猛进碑

隋代碑刻。高 82 厘米，宽 36 厘米。清光绪三十二年 (1906) 广东南海王圣堂出土。作于隋大业四年 (608)。碑首圆形，前后双龙环绕，龙首左右下垂，突出石边。两面刻碑文，共 979 字。

内容为刘氏祖、父及其本人三代的生平事迹，无撰书人姓名。书风遒茂古朴，端厚而严谨。现藏广东省博物馆。

龙藏寺碑

隋代碑刻。高 315 厘米，宽 90 厘米。位于河北正定隆兴寺。全称《恒州刺史鄂国公为劝造龙藏寺碑》。隋开皇六年（586）立于真定（今河北正定）。楷书碑文 30 行，满行 50 字。开府长兼行参军张公礼撰文，未著撰书人姓名。结体方整，点画挺拔，气韵浑穆，展示出北期至唐书法递嬗的轨迹，为隋碑书法的代表作，被认为是“六朝集成之碑”。对初唐书风影响甚巨，欧阳询、虞世南、褚遂良诸家书均有此碑流风。（图 9-131）

李静训墓志

隋代碑刻。高、宽各 39.4 厘米。1957 年陕西西安李静训墓出土。作于隋大业四年(608)。方形。盖为盝顶式，上阳刻篆书“隋左光禄大夫女墓志”九字。志文楷书，20 行，满行 20 字，共 370 字。行、字间刻栏，用骈体撰写，书法端正，在隋墓志中为上品。志文记载了墓主人的出身、家族世系以及和周、隋两代皇室的关系。现藏中国国家博物馆。

献陵石虎

唐代石雕。高 205 厘米，长 253 厘米，宽 102 厘米。原在陕西三原唐高祖李渊献陵，作于唐贞观九年（635）。虎作缓步行进状。大头长尾，眉骨高突，双眼凝视前方，面露凶光。四肢健壮，十分威严。从虎前一定的角度观察，其两颊似乎正在颤动而作怒吼状，令人望之生畏。为初唐陵墓石刻佳作。现藏陕西历史博物馆。

昭陵六骏

唐代石雕。是唐太宗李世民昭陵前的六块骏马浮雕石刻的总称。六骏为李世民在建立唐王朝的战争中所骑的六匹战马，分别为白蹄乌、特勤骠、青骓、什伐赤、飒露紫和拳毛䯄。刻于贞观十年（636）六马姿态各异，

图 9-130 砂石持壶男侍俑

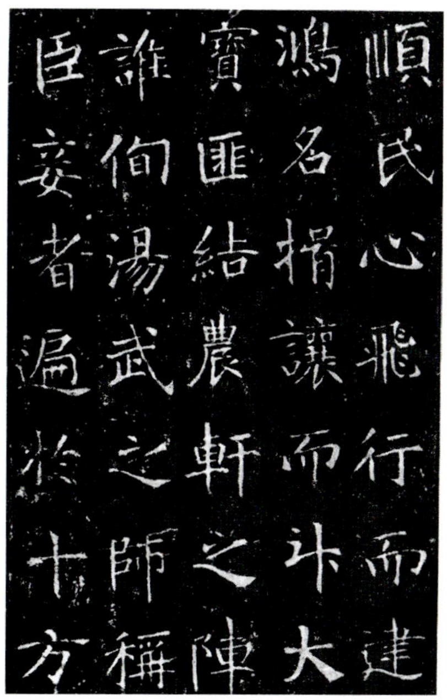

图 9-131 龙藏寺碑

图 9-132 昭陵六骏之一白蹄乌

图 9-133 石武士俑

或站立，或徐行，或疾驰，但均雄健有力。六骏原置于陕西礼泉九嵕山唐太宗昭陵祭坛。“飒露紫”和“拳毛騧”两块被盗，现收藏于美国宾夕法尼亚大学博物馆，其余四马收藏于陕西历史博物馆。（图 9-132）

石武士俑

唐代石雕。通高 40.3 厘米。1958 年陕西西安杨思勗墓出土。汉白玉石质。圆雕。立像。头戴扎巾，腰束皮带，穿长筒革靴，右胁下挎长筒和坠形物，左胁下挎长剑，右手紧握剑柄，另外还挎有腰刀。左手持长杆。雕像具体而生动地表现出盛唐时期官僚贵族随从兵的形象。而面目、衣帽以及诸样武器犹如泥塑，不露刀痕，反映了当时艺术家的精湛技术，在唐代石雕像中极为少见。现藏中国国家博物馆。（图 9-133）

图 9-134 披巾侍女图

阿尔卡特石人像

唐代石雕。高 285 厘米。新疆温泉阿尔卡特发现。圆雕。面部宽圆，粗眉大眼，蓄八字须。长发后梳，垂于背部。身着胡式窄袖翻领长袍，腰间束带，并垂挂小囊、砺石等物。脚蹬皮靴，正面站立。右手举杯于胸前，左手握一长剑置于腹前。雕刻古朴简括，形象魁梧威严，具有浓厚的游牧民族特征。此石人像是当时突厥人于墓前为死者树立的纪念物。是研究古代游牧民族文化的重要资料。现藏新疆维吾尔自治区博物馆。

披巾侍女图

唐代石椁线刻图像。高 132 厘米，宽 80 厘米。1960 年陕西乾县永泰公主李仙蕙墓出土。阴文线刻一窈窕婀娜的少女，头梳螺髻，后插步摇，内着窄袖袒胸上衣，外套对襟半臂，半臂两襟以宽带相结于胸前，下穿曳地长裙，足穿云头履。双臂举起，手握披巾在背后展开。脚旁刻盛开的鲜花，头边刻展翅飞翔的锦鸡。线刻流畅，动态优美，为唐代石刻之精品。现藏陕西历史博物馆。（图 9-134）

朱雀人物图

唐代石椁线刻图像。宽 350 厘米，高 152 厘米。1973 年陕西三原唐淮安靖王李寿墓出土。作于唐贞观四年（630）。石椁仿庑殿式建筑雕成，每面均刻浅浮雕纹饰。该图刻于石椁正面，似三开间建筑的前壁，正中下部刻双扇门，门上部刻铺首衔环，下部刻相向两行的两朱雀。门的上方刻一昂首展翅翘尾贴金彩绘的朱雀，朱雀周围刻四朵流云。门两侧各刻四个武士及四个文吏。武士头戴盔，身穿齐膝戎衣，双手握长柄武器；文吏头戴笼冠，衣着宽袖曳地长袍，足穿云头高底履，双手持笏，恭敬而立。文吏上部各刻乘凤仙人。物象的外轮廓为减地阳文，细部用阴文线刻或用笔描绘，颇似东汉画像石的雕刻作风。现藏陕西历史博物馆。

坐部乐伎图

唐代石椁线刻图像。高 152 厘米，宽 90 厘米。1973 年陕西三原唐淮安靖王李寿墓出土。作于唐贞观四年（630）。阴文线刻于椁内北壁。女乐伎十二人，跽坐三排，均头梳低螺髻，着窄袖上衣，披帛，束长裙。第一排第一人抱竖箜篌正在弹拨，第二、第三人分别搂抱直颈、曲颈琵琶，第四人弹筝。第二排第一人吹笙，第二人吹横笛，第三人吹排箫，第四人吹筚篥。第三排第一人击钹，第二人击答腊鼓，第三人击腰鼓，第四人击具，姿态各异。坐部伎唐代宴乐的一种演奏形式，描绘了盛唐坐部伎的演奏形式和乐器排列规律，反映了唐代早期乐舞的发展水平。现藏陕西历史博物馆。（图 9-135）

图 9-135 李寿墓石椁线刻坐部乐伎图

立部乐伎图

唐代石椁线刻图像。高 152 厘米，宽 72 厘米。1973 年陕西三原唐淮安靖王李寿墓出土。作于唐贞观四年（630）。阴文线刻于椁内东壁南部。女伎十二人，分三排站立演奏。均头梳低螺髻，着窄袖上衣，披帛，束长裙。所持乐器为笙、排箫、竖笛、铜钹、横笛、筚篥、筝、曲颈琵琶、直颈琵琶、十二弦竖箜篌。描绘了盛唐立部伎的演奏形式和乐器排列规律，反映了唐代早期乐舞的发展水平。现藏陕西历史博物馆。

侍女群图

唐代石椁线刻图像。高 150 厘米，宽 95 厘米。1973 年陕西三原唐淮安靖王李寿墓出土。作于唐贞观四年（630）。阴线刻于石椁内壁。二十个侍女，分为三排，第一、三排为七人，第二排六人。侍女梳螺髻或双螺髻，穿交襟长袖衣，披中子，束长裙。第一排第一人挽披巾拱手而立。第二人手装于窄长的衣袖内，双手捧圆盒，盒盖为荷叶形。第三人双手抱一坛子。第四人右肩扛叠着的棉被。第五人左手拿一折叠凳子。第六人抄手而立。第七人端高足杯。第三排前二人共抬一五足圆形炉，缓慢前行。第二人右手提一提梁罐，左手端一牛首杯。第三人手拿刻花长颈瓶。第三排前三人为一组，其中两人抬一长方形盘，盘内盛放切开的西瓜，中间一人面向方盘。第四人端方盘，盘中置六只杯子。第五人手捧羽觞。第六、七人抄手并肩则行，表情呆滞，而带稚气。该图场面宏大，人物众多，内容丰富，是研究唐代王公贵族生活情况的重要实物资料。现藏陕西历史博物馆。

菩萨像

唐代石造像。残高 61.5 厘米。1997 年河北邯郸成安县南街村寺庙遗址出土。红砂石质。残存半身。菩萨螺髻高挽，头部发丝纤密，缯带搭臂，两耳下垂，细弯眉，双目下视，眼角上挑，鼻梁挺直，合唇，双下颌，面目清秀，神态恬静。颈饰三道弦纹，上袒，项佩璎珞，右肩斜披绶带于腰际。胸部微微隆起，外廓线清晰，腹部肌肤饱满。现藏邯郸市文物保护研究所。（图 9-136）

图 9-136 菩萨像

观音菩萨白石造像

唐代石造像。残高 90 厘米，宽 35 厘米。头、足及两擘均残缺。采用圆雕和浅浮雕相结合的技法。身躯稍向右倾，上身大部裸露，饰联珠璎珞项链，右肩披帛下垂缠于右胸；露脐，下束羊肠大裙，腰带挽结于腹前。体态妩媚丰满，线条简练流畅，具有女性优美温柔的特征。虽是一件残损文物，但就其雕刻艺术水平来看，堪称唐代雕塑艺术的代表之作。

现藏西安碑林。

释迦说法像龛

唐代石造像。通高 46 厘米，宽 27 厘米。1954 年山西太原花塔村出土。像龛呈半舟形，原贴金、彩绘，现多剥落。龛内主像释迦结跏趺坐于莲花须弥座上，身披圆领袈裟，衣裙铺座。主像两侧侍立两弟子、两菩萨、两胁侍。底座前为夜叉顶宝珠，两侧排列跪莲童子、蹲狮和胁侍（头均残失）。佛龛周沿浮雕宝塔、飞天，龛背彩绘佛像。雕工精细，神态端庄，是初唐石雕艺术中的上品。现藏山西博物院。

涅磐变相碑

图 9-137 涅磐变相碑

唐代碑刻。高 180 厘米，宽 83 厘米，厚 25 厘米。作于唐武周天授元年(691)。蟠螭碑首，龟趺。中造小龛。正面雕造涅槃变像四层六龛，由下而上，底层为释迦说法群像，释迦中央盘坐，众弟子跪听。二层为涅槃变群像，释迦横卧宝床，众弟子围绕哀恸。三、四层各两小龛，为众弟子抬棺送葬情景。三、四层小龛间，刻“大周大云寺奉为圣神皇帝敬造涅槃变碑像一区”二十字。龛下刻记佛弟子和供养人姓名。碑身两侧各造佛龛三层。碑阴上部造龛两层，下刻“大云寺弥勒重阁碑”。碑文三十四行，行六十五至六十八字不等，杜澄撰，荆师善书。雕刻精细，形象生动。用连环画面的手法表达涅槃变情景，更是别致有趣。碑文的书法和文词亦佳，为唐碑中之珍品。现藏山西博物院。（图 9-137）

倚坐佛

唐代造像。位于山西大同云冈石窟第 3 窟。主佛为倚坐佛，高约 10 米，圆润丰满，神态安详。火焰纹背光内雕飞天与坐佛。主佛两侧各雕一胁侍菩萨，各高 6.2 米。右菩萨体态端庄，冠饰华丽，绣法垂肩，笑容可掬。左菩萨右手举于胸前，左手自然下垂，冠饰花束与兽面纹，面相丰腴，神态凝重。

图 9-138 倚坐佛

整组造像雕刻精美，刀法娴熟，反映了当时高超的雕刻技艺。（图 9-138）

卢舍那佛造像

唐代造像。位于河南洛阳龙门石窟奉先寺。卢舍那佛头顶为波状形的发纹，丰颐秀目，嘴角微翘，呈微笑状，头部稍低，略作俯视态，身着通肩式袈裟。整体造型丰满，安祥自在，衣纹流畅，具有高度的艺术感染力，实在是一件精美绝伦的艺术杰作。

大秦景教流行中国碑

唐代碑刻。高 279 厘米，宽 99 厘米。明天启三年(1627)陕西周至出土。作于唐建中二年(701)。螭首龟座，圭形碑额，楷书“大秦景教流行中国碑”九字，上端线刻十字架。碑文楷书，32 行，行 62 字。内容叙述景教的教规、教义以及在中国流传的情况。正面下部及碑侧刻叙利亚文记事和僧徒题名，并有韩泰华、李根源题记。景教僧景净述事，吕秀岩书。碑文是研究中西文化交流的珍贵资料。现藏西安碑林。

多宝塔碑

原名《大唐西京千福寺多宝佛塔感应碑文》。唐代碑刻。高 295 厘米，宽 105 厘米。作于唐天宝十一年(752)。螭首龟座。碑文楷书，34 行，行约 66 字。内容叙述天台宗僧楚金禅师创建多宝塔的经过，以及唐玄宗资助修塔和派使者吊唁并监护楚金禅师丧事的情形。此碑由岑勋撰文，颜真卿书写，徐浩篆额。颜真卿写此碑时年 41 岁，字体端正秀丽，无一懈笔，历来是学楷书的范本。现藏西安碑林。（图 9-139）

三坟记碑

唐代碑刻。残高 210 厘米，宽 82 厘米。唐大历二年(767)。碑首残缺，龟趺，碑侧饰减地阳文图案。碑文篆书 23 行，行 20 字。内容叙述李季卿改葬其三个兄长之事，反映了当时相信风水的观念。李阳冰书。李阳冰的篆书传世甚少，故此碑历来为研究书法者所珍视，被称为神品。现藏西安碑林。（图 9-140）

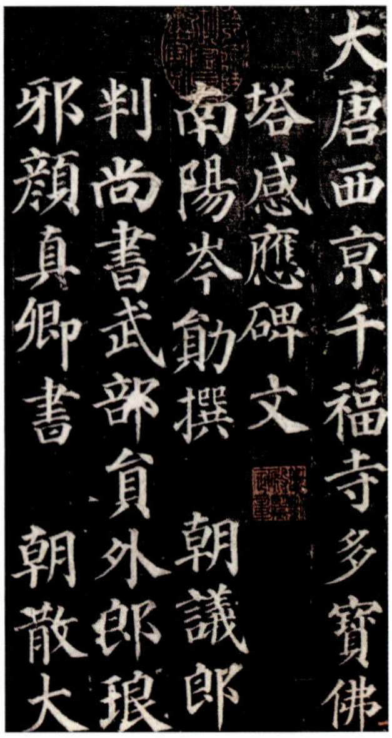

图 9-139 多宝塔碑拓本

图 9-140 三坟记碑拓本

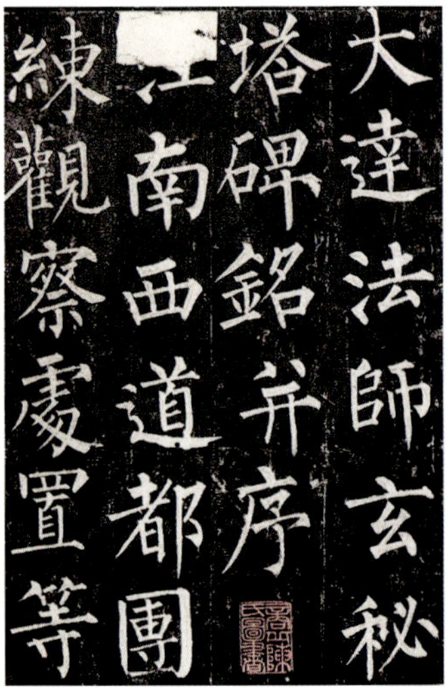

图 9-141 玄秘塔碑拓本

图 9-142 石药碾

图 9-143 金箍宝钿珍珠珷玞石函

玄秘塔碑

全称《唐故左街僧录内供奉三教谈论引驾大德安国寺上座赐紫金鱼袋大达法师玄密塔碑铭并序》。唐代碑刻。通高 386 厘米，宽 120 厘米。作于唐会昌元年 (841)。螭首，须弥座。碑上部断为两截，其断裂时间可能在宋代以前。额篆书“唐故左街僧录大达法师碑铭”12 字。碑文正书，28 行，行 54 字。下端每行磨来两字。此碑为唐代著名书法家柳公权晚年书写，用笔干净，书体端正，是柳体楷书名碑。现藏西安碑林。（图 9-141）

石药碾

唐代药具。通高 7.5 厘米，长 26.6 厘米，宽 5.5 厘米。1983 年河北晋县墓葬出土。汉白玉质。分碾槽（带盖）、基座和碾轮三部分。碾槽呈长方体，口沿内三面凿出燕尾槽，以备碾盖推拉开启，槽内似船形，碾盖中部立雕云头钮，束绶带，并饰大瓣叶纹。槽外壁一端及两侧饰两层花纹，上层阴刻席纹，下层网纹地上压回纹。碾槽下部为基座，两端内收，浮雕壶门图案。扁碾轮，中心有轴穿，穿周围浅浮雕联珠纹和柿蒂纹。雕工精细，装饰华丽，有盛唐之风，堪称药具之佳品。现藏石家庄地区文物管理所。（图 9-142）

金箍宝钿珍珠珷玞石函

唐代石雕。高 10.2 厘米，边长 7.3 厘米，重 1.0225 千克。1987 年陕西扶风法门寺地宫出土。正方形，包括盖、身两部分。盖作盝顶，底沿外突。盖、身以铰链相连，正面铆钉花朵式搭掰，插簧锁、钥及丝带俱全。盖顶四出，边沿与器身四棱均粘贴串状珍珠。盖顶中央与器身四壁各饰宝相花一组；宝相花，由内到外分为三区，分别嵌珍珠、松石四花瓣、红宝石八花瓣，每区以联珠纹金箍相间。区外八出花口凹陷处镶珍珠各一颗，均有联珠围绕。盖四侧各嵌翡翠对卧鸳鸯，俯首弯颈翘翅，外缀联珠。此函色调对比强烈、鲜艳夺目、富丽华贵，显示了唐代的精湛工艺。现藏法门寺博物馆。（图 9-143）

图 9-144 石雕散乐图

王建石造像

五代前蜀石造像。通高 86 厘米，几高 28.7 厘米。1942 ~ 1943 年四川成都永陵王建墓出土。圆雕。为王建本人造像。袖手端坐于石几之上的王建，头戴幞头，身穿圆领绫袍，腰束玉带，足穿乌皮靴，颇为庄严。其雕刻技法简朴概括，神态细腻真实，脱离了一般“神像”神化呆板的模式，表现出充分的人性化，为五代时期写实杰作，为我们研究当时皇家的衣着服饰和肖像雕刻艺术提供了珍贵的实物资料。现藏成都市王建墓文物保管所。

石雕散乐图

五代墓葬建筑部件。长 136 厘米，宽 82 厘米。1995 年河北石家庄王处直墓出土。汉白玉质。浮雕、彩绘结合。最前为一着男装者，戴黑色朝天幞头，手持一长杆，可能是乐队指挥。其下两人，男性，身材矮小，头戴高冠，双手持物，躬身屈膝，似在进行表演。女乐 12 人，分前后 2 排，发式复杂，有抱面高髻、锥髻、环髻、双髻，簪珠花，着长裙，有披帛，面部相似，丰腴圆润。前排五人演奏箜篌、筝、琵琶、拍板、大鼓，后排七人演奏笙、方响、答腊鼓、筚篥、横笛等。浮雕精湛，人物姿态生动，具有颇高的艺术水平，是罕见的五代石雕艺术珍品。现藏河北省文物研究所。（图 9-144）

石雕侍奉图

五代墓葬建筑部件。长 136 厘米，宽 82 厘米。1995 年河北石家庄王处直墓出土。汉白玉质。浮雕、彩绘结合。队前一矮小侏儒，身穿褐色圆领缺胯袍，下穿长裤，双手垫布，捧盘口细颈瓶。后有侍女 13 人，分成 3 排。发式较为复杂，有抱面髻、锥髻、环髻、单髻、丛髻等，头戴花，上插白色梳。面部丰腴圆润，描柳叶眉，樱桃小嘴。上身内穿抹胸，外为红色或白色长裙，外罩褐、白、红三色窄袖短襦，在襦裙上绘散点花卉，肩披帔帛，腰系绦带，脚穿高头履。手中各持日常生活中的不同用具、器皿，有壶、托盏、方盒、拂尘等。人物交错分布，主次分明，服饰、器具刻画精细，飘逸的衣裙使整个画面具有动感，具有颇高的艺术水平。现藏河北省文物研究所。

石刻星像图

五代石刻。长 471 厘米，宽 266 厘米，厚 31 厘米。1965 年浙江杭州玉皇山吴越王钱元瓘墓出土。用红色砂砾岩刻制。星图粘有贴金残片。图的中央刻有拱极星座，其周围刻有廿八宿。所有星象有阴纹勾划成圆点，星象之间用双线连接。现存星数 183 颗。中心有直径 42.6 厘米的小圆，外缘次第刻有三个同心圆，最大圆直径为 180 厘米。星象用写实性手法绘制，甚为罕见。是迄今世界上最大的古代石刻星象图。现藏浙江杭州碑林。

石卧佛

上缘施仰莲。塔刹仅存塔座、莲珠及球状覆钵。中间三层基本上仿木结构。绿檐红柱，雕琢精细，四面浮雕花朵、奔羊、怪兽、门扉、佛像等。形象生动，色彩绚丽。从造型与技法看，与北宋塔的建筑风格颇多相似之处。现藏吉林省博物院。（图 9-145）

图 9-145 石卧佛

石棺

辽代石雕。全棺长 225 厘米，宽 124 厘米，高 88 厘米。1974 年辽宁省法库县叶茂台 7 号辽墓出土。砂岩质。除棺底外，通体平雕花纹，并填色彩绘。棺盖雕大株龙牙蕙草，周边均匀排列十二生肖。四壁分雕青龙、白虎、朱雀、玄武四方神，缀以火焰状

图 9-146 石棺

的云形纹。龙、虎足下生云，御风而行，朱雀立于云间莲花之上，玄武之龟蛇两首互相照应。雕工严谨，为少有的大型雕刻艺术精品。现藏辽宁省博物馆。（图 9–146）

庆陵契丹文哀册

辽代碑刻。道宗哀册边长 135 厘米，宣懿哀册 131 厘米。1930 年内蒙古巴林右旗白塔子辽永福陵出土。哀册盖的四杀、册身四侧刻有十二生肖、双龙等纹饰，气势恢宏。册文用契丹小字书写，内容与汉文哀册有不同之处，对研究契丹小字有珍贵的史料价值。现藏辽宁省博物馆。

彩绘浮雕石经函

北宋石雕。通高 23 厘米，长 37 厘米，宽 23.4 厘米。1963 年浙江东阳南寺塔发现。作于北宋建隆二年(961)。函分盖、身两部分，函身下连束腰须弥座。盖及函中心一侧有残。通体浮雕，墨笔勾勒，敷彩贴金。盝盖，盖面饰蜂窝纹，每孔中贴有方形金箔。斜坡饰菱形网纹、飞天和莲花。盖内中间阴刻："建隆二年辛酉岁九月二十五日勾当塔弟子军葛仁口弟子吏葛仁口造并永充供养"题记。函身四周浮雕人物故事图，为三僧一马取经途中的不同情景。须弥座束腰部分左右两侧，共有九童作跏趺或半跏趺于莲座上，各持板、箫、鼓、笙、钹、笛、排箫、腰鼓等乐器，作吹奏状，惟独右侧右边一供养，头戴僧帽，朝向伎乐，两手掩耳弯腰跽于莲座上，作哀思状。前后两端共浮雕四武士，分坐四角，肩负函身，武士之间雕有象征性提手。座下沿饰覆莲瓣。整个作品在人物表现方面极为成功，各色人物形象生动，各具特色，是佛教体裁石雕中的精品。现藏浙江省博物馆。

垣曲县店下样石则

北宋量器。通高 47 厘米，底径 42 厘米。1959 年山西垣曲古城出土。作于北宋元祐七年(1092)，器身呈八角形，上部为穿孔矩形钮，钮四侧与器身下沿均饰有莲花图案。顶部刻"垣曲样"三字。器身每面均刻文，共 263 字(上下款不计数)。内容主要是为防止运夫半路偷盗盐货斤两，沿途设有官卡，每官卡置石样壹个。从安邑到垣曲共设三卡，石样重量依次递减壹斤，超过者罚款五十贯。如有争议，以石样为据。此石则对研究宋代盐业史提供了重要实物例证。现藏垣曲县博物馆。

浮雕迎佛图石棺

北宋石雕。通高 60 厘米，长 90 厘米，宽 41 厘米。1974 年江苏连云港阿育王塔地宫出土。青石。形如石棺，下连束腰须弥座。盖呈盝顶状，边坡四面按方位浮雕青龙、白虎、朱雀、玄武四神。函身两侧浮雕内容相同，为诸天降十二部天乐迎佛入涅槃境与涅槃变。人物均着宽肩大衣，除两侍者外，头后皆有背光。棺前端阴刻门扉，门上有门钉五行。门两侧阴刻直棂窗各一。须弥座四边阴刻缠枝花草如意纹。束腰及下枭浅刻云气纹。两侧均浮雕力士两人，肩扛石棺手托棺底。棺内装银棺、金棺、佛舍、银匣、舍利等。现藏连云港市博物馆。

梦英篆书偏旁字源碑

北宋碑刻。高 300 厘米，宽 99 厘米。作于北宋咸平二年(999)。螭纹首，额篆中间呈圭形，书“篆书目录偏旁字源碑”九字。碑文偏旁字源，是根据许慎《说文》部首和偏旁分别篆书540部，加以楷书注音。梦英书偏旁字源并题额，郭忠恕书释字、梦英自序、郭氏答书及衔名，落款“咸平二年六月十五日建”。梦英工玉筋篆，上承秦李斯、唐李阳冰，与宋初郭忠恕齐名。此碑对研究汉字形体演变以及篆体书法都有重要价值。碑侧线刻花纹亦极精美。现藏西安碑林。

药师佛

北宋石造像。高 2.55 米。位于陕西黄陵县双龙千佛寺。佛顶有肉髻，后绘赭红色项光。脸庞较小，内着僧祇支，外着通肩式大衣，袒胸，赤足立于双覆莲座。左手持钵，右手置胸施疗病印。持钵臂下有一七级浮屠，塔下为两供养童子，作昂首仰望状。药师佛上方为相向驭风而行的飞天像，一飞天右手托钵，一飞天左手托钵，均乘如意云朵。主佛像周围的供养童子、浮雕飞天等，雕刻细腻，不仅有利于构图，对衬托药师佛也起到了重要作用。

卢舍那佛会

北宋石造像。位于浙江杭州飞来峰青林洞南口崖壁上。壶门式花头龛，高 146 厘米，宽 150 厘米。本尊卢舍那佛，头戴宝冠，身着圆领通肩袈裟，端坐在高束腰莲座上，双手作说法状。左侧文殊菩萨骑狮，由拂菻牵引，狮旁有一侏儒。右侧普贤菩萨骑象，由獠蛮牵引，象旁亦有一侏儒。又有菩萨 4 尊、天王 4 尊分立两旁。龛楣上端有飞天两身，戴宝冠，着天衣，佩璎珞，捧鲜花，凌空飞舞散花。龛外侧刻乾兴元年（1022）胡承德造像题记。整幅浮雕结构完整，主次分明，线条生动，刻划细致，技法娴熟，对称中略有变化，是宋代造像中的佳作。（图 9–147）

图 9–147 卢舍那佛会

紫竹观音

北宋石造像。高 3 米。位于四川安岳塔子山观音堂。观音头戴贴金花冠，蛾眉凤眼，直鼻朱唇。上身着短袖薄裟，袒胸露肘，戴臂钏，璎珞饰身，网坠于胸腹。下身长裙薄如蝉翼，紧贴于腰腿之间，衣裙飘逸，富于动感。悬坐于弧形荷叶上，上身稍左侧，背倚浮雕的紫竹和柳枝净瓶，左手抚撑叶面，右手放在膝盖，五指自然下垂。左脚悬于莲台，轻踏花蕊，右腿弯曲上翘，脚踏莲叶。整个造型仿佛是丰姿绰约的仕女，是全国少有的北宋石刻艺术珍品。

辨音菩萨

北宋石造像。位于四川安岳箱盖山华严洞右壁第三尊。菩萨头戴化佛宝冠，冠上罩一轻薄纱巾，胸披璎珞，结跏趺坐。阴线刻画菩萨颈下横纹，表现出肌肤的丰腴细腻。衣纹圆润轻柔，自然流畅，显示了女性服装的丝绸质地。整体采用左右对称构图，更增加了肃穆、静寂的气氛。（图9-148）

图 9-148 辨音菩萨

宝印观音

南宋石造像。位于重庆大足北山第136号窟。观音头戴宝冠，宝冠纹样类几何形，或椭圆，或三角，条条线条皆由颗颗珍珠串联而成，整个宝冠玲珑剔透。面颐丰满，肌肤细嫩。具有很高的艺术价值。

千手千眼观音

南宋石造像。位于重庆大足宝顶山大佛湾第8龛。千手观音身前有6只手，两手合十，两手结印，两手抚膝，其余的手在身后左、右、上方如孔雀开屏般分布在88平方米的崖石上。千手手心各有一只眼，手握法物各异，或托宝塔、或握工具、或持乐器、或拿文房四宝、或捧瓜果禾黍等，姿势或伸、或屈、或正、或侧，瑰丽多姿，无一雷同。这尊千手观音造像是目前所见惟一真正具有一千多只手的观音石雕像。（图9-149）

图 9-149 千手千眼观音

图 9-150 布袋弥勒佛

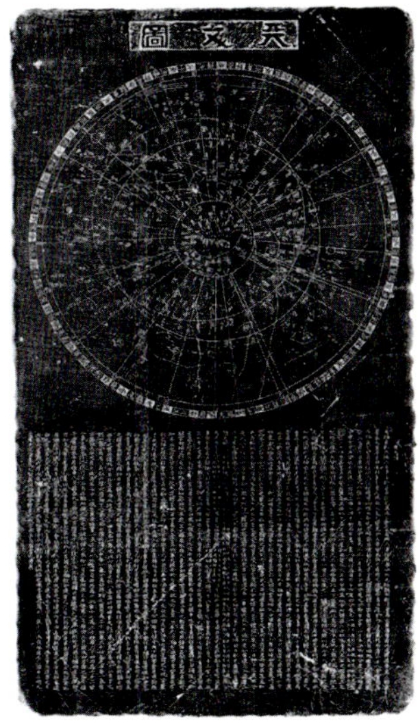

图 9-151 天文图碑

养鸡女

南宋石造像。位于重庆大足宝顶山大佛湾第 20 龛。表现“刀船地狱”组雕的一个画面。一位农家少妇掀开鸡笼，两只鸡争啄一条蚯蚓。少妇面庞丰满秀丽，身着尖领窄袖儒服裙，内裹抹胸，体格健壮敦实，表情稳重温和，面含微笑，刻划非常成功，充满诗意般的乡村风情。为大足石刻精品之一。

布袋弥勒佛

南宋石造像。位于浙江杭州飞来峰。造像龛呈弧形，长 9.9 米，中高 3.3 米，两侧高 1.5 米，为飞来峰造像中最大佛像龛，也是这一时期造像的代表作。本尊布袋弥勒也称大肚弥勒佛，高 1.9 米，肥头丰颊，欢眉大眼，张嘴嬉笑，跣足屈膝，袒腹踞坐，左手执念珠，右手按布袋，旁有木鱼。两侧的十八罗汉就其山而雕，姿态各异。雕造者运用适度的夸张，把布袋弥勒嬉笑自若的神态表现得淋漓尽致，充分凸显了其包容天下、以众生之乐为乐的崇高境界。（图 9-150）

天文图碑

南宋碑刻。高 190 厘米，宽 108 厘米。作于南宋淳祐七年 (1247)。青石镌刻。额题隶书阳文“天文图”。由两部分构成，上图下文。上为全天星图，直径 91.5 厘米，按照传统的盖天图绘制。以北极为中心，画三个同心圆；以在北纬 35° 处南天可见的界限为大圆；北极附近常年可见的界限为小圆；赤道为中圆。另画一个与赤道斜交成 24° 夹角的中圆，代表黄道。还有 28 根经线，由北极向四方辐射。各辐射线的间距宽窄不等，分别等于二十八宿中各宿的赤道宿度。并标明十二辰次，十二星野。又绘 280 星座，1434 恒星，以及银河的界线。释文 41 行，2140 字，介绍了当时所知道的天文知识。据《元史》记载，宋代曾四次对二十八宿的距星进行位置的测量，图中的赤道宿度与元丰年间的观测结果一致，可见此图是依据元丰年间的观测结果绘制的，是世界上现存较早的大型石刻实测星图。现藏江苏省苏州市文庙。（图 9–151）

石透雕飞天

金代石雕。长 8.2 厘米，宽 6.6 厘米，厚 1.1 厘米。1974 年黑龙江绥滨中兴金墓出土。用褐色石料透雕而成。两断裂处以金丝固定。飞天身姿倾斜成向天飞翔状。面颊丰腴，发梳高髻，上身袒裸，下束裙，帛带飘扬。周围饰荷花、卷云，衬托乘风驾云的轻盈之美。人物线条粗犷、奔放，反映了金代雕刻艺术的特点。其风格与敦煌石窟的飞天壁画相似，反映了女真人与中原地区的汉人在文化、艺术方面的密切关系。现藏黑龙江省博物馆。（图 9–152）

图 9–152 石透雕飞天

大金得胜陀颂碑

位于吉林省扶余市石碑崴子村东 2 公里的台地上。建于金大定二十五年 (1185)，清初发现。碑为青灰色石灰岩质，通高 320 米，由碑首、碑身和龟趺 3 部分组成。碑首高 79 厘米，宽 100 厘米，厚 38 厘米，雕 4 条盘龙，碑额圭形，正面刻篆字“大金得胜陀颂”，2 行 6 字，背面刻对译的女真大字，3 行 12 字。碑身高 177 厘米，宽 85 厘米，厚 31 厘米，四周雕蔓草纹，正面刻汉字碑文，共 30 行 815 字，内容为金太祖在此聚集兵马、誓师的经过以及建碑的原委，并有赞颂帝业的诗文。背面刻对译的女真大字碑文，共 33 行，1500 余字。龟趺高 72 厘米，宽 97 厘米，长 160 厘米。该碑是现存字数最多的女真文碑刻，是研究金辽斗争史实及女真文字的重要实物资料。1988 年国务院公布为全国重点文物保护单位。（图 9–153）

图 9–153 大金得胜陀颂碑

石卧马

西夏石雕。通高 70 厘米，长 130 厘米，宽 38 厘米。1977 年宁夏银川西夏墓出土。圆雕兼线刻。

刻一马跪卧于长方形底座之上。马弯颈垂首，唇涂朱色。双目圆睁前视。鬃毛清晰，长尾绕向右边，紧贴长方形底座。造型比例适度、静中寓动，反映了西夏雕刻艺术的高度成就。现藏宁夏回族自治区博物馆。

石雕像础

西夏石雕。高64厘米，宽65厘米，厚62厘米。1985年宁夏银川市西夏陵3号陵东碑亭出土。砂岩。雕刻人形，目视前方，浓眉大眼，牙齿外龇，乳房丰满，腹部突起，两手撑地或上举，作负重状。雕刻技法简洁、传神，集神、人、生殖崇拜于一身。现藏宁夏回族自治区博物馆。

西夏文护国寺感应塔碑

又名西夏碑。西夏碑刻。高260厘米，宽100厘米，厚30厘米。作于西夏天祐民安五年(1094)。圆首，忍冬纹边框。中央阴刻西夏文篆书“敕感应塔之碑铭”题额。碑身两面刻文，一为西夏文，一为汉译文。碑阳刻西夏文楷书，28行，行65字。内容叙述天祐民安三年遭受地震，塔身倾斜，皇帝下诏重修事。碑阴首刻汉文篆书“凉州重修护国寺感应塔碑铭”，碑文为楷书，26行，行70字，边缘处字迹漫漶。两侧各有线刻伎乐飞天图案。碑座束腰，矩形，四角斜杀，大体似龟形。此碑线条流畅，形象生动，是研究西夏民族、宗教、地震及文字的重要实物资料，为迄今所存为数不多的西夏艺术珍品。现藏甘肃省武威市博物馆。

尊胜佛母

元代石造像。位于浙江杭州飞来峰冷泉溪南岸。主尊尊胜佛母身居喇嘛塔龛，三面八臂，三面皆青年女相，面容静雅，柳眉微蹙，眉间又长出一眼，三眼皆微睁。头戴尖顶宝冠，耳垂珥珰，胸挂璎珞。八臂、腕上皆戴钏，执法器。正臂当胸，右手持十字金刚杵，左手持羂索，其余三手分别施无畏印、持弓、捧定瓶，左三手分别托无量光佛、持箭矢、结与愿印。

图 9-154 尊胜佛母

左右胁侍观音菩萨与金刚手菩萨。两胁侍菩萨外侧各雕纵向排列的护法两尊，塔龛上方还有踞坐端捧甘露瓶的供养天两尊。整组造像形制巨大，人物局部主次分明，协调对称，龛内套龛，环环相扣。（图 9-154）

天王

元代石造像。位于北京昌平居庸关云台券洞内。天王面目凶恶，眉头紧锁，不怒自威。身材魁梧，身穿战袍和盔甲，手持利剑，坐于高台上。袍带上下翻飞，动感十足。左右两边分别侍立鬼卒和武士，脚下有两个小鬼，突出了一种威严的气势和力量感。（图 9-155）

图 9-155 天王

三体文景教徒墓碑

元代碑刻。长 80 厘米，高 130 厘米。内蒙古敖伦苏木古城出土。舟形，刻有汉文、叙利亚文和蒙古文 3 种文字。记述墓主人生平事迹。碑首刻景教的十字架，下面衬托仰莲。十字架两边的圆形中，刻有日月。反映了多种文化和宗教主题的交融。现藏内蒙古文物考古研究所。

图 9-156 彩塑女神头像

彩塑女神头像

红山文化陶塑。高 22.5 厘米，宽 23.5 厘米。1983 年辽宁凌源牛河梁女神庙遗址出土。黄土掺草禾胎，和泥塑制。头像与真人头部大小相当，五官端正，头部平直起棱，额部宽平，眼窝较浅，内以圆玉片镶嵌成睛，颧骨高耸，双耳长圆，大嘴微外咧，颏尖丰满。面部打磨光滑，两颊及唇部涂有红彩。具有明显蒙古人种特征。该头像出土于女神庙址主室西侧，有可能是当时的权势者，或是受到崇敬的祖先，有较高的历史、艺术研究价值。现藏辽宁省文物考古研究所。（图 9-156）

交脚弥勒菩萨像

北凉塑像。位于甘肃敦煌莫高窟 275 窟西壁。菩萨头戴宝冠，冠上浮塑化佛，且缀有花饰。卷发披肩，鼻梁笔直，眼球外凸，耳朵长并有耳孔，面相丰圆，神态恬静。上身半裸，束羊肠裙。一手作与愿印，一手残损，交脚坐于宝座上。后有头光和三角靠背。宝座两侧各塑一狮，狮后半身隐在墙壁内。是敦煌莫高窟早期塑像中的精品佳作。（图 9-157）

图 9-157 交脚弥勒菩萨像

图 9-158 莫高窟 248 窟胁侍菩萨像

图 9-159 中心柱造像

释迦禅定像

北魏塑像。位于甘肃敦煌莫高窟 259 窟北壁东起第一龛。释迦牟尼细眉垂目，作禅定印，着通肩袈裟，以阴刻线刻出衣纹。胸部塑造饱满，朴实凝重。虽仅高 92 厘米，却是莫高窟北朝时期禅定像的代表作。

释迦苦修像

北魏塑像。位于甘肃敦煌莫高窟 248 窟中心柱西向龛。双树龛内塑苦修像，表现释迦牟尼于菩提树下苦修六年的情景。释迦眼窝深陷，瘦骨嶙峋，着通肩袈裟，两手作禅定印，结跏趺坐，成功地塑造了一个性格坚毅、专心苦修的形象。

胁侍菩萨像

北魏塑像。位于甘肃敦煌莫高窟第 248 窟中心柱西向龛南侧。菩萨戴仰月宝冠，面形长圆，双目低垂，两手合十，显得虔诚文静。颈下画三道，以刻画法塑出衣纹线，简洁而明快，是北魏晚期菩萨像的代表作之一。（图 9-158）

影塑飞天

北魏塑像。位于甘肃敦煌莫高窟 437 窟中心柱东向龛上方。飞天束发髻，面形消瘦，身形修长，褒衣博带，持莲花，屈膝裹足飞行。表层色彩为宋代重绘。棋形象完全是中原飞天的复制。

丨中心柱造像丨

西魏塑像。位于甘肃敦煌莫高窟432窟中心柱东向龛。中心柱正面圆券龛内塑释迦佛倚坐像。佛着通肩袈裟，袈裟低回于腹前，僧祇支上系带。龛外两侧塑胁侍菩萨，龛柱浮塑莲叶，龛梁两侧装饰龙头。上方的浮塑龛楣内画忍冬纹和化生童子，最上方遍贴影塑供养菩萨。（图9-159）

丨北周释迦佛一铺丨

北周塑像。位于甘肃敦煌莫高窟297窟西壁。圆券龛内塑释迦佛倚坐像和弟子阿难、迦叶。佛穿田相袈裟，手指间生缦网，作施无畏印和与愿印。身后有头光、身光中绘千佛带和火焰纹。龛外两侧塑胁侍菩萨。浮塑龛梁，龛梁两端彩绘忍冬纹。整铺塑像造型生动，色彩鲜艳，为莫高窟北周时期的塑像佳作。（图9-160）

丨释迦佛丨

隋代塑像。位于甘肃敦煌莫高窟412窟西龛内。佛面形方圆，身形敦厚硕壮，有很强的体量感，继承了北周时期的造像特点。身着袈裟，一手施无畏印，一手抚膝，结跏趺端坐。袈裟下缘在佛座前形成弧线，袈裟皱折以浅浮雕手法表现。两侧塑阿难、迦叶等十大弟子。弟子们身穿通肩袈裟，有的好像在虔诚地聆听说法，有的好似若有所思，在细心地体味着佛法的玄妙。从整体上看，如来的庄严、弟子的虔敬，都得到了恰如其分的表现。（图9-161）

丨弟子迦叶像丨

隋代塑像。位于甘肃敦煌莫高窟419窟西龛内北侧。迦叶两眼深陷，额头、鼻翼及两腮皱纹密布，与苦行僧的人生经历十分贴合。造型上，用托钵和握拳的手姿来表现激言述说的情景。是莫高窟最具代表性的迦叶像之一。（图9-162）

图9-160 释迦佛一铺

图9-161 释迦佛

图 9-162 莫高窟 419 窟弟子迦叶像

图 9-163 释迦佛一铺

骑马女俑

唐代明器。高 39.5 厘米。1972 年新疆吐鲁番阿斯塔那墓葬出土。黄泥成型。马伸颈，首微昂，披鬃长尾，四腿直立。辔饰、鞍鞯俱全，胸前及股后革带皆饰杏叶纹，绘褐色花斑彩。马鞍上坐一仕女，头束高髻，戴垂纱帷帽，黛眉凤眼，高鼻朱唇，额饰花钿，口旁饰靥钿。上穿襦衣，下着绿地叶形纹长裙，足登黑靴，紧踏马镫。左手握缰，右手向后挥扬。采用分断塑造，组合而成，帽可取下，人可离鞍，胎内有木条支撑，塑造技艺高超。现藏新疆维吾尔自治区博物馆。

初唐释迦佛一铺

初唐塑像。位于甘肃敦煌莫高窟 283 窟西壁。敞口龛内塑释迦佛坐像。佛头生肉髻，修眉长目，面相沉静，神情谦和，比例匀称，慈祥中透出几分妩媚，极富人情味，犹如一位正在修持的贵妇，展示了新时代世俗性的审美取向。两侧塑弟子阿难、迦叶，胁侍菩萨已不存。（图 9-163）

力士像

初唐塑像。位于甘肃敦煌莫高窟 206 窟西龛外南侧。力士蹙眉怒目，作大吼状，一手举一手下按，奋臂握拳，两臂和胸腹部肌肉隆起，夸张而又显得合理。身体的重心在直立的右脚上。挥动的手臂，前伸的左脚以及飞动的战裙上下呼应，表现出强烈的动态。

盛唐释迦佛一铺

盛唐塑像。位于甘肃敦煌莫高窟 45 窟西壁。内小外大的敞口龛内塑一佛二弟子二菩萨二天王七尊像。方口龛内塑释迦佛正襟危坐，两侧塑细心听法的弟子和虔诚侍立的菩萨及威严护卫的天王。释迦佛的袈裟裹覆的两脚外轮廓清晰，且极度内收，可以透过袈裟清晰判明各部的关节和肌肉。迦叶端严挺立的身姿与阿难的欹侧从容，形成鲜明的对比。胁侍流露出一种娇柔妩

图 9-164 释迦佛一铺

媚之感。天王像威严中带有几分冷峻，具有很强的感染力。整铺塑像整体感强，保存完好，仅臂膊和手指有个别补修，色彩也少有褪变。有效地利用了殿堂窟宽敞的建筑空间，当人进入洞窟以后，视线自然而集中到敞口龛的中心塑像佛陀身上。与此同时，在一个展开的弧面上，映入眼帘的是自内向外呈高低高低走势的胁侍圣众。人物的性格，如佛陀的庄严、弟子的谦恭、菩萨的柔媚、天王的威严都表现得恰如其分，堪称盛唐时期最美的群体彩塑，也是最能代表盛唐之盛的洞窟。（图 9-164）

菩萨与天王

盛唐塑像。位于甘肃敦煌莫高窟 264 窟西龛内北侧。菩萨头束发髻，面相矜持，温文尔雅，左臂长垂，右臂弯曲平置腹前，身形丰满，表现出唐代女性的特征。直立的身形表现似乎与内倾的头部不合，显得有些僵直刻板。北方多闻天王怒目张口，身着铠甲，一手残损，一手叉腰，立于药叉身上，动势威猛紧张。菩萨的衣饰和天王铠甲的塑造，显示出高超的写实技能。人体的塑造，在佛教造像的规范之内，略加夸张，具有鲜明的时代特点，是莫高窟盛唐时期塑像的精彩之作。（图 9-165）

图 9-165 菩萨与天王

莫高窟南大像

盛唐塑像。高 26 米。位于甘肃敦煌莫高窟 130 窟西壁。石胎泥塑。佛面形丰圆，五官匀称，两耳垂肩，神态肃穆。着通肩袈裟，右手施无畏印，左手平伏左膝上，呈倚坐状。曾经晚唐、西夏多次重修，但是除了作施无畏印的右手和腹部略有补塑外，其他均为盛唐时的原作，整体保持着盛唐彩塑原貌。从人体比例上讲，大佛的比例似乎有些不合理，但是在狭小的空间里，极富体量感的造型和高大而威严神情淡化了比例上的不协调，从中可以看出古代艺术家在有效地利用人们的视觉差，并且已经具备驾驭大型塑像的能力。

阿难、菩萨与天王像

盛唐塑像。位于甘肃敦煌莫高窟 45 窟西龛内南侧。年轻的阿难眉舒额朗、肌肤圆润，旁边的菩萨肌肤细腻，衣裙华美，流露出一种娇柔与妩媚。相反，天王铠甲严身，威严中带有几分冷峻。人物各自的性格和内心世界都得到充分的展示。（图 9-166）

右胁侍菩萨像

中唐塑像。位于甘肃敦煌莫高窟 194 窟西龛内南侧。菩萨左手上曲右手长垂，右肘略见弯曲，似以拇指和中指相捻，显示出女性的温柔和娴雅。圆润的两臂和突出的小腹表现得恰到好处，丰腴而不肥满，是中唐菩萨造像的代表作。（图 9-167）

观音菩萨

唐代塑像。身高 15.6 米。位于陕西彬县大佛寺第 20 窟。石胎泥塑。菩萨头戴宝冠，冠中有化佛，束髻，长发披肩。面相丰圆，含蓄恬静。身着华丽锦衣璎珞，流畅自如。身后有卷草纹和火焰纹构成的舟形背光。造型生动，衣纹流畅自如，为唐代造像佳作。

图 9-166 阿难、菩萨与天王像

图 9-167 莫高窟 194 窟右胁侍菩萨像

鹙鹭舍利弗尊者

北宋塑像。位于山东济南长清灵岩寺千佛殿西第五身。舍利弗尊者为青年僧人形象，面容清秀，身着团花交领衣，外斜披僧衣，衣上彩绘华丽。右手下指，左手捏右袖口。人体与衣饰的关系处理非常得当，线条的曲直、虚实与起伏，动作瞬间的衣褶变化，织物的质感，都表现的准确而生动，节奏感极强。

菩萨立像

北宋塑像。高 62 厘米。1965 年浙江温州白象塔发现。木条骨架，黄泥和短麻捣合成型。菩萨高髻华冠，宝缯垂肩，眉目清秀，脸部圆润。上着红色菱格纹交领半臂，肩搭石绿色缠枝花描金披巾。裸胸露臂，项饰璎珞，臂、腕戴钏。腰束石绿色描金围裙，下露赭红色锦裙。腰肢微弯呈曲线形，双手合十，赤足立莲花座上。体态自若，形神兼备，是宋代陶塑精品。现藏浙江省博物馆。（图 9-168）

图 9-168 菩萨立像

胁侍菩萨

辽代塑像。位于山西大同下华严寺薄伽教藏殿佛坛。菩萨头饰华丽，长辫垂肩，面容俏俊，细眉秀目，凝眸欲语，齿微露而含笑，神情典雅。香颈稍斜，上身微袒，双手合十。赤足立于莲花之上，全身重心置于脚上，身子右扭，在流畅自如的衣饰飘带陪衬下，突出地表现了少女身材优美的线条。造型生动，刻画细腻入微，是国内所有露齿菩萨中的精品。（图 9-169）

图 9-169 胁侍菩萨

五方佛

金代塑像。位于山西大同善化寺大雄宝殿。从东往西依次排列：东方香积世界阿閦佛、南方欢喜世界宝生佛、中央毗卢遮那佛、西方极乐世界阿弥陀佛、北方莲花庄严世界不空成就佛。佛均身着袈裟，端坐于莲座，法相庄严，姿态清雅。莲座镶有莲瓣、串珠、三角柿蒂及狮首等装饰。此组造像衣纹流畅，雕技高超，虽然经过历代彩绘修饰，但仍保留金代塑像之艺术风格。

佛头像

西夏塑像。高36厘米。1990宁夏贺兰县宏佛塔天宫发现。佛螺髻，中有一白色肉瘤。面部方颐，敷白粉，双眉隆起，眉间有白毫，眼珠用黑色釉料嵌填，眼下黑色泪痕为釉料滴流所致。鼻高直，大嘴，唇上用墨线绘八字须，下颌用墨线绘日、月、云状纹饰。塑造工艺精湛，富有唐代遗风。现藏贺兰县文物管理所。（图9–170）

图9–170 佛头像

悬塑菩萨

明代塑像。位于山西平遥双林寺菩萨殿。共悬塑四百八十三尊菩萨像，琳琅满目，无一雷同，或脚踩祥云，或骑异兽，若飞若动；有的静目凝神，若有所思；有的对座讲经，欲说还休；有的开门张望，翘首期待，衣裙飘动，翱翔天宇，云集而来。整组塑像形象优美，色彩绚丽，生动地描绘了一个理想的菩萨殿堂。

自在观音

明代塑像。高3.4米。位于河北正定隆兴寺摩尼殿佛坛北壁后侧。以千峰险壑的壮观景象为背景，山水之间岩石突兀，碧波汹涌。观音菩萨坐于正中，头戴镂空宝冠，项前饰以璎珞，上身绕以帔帛，右腿自然舒搭于左腿之上，右手绕膝轻挽左腕，赤足踏在水中盛开的莲花上，神态悠然自得。四周有天神、罗汉及狮子、白象等护卫。此组塑像是以堆塑形式展现观音菩萨道场——普陀山的作品，气氛显得格外热烈，艺术感染力强。鲁迅先生对此作品珍爱有加，称其为“东方美神”。（图9–171）

图9–171 自在观音

竹木雕刻

zhumudiaoke

竹雕

在竹料上进行雕刻的艺术。竹子质地坚韧，节实杆挺，虚中洁外，筠色润贞，四季常青，成为文人墨客吟诵的对象，并有“步步高升”，“节节生利”，“竹报平安”等吉祥寓意。竹雕多选用毛竹、斑竹、棕竹和方竹等竹料。从造型手法上可以分为圆雕和平面雕两大类，圆雕以竹根或较厚的竹身雕成立体摆件。平面雕是选用竹材的中部，以竹面雕刻为主。从刀法上主要分阴文刀法和阳文刀法两大类。

以竹制器在中国有着悠久的历史。传说中神农氏用竹制作农具，女娲用竹管造笙、簧，黄帝用竹管制作萧、笛，仓颉则用竹简制成书册，嫘祖用竹片编制蚕箔。新石器时代出土的陶器上留下很多竹编器模压的痕迹。自战国始，竹器的应用除建筑外，范围日渐广泛。如削竹为简，编连成册，制作书籍来记载史事、典律、兵法和医篇。竹简可算是以镌刻图纹和文字来装饰竹器的竹刻工艺的前身。还有各种竹制兵器、乐器及生活用具等，如湖北江陵拍马山战国楚墓出土的髹漆三兽足卮，湖南长沙楚墓出土的竹篋、毛笔和涂漆的鸟形双口杯等。虽然这些竹制品只能算作是与生活有密切关系的日常用品，还未发展成为一种独立的工艺，但表明了当时手工艺人已懂得采用这种常见的材料进行雕刻，为我们研究竹雕艺术的起始提供了宝贵的资料。

从记载上看，竹刻作为艺术品在魏晋南北朝时期已出现。《南齐书·明僧绍传》中载，齐高帝曾赐给隐士僧绍一根竹如意，即是取用竹根为物料雕刻成的。另据史籍载，南朝时的门第阀阅之家竞以纹饰为尚，常在斑竹笔管上雕刻人物、花鸟及诗词文句等，这种风气直至唐代仍十分盛行。

宋代竹雕

宋代竹刻技艺已见精进。在雕刻风格上，除继承前代雕刻技术，还扩大了取材范围及艺术视野，特别是随着金石学的兴起和绘画的发展，许多文人参加到工艺品的制作中，将笔法融入到刀法中，逐渐形成了宋代多类雕刻品的一大特色。这个时期最著名的竹刻高手是詹成。元陶宗仪《南村辍耕录》中记载詹成雕刻精密无比。宋代的竹雕作品实物很少，宁夏西夏李遵顼陵出土一件竹雕残片，采用了浮雕、浅刻、深刻等技法，将庭院、松树、花卉及人物生动地表现出来。其菱形米字地纹，与元、明时期的雕漆刻锦地纹十分相似。

明代竹雕

明代中期以后，竹雕的艺术性被逐渐地重视起来，从事专业刻竹的工匠和喜好刻竹的文士日益增加。特别是文人也参与进来，他们或自己画稿设计，或亲自操刀，使竹刻真正发展成为一门

图 10-1 明代朱小松竹雕佛手

艺术品类，日趋兴盛起来。这个时期竹刻发展迅速，技艺精湛，超越前代。明代正德、嘉靖朝之后，几乎每个时期都有一些杰出的竹刻艺术家出现。他们主要分布在江苏一带，尤以金陵和嘉定两地最为繁荣，形成了以濮仲谦、朱松邻为代表的金陵派和嘉定派。（图 10–1）

清代竹雕

明末至清初，在朱氏三代竹刻艺术的影响下，竹刻在各地得到日益广泛的发展，除了传统的金陵、嘉定外，徽州等地也成为竹刻艺术的发达地区。许多卓越的刻竹能手相继出现，其中知名者就达六七十人之多。他们在继承朱氏传统技法的同时，不断创新，出现了一些新的风格流派，其中以吴之璠的薄地阳文浮雕，封锡禄、封锡章兄弟的竹根立体人物雕刻，周颢的平刻花纹，及方洁庵的竹黄浅浮雕等最为突出。竹刻日益成为一门流行的艺术形式。当时，以竹制笔筒、香筒、臂搁等十分普遍，且极尽图绘雕镂之能事，几乎失去了它的实用价值，完全是一种观赏的艺术品，艺术家们纷纷在上面施展着他们的巧思。

图 10–2 清代竹雕桃树人物槎

乾隆时期，竹刻趋于纤巧、细腻，向多样化发展。乾隆皇帝好古，因此竹刻中的仿古制品也相继出现，如壶、瓶、卣、觚、鼎等，不仅在造型上追仿先秦古器物，而且纹饰亦多取自青铜器，显得别有风致。此外，将诗书画印运用到在竹器雕刻上，纹图不仅有作者款铭，而且还多加诗词、印章，更显书卷气，取得了极好的艺术效果。

乾隆、嘉庆之后，竹刻的风格渐趋流行浅浮雕和阳纹平刻。镂空雕法与圆雕技法不再被普遍使用，只有蔡时敏立体圆雕、庄绶伦的透雕等少数几家。此时的竹刻不再强调造型和立体感，图案及题材大部分采用名家书画为蓝本，著名者有嘉定派的邓渭，金陵派的潘西凤和方洁等。（图 10–2）

金陵派竹雕

明代濮仲谦创立的竹雕工艺流派，因其为金陵（今南京）人，故名。注重简练明快的雕刻技法，以浅浮雕为主，不讲究精雕细琢，只就天然形态，具有苍劲古朴的风

图 10–3 濮仲谦竹雕松树形小壶

格。尤善于用盘根错节的竹根，根据竹材的自然形状和特征，往往只是略施雕凿即见自然之趣。（图 10–3）

嘉定派竹雕

明代朱鹤创立的竹刻工艺流派，因其为嘉定（今上海嘉定县）人，故名。以技精艺巧享誉天下，以镂刻为主，重在深刻，且刀法稳重，作品多以透雕、深雕、高浮雕为主。大都擅长文学，能绘画，在竹刻创作中，常以笔法行刀法进行雕镂，能在寸许竹木上，随意刻画山水人物、楼阁、鸟兽等纹饰。多作笔筒、香筒、臂搁及簪钗等服饰物。技艺巧夺天工，作品精美绝伦，为后世所难于超越。嘉定派竹雕名家以嘉定三朱最为著名。

木雕

是指以木材为原料，用雕刻手法制作的艺术品和实用品。木料中适宜雕刻的有硬木和软木两种。硬木主要有黄杨木、紫檀、黄花梨、鸂鶒木、乌木等，质地坚硬，色泽深暗，纹理或如山川、流云、波涛，或如美丽的羽毛，有很强的艺术表现力，多被制作大型家具，也可用作雕刻文玩用具，箱、柜、盒等生活用品以及佛像、人物、动物等圆雕作品。软木常见有楠木、桦木、檀香木、沉香木、枷南香木等，质地多柔和细腻，具有韧性，色泽艳丽，有的还有芬芳香味，主要用来雕刻小型工艺品。

木雕在成为一门独立的雕刻艺术之前，在人们日常生活中的使用十分广泛，但因木料容易腐烂，早期木雕作品能留存至今的很少。距今七千年的浙江余姚河姆渡遗址和辽宁沈阳新乐遗址中已发现木建筑构件、木质生产工具、生活用具、木胎漆碗以及木雕的鱼、鸟等，证明木器使用的年代已十分久远。

图 10–4 战国持剑木俑

战国木雕

战国时期木器在南方的应用较为广泛，长沙战国墓中出土了许多雕花板，有镂空透雕和斜刀平雕等多种形式，图案花纹和同期的铜器、漆器具有共同的特点，雕刻最精的是包山大冢中出土的木虎、木雕动物群。战国中后期，以俑为殉葬明器逐渐代替了人殉，于是木俑的制作出现了高潮。战国木俑身体雕刻粗糙，但双腿雕凿成形，并装有双足，双臂为后装，头部雕出耳、鼻和嘴，眼、唇为墨绘及涂朱，全身不刻纹，配穿衣服。（图 10–4）

宋代木雕

宋代地方特色突出的木雕形式相继涌现出来，著名的

图 10-5 宋代木雕供养人像

有浙江木雕和广东潮州木雕。浙江东阳木雕是以硬木和黄杨木为主要材料进行雕刻，采用近于中国画的构图方式，将不同时间、空间的景物融入一个画面中，以平视的人物、鸟瞰的环境构成。广东潮州木雕所用木料较杂，有柏木、楠木、樟木等多种。所刻纹饰一般采用连续构图，以树木、山石作为分界，将一段故事按情节、时间分成连续段落。常在作品外上漆贴金著名，金碧辉煌，因此也称“金漆木雕”。两地木雕的应用范围很广，有用于建筑中的门窗、梁柱、斗拱、家具上的雕刻、佛龛造像，还有文房用具、陈设小品等等。在雕刻技术上，建筑、家具一般以透雕、浮雕为主，如透空的隔扇，薄而平的浮花裙板，规整连续性图案的门楣等。造像、文房用具和陈设品等以圆雕为主，各种技法并用。

从宋代始，雕刻工艺受金石、绘画艺术的影响，特别是一些文人亲身参与其中，使雕刻渐由原来的实用工艺升华为艺术品。宋元时期，木雕人物、动物形像不及盛唐时的雄健质朴，木刻圆雕技法比较简洁，注重自然、流畅、写实，特别是能把握住人物的性格，将人物的神貌特征、精神气质表现出来。著名作品有木雕观音、广东韶关市南华寺木雕罗汉像、河北出土的力士像、故宫博物院收藏的李铁拐像等。（图 10-5）

明代木雕

图 10-6 明代黄杨木雕达摩

明代木雕非常发达。除宋代就很发达的潮州金漆木雕外，福州、徽州、浙江东阳的木雕都有所发展，特别是广东、扬州的硬木雕刻，温州的黄杨木雕刻，更是闻名遐迩，影响极广，并传播到海外东南亚等地。潮州木雕以造型生动、风格细腻、纤丽精巧、金碧辉煌为主要特征，用单层次镂通的雕刻技法，雕刻人物、鱼虾等作为门窗、佛龛、箱匣的主要装饰。东阳木雕风格稳厚朴实，雕刻内容多以历史故事和民间传说为题材，图案布局丰满，但满而不乱，具有浓郁的装饰性。工艺追求精巧，大多保留平面的多层次深、浅浮雕，结合镂雕、圆雕技法，线面结合，注重人物动态和整体效果，形成其独特的风格。

明代木雕除了上述地区多用来作为建筑、家具装饰外，最有特色的是富于创造性、生气勃勃的小型陈设木雕工艺品，如黄杨木、沉香木、紫桧木和桃、橄榄、菩提树和果核雕刻，在艺术上都取得了很大的成就。由于当时雕刻风气盛行，名家辈出，巧手成群。除了供奉宫廷的名工巧匠外，在地方上也有不少技艺高超的雕刻名匠

和文人雕刻高手，如濮仲谦、江春波、夏白眼、王叔远等人都是一专多能、技艺出众的高手。（图10–6）

清代木雕

清代木雕工艺发展很普遍，几乎全国各地都有，具有浓厚地方特色的有广东潮州木雕，浙江的东阳木雕，苏州、扬州的硬木浅浮雕等。尤其是苏州、扬州的硬木雕刻家具，更是风靡全国，皇室使用的箱柜家具，多是由两江织造从苏州定制，木材珍贵，纹饰繁缛，精雕细刻，与民间相比多为富贵、吉祥之意，具有浓郁的皇家气派。

清代木雕应用广泛，从房屋建筑的梁栋、窗楣隔扇，到箱柜、桌椅、提匣、妆奁上的装饰，以及文房用具、陈设、文玩等，可以说是无处不用木，无木不雕刻。最有代表性的是小型雕刻工艺品，奇巧精美，运用了多种技艺，有的可被称为特种工艺。这些作品取材广泛，在造型、纹饰以及雕刻技巧等诸方面均超越前代。如盒类器，就有圆形、方形、瓜果形、如意形、方胜形、海棠花形、扇形等多种。在雕刻技巧上，有线刻、阴刻、深浅浮雕、透雕、圆雕、镶嵌等等。题材广泛，内容丰富，除了传统的花鸟、人物、山水外，还常见有瓜果、瑞兽、历史典故、戏曲人物以及以名家画作为蓝本的木雕等。出现了许多能工巧匠，如一技多能的吴之璠、杜士元、周义等。（图10–7）

图 10–7　清代黄杨木雕螭耳海棠式盒

东阳木雕

因起源于浙江东阳而得名。因不上金漆又称“白木雕”。东洋木雕以硬木和黄杨木为主要材料进行雕刻，采用近于中国画的构图方式，将不同时间、空间的景物融入一个画面中，由平视的人物、鸟瞰的环境构成。雕刻技法除浅浮雕、圆雕、镂雕外，还用较特殊的满地雕、双面镂空雕和彩木镶嵌技巧。尤其注重打磨，外表圆滑细腻，精美光润。纹饰题材以人物、山水、花鸟、草虫等为主，还有民间传说、戏曲人物、历史故事及佛道、神仙等，也有各种各样吉祥图案和文玩清供、博古赏玩之类，雅俗共赏。

潮州木雕

因产于广东潮州而得名。因上金漆又称“金木雕”或“金漆木雕”。所用木料较杂，有柏木、楠木、樟木等多种。雕刻方法有浮雕、圆雕等。雕刻完之后上漆贴金，因而金碧辉煌，工艺精巧。其所刻纹饰一般采用连续构图，以树木、山石作为分界，将一段故事按情节、时间分成连续段落。题材有人物、花鸟、山水等，还有当地喜闻乐见的戏曲故事、民间传说、神话故事和历史故事等，另外具有当地特色的民俗题材“鱼虾蚧篓”表现了沿海渔民的日常生活，是常用的喜庆吉祥图案。

核雕

微型木雕工艺。是在杏核、橄榄核等果核上进行雕刻，有圆形和橄榄形两种，体积很小。雕刻者常常是以触觉感应运刀，或画面，或题诗，将山水、人物、鸟兽、花卉、楼台、亭阁等大千世界浓缩于方寸之间。一般多制成朝珠、手串等小巧的工艺品，很受当时达官贵人、文人雅士的喜爱，遂风靡一时。

图 10-8 橄榄核雕人物小舟

明清文人笔记中，以核雕留名的艺人很多，其中以夏白眼、王叔远最为著名。天启年间，虞山王毅所雕的桃核，也使人爱不释手。清代杜士元的果核雕刻，也非常有名，人称之为鬼工。因他技艺高超，被乾隆皇帝召至宫内，专为皇室服务。据说他因禁在皇宫造办处中，终日闷闷不乐，后来装疯才被放归故里。他雕刻的果核及象牙、木刻制品，均被人们视为至宝。传世的果核作品有杏核雕人物故事，橄榄核雕寿星及小船等。（图 10-8）

根雕

以一定自然形态的树根为基本素材，经过人为的加工制作成艺术品，是中国民间一种独特的传统艺术形式。注重树根的原始形态，将天然美与人工美结合，保留根料的色彩、形状以及纹理、疤瘤的质感，具有自然、淳朴的韵味，特别是经过艺术的再加工，往往被赋予全新的形象和意义。

椰雕

木雕工艺之一。可分为三类：（1）椰壳雕。最常用的椰雕。利用椰子壳的天然形态，把椰壳和贝壳嵌镶结合，按设计造型拼接成工艺品。产品色如蒸栗，有椰碗、茶叶盒、牙签筒、烟灰缸、花瓶、二胡、拼贴工艺画等。代表作品如椰壳雕云龙纹碗。（2）椰棕雕。根据椰棕自然肌理效果，采用切、割、烫等方法加工成椰猴、椰猪、椰妹等各种人物、动物造型。（3）椰木雕。椰木向来被海南民间用来加工成木梁盖房子，后来工艺厂开始用椰木加工成筷子、发夹等产品。（图 10-9）

图 10-9 椰雕云龙纹碗

竹简

竹制品。战国开始，削竹为简，编连成册，用来记载史事、典律、兵法和医篇，东汉以后被纸、帛代替。被认为是镌刻图纹和文字来装饰竹器的竹刻工艺的前身。

篪

竹制乐器。春秋战国时期广泛应用。形制似笛，两端有底的闭口类吹奏乐器。1978 年湖北随县曾侯乙墓出土有此乐器，其上漆绘精美的几何纹，是迄今为止发现的最早的竹管乐器。（图 10-10）

尺八

竹制乐器。竖吹开口类吹奏乐器。形制与现在的箫相似。日本正仓院中的唐代乐器“尺八”，长 1.8 尺，有 6 个孔洞，用了三节竹管。竹管表面刻有飞鸟、树木、弹琵琶与摘花者以及仕女等，纹饰布满笛面。竹笛以直刀留青法雕刻纹饰，竹肌为地，再在青皮上刻划花纹，刀法质拙，技法尚在初级阶段。

木俑

木雕人形殉葬品。战国中后期，以俑为殉葬明器逐渐代替了人殉，因此木俑的制作出现高潮，对汉唐之后的各个时代都有很大影响。战国木俑身体雕刻粗糙，但双腿雕凿成形，并装有双足，双臂为后装，头部雕出耳、鼻、嘴，眼、唇为墨绘及涂朱，全身不刻纹，配穿衣服。汉代时，俑的躯干已大略刻出轮廓，从雕刻技巧上看，明显承袭楚俑的造型特点，摆脱了秦俑呆滞生硬的模式，而富有生动情趣。唐代俑葬之风更为流行，品种也十分繁多。但此时陶瓷器的大量涌现，使木俑的数量锐减。堪称代表的是新疆吐鲁番市阿斯塔那 206 号墓出土的一批骑马仪仗俑、天王俑、木牛车等。（图 10-11）

图 10-10 战国早期彩绘竹篪

仿古竹器

清中期流行的一种竹刻风格。由于乾隆皇帝好古，竹刻中的仿古制品相继出现，如壶、瓶、卣、觚、鼎等，不仅在造型上追仿先秦古器物，而且纹饰亦

图 10-11 西汉彩绘奏乐木俑

图 10-12 清代竹雕提梁卣

多取自青铜器，别有风致。特别是用竹黄工艺制成的仿古器，器型规整、色调柔和，十分精美。（图 10-12）

瓜果形盒

盒类器型之一。器形模仿瓜果，常见的有桃形盒、南瓜形盒、葫芦形盒等。不仅外形精美，而且寓意丰富：桃形盒寓意长寿，南瓜形盒寓意富贵和丰收，葫芦形盒谐音“福禄”，寓意太平兴旺。

方胜形盒

盒类器型之一。器形为两个菱形压角相叠而成。“胜”相传为西王母的头饰。寓意同心。（图 10-13）

图 10-13 清中期文竹方胜形盒

海棠花形盒

盒类器型之一。器形为四瓣半椭圆形花瓣相连，花瓣两两相对。另一种则是除了四个主瓣外还有小花瓣的多瓣海棠花式。寓意子孙满堂、几世同堂。

天覆地式盒

盒类器型之一。器形为内圆外方，与古代礼天的琮相近。取天圆地方之意。

竹雕松树形小壶

明晚期陈设品。通高 12.3 厘米，口径 8.4 厘米，底径 8.5 厘米。呈棕褐色。用天然盘连的竹根雕形松树形，以松杆为主体，松枝盘曲成柄，断梗作流，壶盖巧雕成枝叶形，叠压错落，形似折枝，又与壶身主杆相连。柄下隐刻阴纹“仲谦”款。采用深、浅浮雕技法雕成，构思奇巧，技艺超卓。现藏故宫博物院。

竹雕松鹤笔筒

明晚期陈设品。通高 17.8 厘米，口径 8.9 ~ 14.9 厘米。竹刻家朱鹤作品。呈酱色，扁圆形。取一截老松作主干，松干上部盘旋着几枝曲折小枝，枝叶繁茂。树旁立二仙鹤，一伸颈翘首，一俯首相望，似互相对语。松树后面一块剥落表面空隙处雕刻一段阴文楷书款识。现藏南京博物院。（图 10-14）

图 10-14 竹雕松鹤笔筒

竹刻人物香笼

明晚期陈设品。高 16.5 厘米，口径 3.6 厘米。1966 年上海宝山顾村明朱守仁夫妇墓出土。竹刻家朱缨作品。长筒形，两端有盖和底。盖、底檀木所制，刻有蟠螭纹。器身刻古藤下一男一女在石案左右对弈，另一老翁居中观棋。松干之后是半开的洞门，门口站一女子执扇俯视，门匾上刻阳文篆书“天台”两字。讲叙了刘晨、阮肇入天台山采药，为两仙女所留，行酒作乐的神话传说。左侧有阴文“朱缨”款和“小松”篆书印。采用浅雕、浮雕、透雕、留青等多种技法，布局极有层次，人物神态生动，构思精妙，运刀娴熟，是一件罕见的艺术珍品。现藏上海博物馆。

竹雕春菜笔筒

明晚期陈设品。高 13.7 厘米，口径 10.8 厘米，足径 10.5 厘米。竹刻家朱稚征作品。通体棕红色，下承三矮足。采用陷地深刻法，刻有白菜两棵，一只螳螂伏在叶片之上，菜旁以刻法点缀数层小草。一旁隶书七言诗一首，及“乾隆己亥仲秋月御题”九字和草书“三松”款识。采用圆雕毛刻技法，线条婉转流畅，运刀颇见功力。现藏故宫博物院。（图 10–15）

沈大生竹刻庭园读书图笔筒

明晚期陈设品。高 14.9 厘米，最大径 15.5 厘米。竹刻家沈大生作品。色呈琥珀状，莹洁光润。口、底呈椭圆形。画面以圆形门洞取景，刻有两女子庭院读书的情景。人物生动，景物松树、梧桐、芭蕉、石几、坐凳、香炉、花瓶等无不精妙。松石间有直行楷书“禹川沈大生制”款。此筒采用深浮雕、透雕、浅浮雕等多种技法，雕刻精巧，构思独特。现藏上海博物馆。（图 10–16）

图 10–15 竹雕春菜笔筒

张希黄款留青山水楼阁笔筒

明末清初陈设品。高 10.3 厘米，口径 5.9 厘米，底径 5.8 厘米。竹刻家张希黄作品。棕红色。筒壁刻有高山垂柳、亭台楼阁等景。远处崇山峻岭，逶迤连绵，近处两道山坡并行，山坡上垂柳倚石，枫桐高耸，枝繁叶茂，坡后建有危楼险阁。笔筒底部刻有楷书“希黄”及“宗略”小方印。此器最大的亮点为留青技法的巧妙应用，山间部分利用青皮的薄厚变化刻绘出了云气弥漫的艺术效果，体现出作者留青技法的精湛和此技法的独特艺术风格。现藏上海博物馆。

图 10–16 沈大生竹刻庭园读书图笔筒

吴之璠款荷杖僧笔筒

清代陈设品。高 17.3 厘米，口径 9.4 厘米，底径 9.2 厘米。竹刻家吴之璠作品。呈椭圆形。镶紫檀木口和底，下承四垂云足。此笔筒图文分为两面：一面用薄地阳文，凸刻一荷杖僧人，僧人貌如满月，双肩垂耸，手持佛珠串，肩荷禅杖；一面刻阴文行书题诗一首。此件作品刀法娴熟，纹饰简练，线条婉转流畅，表现了作者薄地阳文技巧的风格和特征。现藏故宫博物院。

周颢竹刻松壑云泉图笔筒

清代陈设品。高 14.9 厘米，口径 11.5 厘米。竹刻家周颢作品。筒体阴刻山岩涧石，松林密布；远处山峦起伏，云泉流溢。山石间刻有“乾隆甲子长夏芷岩制”行书款。采用浅浮雕的技法，刀法兼用深刻、浅刻，似山石之皴擦，极有层次，可称为一幅山水画。现藏上海博物馆。（图 10-17）

图 10-17 周颢竹刻松壑云泉图笔筒

封锡爵竹雕白菜笔筒

清代陈设品。高 16.2 厘米，口径 13.4 厘米，底径 7.8 厘米。竹刻家封锡爵作品。竹根制，根据竹根原有形状，以立体白菜为题材雕成。叶片健挺，筋茎凸凹自然，根须溢出土面，十分生动。底部有阴文篆书“封锡爵”圆印。此器采用圆雕毛刻方法雕刻而成，刀法超然，镌刻技术极为精能，体现了富有生命力的艺术效果。为清初封氏家族圆雕艺术作品中的珍品。现藏故宫博物院。

封锡禄竹雕松荫高士笔筒

清代陈设品。高 14.5 厘米，口径 13.3 厘米。竹刻家封锡禄作品。棕色，下承三矮足。筒壁上刻山水人物图。三株苍松耸立，虬枝盘拏如蛟龙，松上明月当空，松荫下溪水蜿蜒，岸边有三老者手指明月，边赏边谈，一边两小童侍立旁边。山壁上题有“壬寅五朋侣梅居士清玩，封锡禄刻赠”。作品用去地浮雕的方法雕成，刀法婉转超然，雕刻精细，人物神态，山水笔意均佳，为薄地阳文技法刻竹中的精品。现藏故宫博物院。（图 10-18）

图 10-18 封锡禄竹雕松荫高士笔筒

文竹方胜形盒

清中期陈设品。高 11.8 厘米，径 23.5 厘米。盒呈方胜形，共两层，上有盖。表面粘贴有深浅两色竹黄片，深浅色黄片上分别刻有缠枝莲花纹和六角锦纹。上下两层浅黄地上浮起褐色花纹，与中层鹅黄色相映成辉，显得十分清爽雅致。此器以黄杨木为胎雕出器型，再彩用竹黄、浅刻等工艺雕成，包镶雕刻极为精密，纹饰布局匀称，色调柔和，是竹黄工艺的成功之作。现藏故宫博物院。

彩绘奏乐木俑

西汉明器。俑高32.5～38厘米，上半身长20～25厘米。1972年长沙马王堆1号汉墓出土。共五件，其中吹竽俑两件，鼓瑟俑三件。用木雕成人形和衣着轮廓，敷白粉为地，黑绘眉目，朱绘两唇，以朱黑两色绘出衣着纹饰，衣着系交领、右衽、束袖式长袍，袍缘绘出黑地红花织锦。这五件乐俑雕工虽拙朴，但反映了古代乐器的组合和弹奏状况，以及音乐在社会中的作用，是研究中国音乐史的重要资料。现藏湖南省博物馆。

图 10-19 彩绘木牛犁

彩绘木牛犁

西汉明器。牛长31厘米，犁长18百米，铧宽3厘米。1972年甘肃武威磨咀子48号墓出土。通体为深黑色，眼、鼻涂成白色。牛身后拉一木犁，双角前倾，拱背作用力状。造型上有很强的立体感，具有酣畅明快的艺术风格，而且反映了当时的耕作方式和农业在社会生活中的重要地位。现藏甘肃省博物馆。（图 10-19）

彩绘踏鬼天王木俑

唐代明器。通高86厘米。1973年新疆吐鲁番阿斯塔那墓葬出土。由天王和牛鬼两部分组成。外敷各色彩绘，斑斓如新。天王头戴介帻，身着盔甲，脚蹬黑色长皮靴。左手下指左足着地，右足下踏一牛鬼，面目狰狞，张牙舞爪，威武强悍，似佛教中的夜叉形象，作为镇墓辟邪之用。现藏新疆维吾尔自治区博物馆。（图 10-20）

图 10-20 彩绘踏鬼天王木俑

力士像

北宋明器。高18.6厘米，肩宽6.1厘米。1969年河北定州静志寺遗址塔基地宫出土。力士右臂上耸，托于胸前，左臂下垂，手托锏尾，双脚八字立于木座之上。面目狰狞，怒目圆睁，眼、眉、发及衣饰彩绘黑、朱、褚色漆。造型威武雄健。器物采用圆雕技法雕成，刀法圆润，刻工细致，色泽鲜艳，是宋初彩绘木雕的代表之作。现藏河北省定州博物馆。（图 10–21）

图 10–21 力士像

沉香木雕山水笔筒

明代陈设品。高 14 厘米，口径 12.5 厘米，底径 9.5 厘米。笔筒色如蒸栗，由两部分接制而成。底为一块平底、光素锥形的沉香木根，内口掏空，外壁略高，用浮雕技法雕出耸山、茅亭、小舟及人物。又以拼镶技法将刻好景物的沉香木块粘接在锥形木主体上。笔筒以山林内容为题材，刻有山林、奇石、松柏、人物。制作精巧娴妙，刀笔流畅，细腻润泽，是沉香木刻文玩中的精品。现藏故宫博物院。

黄杨木雕李铁拐

明晚期陈设品。高 29.3 厘米，长 8.5 厘米，宽 7 厘米。黄杨木雕成。通体着破衣褴褛，秃顶，前额凸起，面带微笑，左肩挎一葫芦及一串灵芝，双手拄拐于右腋下，跛腿赤足。此作品刻工细致、线条流畅，人物塑造生动传神，是明代木雕的成功之作。现藏故宫博物院。（图 10–22）

图 10–22 黄杨木雕李铁拐

橄榄刻诗人物小舟

清中期陈设品。高 1.6 厘米，长 3.4 厘米。以橄榄核雕成。呈栗色。舟首一老者翘首而坐，持杯品茗，小童捧壶而立。舱中摆着杯盘菜肴，一老翁凭桌而坐，似在饮酒而观景，旁边书童凭栏远望，舟尾小童正有搬弄酒坛，舟底阴刻行书“秋山绿水”诗句，后刻阴文“陈子章”制行书款。采用镂空技法，刻画精细，韵味厚淳，是不可多得的核雕作品。现藏故宫博物院。

椰壳雕云龙纹碗

清中期陈设品。高 8.3 厘米，口径 17.6 厘米，足径 8.6 厘米。直口，圈足，内髹朱漆，口沿下刻弦纹及如意云头纹，外壁有三个如意形开光，内刻海水云头纹，开光外刻冰裂纹地，浮雕织球花带。此器色如蒸栗，采用浅浮雕技法，椰壳分别雕刻，再拼接而成。制作及雕刻技法高超，以花纹掩饰衔接的痕迹，刻工细腻，壁薄体轻，是清雍正时期椰雕工艺中的精品。现藏故宫博物院。

东山报捷图笔筒

清代陈设品。高 17.8 厘米，口径 13.5 × 8.5 厘米，底径 13.8 × 8.5 厘米。竹刻家吴之璠作品。笔筒主体为黄杨木雕成，口与底镶嵌红木。内口如灵芝瓣，外壁以山崖为界分刻晋谢玄对弈图和东山报捷图。山崖壁立，古松垂荫，树下晋安正与一老者对弈，三女子持如意低语，小童端盘侍立。另一面林间军使在策马加鞭，举棋报捷。山间石壁上方刻乾隆御题七言律诗一首，下方有“槎溪吴之璠”和“鲁珍”两印款。作者采用高浮雕技法，用刀圆熟深峻，打磨光滑。人物神态逼真，信心和从容之情溢于言表。现藏故宫博物院。（图 10-23）

图 10-23 东山报捷图笔筒

竹林七贤图笔筒

清中期陈设品。高 20.6 厘米，口径 11.5 ~ 14.5，足径 11.4 ~ 11.8 厘米。用黄杨木根随形雕成。外壁通景刻《竹林七贤图》。山前竹林深幽，枝繁叶茂，林间奇石、小花杂错。七贤或立或坐，聚于林间，神态安祥。此笔筒用镂雕和深浮雕技法，深达十二三层，刻工精湛，镂出的竹枝细若粗针，人物眉眼须毫必现，点漆的眼睛及衣衫上的花纹更使人物栩栩如生。整个画面情景交融，整体和局部达到了高度的和谐统一。现藏故宫博物院。（图 10-24）

图 10-24 竹林七贤图笔筒

云蝠纹四足盒

清中期陈设品。高 16 厘米，径 24.5 厘米。紫檀木雕成。盒四角均作如意云头式，满雕云纹，衬托八只飞舞的蝙蝠，正中嵌一块方形墨玉，上有螺钿团花及红绿宝石料装饰。外壁一周委角开光，内雕云蝠纹，盒内贴一层金丝织品，填补了镂空处的空白。盒底下沿微微外翻，雕出一周仰莲纹。盒下部镂雕四只三弯式腿及花牙，承泥等部件，上饰云蝠、如意等吉祥图案。现藏故宫博物院。

万年普祝图插屏

清中期陈设品。高 185 厘米，宽 85 厘米，厚 56 厘米。鸂鶒木雕成。上部为屏心，下部雕夔龙纹的云纹。屏心为蓝色漆地，雕有山峦、流水、梧桐、芭蕉、松树，露台临水而建，台上殿宇林立，回廊环绕，仙鹤及小鹿悠闲信步。有亭翼然临于水上，亭边有一位仙翁和小童细语。题材寓意“鹿鹤同春”，与屏心上部嵌“万年普祝”隶书题字相应。屏背板为黑色漆底，描金画牡丹等花卉纹。屏心边框内缘细雕回纹，回纹外镶铜框边。此屏为一对，用于祝寿。现藏故宫博物院。

枷楠香木雕花佩

清晚期装饰品。径 6.3 ~ 4.3 厘米，厚 0.8 厘米；径 6.3 ~ 4 厘米，厚 1 厘米；径 5.3 厘米，厚 0.6 厘米。皆棕褐色，两块为长方形，一块为八角形。长方形佩一块双面刻博古图，另一块正中刻双喜字与荷花图，背面刻《荷花鹭鸟图》。荷花又名芙蓉，鹭鸟与“禄”谐音，寓意“一路荣华”。八角形佩一面刻荷花，背面刻《莲花金鱼图》，谐音“连年有余”。深雕而成。为宫中嫔妃或皇子携配之物。现藏故宫博物院。（图 10–25）

图 10–25 枷楠香木雕花佩

竹

竹刻作为工艺美术中一个独立的门类，是与竹在中国文化中的地位分不开的。竹子质地坚韧，节实杆挺，虚中洁外，筠色润贞，四季常青，被喻为“君子”，与玉一样，成为高尚气质的象征。因为竹子在中国历代文人心目中的崇高地位，以竹为材料的雕刻才在宋代由匠人制作的工艺品逐渐成为高雅的艺术品，并在明清时期走向繁盛。竹刻作品中所选用的竹材主要有毛竹、斑竹、棕竹等。

毛竹

亦称楠竹。常用的竹料。分布较为广泛。枝杆粗壮，其圆筒状的形体宜雕刻笔筒、臂搁等文房用品。有的竹干弯曲变形，可以巧妙地雕成艺术品。

楠竹

即毛竹。参见【毛竹】。

斑竹

亦称湘妃竹。常用的竹料。主要产于江浙和两湖地区。形体修长，表面有红褐色斑点，传说是湘妃的眼泪所化。通常被用作扇股、笔管、手杖，或劈成竹篦编成箱、柜之类的生活用具。

湘妃竹

即斑竹。参见【斑竹】。

棕竹

常用的竹料。色泽深褐，纤维粗壮分明，形成深浅不同的条纹，韧性较强。多将其劈成片状编成盒、匣之类，也有用作手杖。（图 10-26）

方竹

竹料。产于江浙地区。体细呈方柱形，极其罕见。仅知乾隆时期用作手杖，并在杖首题写诗句赞誉自然界物产之丰，更显其珍贵新奇。

图 10-26 棕竹嵌玉旋纹盒

硬木

木料分类之一。质地坚硬，色泽深暗，纹理多样，有很强的艺术表现力。多用于制作大型家具，也可用作雕刻文玩用具，箱、柜、盒等生活用品以及佛像、人物、动物等圆雕作品。主要有紫檀、花梨、黄花梨、酸枝、铁梨、乌木、鸡翅木、瘿木等。

软木

木料分类之一。质地多柔和细腻，具有韧性，色泽艳丽，有的还有芬芳香味，主要用来雕刻小型工艺品。

图 10-27 紫檀木雕云蝠纹四足盒

紫檀

珍贵木料。为常绿亚乔木，是世界上

最珍贵的树种之一，产于印度南部迈索乐邦。木质坚重细致，入水即沉，色泽棕紫色，有角质般的光泽，为优质家具材质，亦可用作木雕。（图 10–27）

图 10–28 沉香木雕山水笔筒

黄杨木

珍贵木料。产于南方。生长十分缓慢，大料难求，故多雕成小型器物。质地坚韧，纹理细腻，硬度适中，色彩艳丽，有象牙的质感，呈蛋黄色者为上品。

沉香木

又名“沉水香”。珍贵木料。产于东南亚各国，产量极少。上等的沉香木质地坚硬、油质饱满，入水即沉；色泽古朴浑厚，深沉润泽。熏烧时香气浓郁，留香时间长。用于制造工艺品和香料。（图 10–28）

图 10–29 鸂鶒木雕万年普祝图插屏

枷楠香木

又名“奇楠香”。沉香木的一个特殊品种。质地较沉香木柔软、疏松，油质多，有粘韧性。在常温下即香味持久。产量比沉香更少。更为珍贵。

奇楠香

即枷楠香木。参见【枷楠香木】。

鸂鶒木

又名“鸡翅木”、“杞梓木”。广东一带称“海南文木”，又名“红豆木”和“相思木”。因纹理犹如鸟羽，故名。质地坚密，有“木里含砂石”之说。《格古要录》中说此木产于“西番”，其实广东、海南也有产，但数量稀少，十分珍贵。（图 10–29）

鸡翅木

即鸂鶒木，参见【鸂鶒木】。

杞梓木

即鸂鶒木，参见【鸂鶒木】。

海南文木

即鸂鶒木，参见【鸂鶒木】。

红豆木

即鸂鶒木，参见【鸂鶒木】。

相思木

即鸂鶒木，参见【鸂鶒木】。

竹雕阴文刀法

竹雕技法之一。用刀削去竹皮，形成图案和文字，原有的竹面成为图案和文字和底纹，这种方法又可分为浅雕、深雕、透雕三种。

竹雕阳纹刀法

竹雕技法之一。刻去部分竹皮、竹肉作为底纹，留出的部分成为图案，有留青、浅浮雕、高浮雕三种。

留青

也称皮雕。竹刻技法。是利用竹青筠和竹肌的色泽变化进行处理的一种浅浮雕技法，即留用竹表青筠雕刻纹饰，竹肌为地，故名。竹青筠色洁如玉，色浅微黄，竹肌则显露自然纹理，色深如琥珀，经时间的变异，色泽差异更为分明，形成由浅至深，自然退晕的特殊效果，是竹刻艺术中一种独特的表现形式。

图 10-30 清代张希黄留青山水楼阁笔筒

目前所见最早的留青竹刻实物是收藏在日本正仓院中的唐代乐器"尺八"，又名竖笛。笛用三节竹管，表面刻有飞鸟、树木、弹琵琶与摘花者以及仕女等，纹饰布满笛面。刻纹方法采用直刀留青法，竹肌为地，再在青皮上刻划花纹，刀法质拙，有"制度混朴"的特色，技法尚在初级阶段。

明代留青竹刻有了重大的发展，出现了留青竹刻高手张希黄。他发展了前人的刻法，将留青刻法进行创新，突破了旧有的平面图案形式，使用阳纹浅浮雕技巧，将书画艺术的表现手法运用到竹刻中去，使图案纹饰层次分明，工细如画，特别是利用青皮与竹肌的色泽变化，浓淡相映，达到了笔墨神韵和雕刻趣味兼备的艺术境界。多见以留青法在竹筒、臂搁、香筒上刻绘山水人物、花鸟树石、楼阁亭台等。张希黄

刻竹工细精致，并能曲尽画理，具有深厚的绘画功力。观赏其竹刻，犹如赏画，成为晚明时期留青技法的典范。（图 10-30）

丨竹黄丨

又称“文竹”、“贴黄”、“翻黄”，是一种以竹内膜进行加工的竹刻品种。黄色，色泽光润，类似象牙。一般多以大型的楠竹为材料，将新鲜的竹筒分节截开，劈去竹青、竹肌，仅留下如厚纸般的一层竹黄片，经过水煮、晾干、压平等工序，然后贴到制好的器胎上，再在上面雕刻花纹。器胎多为木制，选用的木料有楠木、柏木、杉木、红木、乌木、黄杨木等。特别是黄杨木的色泽、质地与竹黄近似，宛若天成。器表所贴竹黄，有时需要两至三层。花纹多以阴线浅刻为主，也有浅浮雕。

图 10-31　文竹方觚

竹黄工艺最早始于湖南邵阳地区，制成的器物有匣、盒、盘、文具等。器物表面呈鹅黄，清淡幽雅，大多是光素，很少有纹饰。后来，嘉定竹人学来此艺并加以改进，以其擅长的雕刻施于器表贴黄上，使其更为艺术化。清中期以后，随着竹黄工艺的日益完善，不仅是邵阳、嘉定两地，浙江黄岩、四川江安、福建上杭均以制作贴黄器而著称。乾隆年间，皇帝南巡，发现此工艺，甚为喜爱，随后命地方每年向皇宫进贡，贴黄器流行一时。

民间贴黄器在造型、花纹装饰上都比较简单，而进到宫廷内的器物却是精美异常，有些造型规格和图案设计甚至是由清宫如意馆画师提供，各地织造按图承办、督造，有些则是将贴黄匠人召至宫中进行制作。这些作品，可算是穷工殚巧，精美绝伦，有盒、匣、文具、盘冠架、炉、瓶、鼎、多宝格、如意、鼻烟壶、牙签筒等，其中只盒一类，品种式样就五花八门，举不胜数。图纹装饰上更是工精华美，远非民间器物可比，是将粘贴、镶嵌、图绘、雕刻等多种工艺集于一器，代表了当时竹黄工艺发展的高超水平。（图 10-31）

丨文竹丨

竹刻技法。即“竹黄”。参见【竹黄】。

丨贴黄丨

竹刻技法。即“竹黄”。参见【竹黄】。

翻黄

竹刻技法。即“竹黄”参见【竹黄】。

竹刻地纹

竹刻技法。竹刻中区别于纹饰图案的背景部分，对纹饰起到衬托作用。地纹有四种：（1）光地，地纹光素。（2）空地，即透雕之镂空地。（3）几何纹地，如雷纹、波纹、鳞纹、锦纹等。（4）糙地，即砂地，因地纹粗糙不平而得名。

阳纹砂地

竹刻技法。地用阳雕刻成，凸显成砂粒状。有细砂地、粗砂地、核桃地、香橼地（一名桔皮地）等多种。

薄地阳文

竹刻技法。浅浮雕工艺的一种。将花纹以外全部竹地或邻近花纹四周之竹地刮去，使花纹微微高起，然后雕刻，可与毫发之隙见微妙起伏。

剔地深刻

竹刻技法。一种深刻，竹材表面为平地，所雕图像全部刻陷地中，于阴刻中又采用高浮雕和镂雕手法，起到了似阳实阴，阴中有阳的特殊效果。此法始于清代前期。

詹成

生卒年不详。第一个被文献记载的竹刻艺术家。元陶宗仪在《南村辍耕录》称其雕刻精密无比：“当见所造鸟笼，四面皆花板，悉于竹片上，刻成宫室、人物、山水、花木、禽鸟，纤细具备。其细若缕，而且玲珑活动，求之二百余年，无复比一人矣。”

李耀

生卒年不详，年代稍早于濮澄。字文甫。《竹个丛钞》称其“善雕扇骨，镌花草玲珑有致，亦能刻牙章，尝为文三桥（彭）捉刀”。成就不如濮仲谦，但为金陵派的创立奠定了基础。

濮澄

生卒年不详。复姓濮阳，单称姓濮，字仲谦。明代南京人，一说为苏州人。著名雕刻家，金陵派竹雕的创始人。活动于明代万历至崇祯时期，清初尚在。《太平府志》说他“有巧思，以镂刻名世，一切犀、玉、髹、竹皿器，经其手，即古雅可爱。”明代张岱《陶庵梦忆》中说“其竹器，一帚一刷，竹寸耳，勾勒数刀，价以两计。然其所自喜者，又必用竹之盘根错节，以不事刀斧为奇，则是经其手略刮磨之，而遂得重价。”清人宋荔堂在《竹罂草堂歌》中称赞他：“白

图 10-32 濮仲谦款竹刻八仙笔筒

门濮生亦其亚，大璞不斫开新硎。虬髯削尽见龙蛇，轮囷蟠屈鸱夷形。匠心奇创古无有，区区荷锸羞刘伶。”这些记载说明濮仲谦是位身怀绝技、一专多能的雕刻艺术家。

濮仲谦的竹刻与众不同，有鲜明的特点。喜用刀很浅的浮雕技法，有人称之为“水磨器”。当时，他用这种技法刻制扇股、酒杯、笔筒、臂搁之类器物，也使用在木器和牙角上，曾妙绝一时，受到世人的喜爱。他还喜用盘根错节的竹根，根据竹材的自然形状和特征，用简洁的刀法，略施雕凿，随形施刻，自然成器。代表作品如现藏故宫博物院的竹雕松树形小壶，用天然盘连的竹根，采用深、浅浮雕技法雕成松树形，以松杆为主体，松枝盘曲成柄，断梗作流，壶盖巧雕成枝叶形，叠压错落，形似折枝，又与壶身主杆相连。柄下隐刻阴纹“仲谦”款。从此作可见其追求自然，刀法细腻流畅，韵味古雅的艺术特色。（图 10-32）

濮仲谦

即濮澄，参见【濮澄】。

嘉定三松

嘉定派竹雕家朱鹤、其子朱小松、孙朱三松均为嘉定派竹刻传人，为一时高手，并称“嘉定三松”、“嘉定三朱”、“竹三松”。

嘉定三朱

即“嘉定三松”参见【嘉定三松】。

朱鹤

生卒年不详。字子鸣，号松麟。嘉定派竹雕的创始人。据《嘉定县志》记载，其祖籍新安，宋建炎时期迁徙到华亭（今上海松江），后来定居嘉定（今上海嘉定县）。朱鹤擅长摹印和雕镂，工韵语与绘画，能以笔法运于刀法，创造出深刻法与透雕法，为竹刻艺术开辟了新的道路。多作笔筒、香筒、臂搁及簪钗等服饰物，在寸许竹木上，随意刻画山水人物、楼阁、鸟兽等纹饰。他的竹刻作品在当时很受世人器重，以至不以形状称器，而直接呼之为“朱松鄰”。代表作有南京博物院收藏的竹雕松鹤笔筒等。朱鹤之后，其子小松、孙三松均为嘉定派竹刻传人，为一时高手，并称“嘉定三松”、“竹三松”。

朱松麟

朱鹤号朱鹤，故又称朱松麟。参见【朱鹤】。

朱缨

（约 1519—1587）字清父，号小松。朱鹤之子。嘉定派竹雕名家，“嘉定三松”之一。他秉承父业，博涉多能，工诗，擅书画，尤喜刻竹。他的竹刻技法齐备，除阴刻、阳刻、立体雕刻外，也做镂刻和留青阳文等，刻工之精细酷似乃父。据《嘉定县志》记载，其竹刻题材广泛，花卉、山水、仕女、仙人等无所不包。他善用绘画中的留白，山川连贯，树身苍劲，行曲盘折，仿佛天工。古仙佛像，相貌奇古，有吴道子风格。朱小松名气很盛，当时有“小松出，而名掩松麟”，大有盖过乃父之势。（图 10-33）

朱小松

朱缨号小松，故又称“朱小松”。参见【朱缨】。

朱稚征

生卒年不详。号三松，是朱鹤之孙，朱缨的第三子。嘉定派竹雕名家，“嘉定三松”之一。朱氏竹刻，以刀法纤巧工谨见长，到三松时则有所变化，更追求简古精雅的意趣，特别是刀法和画法的结合，有如饱墨运笔，刀笔并举，对后世产生了巨大的影响。其竹刻题材更为广泛，将明末流行的戏曲典故、传奇故事等搬入竹刻中。他不仅继承了世代相传的职业，而且也承袭了他父祖的品行，决不曲意迎合重金、权势，每件作品均累月完成，其人品、作品均受到世人推重。在朱氏祖孙三代中，三松的成就最大，是竹刻史上最为突出的人物。当时他的作品就与珠、玉等价，有着很高的声誉。（图 10-34）

朱三松

朱稚征号三松，故又称“朱三松”。参见【朱稚征】。

沈大生

生于明末，卒于清初。字仲旭，又字禹川。嘉定派竹雕名家。以医为职业，竹刻师从朱稚征。作品有上海博物院藏庭园读书图笔筒。

张希黄

生卒年不祥。名宗略。明代竹刻家。善留青竹刻，首创了阳纹浅浮雕留青技法。他发展了前人的刻法，将留青刻法进行创新，突

图 10-33 朱缨竹刻人物香笼

破了旧有的平面图案形式，使用浅浮雕技巧，将书画艺术的表现手法运用到竹刻中去，使图案纹饰层次分明，工细如画，特别是利用青皮与竹肌的色泽变化，浓淡相映，达到了笔墨神韵和雕刻趣味兼备的艺术境界。多见以留青法在竹筒、臂搁、香筒上刻绘山水人物、花鸟树石、楼阁亭台等。张希黄刻竹工细精致，并能曲尽画理，具有深厚的绘画功力。观赏其竹刻，犹如赏画，成为晚明时期留青技法的典范。

图 10-34 朱稚征竹雕渔翁

| 吴之璠 |

生卒年不祥。字鲁珍，号东海道人。活跃于康熙前期的嘉定派竹木雕刻家。吴氏刻竹大致分为两种：一是师承朱三松，用深刻作高浮雕，深浅多层，高凸处接近圆雕，低陷处则采用透雕技法；另一种是借鉴北魏浮雕的表现方法，以薄地阳文即去地浮雕法，以浅浮雕突出主题，留空四周作为背景的新型雕刻法。这种刻法使宾主、虚实分明，对比强烈，素地可见到朴质的竹丝，精镂细琢部分则肌润光泽。善于以景物来遮掩压叠，刻划的纹饰层次分远近，在浅浮雕有限的高度上，甚至在高低相同的表层上，都能给人以透视深度之感。其薄地阳文的代表作有荷杖僧图笔筒、滚马图笔筒；木雕代表作品如东山报捷图笔筒。（图 10-35）

图 10-35 吴之璠款荷杖僧笔筒

| 周颢 |

（1685-1773）字芷岩，号芝岩。清雍正至乾隆年间极负盛名的竹刻家。善书画。在朱氏祖孙三代画法刻竹的基础上，创凹凸皴法，以浅浮雕及平刻为主，不假画稿而以刀代笔，直接刻出山水、树石、丛竹。清代《竹人录》的作者金元钰曾以汉唐诗家比喻明清竹刻，而把周颢比作盛唐的杜甫，认为他是清代竹刻开创新法的第一人。代表作有竹刻松壑云泉图笔筒。

| 封锡爵 |

生卒年不祥。字晋侯。清代嘉定城南人。竹刻名家。工诗善画，其竹刻技术高超，善运圆刀。尤其以竹根艺术

最为著名。传世作品不多，著名的有竹雕白菜笔筒。（图 10–36）

封锡禄

生卒年不祥。字义侯，号廉痴。善刻竹，尤精于竹根人物，曾入值宫廷造办处。《竹人录》说：“竹根人物盛于封氏，而精于义侯，其摹拟梵僧佛像，奇踪异状，诡怪离奇，见者毛发竦立。至若采药仙翁、散花天女，则又轩轩霞举，超然有出尘之想。”

邓渭

生卒年不祥。字得璜，号元樵山人。工薄地阳纹，善镌印章。作品多以在笔筒或臂搁上刻名家诗词及镌印为主。

潘西凤

生卒年不祥。字桐冈，号老桐，别号天姥山樵。浙江新昌人，居扬州。清乾隆年间著名竹刻家。精通各种技法，在臂搁上浅刻菊花极精，并善刻竹制印章。被称为是濮仲谦之后最出色的金陵派竹刻家。

方洁

生卒年不祥。字炬平，号治庵，浙江黄岩人。清代蒋宝龄《墨林今话》中说他：“精于铁笔刻竹，尤为绝技，凡山水人物小照，皆自为粉本，于扇骨、臂搁及笔筒上，阴阳坳突，钩勒皴擦，心手相得，运刀如用笔。”他虽为浙江人，但刻法属于金陵派，人称“方竹”。将嘉定刻竹中的高浮雕技法改进，使之成为只稍突出平面几毫分的阳文浅浮雕。最具特点的是在竹臂搁上以阳文浅浮雕刻人像，能够须眉逼真，被称为绝艺。清代学者张庭济曾称赞他的竹刻道：“竹人自昔流城传，只恐赎君更擅场。”

图 10–36 封锡爵竹雕白菜笔筒

牙骨角器

y a g u j i a o q i

牙雕

一般是指用象牙雕成的工艺品和器物。象牙洁白纯净，温润柔和，质地细腻，寓意吉祥，是精雕细刻的绝好材料。在温和、润湿的条件下不易脆裂，更适宜镂空雕刻。此外，河马、海象、野猪、鲸等的牙制品也被包括在广义的牙雕器中。

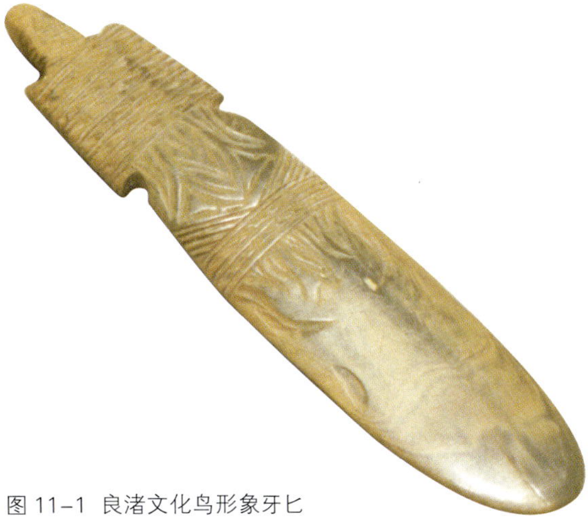

图 11-1　良渚文化鸟形象牙匕

原始社会牙雕

从考古实物看，牙雕的起源很早。早在旧石器时代，先民们便用野兽的牙制成了简单的渔猎工具，如钩、镞等。新石器时代的河姆渡文化、大汶口文化、良渚文化已有精美的雕花象牙制品。如浙江余姚河姆渡遗址第四文化层出土的双鸟凤纹象牙雕饰，器物上以阴线雕刻出一组画面，上下两端还钻有象征水珠的六个小孔，构图对称和谐，线条流畅。又如山东泰安大汶口文化墓地出土的象牙梳，有十六个梳齿，细密均匀，梳体镂有“S”、“T”和长条形纹，制作精致。同出的象牙筒是用整段象牙切削而成，筒壁上有弦纹或凹弦纹带，甚至有的采用了减地技法，在凸出的宽带上再挖刻凹弦纹，有的刻出了连续规则的花瓣纹样和对称的小孔，制作水平之高，令人赞叹。上海青浦福全山良渚文化墓葬出土的兽面纹象牙器，主纹兽面纹轮廓粗犷清晰，地纹纤细致密。在尚无金属发明的良渚时代，能够刻划出如此精细繁密的纹饰，实在令人惊叹。（图 11-1）

商周牙雕

商周时期牙雕十分盛行，应用范围日益扩大，有琮、觚、筒、杯等。多加纹饰，主要有云雷、饕餮、夔龙、夔凤、蝉纹等，其繁缛、细腻处及纹饰风格与同期的青铜、玉器相类。商代表现为华丽繁密，周代则演变为简朴庄重和凝厚结实。最具代表性的作品是安阳商代妇好墓出土的两件嵌松石象牙杯。用象牙的罐口截成，呈筒状，筒旁装有把手，几与杯身等高。两件杯体均上满饰花纹，但纹饰有所不同。一件筒身与把手以浅刻回纹作锦地，以对称浮雕饕餮纹作主纹。另一件用镶嵌的绿松石将杯身相隔成四段装饰面，分别刻有夔纹、兽面纹，使画面既统一又有变化，富于节奏感，特别是松石和象牙的黄绿对比强烈，色彩明艳，使整件作品显得更为华丽。这两件牙杯综合了浅刻、浮雕、镶嵌等多种工艺，代表了

图 11-2　商代嵌绿松石兽面纹象牙杯

当时牙雕制作的最高水平，其严整华美处与同出的青铜重器有异曲同工之妙。（图 11-2）

春秋战国牙雕

春秋战国时期，牙雕向精、细、巧的方向发展，纹饰风格有一些变化。商代流行的饕餮纹已不多见，几何纹、龙纹、夔纹等增多；动物图案由商周的威严神秘变得较为亲切，如龙纹变得修长，姿态活泼可爱，更接近现实中的动物形态。为了增加装饰性，还流行在器物的表层加添漆绘图案。例如山东春秋墓中出土的一件牙梳，梳柄为两条高浮雕缠绕的蛇，左右各有一鸟，刻工精细，纹饰细部也施有彩绘。

汉代牙雕

汉代牙雕用途日益广泛，制品有碗、勺、卮、杯、尺、簪、笄、梳、篦，以及棋、牌、筹、珠、环、璧、瑗等，但主要还是以片状的制品为多。流行的雕刻技法有阴线刻和浅浮雕两种。线刻采用犹如发丝的细纹雕刻图画，称为游丝法，仿自战国玉雕，用飘逸流畅的曲线来表现图案纹饰的动感，是汉代牙雕的一种独特风格。浅浮雕类似阳文篆刻，用减地的方法去掉其他细节，只留出物象的轮廓，使图纹更为集中、概括。这两种雕刻方法，普遍运用在各种器物上，一直流行于整个汉代。纹饰图案增加了描写现实生活的题材，即使是神兽题材，也加以世俗化，而不再有诡秘神奇的色彩了。圆雕作品不多见，即使是在圆雕的外形下也是用这两种方法进行雕刻。

魏晋南北朝牙雕

魏晋南北朝时期的牙骨雕刻作品传世不多，只是在文献中有一些关于象牙制品的记载。唐代象牙与珠玉、玛瑙等一起列为上等名贵的材料。牙雕制品中以各式梳簪为多，有扁平圆头的，有浅浮雕花鸟纹的，还有透空雕花的。此外还有牙尺、香囊、鱼袋等制品。

唐代牙雕

唐代牙雕最突出的是创造了拨镂雕刻法，所谓拨镂，即是将象牙染成红绿诸色，再刻上花纹，以增添纹饰的华美。以这种方法制作的牙雕工艺品，最有代表性的是牙尺。如日本奈良正仓院中收藏的多件唐代牙尺，染成红、绿、蓝等色，镂刻线条细如毫发，刻花卉、鸟兽、亭台等纹饰。

宋元牙雕

宋元时期，象牙基本被宫廷占有，民间因象牙来源短缺，价格昂贵，雕刻的象牙制品就更难见到了。传世有一件元代透雕牙饰，刻缠枝牡丹、天鹅及海东青，牡丹枝叶上稍加阴纹，线条不多，却刚健有力，镂空简拙，与同时的玉饰图纹极为相似，反映的是海东青啄击天鹅，喻示以小胜大的民族。

明代牙雕

明代象牙雕刻工艺，逐渐恢复了元以前的盛况。用途广泛，品类繁多，生活用品有牙梳、牙簪、香匣、妆盒等，文房用具有笔筒、笔架、笔管、镇尺、水丞、印盒等，其他还有法轮、牙笏、牙璋及立体圆雕人物。牙雕人物不多，有仕女、仙人、佛像等，但雕法刻工十分突出。洪武至弘治年间的牙雕主要受宋元影响，发展比较缓慢，纹饰还留有宋元遗风。弘治之后，因各种雕刻工艺发展迅速，雕漆、竹刻等一些工艺手法及艺人也加入到象牙雕刻中，使象牙雕刻融入了这些工艺门类的风格特征，例如文房用具中的笔筒、臂搁、水丞之类与同时期的竹刻风格类似。（图 11-3）

清代牙雕

清代特别是清中期以后，象牙雕刻工艺达到了鼎盛阶段，无论是品种的多样，题材的丰富，还是雕刻技法的精纯与繁复，均达到了历史的最高峰。当时的牙雕产地主要有北京和广州两地。北京民间作坊和宫廷造办处牙雕，特别是宫廷作品，由于其特殊的使用或欣赏者，形成了其不惜工本，精雕细镂，重视磨工的特点，具有华丽、典雅、纤细的风格。广州地区的牙雕侧重于雕工，讲究漂白色彩的装饰，多以质白莹润，刀锋裸露，玲珑剔透见长，享有时誉，不仅进贡宫廷，也出口海外。

清代象牙制品用途更为广泛，有著名的象牙球、象牙雕花镜奁、象牙席，以及提篮、盒具、笔筒、臂搁、花插、香薰、鼻烟壶及各种圆雕人物、动物、瓜果等。技法上受竹刻影响很深，多采用深浅浮雕；同时与木刻、玉雕、漆雕等亦有很多相近的地方，体现了当时雕刻艺术高度发达，并相互影响，相互渗透的特点。涌现出一批牙雕名家，如广东的陈祖章、黄振效、萧汉振，浙江的施天章、顾彭年、杜士元、屠魁胜、关仲如、杨迁等。他们的作品由于得到皇帝的推崇，

图 11-3 明代牙雕柳荫弈棋图笔筒

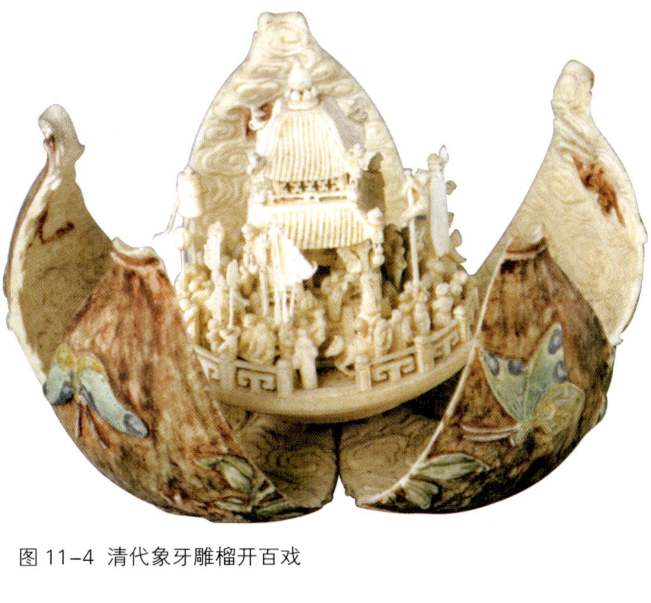

图 11-4 清代象牙雕榴开百戏

有些还被恩准刻上了名款。著名的有黄振效的牙雕渔家乐图笔筒、牙雕云龙纹火镰套，李爵禄的牙雕如意纹小套盒，陈祖章父子、顾彭年、常存、肖汉振五人刻制的牙雕月曼清游册等。（图11-4）

宫廷牙雕

清宫造办处的牙雕。宫廷牙雕的最大特点是规矩典雅，做工精细入微、一丝不苟，特别是打磨非常讲究。这是因为当时的牙雕均按皇帝的喜好由造办处画样稿，经皇帝审阅后，交工匠们按稿雕刻，不得修改。存世作品一般为精巧之作，如遇次品，宁毁不取。（图 11-5）

北京牙雕

北京地区除清宫造办处外的牙雕。北京牙雕为满足达官贵人的需要而发展起来，在精细程度和刀功上远不及宫廷牙雕，原料也较次，但它能博采众长，又独辟蹊径，发展了一门具有地方特色的象牙微雕工艺。常把作品表面用琉黄或雄黄熏成浅黄色以利观赏。

广州牙雕

又称“南派”。清代广州一带的牙雕。特点是注重雕工，讲究漂白和染色装饰，作品或质白莹亮或五彩缤纷。广州牙雕一般分为三大类：雕刻、镶嵌、编织。象牙席、象牙雕花镜奁、象牙球都是广州牙雕的杰出代表。由于广州是当时最大的外贸口岸，具有象牙集散地的优势，为牙雕工艺提供了充足的原料。由于受到外来文化的影响，广州牙雕在造型、纹饰、题材上都具有鲜明的地方特色。

图 11-5 象牙雕月曼清游册

苏州牙雕

江浙地区的牙雕。器物的造型、纹饰、题材均保留了浓厚的传统特色。风格典雅，刀法以浅浮雕、阴刻、圆雕为主，布局简洁疏朗，与当地的硬木雕、竹雕、雕漆等工艺的关系密切。题材十分广泛，既有民俗化的神化人物、吉祥喜庆图案，也有以文人画入题的，包括山水、人物、花卉。技法上以效仿绘画布局和皴法为特长，具有古雅、野逸的气质和明快流畅的风格。（图 11-6）

图 11-6 象牙雕渔家乐图笔筒

象牙器

用象牙雕成的工艺品和器物的总称。象牙主要为大象的长牙，也包括牙齿。象牙洁白纯净，温润柔和，质地细腻，寓意吉祥，是精雕细刻的绝好材料。在温和、润湿的条件下不易脆裂，更适宜镂空雕刻。从考古实物看，象牙器的起源很早，远在新石器时代的河姆渡文化、大汶口文化，就曾有精美的雕花象牙制品。中国古代对象牙十分珍视，甚至被统治者用作等级制度的象征。此外，河马、海象、野猪、鲸等的牙制品也被包括在广义的象牙器中。

牙梳

象牙制生活用品。象牙质地细腻，色泽精美，是制作梳子的绝好材料。牙梳使用时间很长，从新石器时代直至明清时期的各个历史阶段都有发现。1959 年在山东泰安大汶口一座新石器时代晚期墓中出土了两件象牙梳，梳体镂有“S”“T”和长条形纹，制作精致。

牙琮

象牙制装饰品。方柱形，也有长筒形的，中有圆孔。出土较少，仅在大汶口文化遗址中有发现。

牙觚

象牙制礼器。觚原为青铜质，一般形制为喇叭口，细腰，高圈足，盛行于商代和西周初期。象牙觚少见。河南郑州商代遗址中出土有象牙觚，呈椭圆形筒状，颈部和下部各雕刻有一周凹槽，足部雕刻有弦纹和三个十字镂孔，浅黄色，通体磨光。

牙筒

①象牙制装饰器。新石器时代大汶口文化遗址中出土有透雕的牙筒。壁面刮磨光滑，多数穿有小孔，用于系带，起装饰作用。

②象牙制陈设品。主要指象牙笔筒。明代已初步发展，在清代发展到了高峰，成为牙雕的主要器型。（图 11-7）

牙尺

象牙制生活用品。汉代随着牙雕应用的日益广泛出现。唐代牙雕创造了拨镂雕刻法，以这种方法制作的牙雕工艺品以牙尺最有代表性，在当时上层社会十分流行。鸟兽花卉纹镂牙尺是这种牙尺的代表器物。

牙笏

象牙制礼器。古代君臣朝会时诸侯所持笏。笏为一狭长板子，上面可以记事。不同等级所持笏不同，《周礼·玉藻》：“笏，天子以球玉，诸侯以象，大夫以鱼须文竹，士竹，本象可也。”

象牙球

象牙制工艺品。球体从外到里，由大小数层空心球连续套成，外观看来只是一个球体，但层内有层，每层球均能自由转动，且具同一圆心。牙球里外每层套球均雕镂精美繁复的纹饰，主要有百花和龙凤纹两种。雕刻外层球体表面较易，但刻镂内层因施工空间受到限制，难度极大。象牙球在宋代被称为“鬼工球”，当时出现了三重套球。清代这种技艺发展到高峰，到清乾隆时期达到十四层，解放后可雕刻三十到四十层之多。是中国象牙雕刻中的一种特殊工艺。（图 11-8）

鬼工球

宋代称象牙球为“鬼工球”。明人曹昭在《格古要论》中记：“象牙对儿一个，中直通一窍，

图 11-7 明代象牙雕云龙纹笔筒

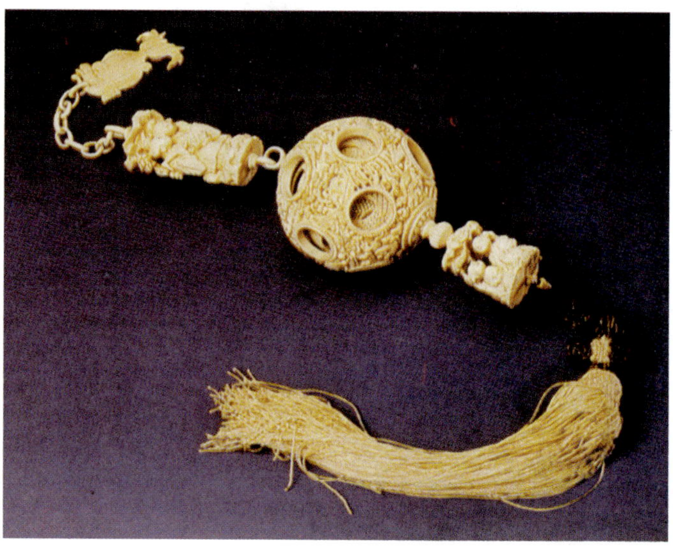

图 11-8 镂雕连坠象牙球

内车二重，皆可转动，谓之鬼工球。”

象牙雕花镜奁

宫中后妃专用的梳妆奁，也作工艺陈设品。以拼镶法制成的二层开启盒柜组合式的妆奁，上层为盒，单层平板式盖，有两个折扣，开启后内层钉有牙框玻璃镜，将镜立起来，上层平板盖下折又可作为镜子的支架，倾斜角度恰当。下层为柜，柜内有二层抽屉。妆奁的四壁刻满象征富贵长寿的牡丹、梅菊、松鹤、瓜果纹。妆奁的盖面及边框上，雕刻标志身份的五龙戏珠及四龙腾云纹。作品巧、奇、精，为清代晚期广州牙雕的杰出工艺代表之一。代表作品有清代象牙雕云龙花鸟纹镜奁。（图 11-9）

图 11-9 象牙雕云龙花鸟纹镜奁

象牙席

广东的一种独特的牙制品。制作工艺十分繁复，先将象牙以药液浸泡软化，劈成大小均匀、薄如竹篾的长方形薄片，经磨制加工到呈洁白光泽后再编织成席。成品洁白细腻，柔软舒适，为避暑佳品。但因其用料多，编织工序艰巨，耗资巨大，劳民伤财，雍正皇帝曾以“躬行勤俭”为名，传旨广东官员不得再制，也禁止民间购用。在清代象牙工艺上堪称一绝。传世极少，仅存四件，代表作如现存故宫博物院的象牙编凉席。

象牙团扇

将编织与浮雕巧妙结合，先将象牙抽丝编织作为地（抽丝技术参见【象牙席】），然后在薄如篾丝、孔缝均匀的蒲纹地上，嵌上浮雕的各种吉祥花卉图案，再配以玳瑁框及玉、珐琅等质地的把手，形成了一种独具特色的新型装饰风格。在清代广东地区象牙工艺上堪称一绝。（图 11-10）

游丝法

牙雕雕刻技法。采用发丝细纹的线刻描绘图画。仿自战国玉雕，近似汉代漆器图案，用飘逸流畅的曲线来表现图案纹饰的动感，是汉代牙雕的一种独特风格。

拨镂

牙雕工艺之一。先将象牙染成红、绿等色，称为茜色，再刻出花纹。镂刻要求灵巧，能表现毛笔勾勒的意味，雕刻者的腕力、目力最为重要。达到使纹饰五彩缤纷、富丽堂皇的效果。这种手法始创于唐代，以后一直被沿用。（图 11-11）

骨雕

是以各种动物骨骼为材料雕制成的工艺品和器物。早在万年前的山顶洞人就通过磨光、钻孔等工艺，加工制作出骨锥、骨凿、骨楔、骨针以及骨饰件等。新石器时代以后，骨器的制作日益扩大，加工技术提高，先民们已掌握了锯、钻、磨、镂、刻、抛光和镶嵌技艺，有的还能够应用线雕、浮雕、透雕甚至圆雕等技法进行美化、装饰。如山东泰安大汶口文化遗址出土的嵌绿松石骨筒，用动物肢骨的一段做成内空，断面呈三角形，壁面光滑。上中下分别有三周弦纹带剔地突起，弦纹带之间各嵌圆形绿松石五枚。在另一侧的上部穿有小圆孔四个以便携带。装饰精美，十分难得。

商周时期，骨器应用范围日益扩大，涉及到生产工具、兵器、生活用品、装饰品等各个方面。生产工具，有骨铲、骨耜、骨齿、骨锥等，兵器有骨镞、骨矛，生活用品有骨匕、骨针、骨刀、骨梳等，装饰品有骨管、骨珠、骨笄等。仅河南安阳殷墟妇好墓就出土骨器 564 件，用具有小刻刀、勺、匕和梳，武器有镞，装饰品有笄 499 件，造型有夔形头、鸟形头、方牌形头等，雕刻艺术品有人、虎、蛙和雕花骨片等。多是完整而少见的精品，造型生动，纹饰华丽。

商周之后，随着生产力水平的不断提高，骨雕逐渐衰退，骨制生产工具、生活用品已基本不用，装饰品也很少见，骨雕艺术品也

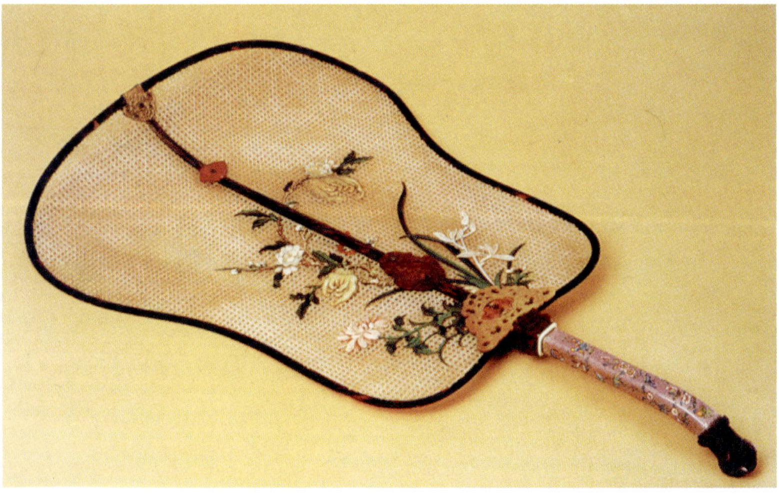

图 11-10 清代象牙编织花卉佛手团扇

图 11-11 鸟兽花卉纹镂牙尺

不流行，偶有所见。如新疆吐鲁番交河沟墓地出土的鹿首形骨雕，用大牲畜的骨头雕刻而成。（图 11–12）

犀角

即犀牛的角。是一种名贵的中药材，性寒、凉血，有清热解毒的功效，可以醒酒。来源稀少，主要依靠进口，十分珍惜，曾与夜光杯、明月珠以及金银奇宝相提并论。

非洲犀角

产自非洲的犀角，一般习称广角。色泽比亚洲犀角浅淡，纹理粗，但形体较大，适合较大的仿古器皿。可做药用，但药效不及亚洲犀角。

亚洲犀角

产自泰国、印度、尼泊尔等地。亚洲犀鼻上只长一独角。产于印度的犀牛角最长，但也仅三十余厘米；产于泰国、缅甸、越南一带的犀角长度次之；产于印尼、婆罗洲的犀角长度最短。颜色黑褐色或黑红色。（图 11–13）

角器

通常指犀角制品。材料来源稀少，主要依靠进口，故十分珍贵。《明史·舆服志》中载“其带一品玉，二品花犀，三品金银花，四品素金，五品银钑花，六、七品素银，八、九品乌角”，说明只有二品的官员方能配带犀角刻花的官带。犀角又是一种名贵的中药材，性寒、凉血，有

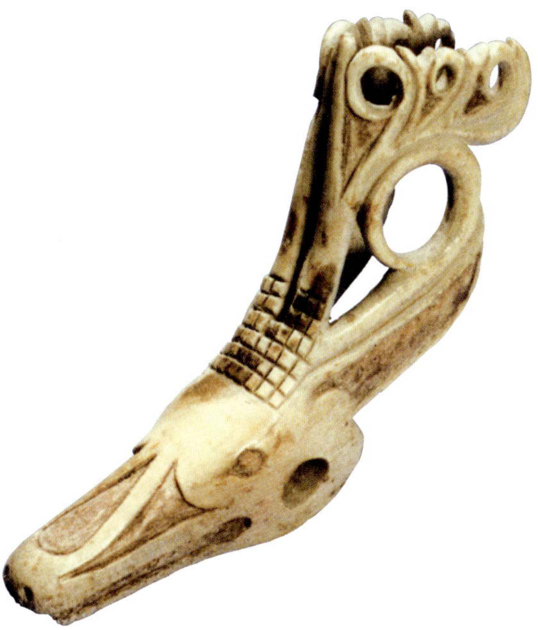

图 11–12 汉代鹿首形骨雕

图 11–13 亚洲犀角雕成的葡萄花果纹杯

清热解毒的功效，可以醒酒，所以古人多制成酒杯。雕刻时主要利用犀角的自然形状，将其根部和顶部反转倒置，截去尖部做成平足，再剔空其内，即成为阔口、小足的角杯。杯上多雕刻各式图案，多浮雕或镂刻整株花卉、山水人物和蟠螭纹等。此外角器中尚有牛角、羚羊角和鹿角等。牛角用途广泛，民间较为流行，羚羊角多用作器柄、刀鞘之类，鹿角常用于家具。

犀角及以犀角制成的工艺品早在商周时期已被视作珍贵的物品。但宋以前的犀角器只见记载而少见到实物，只在 1981 年浙江诸暨董康祠及其妻周氏南宋嘉定元年（1208）合葬墓中出土的一套文房用品中有犀角镇纸两件。此外，爱尔兰都柏林毕蒂爵士的小博物馆中，也有一件北宋徽宗年间刻制的犀角制品，上有徽宗的印款。从这有数的几件作品看，宋代的犀角制品刻工少，纹饰简单，造型幽雅，保持了宋代一贯的艺术特色。

明代犀角雕

明代开始流行犀角雕制品。由于犀角中含角质及碳酸钙、磷酸钙、酪氨酸等多种成分，是清热、解毒、定惊、止血的良药，可以醒酒，所以多制成酒杯、爵、壶。艺人们多利用犀角扁底尖顶的自然形态，将犀角倒置，截去尖部成平足，角内剔空，制成阔口、小足的角杯，杯上雕各式图案。这时期著名的犀角雕刻家有鲍天成、濮仲谦、尤通、尚均等。（图 11-14）

清代犀角雕

清代犀角仍被视为珍稀之物，在雕刻上与象牙、竹木、金石等没有严格的分工，许多擅雕犀角者都是技艺多能的高手，如明末清初的尤通、尚均及清中期的施天章、杜士元等。清代犀角雕作品造型上一般作杯式，纹饰主要有两种风格，一是具有很浓厚的竹木根高浮雕和圆雕的风格，二是仿古的风格。

采取竹木根形式高浮雕、圆雕风格的犀角作品，大部分是沿袭明代雕刻技巧，以吴门画派的山水、人物、花鸟为题材，有恬美宁静的田园生活，携琴访友、以文会友的文人情致，以及内容丰富的花鸟鱼虫题材。特别是有的犀角杯被刻成了花形或叶形，花叶与杯融为一体，既巧妙又生动。

仿古风格的犀角作品在清中期兴起。犀角本质古香古色，浑厚质朴，做仿古铜器的造型和花纹，有得天独厚之处，所以犀角雕刻在雍正、乾隆时出现的仿古铜器风格蔚为一时风尚。这类作品的纹饰图案既有古青铜器典型的蟠螭、兽面、几何纹，也有变化了的具写实性的云水、龙凤纹，在结构与形象的处理上都体现出了很强的传统风格。

存世的古代犀角器色泽深沉，褐中微泛红光，表面似有包浆，有光亮，而透过一些被虫蚀的洞孔发现，其内层黄淡，有明显的

图 11-14 明代犀角雕枝葵花形杯

色层。这并非后世作伪，而是当时制作者为使犀角器形成古香之色，在成器以后再加染色，又经长时间把玩摩挲而成。至于犀角器的染色加工技术，文献中未见记载，现在已不得而知。（图 11-15）

图 11-15 清代犀角雕兽面纹方鼎

兕觥

古代对角杯的别称。用野牛角或犀牛角做成酒杯称为“兕觥”。

骨笄

骨制装饰品。为簪的始祖。形制为条状，首部有简单装饰（首部装饰复杂者称为簪）。用以挽住头发，也用来固定弁、冕等。骨笄出现较早，新石器时代已较普遍存在，商周时代得到了发展，雕刻日趋精美，至汉代已很难见到，逐步为其他材质的簪所代替。（图 11-16）

骨铲

骨制农具。用于铲土、除草和松碎表土。用牛、马、骆驼等动物的肩胛骨加工而成，骨臼的一端凿有长方形的銎，可以安装木柄。銎下有肩，最下部有单刃。在新石器时代存在较普遍，与石铲同时存在，到商代为青铜铲取代。

骨耜

骨制农具。用于翻土播种。多用大型动物的肩胛骨加工而成。耜的前端为尖刃的扁状器，中部多有孔固定木柄。柄的末端的一段横木突出，踩之可使耜头入土。新石器时代使用较为普遍，商代以后材质上骨质被青铜、铁取代。

图 11-16 商代骨笄

骨锥

骨制生产工具。尖状用于钻空和刻划的工具。用途十分广泛，可配合骨针缝制衣服，为陶器刻划图案等，是新石器时期较为普遍的一种生产工具。（图 11–17）

图 11–17 商代骨锥

骨针

骨制生产工具。最早的缝纫工具，它的出现表标着纺织的出现。由于制作精细钻孔难度大，它也代表了当时生产工具的制作水平。从旧石器时代晚期开始出现，到新石器时代和商周时期普遍使用，直到战国秦汉时期铁针出现并普遍使用后才被淘汰。距今 18000 年前的北京周口店山顶洞人遗址中出土的一枚骨针是迄今时代最早者。

骨刀

骨制武器、生产工具。用动物的桡骨和腿骨打制而成。形制有长方形、椭圆形、菱形、三角形。早期的骨刀既是砍伐等方面的劳动工具，也是随身携带的武器。

骨簪

骨制装饰品。条状物，尾部为锥状，首部有雕刻和装饰，较骨笄的装饰性强，用于束发固冠。新石器时代已有，因其材质较轻，适于雕刻装饰，所以一直沿用至今。（图 11–18）

图 11–18 龙山文化镶嵌绿松石骨簪

骨梳

骨制生活用品。据考古发现，早在 6000 余年前的史前时代已开始使用梳子。史前梳子中以骨质梳子数量最多、最为常见。形制与现代使用的横长形梳相区别，整体多为竖长状，且梳背多较宽，齿数较少。出土实物较多，分布广泛。后世亦有骨质梳子，形质与现用梳相似。

骨管

①骨制装饰品。中空，通体磨光，表面一般有纹饰，用于制成项链等饰物。

②又称“骨笛”。骨制乐器。由鹤类动物的腿骨制成，音孔最多者可达七孔之多。以河南舞阳贾湖骨笛为代表，至今仍能吹奏出五声六声甚至完整的七声调式。

骨珠

骨制装饰品。是新石器时代最为普遍，数量最多的装饰品。珠为打磨而成，中空，被串制成链。

骨尺

骨制量器。由于度、量、衡产生并统一的时间较晚，因此骨尺在骨类制品中出现的时间较晚。目前我们所能见到的显示长度量值的实物，时代最早的是安阳殷墟所出的商尺，其中一支骨尺现藏中国国家博物馆，虽无纹饰，却有十进位制度。（图 11–19）

图 11–19 东汉骨尺

山顶洞骨针

旧石器时代晚期生产工具。长 82 毫米，直径 3.1 ~ 3.3 毫米，针孔直径 1 毫米。北京周口店山顶洞遗址出土。用动物骨磨制而成，可以缝制兽皮衣。是迄今为止最早的骨针。现藏中国国家博物馆。

河姆渡骨耜

新石器文化时代河姆渡文化生产工具。高 18 厘米，刃宽 9.8 厘米。1977 年浙江余姚河姆渡出土。用偶蹄类动物的肩胛骨制成，略呈梯形。通体光滑。上端为柄，厚而窄，下端为刃，薄且宽。在耜的柄部，由葛藤缠缚着一件木耒的头部。这件保存着复合状的农具非常罕见，对研究中国原始农具的演进有重要意义。现藏浙江省博物馆。（图 11–20）

图 11–20 河姆渡骨耜

镶嵌绿松石骨簪

新石器时代龙山文化时期的装饰品。长 25 厘米。山西襄汾县陶寺遗址出土。簪骨为制，镶嵌玉首，并镶嵌绿松石。出土于女性墓主人身旁，是高级的装饰品，也是陶寺出土的骨簪中最精美的。现藏中国社会科学院考古研究所。

商代骨匕

商代骨制武器。河北藁城台西出土。匕首在古代是防御的贴身武器。此匕首上涂有红色朱砂，象征鲜血，应不是武器，

图 11-21 商代骨匕

可能是祭典中的礼器。现藏河北省文物考古研究所。（图 11-21）

雕花骨笄

商晚期骨制装饰品。1976 年河南安阳殷墟妇好墓出土。骨笄首部分别雕刻成凤、龟、猪形，尾部延伸为笄身。器型精致，风格独特，反映出极高的艺术性。现藏中国国家博物馆。（图 11-22）

鹿首形骨雕

汉代骨器。通长约 11 厘米。1994 年吐鲁番市交河沟北 1 号台地 28 号墓出土。用大牲畜的骨头雕刻而成。形象地雕出鹿的长脸及其五官，并在眉眼之间用凹状水滴纹和变形三角纹装饰。高耸的鹿角上镂孔圆形纹，并刻划丫形、弧形三角和凸状方格纹。在鹿头下颔处透钻一圆形系孔。雕刻纹条流畅，造型独特，构思新颖，是当时成熟骨雕刻品的代表。现藏新疆考古所。

图 11-22 雕花骨笄

双鸟凤纹象牙雕饰

新石器时代河姆渡文化时期装饰品。长 16.6 厘米，厚 1.2 厘米，残宽 5.9 厘米。1977 年浙江余姚河姆渡遗址第四文化层出土。器物上以阴线雕刻出一组画面。上下两端还钻有象征水珠的六个小孔。构图对称和谐，线条流畅。说明新

图 11-23 双鸟凤纹象牙雕饰

石器时代的匠人已懂得用阴刻、阳雕、圆雕工艺表达他们的意念，表现了新石器时代在生产力逐步提高后先民们所反映出的智慧和艺术水平。现藏浙江省博物馆。（图 11-23）

嵌绿松石兽面纹象牙杯

商代礼器。高 30.3 厘米，口径 11.2 厘米，口壁厚 0.1 厘米。1976 年河南安阳妇好墓出土。牙质为米黄色，带夔龙形鋬。共出土两件，形制基本相同。杯身似觚，装鋬处有上下相对的小孔，口、颈、腹、足各饰兽面纹三组，纹饰的眼、眉、鼻或尾上各镶以绿松石，均以云雷纹为地。鋬为夔龙形，龙头向上，眼镶以绿松石。此器制作精致，纹饰繁缛，技艺复杂，表现了巧妙的艺术构思，为商代象牙器中最为名贵的精品。现藏中国国家博物馆。

鸟兽花卉纹镂牙尺

唐代量器。长 30.25 厘米，宽 3 厘米，厚 0.55 厘米。白色象牙镂刻而成，正反两面均用双线等分十分，用拨镂技法雕刻纹饰，一面寸格内刻飞鸟、宝相花、麒麟、鹿等动物，另一面刻鸟兽、花卉、亭台建筑等，格间和尺的周边刻小朵海棠，纹样华丽，精致绝伦，世所罕见。唐代拨镂牙尺国内仅此一件。现藏上海博物馆。

图 11-24 象牙雕松荫策杖笔筒

象牙雕松荫策杖笔筒

明代文房用品。高 15.8 厘米，口径 8×6 厘米，足径 8.8×6.4 厘米。作品以浅浮雕技法《松荫策杖图》，表现文人雅士的隐逸生活。画面刻有苍松、老人和小童，自然生动，景物的远近处理得恰到好处，充满浓郁的诗情画意。雕刻手法上受竹雕的影响较大，简练、明快。现藏故宫博物院。（图 11-24）

象牙雕渔家乐图笔筒

清中期象牙制陈设品。高 12 厘米，口径 9.7 厘米。此笔筒为清宫廷造办处牙匠黄振效制作。作者以高浮雕技法，在筒壁上刻柳溪停舟渔家乐图。在山壁一侧刻有楷体御题诗一首，诗后有款识。笔筒作者构图严紧，借助层次的安排，使自然幽静的景物既细腻灵透又和谐统一。特别是人物的发、须、眼以黑点染，保存着承上启下传统艺术风格的习尚。鲜明秀雅、不拖泥带水的雕刻技法表现了宫廷艺术的格调。现藏故宫博物院。

李爵禄牙雕长方盒

清中期象牙制陈设品。长 5.7 厘米，宽 4.5 厘米，高 2.3 厘米。清宫旧藏。为乾隆年间清宫造办处牙雕高手李爵禄的作品。外有一长方形大盒，内有十八个如指甲盖大小的小盒，大小盒均用镂雕方法雕刻雷纹、如意纹、双夔纹等，小盒中还有微雕的果实、昆虫、环链等。此器壁薄如蛋壳，纹饰细如发丝，小物件小如米粒，足见刀工的精密程度。现藏故宫博物院。

象牙镂雕福寿宝相花套球

清中期陈设品。直径9.1厘米。象牙镂雕而成，内外层交错重叠、玲珑剔透，表层刻镂“福”、“寿”字和宝相花纹。共计有空心球十一层，每球均能自由转动，且均雕刻精美的百花和龙凤纹饰。这种象牙球在《格古要论》中被称为“鬼工球”，是广东传统工艺技法之一。现藏故宫博物院。（图11–25）

图11–25 象牙镂雕福寿宝相花套球

象牙编凉席

清中期象牙制生活用品。长216厘米，宽139厘米。席以象牙编成，长方形，席面洁白细腻，平整光滑，纹理细密均匀，柔软舒适，席的背面包镶枣红色绫缎，四周沿包蓝色缎边，夏日时使用可避暑热。象牙席因制作程序复难，费时费料，而传世作品极少，现仅存四件，此件为其中之一。现藏故宫博物院。（图11–26）

象牙编织扇

清代象牙制陈设品。通柄长49.8厘米，宽29.4厘米。扇为椭圆形。略呈海棠花式。扇边包镶玳瑁框，嵌有骨珠及藕合色地彩绘花卉纹珐琅把。扇面是由宽不足1毫米，薄如细篦的牙丝编织成蒲纹锦地。嵌有染牙阳文浅浮雕兰菊、蜻蜓等花卉图案。扇面纹饰精致细密，孔缝均匀，经纬片拼合得天衣无缝，而且象征平安长寿的花鸟婷婷玉立，色彩绚丽。该扇将编织和浮雕巧妙地结合在一起，是一件

图11–26 象牙编凉席

图11–27 象牙编织扇

雅逸清新、技术高超的稀有之作。此编扇为 18 世纪广州工匠向朝廷进献寿礼而制作，在民间极为难得。现藏故宫博物院。（图 11–27）

象牙雕云龙花鸟纹镜奁

清晚期梳妆用具。高 19.8 厘米，长 29.5 厘米，宽 22.2 厘米。清宫旧藏。镜奁为长方形，共二层。上层为盒盖式，盖中有颌连接，可折叠，内有牙框玻璃镜。下层为双门框，框内分两层，分装三个抽屉，均可推拉。屉上安银镀金錾双鱼双桃纹锁扣。盖面雕五龙戏珠纹，奁壁以菊纹锦地为边框，雕松鹤、梅鹊、菊花鹌鹑以及葫芦、佛手。双门雕单凤花鸟图，寓“九阳春色、天长地久”之意。此镜奁采用多种技法，花纹装饰繁复而又细密华丽，布局严谨整齐，是象牙雕花镜奁的杰出作品之一。现藏故宫博物院。

象雕群仙祝寿塔院

清晚期象牙制陈设品。高 102 厘米，长 98 厘米，宽 54 厘米。塔院从前到后依次有牌坊、殿堂、宝塔、仙山四部分。牌坊盘龙柱，雕团寿字，福禄寿三星立于其下，群仙围侍在金水桥四周。殿堂重檐歇山顶，双龙摩尼宝珠屋脊，檐下悬宫灯，殿内西王母坐于正中。宝塔六角十三层，每层有栏杆，雕飞龙走凤，福寿、宝相花纹，仙人穿行其间。檐下有牙铃垂坠，盔顶上有蜜蜡葫芦形塔刹。仙山阶梯蜿蜒曲折，亭阁错落，奇石耸立，草树丛生。此器是广东地方官吏在慈禧太后寿辰之日呈献的寿礼，综合镂刻、圆雕、拼镶、染色等多种技法，穷极工巧，雄伟壮观，是晚清牙雕极品。现藏故宫博物院。（图 11–28）

角镰

新石器时代大汶口文化生产工具。长 19.5 厘米，宽 3 ~ 4 厘米，柄长 44 厘米。1976 年江苏邳县大墩子遗址出土。利用梅花鹿角的自然分叉制作而成，将支角纵向剖去一半，再

图 11–28 象雕群仙祝寿塔院

磨出刃作镰，造型与现代的镰几乎完全相同。柄末端钻一孔，刻弦纹十一道。镰是原始社会人类在生产方面取得重要进步的物证。现藏南京博物院。

牛角杯

西周时期生活用品。高 26.8 厘米，口径 5.2 厘米，底径 2.4 厘米。1985 年新疆且末扎洪鲁克古墓出土。为一大牛角掏空后截去尖端，塞上木头，将木头磨平，使其更为结实。塞木径 1.6 厘米，经磨制加工，略呈弯形。具有体积轻，不易破碎的特点。现藏新疆维吾尔自治区博物馆。

犀角雕云纹盒

明早期贮藏器。高 1.8 厘米，口径 4.4 厘米。这种小盒称为“牛眼盒”。圆形，有盖，子母口相合。盖面与外壁模仿漆器工艺中的剔犀技法，各剔刻三朵如意云头纹。造型小巧玲珑，颇为可爱，线条圆转流利，刀锋泯然无痕，雕刻技法受到雕漆工艺的影响，具有鲜明的明代雕刻特点。现藏故宫博物院。（图 11–29）

犀角雕枝葵花形杯

明代酒器。高 39.7 厘米，口径 14.6 厘米。以非洲犀角雕成。折枝蜀葵形，杯口雕作花头，花瓣呈螺旋式，杯底挖出花蕊。枝叶、花苞的弯曲向背均略作夸张。主枝于杯口处合抱，至腰处分裂为二，又有数条小枝盘绕其间，穿插转折。此器采用镂雕、浮雕、浅刻等技法，并略施染色，在古雅中见妍媚，是明代早期角雕精品。现藏故宫博物院。

犀角雕浮槎杯

明代酒器。长 25.5 厘米，高 9.7 厘米。全器呈浮槎状。槎上仙山怪石，梅树石榴，相杂其间。一老者背山倚石，端坐正中，手持古书，沉醉其中，非常惬意。槎右侧刻荷叶莲子，左侧雕一酒葫芦，槎底为水浪纹。在荷叶枝茎处有“天成”篆书款。作品随形而制，雕刻精奇，特别是老人神态悠然，超然物外，尽呈雕刻功底。为明雕刻名家鲍天成的代表作品。现藏上海博物馆。（图 11–30）

图 11–29 犀角雕云纹盒

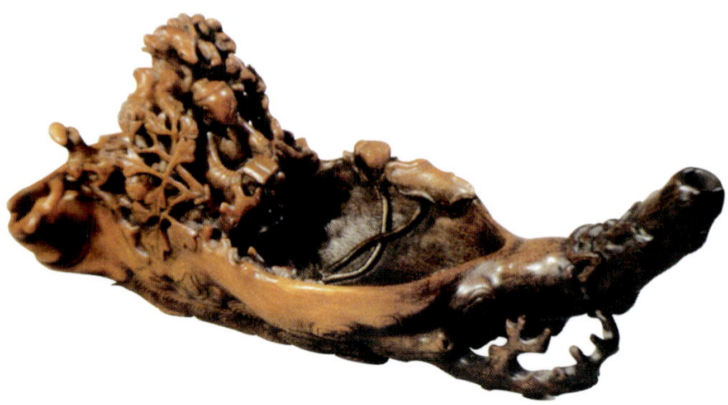

图 11–30 犀角雕浮槎杯

尤通款犀角雕仙人槎杯

明晚期酒器。长 27 厘米，宽 8.7 厘米，高 11.7 厘米。槎杯依犀牛角的斜剖面雕成，形如古木中空。槎首有流，槎后雕梅花、牡丹、荷花相拥，仙人手持如意，倚坐于花木间。寓意“富贵相传”、“如意长寿”。杯腹阴刻楷书乾隆御题诗，诗后刻二方阴文“比德”、“朗润”篆书印章款。槎尾阴刻篆书“再来花甲子”、“尤通”题字及阴文“雨源”篆书印章款。杯底有一圆洞与槎内吸孔相通，底刻水浪纹。此器采用圆雕技法，形制自然，角质莹润，为犀角雕中的珍品。为明雕刻名家尤通晚年的代表作。现藏故宫博物院。

图 11-31 犀角雕兽面纹爵杯

犀角雕兽面纹爵杯

清中期酒器。高 16.5 厘米，口径 14.4 ~ 8.5 厘米，足径 7.6 厘米。此器仿古青铜器爵形，口前有流，后有尾，两侧有方形短柱，一侧有兽面首几何錾，三足外撇，外口沿雕夔凤纹装饰，腹有四道云雷纹出脊，并以云雷纹为地，上雕变形夔纹及兽面纹。下腹光素，足部饰兽面纹。此杯采用浮雕技法雕成，轮廓线圆滑柔和，纹饰古雅适度，是清乾隆年间仿古犀角雕刻中较为严谨且富于艺术性的作品。现藏故宫博物院。（图 11-31）

图 11-32 犀角雕螭纹觚形杯

犀角雕螭纹觚形杯

清中期酒器。高 16.2 厘米，口径 10.9 ~ 14.1 厘米，足径 5.7 ~ 5.9 厘米。角杯仿青铜觚形，四角及四面出脊。杯内雕蝉纹及兽面纹为地，上雕螭龙十五条，其中七条小螭攀爬在杯壁之上，八条大螭或伏于杯壁之间，或攀于杯口之上。底刻阴文“壬午七夕胡允中为仲”行书款及“胡允中印”篆书印章款。此杯质地浑厚苍劲，古色古香。采用浅浮雕、镂空技法及天沟、地网的形式雕成，技巧娴熟、线条圆润、流畅。构思巧妙，具有清代中期仿古艺术的典型风格。现藏故宫博物院。（图 11-32）

犀角雕兽面纹方鼎

清中期陈设器。高 11 厘米，口径 8.7 厘米，足径 6.9 厘米。仿古青铜器造型。身如方斗，立耳，四圆柱足外撇，由口沿到足尖形成内弓的弧线。身四角及四面出脊，每面均上雕二夔凤纹，下雕二夔龙纹，合成一饕餮纹。底刻椭圆形阳文小印。制作时需将犀角一劈为四，加热使之变形，再施雕刻，工艺复杂，制作难度极高，体现了高超的雕刻技巧。现藏故宫博物院。

鹿角椅

清早期家具。高 130 厘米，宽 91 厘米，厚 75.5 厘米。用鹿角拼接而成。座面下为连接头盖骨的鹿角，根部以紫檀木包裹并雕饰云纹，角叉外翻向下，样似鼓腿，末梢为足，连接紫檀木托泥。椅背以鹿角为框，镶紫檀木背板，正中刻乾隆御题《恭咏皇祖鹿角椅》诗，落款“乾隆癸未（1763 年）夏六月御题”及“乾隆宸翰”印文。鹿角椅是清宫中富于满族特色的家具制品。清太宗皇太极最早从猎获物中选出大鹿角，让工匠们制成坐椅。此后多位清代皇帝均有下令制作鹿角椅。现藏故宫博物院。（图 11–33）

图 11–33 鹿角椅

鲍天成

生卒年不详。明代吴县（今江苏苏州）人。著名雕刻家。能用犀角、象牙、各种硬木、香料等材料，雕刻奇巧精美的杯、盒、扇坠及发簪、印章之类，工细绝伦，与苏州的琢玉名手陆子刚齐名。尤以犀角雕最为著名，其犀角作品有“吴中绝技”的美誉。代表作品有现藏上海博物院的浮槎犀角杯以及故宫博物院的犀角双螭纹执壶等。

尤通

生卒年不详。明末清初无锡人。字雨源。著名雕刻家。精于竹、木、牙、角、玉石雕刻。其中以犀角雕最负盛名，擅刻犀角杯，时人称为“尤犀杯”，其犀角制品被后人视为至宝。康熙时被招为御用。代表作品存世较多，著名的有尤通款犀角雕仙人槎杯、荷叶螳螂犀角杯等。（图 11–34）

黄振效

生卒年不详。清代广州人。著名雕刻家。虽是广东人，但他的作品师承封氏，完全是嘉定派竹刻的风格。清乾隆二年（1737）被召入宫廷造办处牙作。代表作品有象牙雕渔家乐图笔筒和象牙雕海水云龙纹火镰套等。

图 11–34 尤通款犀角雕仙人槎杯

李爵禄

生卒年不详。清代广州著名雕刻家。乾隆年间清宫造办处牙雕高手。其作品玲珑剔透、纤细精美。（图 11–35）

杜士元

生卒年不详。江苏吴县（今苏州市）人。号鬼工。著名雕刻家。擅木雕、牙雕、角雕、微雕等，尤擅刻核桃、橄榄核为舟和象牙臂搁。乾隆初年被召入启祥宫。作品有东坡赤壁赋核舟。北京故宫博物院收藏的清廷“十八罗汉渡海象牙臂格”也疑为其作品。

图 11–35 李爵禄牙雕长方盒